Etsche

Georg Etscheit

MUSIZIEREN GEGEN DEN UNTERGANG

DER DIRIGENT UND UMWELTSCHÜTZER ENOCH ZU GUTTENBERG

EIN BIOGRAFISCHES PORTRÄT

Ich widme dieses Buch meinen Eltern
Dr. Hans Etscheit (1918–2011)
Lenore Etscheit, geb. Thöne (1927–1979)

Bibliografische Information der Deutschen Nationalbibliothek

Die Deutsche Nationalbibliothek verzeichnet diese Publikation in der Deutschen
Nationalbibliografie; detaillierte bibliografische Daten sind im Internet unter http://dnb.d-nb.de
abrufbar.

978-3-95983-611-1 (Paperback)

978-3-95983-610-4 (Hardcover)

Bildnachweise
Privatarchiv Guttenberg: 17, 26, 52, 57, 61, 154, 160, 193
Archiv Chorgemeinschaft Neubeuern: 66, 73, 79, 141
Regine Koerner, München: 163
Markus Hurek, Berlin: 9, 33, 35, 98, 105, 112, 126, 169, 171, 222, 237
Johannes Bradtka, Erbendorf: 30
Georg Etscheit, München: Umschlagbild

Lektorat und Satz: Daniel Lettgen, Köln

Inhalt

Vorwort von Kent Nagano

Er war ein Mensch, der viele Leben und Geschichten gelebt hat. Viele Spuren von Leben zeigte sein Gesicht, doch vor allem eines faszinierte besonders: Offenheit und freundlich-positives Entgegenkommen. Viele Welten von Leben zeigte er unverblümt und geradezu schutzlos, doch zugleich blieb er immer ein Einzigartiger, immer erkennbar als eine außergewöhnliche Persönlichkeit, als ein Individualist, der sich seiner Pflichten und Verpflichtungen bewusst war. Enoch zu Guttenberg und ich haben uns erst vor einigen Jahren persönlich kennengelernt. Im schnellen Anlauf, wie es so seine Art war, haben wir Freundschaft geschlossen; eine Freundschaft, die darauf ausgelegt war, zu wachsen und wachsen zu wollen. Doch das Leben macht nicht alles möglich, was wir wünschen. Unvermittelt und plötzlich hat der Tod seinem Leben ein Ende gemacht. Verwandte, Freunde und unzählige Mitmenschen hat er vollkommen in Ratlosigkeit zurückgelassen.

So überraschend und plötzlich Enoch zu Guttenberg aus dem Leben gerissen wurde, so ungewöhnlich und geprägt von Eigensinn und Tatendrang war dieses sein Leben. Gegen den väterlichen Wunsch und Willen hat er sich der Musik verschrieben und diese auf eine Art und Weise betrieben, die ihn in der Musikszene zu einem Außenseiter zu machen schien. Er kam aus dem Adelsstand und war sich dieser Herkunft und der damit verbundenen Tradition durchaus bewusst. Das konnten viele aus der Musikszene nicht nach- und mitvollziehen. Man traute ihm nicht, weder seinen Engagements noch der Art seines Musikverständnisses und Musizierens.

Ja, er schien aus der Zeit gefallen. Viele wollten in seinem Musik- und Kunstverständnis eine Ablehnung und Distanzierung gegenüber der Moderne erkennen. Doch genau dies vertrat er nicht. Nie war es Absicht und Ziel von Enoch zu Guttenberg, etwas zu machen und zu realisieren, was äußerlichen Einflüssen und Überlegungen entsprang und folgte. Die Grundpfeiler seiner gelebten Existenz waren: Wahrhaftigkeit, Menschlichkeit, Freiheit und Sozialität.

Sein Arbeiten und Wirken, und eben vor allem im Bereich des Musikalischen, war christlich geprägt. Die Musik von Johann Sebastian Bach und die der großen Klassiker bildeten den Mittelpunkt, Ausgang und Ziel seines geistig und emotional durchdrungenen Musizierens und Wirkens. Aus dieser Musik zog er seine Identität sowie die Kraft, die Leidenschaft und seine künstlerische Überzeugungsfähigkeit. Hier liegen die Wurzeln seiner Welt- und Menschensicht, hier hat die in seinen Interpretationen spürbare, ja geradezu greifbare Verankerung von Kunst und Musik in der Existenz des Menschen ihren Grund.

Seine vielseitigen Tätigkeiten im Bereich des Naturschutzes und in seinen sozialen Engagements machen deutlich, dass es ihm immer und in allem, was er anpackte, um den Menschen und die menschliche Gemeinschaftsbildung ging. Seine künstlerischen und musikalischen Initiativen belegen das überaus eindrücklich. Da ist die Gründung und die mehr als ein halbes Jahrhundert lange professionelle Entwicklungsarbeit und sorgsame Pflege der Neubeurer Chorgemeinschaft. Einer ganzen Ortsgemeinschaft vermittelte er damit über das gemeinschaftliche Singen hinaus ein besonderes Wertebewusstsein. Durch das gemeinsame Musizieren entstand eine soziale Lebensgemeinschaft. Da ist die Mitgründung und »Vaterschaft« eines Orchesters unter dem Namen »KlangVerwaltung«, mit dem spezielle Zielsetzungen in der musikalischen Interpretation angepeilt sowie fortwährende Annäherungen an Größe und Bedeutung von musikalischen Kunstwerken versucht wurden. Und da ist die Initiative zu Musikfestspielen, zu den Herrenchiemsee Festspielen, im Jahre 2000, in denen das großartige europäische Wertebewusstsein, wie es sich in der Fülle der 1000-jährigen europäischen Musikgeschichte niedergeschlagen und immer wieder zum Ausdruck gebracht hat, in jährlicher Folge eine überaus starke und attraktive Manifestation erfährt und hoffentlich auch weiterhin erfahren wird.

Was uns Enoch zu Guttenberg hinterlassen hat, ist der Erinnerung wert; doch wir verbinden noch mehr mit ihm: Sein Leben, sein Arbeiten und Wirken sowie die bedingungslose Hingabe an die große Kunst und Musik, die aus Europa und aus der »Idee Europa« hervorgegangen sind, fordern als Hinterlassenschaft mehr; sie fordern Zukunft aus einem progressiven Sinn, wo Tradition und Fortschritt einander bedingen und das »Feuer der Kultur« immer wieder neu entzünden.

Premierenapplaus von »Des Königs Zauberflöte«
im Münchner Prinzregententheater 2013

Einleitung

»Das Weihrauchfass bleibt im Schrank!« Sein Brief mit der markanten Sentenz erreichte mich, nachdem ich Enoch zu Guttenberg zu Beginn des Jahres 2017 angetragen hatte, seine Biografie zu schreiben. Die Risiken eines solchen Projektes für unsere freundschaftliche Beziehung waren mir bewusst. Mir war klar, wie verletzlich dieser Mensch und Künstler war und dass es nicht leicht sein würde, ihm den Spiegel vorzuhalten. Doch Guttenberg wischte meine Bedenken in einem seiner berühmten handschriftlichen Briefe mit Verve beiseite. Kein Weihrauch!

Bis zu diesem Zeitpunkt gab es über ihn nur einen hübsch aufgemachten Band mit Interviews, die der Journalist Constantin Magnis mit ihm geführt hatte. Das reich bebilderte Buch im Coffee-Table-Format war 2011 zu seinem 65. Geburtstag erschienen und hatte im Kreise seiner Familie keine echte Begeisterung hervorgerufen. »So etwas macht man nicht zu Lebzeiten«, hieß es.

Manche Rezensenten bemerkten an dem Buch eine Attitüde von Selbstverliebtheit, ein Vorwurf der nicht ganz von der Hand zu weisen war. Im Textteil gab sich Guttenberg offen, wie gewohnt, wobei manch heikle Phase seines Lebens, etwa seine traumatischen Erlebnisse mit einem von den Eltern als Erzieher ausersehenen Priester, weitgehend ausgespart blieb. Hier wollte ich tiefer schürfen. Was die Presse damals natürlich besonders interessierte, waren seine Kommentare zur Plagiatsaffäre seines Sohnes Karl-Theodor, der kurz vor Erscheinen des Buches von allen Ämtern zurückgetreten war.

Wir hatten für den Herbst 2018 vereinbart, dass wir uns zu ausführlichen Gesprächen in seinem romantischen Jagdhaus in der Steiermark treffen würden. Doch dazu kam es nicht mehr. Sein plötzlicher Tod machte die Pläne einer autorisierten Biografie zunichte. Andererseits war es nun möglich, unbefangener und kritischer über ihn zu schreiben, zumal meine Gesprächspartner, Guttenbergs weitläufige Verwandtschaft sowie seine privaten und künstlerischen Weggefährten, ihrerseits wohl weniger Rücksichten nehmen würden, eine Hoffnung, die sich in den meisten Fällen bewahrheitete.

Zum ersten Mal hatte ich Enoch zu Guttenberg getroffen, als sein Sohn Karl-Theodor 2009 in Berlin als Bundeswirtschaftsminister amtierte und die Familie bereits in aller Munde war. Insgeheim hoffte ich von ihm eine Antwort darauf zu erhalten, was sein Sohn, der bereits für das Amt des Bundeskanzlers gehandelt wurde, für den Umweltschutz tun wolle, ein Thema, das mich seit meiner Kindheit und Jugend mindestens ebenso bewegt wie die klassische Musik. Und ich wollte mehr über seine als Geheimtipp gehandelten Herrenchiemsee Festspiele erfahren, die er im Jahr 2000 gegründet hatte und als deren Intendant er nun fungierte.

Ich vereinbarte also einen Termin im »Musikbüro Guttenberg«. Es hatte seinen Sitz in Neubeuern, in einem modernen Gebäude neben jenem legendären »Kuhstall«, den sich der Baron, als er die wirtschaftlichen Kalamitäten nach dem Tod des Vaters überwunden hatte, zu Wohn- und Repräsentationszwecken ausbauen ließ und wo, wie ich später erfuhr, legendäre Feste gefeiert wurden. Das Treffen kam schnell und formlos zustande.

Neubeuern ist eine Marktgemeinde im oberbayerischen Landkreis Rosenheim. Als Markt gilt in Bayern ein Ort, der irgendwo zwischen Dorf und kleiner Stadt angesiedelt ist. Oben auf einem Hügel, der aus dem flachen Inntal recht unvermittelt aufragt, thront Schloss Neubeuern, ein Gebäudekomplex im Stil der Neorenaissance, ein angesehenes, ziemlich teures Landschulheim. Zu seinen Füßen liegt der Ort selbst mit einem Marktplatz, der bei aller mit Lüftlmalerei verzierten Spitzgiebeligkeit recht italienisch wirkt. Die Marketingexperten hatten Neubeuern das wohlklingende Label »Kulturdorf« verpasst, was nicht zuletzt einem prominenten Bewohner zu verdanken war: dem Dirigenten Enoch Freiherr zu Guttenberg.

Es war heiß, die Sonne stach auf die gepflegte Kiesauffahrt. Der Baron war noch nicht da, ich wurde gebeten, zu warten – in einem gediegenen, dabei nicht ungemütlichen Salon. Die Hausdame servierte Tee und Gebäck, und ich schaute mich ein wenig um, etwas scheu, aber natürlich auch neugierig. Ich schlich wie auf Zehenspitzen umher, als wenn ich den Hausherrn, der sich zu einem Nickerchen zurückgezogen hatte, nicht aufwecken wollte. Ein wenig fühlte ich mich an jenes herrschaftliche Milieu erinnert, in dem einst der Oberinspektor Derrick zu ermitteln pflegte, ein Milieu, unter dessen glänzender Oberfläche sich zuweilen beträchtliche Untiefen verbergen.

Dann knirschte draußen der Kies. Guttenberg war auf den Hof gefahren, in seinem mit Erdgas betriebenen Audi. Denn der Baron hatte sich ja nicht nur als Dirigent und Chorleiter einen Namen gemacht, sondern auch als Natur- und Umweltschützer. Und er wollte, wie ich gehört hatte, nicht nur Sonntagsreden schwingen, sondern, wenn möglich, mit gutem Beispiel vorangehen.

Natürlich wollte ich ihn damals in Neubeuern auch auf sein ökologisches Engagement ansprechen. Und ich wollte versuchen herauszufinden, wie sein Sohn Karl-Theodor in Sachen Umwelt denkt. Vielleicht würde der Vater ja Auskunft geben oder sogar Einfluss auf ihn nehmen können, hoffte ich etwas vermessen. Mir lag und liegt nämlich, neben meiner (allerdings nur passiv-erlebenden) Leidenschaft für klassische Musik, ebenso wie Guttenberg der Schutz unserer Natur und unserer reichen Kulturlandschaften am Herzen.

Dann stürmte Guttenberg, leicht vornüber geneigt, wie er auch die Konzertpodien erklomm, in den Salon, entschuldigte sich formvollendet für die Verspätung und ließ sich in einen der geblümten Sessel fallen. Damals war er noch »comme il faut« gekleidet, so wie es sich gehört in seinen Kreisen, mit Tweed-Sakko und Einstecktuch, der Adelsuniform. Später gab sich Guttenberg lässiger, mit Fünftagebart, zerknittertem Baumwollsakko und Sommerhut: Mehr Künstler, weniger Adel. In dem lebhaften Gespräch, das sich alsbald entspann, gab sich der Baron ganz unverstellt. Er plauderte für ein erstes Treffen mit einem ihm völlig fremden Menschen ungewöhnlich offen und ungeschützt, dabei gelegentliche Kraftausdrücke nicht scheuend. Wobei ein leichter Hang zu zotiger Sprechweise zur Attitüde eines Adeligen gehört, der sich volksnah zu geben pflegt. Indes: Bei Guttenberg schienen mir Form und Inhalt übereinzustimmen. Er wirkte, wie man heute sagt, authentisch.

Guttenberg sprach, wie er musizierte. Allzu viele Konzerte hatte ich bis zu diesem Zeitpunkt von ihm noch nicht gehört, aber was ich gehört hatte, etwa die *Matthäuspassion*, war im wahrsten Sinne außerordentlich, entsprach nicht dem, was man sonst im Klassikbetrieb erwarten konnte. Vom ersten Takt an trachtete dieser Dirigent voll Inbrunst und Überzeugung danach, das letzte Quäntchen an Ausdruck und Wirkung aus sich, seinen Musikern und seinen Sängern herauszuholen, alle Kräfte zu mobilisieren, dabei auch gelegentliche Eingriffe in den Notentext nicht scheuend. Wenn der französische Chansonier Gilbert Bécaud »Monsieur 100 000 Volt« genannt wurde, hätte man Guttenberg mindestens eine Million Volt attestieren müssen. In der Wirkung auf die Zuhörer war das schier überwältigend, mitunter fast gewalttätig und immer anders, ein Unikat.

Damals spukten auch noch all jene Klischees in meinem Kopf herum, die über den Baron kursierten. Dass er angeblich keine »richtige« Ausbildung genossen habe, dass er die in deutschen Kapellmeisterkreisen übliche »Ochsentour« nicht absolviert habe, dass er nicht »schlagen« könne, dass er seine Karriere mehr oder weniger seinem Vermögen zu verdanken habe. Und die noch zusätzlich befeuert wurden, als sein ältester Sohn Karl-Theodor über die Plagiatsaffäre sein Amt verlor. Eine Affäre, die nicht nur die Republik monatelang in Atem hielt, sondern auch die Familie zu Guttenberg. Ein Kapitel dieses Buches widmet sich ausführlich dem Guttenberg'schen Annus horribilis.

Natürlich musste man Guttenbergs Personalstil nicht mögen. Aber ihm die Professionalität abzusprechen, war nicht nur unfair, sondern einfach falsch. Wobei die kritischen, gar hämischen Stimmen beständig leiser wurden. In seinen späteren Jahren erlebte Guttenberg einen bemerkenswerten Popularitätsschub. Seine letzten Tourneen im Jahr 2016 durch Asien und Nordamerika glichen einem Triumphzug. Volle Häuser überall, begeisterte Zuhörer, zumeist positive bis enthusiastische Kritiken. Von seiner süddeutschen Bastion aus – seine Aufführungen von Bachs Passionen zu Ostern und das obligatorische *Weihnachtsoratorium* im Dezember waren Fixpunkte im kulturellen Veranstaltungskalender der bayerischen Landeshauptstadt – gelang Guttenberg eine erstaunliche internationale Alterskarriere.

Dabei neigte er keineswegs zu Altersmilde, weder musikalisch, noch politisch. Das wurde mir bewusst, als er im Februar 2016 auf einem bundesweiten Treffen von Energiewende-Kritikern auf Schloss Johannisberg im Rheingau in einer wütenden Philippika mit der »Grünstrom«-Lobby und den traditionellen Umweltverbänden abrechnete. Guttenberg meinte, dass die Maßnahmen zur Eindämmung des Klimawandels, vor allem der flächendeckende Ausbau der Windkraft, längst mehr Schaden anrichteten als nützten. Manche seiner früheren Mitstreiter vom Bund für Umwelt- und Naturschutz (BUND), den er einst mitgegründet hatte, waren über diese Frage zu seinen ärgsten Widersachern geworden.

Manchmal drohte er in seinem Furor übers Ziel hinauszuschießen. Wie eng sein zutiefst pessimistisches und apokalyptisches Weltbild mit seiner Kunst und seinem Leben verbunden war, wie sehr er darunter gleichermaßen litt wie er künstlerisches Kapital daraus schlug, das wurde mir erst während der Recherchen zu diesem Buch wirklich bewusst.

Zeitlebens musizierte und dirigierte er an gegen den Untergang, gegen den seiner geliebten Naturparadiese und gegen den eigenen. Mit seiner immensen Energie, die erst ganz zuletzt nachzulassen schien, schuf er Außerordentliches – während andere an dieser Kraftanstrengung wohl längst zerbrochen wären.

Im Schatten der Ahnen

Zur Geschichte des Hauses Guttenberg

Wollte man Enoch zu Guttenberg einen Brief schreiben, konnte man es sich mit der Adresse leicht machen: Enoch Freiherr zu Guttenberg, Schloss Guttenberg, Guttenberg. Das genügte. Wahrscheinlich hätte die Post den Brief sogar dann korrekt zugestellt, wenn man nur »Baron zu Guttenberg« auf den Umschlag gekritzelt hätte. Denn es gibt in Deutschland nur eine einzige selbstständige Gemeinde mit dem Namen Guttenberg. Und jeder kennt hier die Familie, ohne die es das Dorf, streng genommen, gar nicht gäbe.

Mit rund 500 Einwohnern ist Guttenberg in Oberfranken die drittkleinste Gemeinde Bayerns. Hier am Rande des Frankenwaldes gibt es noch kein hässliches Gewerbegebiet, nur ein paar Dutzend Wohnhäuser, eine evangelische Kirche, ein Lädchen, eine Bäckerei, eine Gemeindekanzlei. Und natürlich Schloss Guttenberg, Stammsitz derer zu Guttenberg, das auf einem bewaldeten Bergsporn liegt und nur von der Ortsseite aus erreichbar ist. Das Dorf ist das Schloss, das Schloss das Dorf. So wie hier hat sich der Charakter einer kleinen Territorialherrschaft aus der Zeit des Feudalismus nur selten erhalten.

Wenn man über das Leben eines Aristokraten wie Enoch zu Guttenberg berichtet, spielt die Herkunft der Familie eine wichtige Rolle. Seit der Adel im Jahr 1918 auch in Deutschland seine politische Macht und seine Privilegien verloren hat, ist eine lange und idealerweise glorreiche Ahnenreihe das wichtigste Merkmal, das adelige noch von bürgerlichen Familien unterscheidet. »Den Adel zeichnet aus, dass ihn der Einzelmensch vornehmlich nicht als Individuum, sondern vielmehr als Teil einer Gruppe, einer Familie interessiert«, schreibt Johannes Rogalla von Bieberstein in seinem Buch *Adelsherrschaft und Adelskultur in Deutschland*.[1]

Der Ahnenstolz und das ausgeprägte Familienbewusstsein des Adels haben auch einen ökonomischen Hintergrund. Es ist der Unabhängigkeit verleihende Besitz von Familiengütern, die oft seit Jahrhunderten in den Händen ein und derselben Sippe liegen. »Angesichts der Tatsache, dass viele Ehen kinderlos bleiben oder ›nur‹ Töchter hervorbringen, konnte Besitzkontinuität nur deshalb gewahrt werden, weil das Interesse der Familie Vorrang vor den Einzelinteressen ihrer Mitglieder bekam«, schreibt Bieberstein. »Der Inhaber eines Familiengutes wurde und wird dahingehend erzogen, sich als Treuhänder der Gesamtfamilie zu verstehen. Pflicht der Familienmitglieder ist es, den Besitz der Familie zu erhalten und zu mehren.«[2]

Aus dieser Perspektive lässt sich verstehen, dass Enoch zu Guttenberg immer wieder hervorhob, wie ihm diese Pflicht oft mehr Last als Lust gewesen sei. Das galt vor allem für jene Zeit, als er nach dem frühen Tod seines Vaters als einziger männlicher Nachkomme die Verantwortung für die Familie und deren wirtschaftliches Wohlergehen zu tragen hatte, eine Zeit, in der das Familienunternehmen am Abgrund stand. Nach einer vielhundertjährigen Geschichte als Letzter das Licht auszuknipsen, ist (nicht nur) für Adelige eine Horrorvorstellung.

Standestradition und Selbstverwirklichung

Wenn die aristokratische Tradition gebietet, dass das Interesse der Familie den Interessen des Individuums vorangeht, kann dies bedeuten, dass der Einzelne für die Gesamtheit Opfer bringen muss. Das widerspricht dem individualistischen Zeitgeist und dem Primat schrankenloser Selbstverwirklichung, weshalb der Adel schon deswegen unzeitgemäß wirkt. Bei einem nach Unabhängigkeit und kreativer Selbstverwirklichung strebenden Künstler wie Enoch zu Guttenberg, der zugleich als Chef seines Hauses für dessen gedeihliche Zukunft verantwortlich war, kollidierten die Prinzipien von Individualität und Konformität ganz unmittelbar in einer Person, was ihm ein kräftezehrendes, konfliktreiches Doppelleben abverlangte.

Die oft viele Jahrhunderte zurückreichende Geschichte eines Adelshauses nebst manch aristokratischen Sitten und Gebräuchen wie Jagd und Reiterei macht sehr viel von der Faszination aus, über die der Adel bis heute verfügt. Dabei kommt es nicht unbedingt darauf an, dass sich bis in die letzte Verzweigung des Stammbaumes nur Adelige mit Standesgenossen verbinden. Das Beispiel europäischer Königshäuser, wo sich in jüngerer Zeit selbst Thronfolgerinnen und Thronfolger einen bürgerlichen Partner oder eine Partnerin geleistet haben, zeigt eine bemerkenswerte Flexibilität selbst regierender Häuser in Standesfragen. Oft entwickeln angeheiratete Adelige ein stärkeres Standesbewusstsein als der ursprüngliche Titelträger, wofür Enoch zu Guttenbergs zweite Frau Ljubka Biagioni ein Beispiel ist.

Bei den Guttenbergs sei eine standesgemäße Ehe bis in die Generation seiner Eltern hinein »der Normalfall« gewesen, sagt Philipp zu Guttenberg. So heirateten alle drei Schwestern des Vaters in adelige Familien, die Stauffenberg, die Heereman und die Boeselager. Enoch selbst war in erster Ehe mit Christiane Gräfin zu Eltz verheiratet und hatte zuvor mit Elisabeth von Cramer-Klett gleichfalls eine Freundin von Stand, auch wenn es sich bei Letzterer im Gegensatz zur hochadeligen Christiane um »Industrieadel« des 19. Jahrhunderts handelte. Und auch seine Söhne Karl-Theodor und Philipp

**Die Eltern zu Guttenberg mit Enoch (links) und
den Schwestern Elisabeth und Michaela**

Franz aus erster Ehe verbanden sich mit den Häusern Bismarck und den
schottischen MacDonald. Mit seiner zweiten Frau Ljubka Biagioni verließ
Enoch den Pfad standesgemäßer Kontinuität.

Die Ursprünge der Familie zu Guttenberg gehen zurück bis ins 12. Jahrhundert, als erstmals die Existenz einer oberfränkischen Adelsfamilie bezeugt
wurde, die sich zunächst nach der Plassenburg in Kulmbach, später nach der
um 1315 erbauten Burg Guttenberg nannte. Im Jahr 1523 wurden die Burgen
Alt- und Neuguttenberg zerstört, eine Strafmaßnahme des Schwäbischen
Bundes, der als regionale Standesvereinigung für die Wahrung des Landfrie-
dens zuständig war: Die Guttenbergs sollen als Helfer eines Raubritters aufgetreten sein,[3] eine weit zurückliegende Episode der Familiengeschichte, von
der Enoch nicht allzu viel wissen wollte.

Ab dem 15. Jahrhundert gehörte die Familie zur gehobenen Schicht des
fränkischen Ritteradels und verband sich mit ähnlich bedeutenden oder noch
wichtigeren Familien ihrer Region. Im 16. Jahrhundert engagierten sich die
Guttenbergs in der sich formierenden fränkischen Reichsritterschaft. Deren
Mitglieder waren reichsunmittelbar, das heißt, sie hatten im Prinzip nur den
Kaiser über sich, waren jedoch nicht im Reichstag vertreten. Weil der Kaiser
fast immer sehr weit weg war – Karl V. beispielsweise regierte sein Heiliges
Römisches Reich, »in dem die Sonne nicht untergeht«, von Spanien aus –,
konnten sich Reichsritter in ihren begrenzten Territorien wie Könige fühlen,
mit allen damit verbundenen Rechten und Pflichten inklusive Gerichtsbarkeit
und Münzrecht.

Im Bett des Fürstbischofs

In den Reichsfreiherrenstand wurden die Guttenbergs erst im Jahr 1700 durch Kaiser Leopold I. erhoben. Bis dahin hatte sich die Familie schon Meriten und Pfründen erworben und ihren Besitz stark vergrößert. Wie die meisten Ritterfamilien waren die Guttenbergs mit der Reformation gegangen, kehrten jedoch in der ersten Hälfte des 17. Jahrhunderts zur katholischen Konfession zurück, was ihnen ermöglichte, hohe geistliche Ämter in Franken einzunehmen. Mit Johann Gottfried von Guttenberg stellte ein Zweig der Familie von 1684 bis 1698 den Würzburger Fürstbischof, in dessen Bett Enoch zu Guttenberg im Schloss zu nächtigen pflegte. Das Porträt des Fürstbischofs ziert noch heute die Guttenberg'sche Ahnengalerie.

In dieser Blütephase, die im 18. Jahrhundert andauerte, erwarben und erweiterten die Guttenbergs zahlreiche Besitztümer. Das Rittergut Kirchlauter wurde vom Fürstbischof zu einem repräsentativen Wasserschloss umgebaut. Mit der Heirat von Enochs Schwester Elisabeth mit Franz Ludwig Schenk Graf von Stauffenberg, einem Sohn des Hitler-Attentäters, ging es Generationen später in den Besitz der Stauffenbergs über.

Das Rokokoschlösschen Weisendorf bei Erlangen kam 1813 hinzu, ursprünglich ein Jagdschloss des Fürstabtes von Fulda, das Enochs Vater in den Fünfzigerjahren an einen französischen Säkularorden verschenkte, weil ihm die Unterhaltskosten über den Kopf wuchsen. Seit 1893 war die Familie durch Heirat auch Eigentümerin der Salzburg in Bad Neustadt an der Saale. Auf einem Grundstück unterhalb der Ruine wurde später eine große Kurklinik errichtet, die beinahe zum wirtschaftlichen Ruin der Familie geführt hätte.

Nicht zu vergessen das Weingut des Reichsrats von Buhl im pfälzischen Deidesheim, in dem Enoch mehrere Jahre seiner Kindheit verbrachte. Der letzte Besitzer aus der Familie derer von Buhl, der Politiker Franz Eberhard von Buhl, überließ es Enochs Großvater Georg Enoch, den er aus der Kammer der Reichsräte des Königreiches Bayern kannte und 1920 adoptierte. Den wertvollen Besitz mit Top-Lagen wie »Forster Pechstein« und »Forster Ungeheuer« verkaufte Enochs Sohn Philipp 2005 an einen pfälzischen Unternehmer. 2016 wurde Karl-Theodor zu Guttenberg in einem Bericht der *Bunten* vorgeworfen, dass er eigentlich Karl-Theodor Buhl-Freiherr von und zu Guttenberg heiße und seinen wahren Namen »verschweige«. Er selbst erklärte das mit praktischen Erwägungen.[4] Auch Enoch verkürzte seinen Namen, verständlich bei allein 14 Vornamen.

Das Ende des Alten Reiches im Jahr 1806, als Franz II. als letzter Kaiser des Heiligen Römischen Reiches deutscher Nation die Krone niederlegte, brachte auch das Ende der freien Reichsritterschaft in Franken, das die soziale Lebenswelt im fränkischen Adel so lange geprägt hatte. Den Guttenbergs gelang es jedoch, ihren Einfluss vorerst zu wahren, indem sie sich zum bayerischen Königshof der Wittelsbacher umorientierten, der einflussreiche Ämter in Staatsverwaltung und Armee verhieß. Eine Beziehung, die Enoch zu Guttenberg bis in jüngste Zeit pflegte, indem er Herzog Franz von Bayern, dem potenziellen Throninhaber, die Schirmherrschaft seiner Herrenchiemsee Festspiele antrug. Auch in der Weimarer Republik blieben Enochs Großvater Georg Enoch und dessen Bruder Karl Ludwig überzeugte Monarchisten, was sie ab 1933 in einen scharfen Gegensatz zum NS-Regime brachte.

Lastende Vorbilder: Der Vater Karl Theodor und der Großonkel Karl Ludwig zu Guttenberg

»Man entgeht der Gefahr nicht dadurch, daß man ihr den Rücken kehrt, weil man ihren Anblick nicht erträgt. Noch keiner hat je die Freiheit auf leichtem Wege gewonnen.«[5] Zwei Sätze, wie in Marmor gehauen. Sie stammen aus dem letzten Buch Karl Theodor zu Guttenbergs mit dem Titel *Fußnoten*, einer losen Sammlung von Lebenserinnerungen und Aphorismen, erschienen 1971, ein Jahr vor seinem Tod. Damals war Enoch zu Guttenbergs Vater schon nahezu vollständig gelähmt. Er litt an amyotropher Lateralsklerose (ALS), einer bis heute unheilbaren Nervenkrankheit, die zu einer rasch fortschreitenden Muskelschwäche und schließlich zum Tod führt. Das Buch beginnt im Jahr 1934, als der Vater Georg Enoch zu Guttenberg gerade noch einmal den Fängen der Gestapo entronnen war, nachdem man der Mutter schon die Todesnachricht überbracht hatte. Und es endet mit einem Eintrag vom September 1972 und einem Bekenntnis des Autors an die Liebe und an die Freiheit.

Für Enoch zu Guttenberg war der Vater, der als Politiker der CSU, als langjähriger Bundestagsabgeordneter, als Vertrauter von Konrad Adenauer, Parlamentarischer Staatssekretär im Bundeskanzleramt unter Kurt Georg Kiesinger und Freund des SPD-Fraktionsvorsitzenden Herbert Wehner die Politik der Bundesrepublik in den Zeiten des Kalten Krieges entscheidend mitgeprägt hatte, eine »unerreichbare Autorität«.[6] Bewundert, geliebt und zugleich gefürchtet. Er war ein Patriarch alter Schule, was sich auch darin ausdrückte, dass nach der Sonntagsmesse in der Schlosskirche die Bewohner des Dorfes bei ihm Schlange standen, um ihre Anliegen vorzutragen. »Der eine hatte Probleme mit dem Nachbarn, der andere mit dem Abfluss, ein Dritter wollte nicht, dass der Sohn eingezogen wird. Mein Vater hat das alles bearbeitet, auch später, als er Politiker in Bonn war.«[7]

Aus seinem Schatten herauszuwachsen, war vielleicht die entscheidende Lebensaufgabe, vor die sich Enoch zu Guttenberg gestellt sah. Dass ihm dies schließlich gegen alle Widerstände gelang, war auch dem Umstand geschuldet, dass er seinen eigenen Weg ging und, indem er Musiker und Dirigent wurde, eben nicht in die Fußstapfen des Vaters trat. Das versuchte dann der Enkel, der den gleichen Vornamen trägt wie der Großvater, nur mit einem Bindestrich zwischen Karl und Theodor. Und der als Kanzlerkandidat in spe das Zeug zu haben schien, den Großvater und seine politische Leistung zu übertreffen – er scheiterte.

Kampf gegen Brandts Ostpolitik

Karl Theodor senior gehörte bis zu seinem Tod mit nur 51 Jahren zu den schärfsten Widersachern einer Annäherung der Bundesrepublik an Moskau und das SED-Regime in Ostberlin, wie sie im Rahmen der »Ostpolitik« von Willy Brandt betrieben wurde, der seit 1969 Kanzler der ersten sozialliberalen Koalition auf Bundesebene war. Der fränkische Baron verachtete die Kommunisten ebenso wie die Nationalsozialisten, was ihn nicht daran hinderte, ein Vertrauensverhältnis zu dem Ex-Stalinisten und seinerzeitigen Chef der SPD-Bundestagsfraktion Herbert Wehner aufzubauen und mit ihm der ersten Großen Koalition unter Kurt Georg Kiesinger den Weg zu ebnen, die dann freilich nur das Präludium zum Machtwechsel war.

Um die Brandt'sche Ostpolitik zu torpedieren, scheute er auch nicht davor zurück, eine Art Privat-Geheimdienst der CSU zu organisieren, der insbesondere Journalisten mit einschlägigen Informationen versorgen sollte. Erste Ziele der Organisation waren Brandts Ostverhandlungen im Jahr 1970. Der Dienst meldete auch Kontakte des Ministeriums für Staatssicherheit der DDR zur Roten-Armee-Fraktion, was sich nach der Wende 1989 bestätigte.[8] Legendär wurde Guttenbergs letzte Bundestagsrede am 27. Mai 1970 mit seinem leidenschaftlichen Appell »Gegen die Anerkennung des Unrechts«.[9]

Bei der Abstimmung über die Ostverträge am 17. Mai 1972 war Guttenberg das letzte Mal im Bundestag und musste mit dem Rollstuhl zur Wahlurne gefahren werden. Am 4. Oktober 1972 starb er in Guttenberg im Kreis seiner Familie. Die Trauerfeier im Hof des Schlosses glich einem Staatsbegräbnis. Zahllose Gäste waren gekommen, um von dem Politiker Abschied zu nehmen, darunter Rainer Barzel, der damalige Kanzlerkandidat der Union, Verteidigungsminister Helmut Schmidt und CSU-Chef Franz Josef Strauß, der mit Tränen in den Augen auf den Sarg zugegangen sei, wie Elisabeth zu Guttenberg in ihren Erinnerungen schreibt.[10]

Schmidt würdigte Guttenberg in einem Nachruf als Mann, »der abhängig war nur von seinem Gewissen«. Der letzte Satz des Nachrufs lautete: »In allem, was die Moral der Politik angeht, dürfen wir Karl Theodor von und zu Guttenberg getrost ein Vorbild nennen.«[11] Nach Guttenbergs Jungfern-Rede im Bundestag 1959 hatte der damalige SPD-Wehrexperte noch Klassenkampf-Parolen gedroschen. »Es fällt schwer, bei der Polemik des Herrn Baron von Guttenberg nicht zu beklagen, daß die Deutschen niemals eine Revolution zustande gebracht haben, die dieser Art von Großgrundbesitzern die materielle Grundlage entzogen hätte.«[12]

Vater und Sohn im Dauer-Clinch

Einen offenen Generationenkonflikt gab es im Hause Guttenberg angeblich nicht. In grundsätzlichen Fragen der Weltanschauung sei man sich ja weitgehend einig gewesen, sagte Enoch später. Trotzdem gab es reichlich Stoff für harte Auseinandersetzungen, denn der schöngeistige Sohn war ein unwilliger Schüler, der nur Musik (und Reiterei) im Kopf hatte. Gegen seinen heißen Wunsch, Komponist zu werden, leistete der Vater hinhaltenden Widerstand. Erst als Enoch erste Erfolge als Dirigent vorweisen konnte, gab er sich mit dem legendären Ausspruch »Tu, was du nicht lassen kannst« geschlagen.

Auch die Begeisterung seines Sprösslings für den Naturschutz war dem »Fortschrittsfanatiker« suspekt. »Wir sind uns erst an seinem Totenbett in ökologischen Fragen nähergekommen. Erst da wurde mir klar, dass er es mir nachträglich übel genommen hätte, wenn ich ihm damals […] in den Hintern gekrochen wäre. Er wollte, dass ich auch vor ihm für meine Überzeugung geradestehe. […] Darüber haben wir uns wiedergefunden.«[13]

Über seine Mutter Rosa Sophie, geborene Prinzessin und Herzogin von Arenberg, sprach Enoch zu Guttenberg selten. Die Ehe der Eltern, beide praktizierende Katholiken, soll gut funktioniert haben, eine Ehe nach klassischem Rollenmuster, wie sich Enochs Schwester Elisabeth erinnert. Rosa Sophie, selbst musisch begabt, war offener für die künstlerischen Leidenschaften ihres Sohnes als ihr Mann. Enochs Großmutter väterlicherseits, Elisabeth zu Guttenberg, schreibt in ihren Erinnerungen: »Seine Mutter und ich versuchten, ihn in seinem Wunsch zu unterstützen, das Musikstudium zu beginnen. Natürlich war dieser Wunsch für meinen Sohn schwer zu akzeptieren. Er hätte seinen einzigen Sohn und Erben lieber in Politik und Wirtschaft gesehen. Der Drang zur Musik konnte aber nicht unterdrückt werden.«[14]

Enochs Großmutter war eine tatkräftige, mutige Frau, die sich nach dem 20. Juli 1944 selbst in Lebensgefahr brachte, als sie versuchte, den Angehörigen des Hitler-Attentäters Claus Schenk Graf von Stauffenberg beizustehen.

Ihre Schwägerin Elisabeth war mit einem Stauffenberg verheiratet, und Hitler hatte über alle, die diesen Namen trugen, »Sippenhaft« verhängt. Sie ging sogar in die Höhle des Löwen, ins Gestapo-Hauptquartier in der Berliner Prinz-Albrecht-Straße, um dem gleichfalls verhafteten Schwager Karl Ludwig zu Guttenberg zu helfen – vergeblich. Ohne je rechtskräftig verurteilt gewesen zu sein, wurde er kurz vor Kriegsende aus einem Berliner Gefängnis an einen unbekannten Ort gebracht und dort zusammen mit anderen Mitverschwörern von einem SS-Kommando ermordet.

Das Vorbild des heldenhaften Großonkels war für den jungen Enoch vielleicht noch herausfordernder als das des eigenen Vaters. Denn Karl Ludwig zu Guttenberg gehörte zum engsten Kreis der Verschwörer des militärischen Widerstandes gegen das Nazi-Regime, er war ein tapferer Mann, der selbst der Folter standhielt und die Namen seiner Mitverschwörer nicht preisgab. In den Gästezimmern des Schlosses hatte Enoch Nachdrucke einer Stauffenberg-Gedächtnisvorlesung auslegen lassen, die Karl Ludwigs Tochter Maria Theodora von dem Bottlenberg-Landsberg 2013 im Stuttgarter Neuen Schloss über ihren Vater gehalten hatte.

Detailliert schildert sie den Weg eines konservativen Katholiken und glühenden bayerischen Monarchisten in den aktiven Widerstand gegen das Unrechtsregime. Als Herausgeber der erzkonservativen Zeitschrift *Monarchie*, später der *Weißen Blätter – Zeitschrift für Geschichte, Tradition und Staat* kam er früh in Kontakt mit zentralen Persönlichkeiten des militärischen und zivilen Widerstandes um Admiral Wilhelm Canaris, Generaloberst Ludwig Beck und den »Kreisauer Kreis« um Helmuth James Graf von Moltke und Peter Graf Yorck von Wartenburg, die alle dem Nazi-Terror zum Opfer fielen.

»Ein Demokrat war mein Vater nicht, an dieser Erkenntnis führt kein Weg vorbei«, resümiert sie in der Schrift. In diesem Punkt sei er ebenso wenig wie viele andere Hitler-Gegner – insbesondere des konservativen Widerstandes – als Vorbild geeignet. »Aber ich glaube, dass sich der konservative Widerstand durch Einstellungen und Handlungen auszeichnet, die auch heute noch erinnerungswürdig sind. Diese Männer und Frauen nahmen die Würde des Einzelnen ernst, sie handelten verantwortungsvoll und opferbereit.«[15]

Für Enoch zu Guttenberg war die familiäre Widerstandsgeschichte im Nationalsozialismus nicht nur moralischer Kompass, sondern auch eine Art Schutzschild, wenn er für seine oft harten umweltpolitischen Attacken unter Feuer genommen wurde. Deswegen reagierte er empfindlich, wenn er wie in dem *SZ*-Artikel »Die Braungrünen« in die Nähe von Positionen der rechtspopulistischen Alternative für Deutschland (AfD) gerückt wurde. Er antwortete in einem Leserbrief: »In oben genanntem Artikel werden mein Name und mein Engagement gegen die Windkraftindustrialisierung von Naturparks und Landschaftsschutzgebieten in Deutschland zitiert und damit ohne Abgrenzung in einen Zusammenhang mit der Leugnung des Klimawandels durch die AfD und deren Umweltpolitik gebracht. […] Ich verwahre mich mit Nachdruck gegen diese Diffamierung.«[16] Fast panisch reagierte Guttenberg auf einen *Bunte*-Bericht, in dem seinem Großvater Georg Enoch die Beteiligung an der »Arisierung« jüdischen Vermögens vorgeworfen wurde.

So hoch die ethischen Ansprüche der Familie auch waren, die in dem beinahe übermenschlichen Grundsatz gipfelten, man müsse für seine Überzeugungen im ureigentlichen Sinn nötigenfalls den Kopf hinhalten – am Ende pflegte Guttenberg die kaum erfüllbaren Erwartungen an die geistig-moralische Integrität der Sippe und an sich selbst in einen relativierenden Zusammenhang zu stellen: »Mir wird oft gesagt, ich sei mutig, wenn ich meine manchmal extremen Umweltreden halte. Was ist daran mutig? In einer Demokratie gibt es Gott sei Dank nicht wirklich etwas zu befürchten.«[17]

Konfliktreich: Jugend zwischen Schloss, Weingut und Internat

Eine Jugend im Schloss, das klingt nach Paradies. Wer wäre nicht gerne in einem Schloss aufgewachsen, umgeben von Bediensteten, die einem jeden Wunsch von den Augen ablesen, und Mitschülern, denen vor Begeisterung der Mund offen steht, wenn sie zum Kindergeburtstag in das herrschaftliche Anwesen eingeladen werden. Enoch zu Guttenberg verbrachte seine Kindheit zumindest zeitweise im Schloss, in dem er am 29. Juli 1946 geboren wurde. Wobei Schloss Guttenberg wohl eher eine opulente Burganlage darstellt, eine Bezeichnung, die auch Enoch gelegentlich wählte, wenn er sich wegen der zunehmenden »Verschandelung« der Landschaft durch Windräder mit Auswanderungsgedanken trug. »Ich würde ja gerne weg, aber wir sitzen hier schließlich auf unserer Burg.«

Ob Schloss oder Burg: Die Wirklichkeit entsprach oft nicht den romantischen Vorstellungen, die man sich vom Leben in solch alten Gemäuern zu machen pflegt, und die Familienfotos, auf denen die Familie zu Guttenberg einträchtig posiert, waren nicht viel mehr als Momentaufnahmen. Allzu oft hielt sich der Vater zu politischen Geschäften in Bonn oder im Ausland auf, und der Sohn versuchte aus dem Dachfenster des Schlosses die Staubwolke zu erspähen, die der Wagen des Vaters aufzuwirbeln pflegte, wenn er endlich einmal nach Hause kam. Wechselndes Kinderpersonal kümmerte sich um den Nachwuchs; hatte es der Vater dann einmal nach Guttenberg geschafft, war das Schloss nicht selten voller Gäste, darunter Helmut Schmidt, der junge Helmut Kohl und natürlich Herbert Wehner, »der bei Nacht und Nebel kam, weil niemand wissen durfte, dass er mit meinem Vater über die Große Koalition verhandelte«.[18]

In den Fünfziger- und Sechzigerjahren machte Schloss Guttenberg noch nicht jenen makellosen Eindruck, mit dem sich Enoch zu Guttenberg später im Rahmen hochglanzbebilderter Home-Storys der interessierten Öffentlichkeit präsentierte. Es war 1908, gerade erst renoviert, bis auf die Grundmauern abgebrannt und für viel Geld (das später fehlte) wieder aufgebaut worden. Dabei war bereits wertvolles Interieur verloren gegangen. Der Krieg tat ein Übriges und brachte zudem Flüchtlinge ins Schloss, aus denen sich die später für Enoch zu Guttenberg unentbehrliche Kinderfrau Lulla rekrutierte.

In Würzburg war die Guttenberg'sche Bischofsresidenz den Bomben zum Opfer gefallen, und die Innenräume von Schloss Weisendorf bei Erlangen waren durch dort einquartierte SS-Truppen und später die Amerikaner ruiniert worden. Zu allem Unglück hatte man aus Angst vor den anrückenden Russen besonders wertvolle Gemälde, Porzellan und Silber von Guttenberg nach Weisendorf bringen lassen. »Nur weniges konnte gerettet werden«, schreibt Elisabeth zu Guttenberg.[19]

Bröselnde Behausungen

Die Bausubstanz in Weisendorf war so marode, dass Enochs Vater das Schloss, wie schon erwähnt, verschenkte. Und dass ein Wasserschloss wie Kirchlauter in den unterfränkischen Haßbergen unablässiger Pflegemaßnahmen bedarf, um nicht vor den Augen seiner Besitzer zu zerbröseln, versteht sich von selbst. Viele Schlossherren wohnen auf einer Dauerbaustelle und laufen sommers wie winters im Pullover oder im wollenen Sakko herum. Nicht, weil es sich so gehört, sondern weil die großen Räume nie richtig warm werden, wobei ein Kamin seinen knisternden Charme erst dann entfaltet, wenn das Haus eine gut funktionierende Zentralheizung besitzt, am besten natürlich, wie später in Guttenberg, klimafreundlich mit Holzhackschnitzeln beschickt.

Darüber hinaus sollte man sich bewusst sein, dass die Behausungen des landsässigen Adels – das Adjektiv »landsässig« drückt es schon aus – in der Regel abseits größerer Städte liegen. Und weil weiterführende Schulen oft nur schwer zu erreichen sind (in Guttenbergs Jugendjahren gab es weder Schulbus noch gut ausgebaute Straßen), werden die Kinder von adeligen Schlossbesitzern notgedrungen aufs Internat geschickt. So erging es auch Enoch zu Guttenberg und seinen drei Schwestern.

Zunächst brachten die Eltern den Bub in einem Schülerheim mit angeschlossener Volksschule in Algasing zwischen München und Wasserburg unter, das vom Orden der Barmherzigen Brüder geleitet wurde. Die Ordensleute, die vor allem in der Krankenpflege arbeiteten, erwiesen sich als wenig barmherzig. »Er ist da regelrecht verprügelt worden und hat wahnsinnig gelitten«, sagt Enochs Schwester Michaela von Heereman. Guttenberg selbst erinnerte sich mit Schaudern, dass sich die Buben ihre Zähne alle aus einer einzigen Wasserschüssel putzen mussten, ohne dass das Wasser gewechselt wurde.

Die Eltern erhörten schließlich die Hilferufe ihres Sohnes und ließen Enoch mit elf Jahren auf das angesehene humanistische Max-Gymnasium nach München wechseln. Dort wohnte er bei dem charismatischen Priester und Theologen Aloys Goergen, den der Vater verehrte. »Er hat unser ganzes Vertrauen. Noch nie bin ich einem Priester begegnet, der mich mehr beeindruckt hätte; der mir mehr Vorbild gewesen wäre. […] In diesem Mann brennt der Glaube. Ein Glaube, der nicht weniger aus kritischer Ratio erwächst als aus Erkenntnissen des Herzens.«[20]

Goergen gehörte zu den Mitinitiatoren der Katholischen Integrierten Gemeinde (KIG), einer anerkannten apostolischen Vereinigung innerhalb der katholischen Kirche, die aus der katholischen Jugendbewegung hervorging, sich den Idealen des Urchristentums verpflichtet sieht und Ort für ein »aufgeklärtes und unverkürztes Christentum«[21] sein will.

Zumindest nach außen erscheint die Katholische Integrierte Gemeinde sehr fortschrittlich. Man betreibt moderne Bibelexegese, unterstützt die Ökumene und betont die jüdischen Wurzeln des Christentums. Ausgangspunkt der Gründer war das Grauen der Nazi-Zeit und des Holocaust, das als Mahnung für einen grundlegenden Neuanfang auch in der Kirche verstanden wurde. Letzteres dürfte die KIG für den eingefleischten Nazi-Gegner Karl Theodor zu Guttenberg besonders attraktiv gemacht haben. Zu den prominentesten Unterstützern der Gemeinschaft gehörte Joseph Ratzinger, der sich schon als Student der Gemeinde angeschlossen hatte und ihr auch als Papst die Treue hielt.

Guttenbergs »Rasputin«

Mit der Wahl Goergens verband Enochs Vater wohl die Hoffnung, er möge dem Sohn die musikalischen Flausen austreiben und ihn in angemessener Weise auf seine Rolle als künftiger Chef des Hauses vorbereiten. Doch erreichte er schließlich genau das Gegenteil, und der Sohn kam nach der belastenden Zeit in Algasing vom Regen in die Traufe.

Enoch siebenjährig mit Jagdhorn

Guttenbergs musikalische Begabung hatte sich schon früh gezeigt. »Eigentlich stand ich, seitdem ich denken kann, im Banne der Musik. Ich konnte ihr nie ausweichen und wollte immer in ihr und für sie leben.« Schon mit vier Jahren komponierte er, saß stundenlang am Klavier, arrangierte kleine Theaterstücke, zu denen er pfiff und sang, und organisierte Hauskonzerte, bei denen die jüngere Schwester »zu meinem Klaviergeklimpere« singen musste.[22] Selbstvergessen blies Enoch auf einem Parforcehorn, das ihm Großvater Arenberg geschenkt hatte. Damit ihn die Eltern nicht hören konnten, zog er sich mit dem Instrument in den Wald zurück. Eine der Schwestern musste lauschen, ob er weit genug vom Schloss entfernt war.

Dies alles geschah zum wachsenden Missfallen des Vaters: »Er hat das nie ernst genommen und immer nur für Quatsch gehalten.«[23] Dabei waren die Eltern sehr musikinteressiert. Karl Theodor zu Guttenberg verehrte Johann Sebastian Bach, und am Karfreitag wurde die ganze Familie zusammengerufen, um gemeinsam die *Matthäuspassion* anzuhören. Musik genießen, ja, aber Musik machen, das entsprach nicht dem, was man von einem Adeligen erwartete.

Im Sinne einer radikalen Gleichheitsideologie versuchte Aloys Goergen den jungen Adeligen zu einem anderen Menschen zu formen. Enoch musste sich fortan Georg Bösl nennen und auf alles verzichten, was er gerne tat, vor allem auf die Musik. Goergen entfremdete ihn von seinen Freunden und sei-

ner Familie und bereitete dem Buben »vier schreckliche Jahre, die ich nerv-
lich und schulisch kaum durchstand«.[24] Der Geistliche habe für seine Eltern
beinahe die Rolle eines »Rasputin« eingenommen, sagte Enoch und zog damit eine Parallele zu dem angeblich wundertätigen Wanderprediger, der auf
die letzte russische Zarenfamilie einen unheilvollen Einfluss ausgeübt hatte.[25]
Die Mutter setzte schließlich durch, dass ihr Sohn nach Hause zurückkehren
konnte.

Immer wieder wurde der Verdacht laut, dass es sich bei der Katholischen
Integrierten Gemeinde um eine sektenähnliche Organisation handeln könnte.
Im Oktober 2019 berichteten die Medien über Untersuchungen von Visitato-
ren des Erzbistums München-Freising, die der KIG »über weite Strecken den
Charakter von geistlichem Missbrauch« attestierten. Unter anderem seien
Kontakte zur Herkunftsfamilie unterbunden sowie Kinder von ihren Eltern
getrennt und wechselnden Personen überantwortet worden. »Beziehungen
und Ehen wurden gestiftet und getrennt, je nachdem, ob dies der Gemeinde-
versammlung für das Gemeindeleben förderlich erschien.«[26]

Der Vollständigkeit halber ist anzumerken, dass Goergen vor der offiziellen Gründung der KIG aus der Gruppe ausschied. Er war später Honorar-
professor für Liturgik und Weltanschauung an der Akademie der Bildenden
Künste München und von 1969 bis 1975 deren Präsident. Er zählt zu den
Ehrenmitgliedern der Akademie und starb 2005 in München.

Nach seiner traumatischen Erfahrung mit Aloys Goergen ging Enoch in
Opposition, vernachlässigte die meisten Schulfächer: Wofür Mathematik,
Physik, Fremdsprachen lernen, wenn er doch nur Musik machen und reiten
wollte? Immer wieder begehrte er gegen seine Lehrer auf. Einmal ohrfeigte er
einen Pädagogen, weil er sich ungerecht behandelt fühlte, und erhielt einen
Verweis. Der Vater hatte Verständnis für die Maßregelung – wohlgemerkt die
des Lehrers durch den Sohn.

Nächste Station seiner Schulkarriere war ein Gymnasium in Deidesheim,
wohin die Guttenbergs übersiedelt waren, damit der in Bonn wirkende Vater
an den Wochenenden häufiger bei der Familie sein konnte. Enoch war jetzt
15 Jahre alt und in der Pubertät. Fast ohne Unterlass habe er komponiert,
meist nachts im Geheimen, erinnert er sich. Immer wenn die Mutter in sein
Zimmer kam, habe er den Geografieatlas auf seine Notenblätter gestellt, sagt
seine Schwester Michaela. »Es war damals ein Aufbegehren mit Hilfe der
Musik, erst heimlich, dann offen, und es gipfelte später darin, dass ich neben
meinem Studium in München ohne Wissen der Eltern ein Doppelleben begann und mir für die Musik eine zweite Existenz aufbaute.«[27]

Schulische Odyssee

Wie viele Schulen Guttenberg am Ende durchlief – die Rede ist von fünf oder sechs – muss offenbleiben. Unklar ist zudem, ob er das Abitur ablegte und, wenn ja, mit welchem Ergebnis. »Mit Mühe und Not – das heißt ohne Mühe und zur Not kam er durch«, schreibt seine Großmutter Elisabeth zu Guttenberg. Sohn Philipp meint, er habe das Abitur später nachgeholt, und Enochs Schwester Elisabeth von Stauffenberg glaubt, ihr Bruder habe womöglich nur den Abschluss einer privaten Wirtschaftsschule in München vorweisen können. Das Institut existiert bis heute und bietet unter anderem die Mittlere Reife und das Fachabitur an.

Doch um Betriebswirtschaft oder Jura studieren zu können, wie es der Vater verlangte, hätte er eine Hochschulreife vorweisen müssen. Beschwindelte er die Eltern? Jedenfalls ließ er sich fortan nicht mehr von dem Weg abbringen, den er sich vorgenommen hatte. Er wollte Komponist und Dirigent werden, koste es, was es wolle. Dieser Weg führte ihn schon bald nach Neubeuern.

Jäger, Reiter, Quertreiber: Guttenberg als Aristokrat und Enfant terrible

Enoch zu Guttenberg war ein mustergültiger Vertreter seines Standes. Er pflegte den adeligen Lebensstil in Vollendung. Doch er kannte nicht jenen herablassenden Dünkel, den Adelige zuweilen an den Tag legen. Vor allem, wenn er nicht in Guttenberg weilte, wo die ganze Last der Tradition auf seinen Schultern lag, konnte er den Habitus des Freiherrn auch ganz ablegen. In Neubeuern bei seinem Chor war er nach den mundartlichen Gepflogenheiten der Region nur der »Guttei«, gewissermaßen ein Primus inter pares.

So inbrünstig er adelige Traditionen pflegte, die Leidenschaft für die Jagd und die Reiterei, Familiensinn und Ahnenstolz und einen barocken Lebensstil, so war er immer auch das ungebärdige Enfant terrible seines Standes. Schon seine Berufswahl und sein Engagement für den Umweltschutz stießen vielen Standesgenossen sauer auf. Dazu kam seine lebenslange Kritik an der katholischen Kirche und sein spätes Bekenntnis zum Agnostizismus. Nicht zu vergessen sein vorübergehender Austritt aus der bayerischen Staatspartei CSU, für die der Vater hohe Ämter bekleidet hatte. Und ganz zum Schluss ritt er noch scharfe Attacken auf jene oft adeligen Grundbesitzer, die ihre Wälder für den Bau von Windkraftwerken öffnen, um vom Geldsegen der Energiewende zu profitieren.

Krokodil im Schwimmbad

Auf Schloss Guttenberg gibt es dem Vernehmen nach zwar kein Schlossgespenst, jedoch ein echtes Ungeheuer. Es ist mehr als fünf Meter lang und besitzt ein furchterregendes Gebiss. Enoch hatte das Krokodil Ende der Neunzigerjahre in Tansania auf einer Safari erlegt und ausstopfen lassen. Heute fristet es auf dem Dachboden des Schlosses inmitten hoher Regale mit alten Büchern ein staubiges Dasein. Es war einmal zu Höherem bestimmt.

Die Geschichte dieses Krokodils gehört zu den vielen skurrilen Einfällen des Barons und beweist einmal mehr seine Liebe zur Inszenierung. Enoch scheute nämlich weder Mühe noch Kosten und ließ in die Wand eines kleinen Privatschwimmbades am Fuße der Schlossmauern unter Zuhilfenahme eines Architekten eine Art Vitrine stemmen. Darin sollte das Reptil hinter einem Glasfenster die Badegäste erschrecken. Damit es exakt in die Wandhöhlung hineinpasste, musste ihm der Präparator sogar eine bestimmte Krümmung verpassen. Doch der physikalische Effekt, dass man unter Wasser durch eine Glasscheibe nichts sieht, machte das Vorhaben zunichte, das Tier landete auf dem Speicher.

Für die meisten Adeligen ist eine Jagd, ob alleine oder in Gesellschaft, die natürlichste Sache der Welt, heilige Pflicht geradezu. Johannes Rogalla von Bieberstein nennt sie neben dem heute in unseren Breiten etwas aus der Mode gekommenen Kriegshandwerk die »adelige Betätigung par excellence«. Der »passionierte Jäger«, der den als Jäger verkleideten »Schießer« und den Sonntagsjäger mit Verachtung strafe, lasse gewissermaßen den zivilisierten Menschen hinter sich und rufe »Instinkte wach, die er mit dem Tier gemein hat«. Aus der Zivilisation, so Bieberstein, tauche er gewissermaßen in die Natur ab und erfahre so ein Naturerlebnis, das dem als Spaziergänger durch den Wald laufenden Zivilisationsmenschen fremd sei.[28]

An der Frontstellung von Jagdgegnern und Jagdbefürwortern hat sich seit den Zeiten, als die Jagd dem Hochadel vorbehalten war, wenig geändert – ungeachtet einer oberflächlichen Verwissenschaftlichung des Metiers mit Wildmanagementplänen, Abschussquoten, peniblen Hygienevorschriften und der regelmäßigen Erhebung von »Verbissschäden«. Wie viel Wild der Wald vertrage und ob man den Wald vor dem Wild schützen müsse, ist eine heiß diskutierte Frage, bei der Enoch zu Guttenberg zum Missfallen vieler Umweltschützer eisern für den Grundsatz »Wald und Wild« statt »Wald vor Wild« eintrat.

Die Jagd war Enochs Art und Weise, der Natur, die er liebte, am nächsten zu sein. Mehr oder weniger zweckfreie Genusswanderungen nach Art städtischer Naturfreunde waren seine Sache nicht. Doch er sei kein Tro-

Jagdglück im Hochgebirge

phäenjäger gewesen, sagt sein Sohn Philipp. Immer sei es dem Vater um das »Gesamterlebnis« gegangen. Der hier dokumentierte Schnappschuss einer erfolgreichen Gamsjagd in den steierischen Alpen macht den Eindruck, als handele es sich um eine leicht kitschverdächtige Szene aus einem Heimatroman Ludwig Ganghofers.

Paradies in der Steiermark

Die Familie zu Guttenberg besaß und besitzt unterschiedliche Jagdgründe. Die großen Gesellschaftsjagden mit Dutzenden von Gästen, die von den Damen des Musikbüros (!) minutiös geplant wurden, inklusive der exakten Zuteilung diverser Hochsitze auf die Jäger, fanden in den Wäldern rund ums Schloss statt. Als das prosperierende Rhön-Klinikum Geld in die Kassen brachte, pachtete Guttenberg von den Österreichischen Staatsforsten ein Hochgebirgsrevier im Tennengebirge im Salzburger Land, das er später wieder aufgab, als die Familie in Radmer in der Steiermark vom ehemaligen Herrscherhaus Habsburg knapp 4000 Hektar Wald erwarb, in einem Hochgebirgstal am Rande des Nationalparks Gesäuse.

Ein alpines Revier mit Hirschen, Rehen und Gämsen ist für passionierte Jäger wie Guttenberg das Paradies. Noch dazu, wenn es sich um ein nachgerade traumhaftes Fleckchen Erde handelt, in dem die Zeit still zu stehen scheint. Nach Radmer zog sich Guttenberg zurück, wenn er der Welt entfliehen wollte. Bei dieser Gelegenheit gelang es ihm auch, sein Mobiltelefon abzuschalten. Er wohnte dann in einem ehemaligen Forsthaus, das von Frauen des Dorfes bewirtschaftet wurde und im traditionell alpenländischen Stil eingerichtet war.

Im weitläufigen Revier verteilt waren einfache Jagdhütten, in denen man nächtigen konnte. Dem Förster und Naturschützer Johannes Bradtka, der Guttenberg für ein paar Tage auf der Jagd in Radmer begleitete, fiel auf, dass diese Hütten zwar weder über fließendes Wasser noch über elektrischen Strom verfügten, jedoch standesgemäß mit Porzellan ausgestattet waren, das die Initialen der Guttenbergs trug.

Nicht immer stubenrein: Guttenbergs Hunde

Guttenberg frönte in Radmer einem bodenständigen, aber dennoch stilvollen Leben. Nach der Jagd putzte Bradtka, so erinnert er sich, die Waffen, während Guttenberg seine Partituren studierte und die Berufsjäger eine rustikale Brotzeit vorbereiteten. Gemeinsam wusch man sich im Freien an einem Wassertrog, wobei Guttenberg ohne Scham die Hüllen fallen ließ; nachts schliefen die Jagdhunde im Bett ihres Meisters. Bradtka erinnert sich an ein kleines Malheur. Einer der Hunde habe wohl etwas gefressen, was ihm nicht bekommen sei. Mitten in der Nacht sei Guttenberg plötzlich in heller Aufregung gewesen. »Das Vieh hat ins Bett gekotzt!«

Zu seinen Jagdhunden pflegte Guttenberg ein vertrauensvolles Verhältnis und tat es dabei dem Vater gleich, der für seine diversen Dackel durchs Feuer gegangen wäre. Boczs (gesprochen: Botsch), ein ungarischer Vizsla, und der Bayerische Gebirgsschweißhund Schnaubi nächtigten auch im Schloss zusammen mit ihrem Herrn in der ehemaligen Bettstatt des Fürstbischofs, obwohl im ganzen Haus große Hundekörbe verteilt waren, und tranken der Einfachheit halber direkt aus dem Klo.

Einen eigenen Hundeerzieher wie zu Zeiten des Vaters gab es zwar nicht mehr. Doch auch Enoch zu Guttenberg verstand sich auf die Abrichtung von Jagdhunden, die streng genommen Nutztiere sind. Er brachte ihnen Kunststücke bei, mit denen er seine Gäste in ungläubiges Staunen versetzte. Eines davon nannte sich »Rohrdommel«: Guttenberg hielt Boczs dazu an, seinen Kopf steil nach oben zu strecken in der Art einer Rohrdommel, die sich zur Tarnung im Schilf kerzengerade mit dem Schnabel nach oben aufrichtet. Dann ließ er das Tier eine Praline auf der Schnauzenspitze balancieren. Auf das Kommando »Rohrdommel« warf Boczs die Leckerei hoch in die Luft, um sie zielsicher aufzufangen und genüsslich zu verspeisen.

Dass sich Guttenbergs Jagdleidenschaft nicht auf heimisches Wild beschränkte, wurde bereits erwähnt. Diverse Trophäen in den Gängen des Schlosses zeugen von seinen Safaris durch Afrika und Amerika, darunter neben erwähntem Krokodil auch ein Bär, ein Zebra und ein Löwe. Um das Jahr 2004 gab er die Jagdexkursionen in ferne Länder auf, weil er aus Gründen des Klimaschutzes nicht mehr »zum Vergnügen« fliegen wollte.

Seine Safaris hängte er nicht an die große Glocke, obwohl er überzeugt war, keine ökologische Todsünde begangen zu haben. Im Gegenteil war er der Auffassung, dass nachhaltig betriebene Großwildjagd eine Artenschutzmaßnahme sei. Durch die teuren Jagdlizenzen würden die Wildtiere in Wert gesetzt mit der Folge, dass die Einheimischen sie schützten, um nicht eine wichtige Einnahmequelle versiegen zu lassen.

Kutschbock-Diplomatie
Guttenberg übte den Pferdesport in zweierlei Form aus: Er war nicht nur ein glänzender Dressurreiter, sondern verstand es auch, eine Kutsche zu lenken. Der Fahrtsport steht immer etwas im Schatten der Spring- und Dressurreiterei, ist jedoch keinesfalls anspruchslos. Wenn Guttenberg auf dem Kutschbock seines Zweispänners saß und seine Runden um das Schloss drehte, brachte er Pferde und Mitfahrer gehörig ins Schwitzen. Er verlor auch nicht seine beiden Hunde aus dem Auge, die der Kutsche hechelnd folgten.

Fuhr Guttenberg alleine, musste immer sein treuer Pferdeknecht Hotte auf dem Rücksitz Platz nehmen, falls die Pferde stürzten oder die Kutsche umfallen sollte, was hin und wieder passierte und einen Eindruck von jenen Gefahren vermittelte, denen Reisende in vormoderner Zeit ausgesetzt waren. Die Vorsichtsmaßnahme war Folge eines schweren Unfalls, der den Baron möglicherweise das Leben gekostet hätte: Guttenberg war mitsamt der Kutsche in Richtung eines kleinen Baches gekippt, lag mit dem Kopf im Wasser und hätte beinahe das Bewusstsein verloren. Glücklicherweise stieß ihn Boczs so lange mit der Schnauze ins Gesicht, bis er wieder zu sich kam. So jedenfalls schilderte er selbst die Nahtoderfahrung.

Doch meist teilten Freunde, Journalisten oder sogar hohe Politiker den ausgesetzten Platz auf dem Kutschbock, darunter Markus Söder in seiner Zeit als bayerischer Umweltminister sowie die Linken-Politiker Oskar Lafontaine und Sahra Wagenknecht. Untermalt von Hufgetrappel und Peitschenknall nutzte Guttenberg die lockere Atmosphäre, um die beiden erfahrenen Klassenkämpfer von den angeblich existenzgefährdenden Auswirkungen einer Wiedereinführung der Vermögenssteuer zu überzeugen: Kutschbock-Diplomatie. Dabei genoss er die Blicke der Einheimischen, die sich die Au-

Kutschpartie

gen rieben, als sie den Ex-SPD-Chef und die Ex-Kommunistin zusammen mit »ihrem« Baron erspähten.

»Eunuch« zu Guttenberg

Bevor sich Guttenberg der Dressurreiterei und der »Hohen Schule« zuwandte, war er ein ambitionierter Springreiter. An diese Zeit erinnert ein respektloser Spitzname, der Guttenberg bis an sein Lebensende anhaftete. Damals ritt Enoch für einen Reitverein in Ludwigshafen, unweit des zum Familienbesitz zählenden Weingutes Buhl in Deidesheim. Auf einem Turnier habe das Pferd ihres Bruders, Nico, die Startnummer 175 zugewiesen bekommen, erinnert sich Michaela Heereman. »Da hat sich der Mann am Lautsprecher einen Witz erlaubt ... Eunuch zu Guttenberg auf der Nummer 175. Ich war damals noch zu klein, um den Zusammenhang herzustellen zum ›Schwulenparagrafen‹ 175, aber ich kann mich erinnern, dass es einen Riesentrubel gab.«

So harmlos, wie sie heute klingt, war die Anekdote nicht: Der Paragraf, der vor allem in der NS-Zeit vielen Männern Leid und Tod brachte und auch unter Adenauer zu zahlreichen einschlägigen Verurteilungen führte, wurde in Westdeutschland erst von der Regierung Brandt entschärft und nach der Wiedervereinigung ersatzlos gestrichen. Guttenberg pflegte zu Homosexuellen wie seinem langjährigen und offen schwul lebenden Butler und Fahrer Jürgen Candolfi ein unverkrampftes Verhältnis, obwohl weder sein Vater noch sein Kompositionslehrer und prägendes Vorbild Karl von Feilitzsch

Verständnis für gleichgeschlechtliche »Extravaganzen« aufgebracht hatten. Doch obsiegte hier Guttenbergs Libertinage in Sachen Körperlichkeit (»ich hatte immer einen sehr aktiven Unterleib«), die sich auch darin ausdrückte, dass er keine Scham zeigte, sich vor einem Fernsehteam des Bayerischen Rundfunks bis auf die Unterhose auszuziehen, um, wie immer vor seinen Konzerten, ein kaltes Bad zu nehmen.

Hohe Schule

Die Eunuch-Episode war jedoch nicht der Grund dafür, dass Guttenberg das Springen aufgab und zur Dressur wechselte – ohne seine hohen Ansprüche an die eigenen reiterlichen Leistungen wie die seiner Pferde zurückzuschrauben. Irgendwann habe ihr Bruder einfach mehr Spaß an der Dressur als an der Springerei gehabt, sagt Michaela von Heereman. »In der Dressur müsse man, wie sich Enoch immer ausdrückte, ›Musik in der Hose‹ haben, das heißt, bei den hohen Lektionen muss man dem Pferd den Takt vorgeben, sich aber gleichzeitig auf das Bewegungsgefühl des Tieres einlassen. Es ist, wenn es gut geht, wie beim Paartanz, das geht ja auch nur, wenn man über Rhythmus und Taktgefühl verfügt – und das hatte Enoch ja in der Tat.«

Sicher spielte beim Umstieg auf die Dressur auch die nicht zu unterschätzende Unfallgefahr beim Springen eine Rolle. Guttenberg war im Laufe seiner reiterlichen Karriere diverse Male vom Pferd gefallen und hatte sich schwere Blessuren zugezogen: Einmal riss bei einem Turnier der Sattelgurt, ein andermal kam sein Pferd bei einem Ausritt rund ums Schloss ins Straucheln, stürzte und begrub den Reiter unter sich.

Dressurreiten ist zwar weniger gefährlich als das Springen über mehr als zwei Meter hohe Hindernisse, doch vor allem in seiner anspruchsvollsten Form, der »Hohen Schule«, nicht von heute auf morgen zu erlernen. »Und es ist dabei völlig egal, ob im Sattel ein Baron sitzt«, wie Guttenbergs Reitlehrer Harald Witt seinem Schüler einmal mitgab. Witt hatte sein Handwerk auf der Deutschen Reitschule im niedersächsischen Warendorf (»Stadt der Pferde«) gelernt, dem Mekka der deutschen Reiterei. Später unterhielt er in der Nähe von Schloss Guttenberg eine Reitschule und unterrichtete Karl-Theodor zu Guttenberg junior, als dieser in Bayreuth seinem Jurastudium nachging. Er habe viel Einfühlungsvermögen gehabt, der junge Baron. Doch ein echter Pferdenarr sei er nicht gewesen.

Ganz anders der Vater, der auch im Sattel überaus ehrgeizig gewesen sei. »Er wollte immer die schwersten Lektionen reiten. Es konnte ihm nicht schnell genug gehen«, erinnert sich Witt. Mehr als einmal musste ihm der erfahrene Lehrer klarmachen, dass Reiterei »kein Kampfsport« sei und man

Zu Pferd

im Zusammenspiel mit einem optimal ausgebildeten und hochsensiblen
Pferd nichts erzwingen könne. Nach einiger Zeit beherrschte der Baron die
wichtigsten Lektionen der Hohen Schule wie Passage, Pirouette, Piaffe und
diverse Galoppwechsel. Pferd wie Reiter verlangen solche Übungen höchste
Konzentration ab.

Das letzte Dressurpferd Enoch zu Guttenbergs war ein für Grand-Prix-
Turniere ausgebildeter Oldenburger namens Down Under. Der Baron, der
für seine Pferde immer Namen aus dem Bereich der Musik wählte, nannte
das edle Ross zuerst Tamino und taufte es dann auf Papageno um. Vielleicht
erschien ihm der quirlige Vogelfänger aus Mozarts *Zauberflöte* passender als
der Prinz, weil Down Under / Tamino / Papageno als Nachkomme des bekannten Dressurvererbers Donnerhall über eine in Reiterkreisen bekannte
Unberechenbarkeit verfügte.

Wenn sich der Baron in Guttenberg aufhielt, nahm er jeden Morgen im
eleganten Reiterdress eine einfache Mahlzeit in der Schlossküche ein und ging
dann hinüber zu seiner mit einer Lautsprecheranlage ausgestatteten Reithalle,
in der das Pferd gesattelt und aufgezäumt bereitstand, inklusive eines Sche-
mels zum bequemeren Aufsitzen. Zu den Klängen Bach'scher Musik ritt
Guttenberg eine Stunde lang seine Lektionen, danach waren Pferd und Reiter
schweißgebadet.

Adelspflichten: Glanz, Glauben und Generosität

Dass Licht einmal Luxus war, kann man sich angesichts allgegenwärtiger »Lichtverschmutzung« kaum noch vorstellen. Bei Enoch zu Guttenberg konnte man dieser fernen Zeit nachspüren: Zu besonderen Anlässen oder wenn ihm selbst danach zumute war, ließ der Baron die Decken- und Wandleuchter im Großen Saal mit Wachskerzen bestücken. Im flackernden Kerzenschein wirkten die Ahnenbilder aus 450 Jahren Familiengeschichte noch geheimnisvoller als bei Tageslicht.

In seinem oberfränkischen Stammschloss pflegte Guttenberg einen herrschaftlichen, beinahe höfischen Lebensstil. In den anderen Dependancen des Barons ging es lockerer zu. Hier changierte das Ambiente zwischen großbürgerlich (Neubeuern), ländlich-rustikal (Radmer), Sommerfrische (Herrenchiemsee) und familiär-leger (Maising).

»Haushalt war nichts für ihn«
Ohne Personal lässt sich ein Schloss nicht bewirtschaften, vor allem wenn man wie Enoch zu Guttenberg einen Hang zum Perfektionismus besitzt. Zu seinem Hausstand gehörte immer auch ein persönlicher Butler. Fast 30 Jahre lang versah diese Aufgabe Jürgen Candolfi. Bevor er 1988 in Guttenbergs Dienste trat, hatte er zusammen mit seinem damaligen Lebensgefährten die Opernhauskantine in Hannover betreut. Candolfi hieß damals noch Jürgen Lutter, nahm aber später den Familiennamen seines neuen Partners an, eines Schweizers, den er 2001 heiratete.

Candolfi war Leibdiener, Fahrer und Seelentröster, »Mädchen für alles«, wie er über sich selbst sagt. Er organisierte den Haushalt, sorgte für die Mahlzeiten und kümmerte sich um die Garderobe des Barons. »Was den Haushalt anging, das war nichts für ihn. Er musste es nie, hat es nicht gelernt und auch nie gewollt. Es war immer jemand da. Und wenn niemand da war, gab es eben nichts.« Später habe Guttenberg immerhin gelernt, sich ein Spiegelei zu braten und die Kaffeemaschine zu bedienen.

Ein Feinschmecker im engeren Sinne war Guttenberg nicht. Von gelegentlichen Abstechern in die Luxusgastronomie (Kaviar, Edelkrebse) abgesehen, bevorzugte er solide Hausmannskost mit hohem Wildanteil, wobei gebackener Karpfen, eine fränkische Spezialität, nicht fehlen durfte. Im oberbayerischen Neubeuern traten an die Stelle des Karpfens der regionaltypische Schweinsbraten, Leberkäs mit Ei und Bratkartoffeln und Schuxn, ein freitägliches Schmalzgebäck.

Der kindlich-nostalgischen Ader des Chefs entsprechend, gab es manche

Speise, die man unter gastronomischen Denkmalschutz stellen müsste, etwa »Mohr im Hemd«, ein in Schlagsahne eingehüllter Schokoladenpudding. Immer »mit viel Hemd«, wie Guttenberg sagte. Eine weitere süße Lieblingsspeise des Barons waren Crêpes »Goldener Hirsch«, dünne Pfannkuchen mit Karamellsauce und Schlagsahne. Das Rezept für die Spezialität des Salzburger Traditionshotels »Goldener Hirsch« hatte Guttenberg dem Patron abgeluchst.

Käse-Attacke des Welfen-Prinzen

Ob Guttenberg im »Hirschen« gerade seine geliebten Pfannkuchen aß, als ihn ein von Ernst August von Hannover abgefeuertes Mozzarella-Bällchen traf, ist nicht bekannt. Doch die Geschichte der Käse-Attacke im Beisein von Ernst Augusts Ehefrau Caroline ging breit durch die Presse. Guttenberg hatte dem Prinzen im Restaurant eine öffentliche Standpauke gehalten und ihm vorgeworfen, sein rüpelhaftes Verhalten, mit Käse um sich zu werfen, bringe den Adel in Verruf. Der Welfe soll sich später wiederum über Guttenberg mokiert haben, weil sich der fränkische Baron im gleichen Stand wähne wie der Nachfahre eines einstmals regierenden Hauses.[29]

Jürgen Candolfi kannte jede von Guttenbergs Schrullen, darunter seine eiserne Gewohnheit, vor jedem Konzert sowie in der Pause ein kaltes Bad zu nehmen. »Er konnte stinksauer werden, wenn es keine Möglichkeit für ein Bad gab oder wenigstens eine kalte Dusche.« Wie beim Rheingau-Musikfestival in Kloster Eberbach. »In der Konzertpause sind wir zum Entsetzen des Intendanten fluchtartig zurück ins Hotel gefahren, wo die Wanne schon eingelassen war. Das brauchte er eben. Und dabei durfte ihm keiner in die Quere kommen.«

Candolfi war der Einzige, der in der Pause von Guttenbergs Konzertauftritten, ob daheim oder auf Tournee, Zutritt zum Allerheiligsten hatte: dem Dirigentenzimmer. In der Berliner Philharmonie habe er einmal sogar den damaligen Bundespräsidenten Richard von Weizsäcker abweisen müssen. »Der hat sich über die Abfuhr natürlich etwas echauffiert, kam jedoch nach dem Konzert wieder, entschuldigte sich und meinte, soviel Verständnis hätte er haben müssen, dass man einen Dirigenten in der Pause nicht stört.«

Großen Wert legte Guttenberg darauf, dem Personal »auf Augenhöhe« zu begegnen. Dabei folgte er einmal mehr dem Beispiel des Vaters. Als einmal dessen langjähriger Diener eine wertvolle Porzellanskulptur fallen ließ, habe der Alte keine Miene verzogen. »Mein Vater hat auch immer der Köchin oder dem Dienstmädchen den Vortritt gelassen, weil für ihn jede Frau eine ›Dame‹ war.« Im Hause Guttenberg war es üblich, dass die Kinder gelegentlich zu Dienerarbeiten angehalten wurden. »Ich sollte Achtung vor dieser Arbeit bekommen, aber vor allem vor den Menschen, die sie verrichten. Mit Karl-Theodor und Philipp habe ich es später genauso gemacht.« Natürlich gab es auch Auseinandersetzungen mit Angestellten, die zu meist kurzzeitigen Zerwürfnissen führen konnten. In solchen Momenten konnte er, zur Stützung seiner Autorität, auch den Freiherrn herauskehren. Doch wenn seine Wut verraucht war, packte ihn oft sein schlechtes Gewissen, und er entschuldigte sich für den rauen Ton. Mit einem Musikkritiker, der ihn in seinen Augen schwer beleidigt hatte, kam es sogar zu einer Art Versöhnungsessen.

Bewohntes Museum

Zu Lebzeiten Guttenbergs glich das Stammschloss einem bewohnten Museum. Der einzige Zugang zu der weitläufigen Anlage führt durch zwei befestigte Tore, die noch an die einstige Adelsburg erinnern. Dahinter öffnet sich ein großer Innenhof, um den sich das »Hohe Haus« und das »Lange Haus« als Wohntrakte, die Schlosskirche und ein ehemaliger Pferdestall, heute Garage für den motorisierten Fuhrpark, gruppieren. Im Laufe der Jahre, vor allem beim großen Brand von 1908 ging vieles verloren, doch atmet das Schloss immer noch die Geschichte von Jahrhunderten.

Der Waffensaal im Erdgeschoss und der Große Saal mit der Ahnengalerie im ersten Stock sind Orte für große Feste und Familienfeiern, die Guttenberg mit Liebe zum Detail regelrecht inszenierte. Intimer ist der Kleine Saal mit einem wertvollen Gobelin, der Diana bei der Jagd zeigt und aus fürstbischöflichem Besitz stammt. Die Wände in den sieben Salons, die langen Gänge, sogar die Toiletten sind geschmückt mit Jagdtrophäen, Ölgemälden, alten Stichen und allerlei Trouvaillen. Herzkammer des Schlosses war zu Lebzeiten Guttenbergs das Musikzimmer mit einem Bechsteinflügel und der umfangreichen Partiturensammlung des Barons.

Das Schloss ist auch ein gar nicht so kleines Hotel und bietet Platz für 40 Gäste; jedes Zimmer ist auf individuelle Weise eingerichtet, darunter das »Papageienzimmer« mit einem alten Vogelkäfig an der Decke oder das »Bischofszimmer« mit Möbeln des Würzburger Fürstbischofs Johann Gottfried zu Guttenberg (1645–1698). Der Schlossherr war immer auf der Suche nach schönen Dingen, die er meist auf Auktionen erstand. Bevorzugte Sammelgebiete: sakrale Kunst und Porzellan, darunter Figuren, die mit der Jagd zu tun hatten.

Enoch zu Guttenberg hatte keine ausgeprägte Vorliebe für eine bestimmte Stilrichtung. »Je nach Objekt oder Raum hat er sich genau an einen Stil gehalten und sich dann ›ausgetobt‹«, sagt Philipp zu Guttenberg. Alles, was an die heutige Zeit erinnert, wusste Guttenberg zu verstecken oder zu kaschieren, wie den Fernseher in seinem Arbeitszimmer, der hinter einem alten Gemälde verborgen war, das auf Knopfdruck nach oben gefahren werden konnte. »Zur Moderne hatte mein Vater keinen Bezug.« Das galt auch für die im alten Stil nachempfundenen Badezimmerarmaturen. »Unpraktisch wie die Pest«, sagt Candolfi. »Wer das putzen muss ... aber es sieht gut aus.«

Vom Traditionskatholiken zum Agnostiker

Eigentlich sollte man annehmen, dass Guttenbergs traumatische Erfahrungen mit geistlichen Erziehungsanstalten und Pädagogen zu einer nachhaltigen Entfremdung von der katholischen Kirche und ihrem Personal hätten führen müssen. Doch dies war zunächst nicht der Fall, die Wurzeln der Familie im Christentum katholischer Prägung reichten zu tief, als dass er sie mir nichts, dir nichts hätte kappen können. Und er wollte dies auch nicht. Guttenbergs spätere Entfernung von einem Glauben an einen persönlichen Schöpfergott, sein Weg zum Agnostizismus, war auch kein Willensakt, sondern der lange Weg einer Entfremdung.

Zugleich jedoch erwachte in Guttenberg eine Sehnsucht nach dem verlorenen Kinderglauben. Und die kurzen Momente, wenn er beim Musizieren Bach'scher Meisterwerke den Glauben meinte wiedergefunden zu haben, schilderte er immer als beglückende Erfahrung. Doch nach dem Verklingen des letzten Tons verlor sich der Zauber wieder. Schließlich brachte er seine Einstellung auf folgende Formel: Sein Kopf sage nein, sein Bauch ja zum Glauben. Diese Diskrepanz vermochte er bis zu seinem Lebensende nicht aufzulösen.

Die Großmutter und »Resl« von Konnersreuth

In Guttenbergs näherer familiärer Umgebung wurden die überlieferten Gewissheiten nicht infrage gestellt. Vor allem Enochs Großmutter väterlicherseits, Elisabeth zu Guttenberg, geborene Freiin von und zu der Tann-Rathsamhausen, war eine zutiefst spirituelle Persönlichkeit mit Hang zum Mystizismus. Sie verehrte Therese von Konnersreuth, eine Bauernmagd, die durch regelmäßig wiederkehrenden Stigmata seit den Zwanzigerjahren bis zu ihrem Tod im Jahr 1962 viele Pilger in den kleinen Ort in der Oberpfalz zog.

Elisabeth von Guttenberg besuchte die heftig umstrittene »Resl« mehrfach in Konnersreuth und lud sie auch nach Schloss Guttenberg ein. Kurz nach dem Tod ihres an der Ostfront gefallenen Sohnes Philipp Franz will sie »Resl« im Münchner Liebfrauendom gesehen haben, die sich jedoch zu dieser Stunde in Eichstädt aufgehalten haben soll. Sie deutete das als Zeugnis der

»Bilocation«, der ihr zugeschriebenen übersinnlichen Fähigkeit, an zwei Orten zugleich auftreten zu können.[30]

Später berichtete sie davon, am Grab von Papst Pius XII. im Petersdom zu Rom von einem »leuchtend weißen Licht« umfangen gewesen zu sein, wie sie es zuvor im Sterbezimmer ihres 1940 unter nicht ganz geklärten Umständen – möglicherweise fiel er einem Mordanschlag der Nazis zum Opfer – verstorbenen Mannes Georg Enoch erlebt habe.[31]

Nach dem Krieg bereiste sie die USA, um dort im Auftrag der Caritas Geld- und Sachspenden für Flüchtlinge zu sammeln, leitete verschiedene Hilfswerke und war im Katholischen Frauenbund aktiv. Enoch lernte in ihrem Münchner Haus den Komponisten und Philosophen Karl von Feilitzsch kennen, der ihn prägte wie kein anderer.

Elisabeth von Guttenberg starb 1998. Ihren Mut und ihre Kraft, ihren von NS-Schergen bedrohten Familienangehörigen beizustehen, bezog sie in erster Linie aus ihrem unerschütterlichen Glauben.

Gelebte Ökumene

Seit dem Mittelalter sind die Guttenbergs in ihrem Heimatort kirchliche Patronatsherren. Sie haben das Recht, den jeweiligen Pfarrer zu präsentieren, müssen im Gegenzug einen Teil der Baulast der Dorfkirche St. Georg tragen. Als das Recht der Feudalherren erlosch, nach dem Grundsatz »cuius regio, eius religio« auch das Bekenntnis ihrer Untertanen zu bestimmen, und die freiherrliche Familie zum Katholizismus zurückkehrte, blieb die Gemeinde evangelisch. Das führte zu dem Kuriosum, dass heute ein Katholik Patronatsherr einer evangelischen Kirche ist. Für Enoch zu Guttenberg war dies Ausdruck »gelebter Ökumene«.[32]

Mit dem Patronat sind auch freiwillige soziale Leistungen verbunden, darunter viele Jahre die Einladung der gesamten Kirchengemeinde zum alljährlichen Krippenspiel im Schloss. Zudem finanzierte Guttenberg einen Teil der Pfarrstelle, damit der Geistliche wegen der geringen Zahl der Kirchenmitglieder nicht abgezogen würde. Die katholische Kirche in Guttenberg, die Schlosskirche, wird vom nahen Franziskanerstift Marienweiher seelsorgerisch betreut, gegen dessen einst drohende Auflösung Guttenberg erfolgreich gekämpft hatte.

Auf der Patronatsbank der evangelischen Kirche sah man den Baron nur selten. Wenn, dann feierte er den Gottesdienst in der Schlosskirche, wobei er Wert darauf legte, dass die Messe nach altem Ritus auf Latein gehalten wurde. Von der Bibliothek führt ein kleiner Gang direkt zu einer Empore im Kirchenschiff. Legendär war dort ein Auftritt von Enochs Vaters, der stets mit seinem Dackel zur Messe kam. Einmal schlief das Tier bei der Sonntagspredigt ein und begann zu schnarchen. Als sich der Pfarrer despektierlich räusperte, weil er meinte, der Schlossherr selbst sei bei seinen Worten sanft entschlummert, hob der Baron den Hund demonstrativ über die Brüstung, um zu zeigen, wer sich den Fauxpas hatte zuschulden kommen lassen.

Dass sich der Sohn im Kielwasser des konvertierten Traditionskatholiken Feilitzsch zum tridentinischen Ritus bekannte und die Liturgiereform des Zweiten Vatikanums ablehnte, kann man auch als Akt der Opposition gegenüber den Eltern deuten, die, wie seine drei Schwestern, die allesamt Theologie studierten, die Reformen des Konzils als zeitgemäße und notwendige Erneuerung der Kirche betrachteten. Aus dem gleichen Grund begeisterten sich die Eltern auch für die Integrierte Gemeinde und Aloys Goergen, der dem Sohn so zugesetzt hatte.

Zeitlebens trauerte Guttenberg um die »schöne, alte Liturgie«, bei der der Priester am Hochaltar auf Lateinisch zelebrierte. Ihn grauste, dass nicht zuletzt durch die Einführung von Volksaltären die Kirchen zum ästhetischen Schlachtfeld zeitgenössischer Sakralkünstler geworden waren. »Aus der Idee, die Kirche den Menschen näherzubringen, ist heute oft eine vordergründige Ein-Mann-Show oder ein seichtes Klampfenritual geworden mit Messen, die eher an Sparkassenveranstaltungen erinnern«, sagte Guttenberg ungnädig. »Im Grunde steckt in all dem dieselbe Anmaßung wie in unserem Umgang mit Natur und Technik: Wir machen und tun, bis wir alles abgeschafft haben, was uns heilig ist, und uns selbst dazu.«[33]

Guttenbergs offensives Bekenntnis zur alten Liturgie war ein Streitthema nicht nur mit seinen Schwestern, sondern auch mit Beate Seitz-Weinzierl, der Frau seines Freundes und ökologischen Kampfgefährten Hubert Weinzierl. »Ich habe ihm immer gesagt, dass er nie die moderne Theologie kennengelernt habe. Und dass man, wenn man am alten Ritus festhält und das Vatikanum verleugnet, das die Kirche zur Welt hin geöffnet hat, wirklich nur vom Glauben abfallen kann«, erinnert sie sich.

Fontgombault

In der Nähe von Tours in Mittelfrankreich befindet sich am Flüsschen Creuse die uralte Benediktinerabtei von Fontgombault. Sie gilt als Hort des französischen Fundamentalkatholizismus. Hier wird bis heute ausschließlich auf Latein zelebriert und der gregorianische Choral gepflegt. Guttenberg hielt sich in den Siebzigerjahren zu Tagungen und religiösen Exerzitien in der Abtei auf und war eng befreundet mit dem damaligen Abt Jean Roy, den er auch in Guttenberg empfing.

Als Guttenberg erstmals in Fontgombault war, sei er sofort in diesen Ort verliebt gewesen, in die ehrwürdige romanische Kirche, den gregorianischen Gesang und die Achtung der Mönche vor der traditionellen Liturgie, schreibt ein Mitglied des Konvents in einer nach Guttenbergs Tod verfassten Hommage an den Baron.[34] Einmal verbrachte er fast einen ganzen Monat in Fontgombault, in einem »bescheidenen Zimmer, kaum zu vergleichen mit dem Komfort in Schloss Guttenberg«, berichtet der Zeuge. Allerdings habe sich der Baron noch ein weiteres, etwas abseits gelegenes Zimmer ausbedungen, wo er Schallplatten hören und ungestört seinen musikalischen Studien nachgehen konnte.

Der Kontakt zu Jean Roy und dem Kloster war durch den deutschen Diplomaten Klaus Dohrn und den Salzburger Philosophieprofessor Balduin Schwarz zustande gekommen. Beide waren aus ihrer tiefen christlichen Bindung heraus überzeugte Gegner des NS-Regimes gewesen, Dohrn war zudem ein Vertrauter Konrad Adenauers und Karl Theodor zu Guttenbergs. Sein Sohn versuchte, die Mönche dafür zu gewinnen, auf seinen Ländereien in Oberfranken eine Niederlassung des Ordens zu gründen, doch das Vorhaben zerschlug sich, weil der Orden bereits andere Pläne für Neugründungen hatte.

Bei den Treffen und Gesprächen Enoch zu Guttenbergs mit den französischen Mönchen ging es nicht nur um religiöse und politische Fragen, sondern auch um – die Jagd. Zwei fachgerecht präparierte Felle von Wildschweinen, die im Wald rund um Guttenberg von den Patres erlegt wurden, zieren noch heute die Wände des Klosters.

Das letzte Zusammentreffen mit Abgesandten des Kloster von Fontgombault dürfte einige Jahre später in Paris stattgefunden haben. Guttenberg hatte den neuen Abt Antoine Forgeot in die berühmte Salle Pleyel eingeladen, wo er Bachs *Johannespassion* dirigierte. »Es war eines der bewegendsten Konzerte, an denen ich jemals teilgenommen habe, und ich bewahre es immer noch in meinen Augen, meinen Ohren. Hier offenbarte sich seine ganze Seele, er lebte geistig und körperlich das, was er singen und spielen ließ.«[35]

Guttenberg und die Amtskirche

Deutliche Risse in Guttenbergs Verhältnis zur katholischen Amtskirche und vor allem zum Klerus zeigten sich, als er lange Zeit vergeblich darum warb, die Kirche möge sich für politische Anliegen wie den Umweltschutz öffnen. Seine diesbezüglichen Reden und scharfen Auseinandersetzungen mit der Amtskirche bis hinauf zum damaligen Münchner Erzbischof Joseph Kardinal Ratzinger werden in einem späteren Kapitel ausführlich behandelt. Auch die ablehnende Haltung von Papst Paul VI. zur Empfängnisverhütung, die ihm den Spitznamen »Pillen-Paul« eintrug, stieß bei Guttenberg auf Unverständnis, weil er in der Überbevölkerung und der damit verbundenen Überbeanspruchung natürlicher Ressourcen eines der größten globalen Probleme sah.

Zugleich erschütterten seine Diskussionen mit naturwissenschaftlich orientierten Umweltschützern wie Hubert Weinzierl, Bernhard Grzimek und Konrad Lorenz über Fragen der Evolution die Vorstellung von der Existenz eines Schöpfergottes. »Dass es solch einen Gott gibt, kann und will ich nicht ganz ausschließen, aber ein Leben nach dem Tod halte ich für völlig unmöglich«, sagte Guttenberg später und brach damit mit einem zentralen Glaubenssatz der christlichen Religion. »Außerdem kann ich die Liebe Gottes in der Welt als Prinzip nicht finden. Hier frisst doch jeder jeden, und das auf das Grausamste. Und wir Menschen sind fraglos von allen Arten die Schlimmsten.«[36]

Trotzdem, bekannte er, gebe es für ihn »keine schönere Religion als das Christentum mit seinem Evangelium.«[37] Die Schönheit, aber auch kompromisslose Unbedingtheit des christlichen Bekenntnisses offenbarte sich ihm vor allem in der Musik, den Bach'schen Passionen, Kantaten und Messen, den Requiems von Mozart, Brahms und Verdi. An den Traditionen seiner Kirche im christlichen Jahreslauf hielt Guttenberg unbeirrt fest. Er erzog seine Kinder in einem Glauben, der ihm selbst fremd geworden war, weil er meinte, er dürfe ihnen den Reichtum dieser Überlieferungen nicht vorenthalten.

Ganz am Ende, in der Beziehung zu seiner letzten Partnerin Susanne Bernhard, schien der ewige Zweifler Guttenberg dann sogar an seinen eigenen Zweifeln zu zweifeln. »Seit ich die Susanne kenne, weiß ich, dass Liebe wirklich eine himmlische Kraft ist, und mal schauen, vielleicht kann ich doch glauben«, sagte er zu seiner Schwester Elisabeth von Stauffenberg.

Auf dem Sonnendeck der Titanic

Eine wichtige aristokratische Tugend ist die Generosität. Sie speise sich zu nicht geringem Teil aus den spezifisch adeligen Ehr- und Repräsentationspflichten, schreibt Rogalla von Bieberstein. »Ein Aristokrat nämlich, der nicht ein ›großes Haus‹ mit entsprechender Dienerschaft und Einladungen zu Diners, Reitjagden und rauschenden Festen unterhielt, war nur dem Namen nach, nicht jedoch faktisch Herzog, Graf oder Baron.«[38]

In Guttenbergs Fall trat dazu eine ausgeprägte soziale Ader. »Wer auf dem Sonnendeck der Titanic« lebe, habe die Pflicht, weniger begüterten Menschen zu helfen, predigte er und schärfte dies auch seinen Söhnen ein.

Ohne eine milde Gabe konnte Guttenberg an keinem Bettler vorbeigehen. Einmal wunderte sich der Empfänger über eine sehr hoch erscheinende Spende und wollte von Guttenberg wissen, ob er sich nicht vielleicht geirrt habe. Daraufhin habe der Vater, so Philipp zu Guttenberg, »den Betrag umgehend verdoppelt«.

Auch diverse Vereine in Guttenberg, Radmer und Neubeuern kamen in den Genuss Guttenberg'scher Zuwendungen. »Ich weiß von mindestens vier Feuerwehrautos und Uniformen, die zu einem großen Teil von ihm finanziert wurden«, sagt der Sohn. Nach einem Brand in Radmer habe er Münzen prägen lassen, die er jedem einzelnen Feuerwehrmann übergab.

Regelmäßig finanzierte Enoch zu Guttenberg Musikinstrumente und Musikunterricht für Mitglieder seiner diversen Orchester. An die Baltische Philharmonie in Danzig, mit der er nach der Wende zusammengearbeitet hatte, wurde allmonatlich ein Stipendium überwiesen, das begabten Studenten zugutekommen sollte, die sich die Ausbildung nicht leisten konnten. Als die KlangVerwaltung den Echo Klassik gewonnen hatte, ließ er zur Erinnerung an das Ereignis für jedes Orchestermitglied silberne »Echo-Schlüsselanhänger« anfertigen.

Wer in Not geraten oder krank geworden war, konnte sich auf die Hilfe des Barons verlassen. Seinem Freund Klaus J. Schönmetzler – und nicht nur ihm – bezahlte er einen teuren Krankenhausaufenthalt. Außerdem pflegte Guttenberg bei großen privaten Reisen oder Festen einen Betrag in Höhe der entstandenen Kosten an eine wohltätige Organisation zu spenden. Begründung: Wenn man sich etwas Schönes leistet, dann müssen andere Menschen, die nicht so privilegiert sind, auch etwas davon haben.

Unter den Nutznießern Guttenberg'scher Generosität waren auch wildfremde Menschen, die sich brieflich oder telefonisch an sein Büro gewendet hatten. Er zahlte Führerscheine, gewährte Mietzuschüsse, beschenkte Kinder mit Fahrrädern. Guttenbergs Vertraute Hildegard Eutermoser kann sich erinnern, dass er einer Bittstellerin die Erneuerung ihres maroden Hausdaches finanziert hatte. »Sie kam dann immer wieder und hat sogar Forderungen gestellt.« Ein Beispiel dafür, dass Guttenbergs Freigiebigkeit zuweilen auch ausgenutzt wurde, von Fremden ebenso wie von »falschen Freunden«.

Sogar ein einfacher türkischer Fischer kam einmal in den Genuss einer größeren Zuwendung. Sie war der Dank dafür, dass der Mann ihm wohl nicht weniger als das Leben gerettet hatte. Bei einem Urlaub in der Türkei hatte der Baron, erinnert sich ein Verwandter, einmal alle Bedenken gegenüber unnötigem CO_2-Ausstoß über Bord geworfen und einen Jetski bestiegen, mit dem er davonbrauste und irgendwann hinter dem Horizont verschwand. Bei den am Strand zurückgebliebenen Verwandten wuchs die Sorge, bis Guttenberg endlich als zunächst kleiner, dann immer größer werdender Punkt wieder auf der Wasserfläche sichtbar wurde – sein leer gefahrener Jetski im Schlepptau »einer blechernen Schaluppe, die von einem hustenden Außenborder bewegt und einem alten türkischen Fischer gesteuert wurde«. Das von Guttenberg gewährte »Trinkgeld« habe es dem Mann ermöglicht, ein neues, größeres Boot zu kaufen, um »fortan die türkische Küste nach benzinlos dahindümpelnden Dirigenten auf Jetskis abzusuchen«.[39]

Guttenbergs materielle Großzügigkeit wurde flankiert von einer emotionalen Direktheit und Unbedingtheit, die viele Menschen verblüffte, zuweilen irritierte. Seinen Umarmungen entkam niemand, und Menschen, die Guttenberg trafen, waren überwältigt von der ungeschützten Art, mit der er all jenen begegnete, zu denen er spontan Vertrauen gefasst hatte und denen er oft schon beim ersten Kennenlernen intime Details seines Lebens und Denkens anvertraute.

Man mochte dies für eine Inszenierung des »Bekenntnismusikers« halten, doch war Guttenbergs Herzlichkeit nie gespielt, sondern Ausdruck einer kindlichen Neugier und Unbekümmertheit anderen Menschen gegenüber. Was umso mehr verwundert, als Guttenberg von »der Menschheit« als abstrakter Größe keine hohe Meinung hatte, im Gegenteil.

Guttenbergs langer Weg zur Musik

Berufsziel Komponist

Bis ins 19. Jahrhundert war die Profession des Kapellmeisters, der mehr oder weniger gestenreich einen zunehmend ausufernden Orchesterapparat zu koordinieren hat, unbekannt. Es waren die Komponisten selbst, die Aufführungen ihrer eigenen Stücke leiteten, vom Cembalo aus oder stehend mit einem langen Taktstock, der sich erst später in den filigranen Zauberstab umjubelter »Maestros« verwandeln sollte.

Nicht zuletzt mit der Sinfonik Ludwig van Beethovens trennten sich die Wege von Komponisten und Kapellmeistern, wobei viele Dirigenten bis in die Gegenwart auch Musik schreiben oder sich sogar in erster Linie als Komponisten verstehen, selbst wenn man sie nur am Dirigentenpult wahrnimmt. Und viele Komponisten dirigieren, der eine besser, der andere schlechter. Dass sich eine Meisterschaft in beiden Metiers die Waage hält wie bei Richard Strauss, Gustav Mahler oder Leonard Bernstein, ist die Ausnahme.

Auch Enoch zu Guttenberg wollte eigentlich Komponist werden. Seit frühester Jugend habe er nur Musik im Kopf gehabt. Der Dorforganist in Guttenberg brachte ihm schon mit vier Jahren die Noten bei, nachdem er bemerkt hatte, dass der junge Baron beim Treten des Blasebalgs von den Tönen, die dem Instrument entströmten, so fasziniert war.

Also begann der Knabe, über Klänge nachzudenken und kleine Kompositionen zu verfassen, einfache Melodien, denen er später Texte und Gedichte hinzufügte. »Das waren riesige Erlebnisse, mit dem Bleistift fünfzehn oder zwanzig Töne auf die Notenlinien zu schreiben und sie dann zu hören, wenn der alte Lorenz sie mir auf der Orgel vorgespielt hat. Das war damals ein Wunder, und im Grunde ist es bis heute eines, bei dem ich als Dirigent noch immer eine Gänsehaut bekomme: Du öffnest eine Partitur und sie klingt!«[1]

Der Vater zeigte kein Verständnis für die musischen Neigungen des Stammhalters. »Manchmal haben wir vor den Eltern und Gästen [...] kleine Hauskonzerte gegeben. [...] Aber mein Vater hat das natürlich nie ernst genommen und immer nur für Quatsch gehalten.« Doch Enoch ließ nicht ab von seiner Leidenschaft. Im fortgeschrittenen Teenageralter habe er ein Magnificat geschrieben und mit einem Chor von Mitschülern aufgeführt, erinnert sich seine Schwester Michaela von Heereman. »Das Stück erinnerte an Bachs Magnificat, war aber auch ganz eigenständig.«

Überall habe ihr Bruder Chöre gegründet. An einer Schule in Mannheim, nicht weit vom Familienweingut in Deidesheim, hätten sogar Lehrer mitgesungen, in deren Fächern er nur mangelhafte Leistungen aufweisen konnte. Das Magnificat wurde auf Kassette aufgenommen und dann auf Schallplatte gepresst, die Enoch seinen Eltern zu Weihnachten schenkte. Über ihre Reaktionen ist nichts bekannt.

Nach dem Ende seiner Schulzeit gab Guttenberg vor, in München Betriebswirtschaft und Jura zu studieren, nahm jedoch stattdessen Privatunterricht bei dem Münchner Komponisten Karl von Feilitzsch, den er im Haus seiner Großmutter kennengelernt hatte. Feilitzsch arbeitete eng mit dem Schauspieler und Regisseur Axel von Ambesser zusammen, einem Freund der Großmutter, für dessen Inszenierungen an verschiedenen Münchner Theatern er die Schauspielmusiken schrieb.

Feilitzsch wurde zu einer zentralen Gestalt in Guttenbergs Leben. Er war auch dafür verantwortlich, dass sein Schüler in Neubeuern, wo ihn die Liebe zu der jungen Elisabeth von Cramer-Klett hingezogen hatte, die örtliche Liedertafel übernahm und in jahrzehntelanger Arbeit zu einem Weltklasse-Ensemble formte: die Chorgemeinschaft Neubeuern. »Es war anfangs mein großes Geheimnis, außer meinem Lehrer Karl Feilitzsch wusste niemand davon.«[2]

Der Vater tobte, als er vom Doppelleben seines Sohnes erfuhr. Doch der Filius blieb eisern. »Am selben Abend fuhr ich nach Neubeuern«, sagt Guttenberg, »um eine Probe abzuhalten, vom Reduzieren der Kompositionsstudien gar nicht zu reden.« In einem späteren Interview wurde Guttenberg noch deutlicher: »Ohne Musik kann ich nicht leben, so wie mein Vater nicht ohne Politik leben kann.«[3]

Guttenbergs »Komponierhäuschen«

Um ungestört Musik schreiben zu können, mietete er in Neubeuern ein altes Holzhaus am Waldrand. Man möchte dabei an Gustav Mahlers »Komponierhäuschen« am Attersee und am Wörthersee und im Südtiroler Toblach denken, doch war Guttenbergs oberbayerische Dependance mehr Versteck als romantischer Rückzugsort für einen schon arrivierten Künstler, der Ruhe zum Komponieren suchte. »Es gab dort nicht einmal Strom, nur Petroleumlampen, einen alten Ofen und ein altes Klavier«, erinnert sich Guttenberg.[4] Von Neubeuern aus fuhr er dann zu seinen musikalischen Studien nach München und Salzburg.

In den allerersten Programmen, die er mit der Neubeurer Liedertafel und verschiedenen Kammerorchestern aufführte, darunter das Münchner Symphonieorchester Kurt Graunke, Vorläufer der Münchner Symphoniker, präsentierte Guttenberg auch eigene Kompositionen – eine *Weihnachtliche Choral-*

studie und die *Neubeurer Weihnachtskantate*, die am 14. Dezember 1968 in der Pfarrkirche des Dorfes uraufgeführt wurde.

Die Kritiken fielen nicht überschwänglich aus. Der *Bayernkurier* attestierte zwar dem Chor, »beachtlich« gesungen zu haben. Doch Guttenbergs Kantate nach Texten aus dem Lukas-Evangelium offenbare »wenig Gespür für Dramaturgie und Aufbau« und setze falsche Akzente. »Schwankend zwischen barocken Übernahmen und impressionistischen Engpässen, konnte der Chor dennoch daran zeigen, daß in Neubeuern etwas Ungewöhnliches im Werden ist.«[5] Ein Journalist des *Mannheimer Morgen*, der auf Enoch zu Guttenberg wohl im Zusammenhang mit den Guttenberg'schen Besitzungen im pfälzischen Deidesheim aufmerksam geworden war, vermisste den »großen, werkumspannenden Bogen«[6] in der Komposition des jungen Barons. Außerdem überfordere Guttenbergs »zuweilen spröde Tonalität« zeitweise den Chor und die Gesangssolisten. Den Rezensenten erinnerte die Tonsprache Guttenbergs an Hugo Distler, einen ebenfalls aus Franken stammenden Komponisten, Organisten und Chorleiter, der später in Berlin wirkte (unter anderem als Leiter des dortigen Domchores) und im *Neuen Lexikon der Musik* als »schöpferischer Erneuerer der evangelischen Kirchenmusik in Deutschland« geführt wird.

Die Schwarzenbergmesse

Offenbar hatte der Mannheimer Kritiker auch eine »im Vorjahr in Wien aufgeführte Messe des Feilitzsch-Schülers« gehört, die ihm »runder« erschienen war.[7] Bei diesem Stück kann es sich nur um die sogenannte *Schwarzenbergmesse* gehandelt haben, die Guttenberg zur Hochzeit seines Freundes Karel Fürst Schwarzenberg mit Gräfin Therese zu Hardegg in seinem spartanischen Neubeurer Domizil geschrieben hatte.

Wie die Guttenbergs stammt auch die Dynastie der Schwarzenberg ursprünglich aus Franken, wurde aber später in Österreich und Böhmen ansässig und zählte zu den mächtigsten und wohlhabendsten Familien der österreichisch-ungarischen Doppelmonarchie. Karel Schwarzenberg, geboren 1937, ist ein Nonkonformist wie Guttenberg und machte sich wie dieser für den Umweltschutz stark. Als langjähriger Vertrauter und Bürochef des tschechischen Staatspräsidenten Václav Havel war er zudem einer der führenden Köpfe der »samtenen Revolution«. Später sympathisierte er mit den tschechischen Grünen und wurde von ihnen für das Amt des Außenministers nominiert, das er mit Unterbrechung fünf Jahre lang bekleidete. In seiner politisch aktiven Zeit lag ihm vor allem die deutsch-tschechische Aussöhnung am Herzen. Den Journalisten Jacques Schuster erinnerte Schwarzenberg an eine

Figur aus Joseph Roths *Radetzkymarsch* oder aus Jaroslav Hašeks *Schwejk*, ein quicklebendiges Relikt der Vergangenheit und Wanderer zwischen den Welten, auch hierin seinem Freund Guttenberg nicht unähnlich.[8]

Unter Leitung des ungarischen Dirigenten Imre Palló wurde die *Schwarzenbergmesse* 1967 im Rahmen der Wiener Festwochen im ehrwürdigen Palais Schwarzenberg erstmals aufgeführt. An jenem Ort, angeblich sogar im gleichen Saal, wo einst Joseph Haydns Oratorium *Die Jahreszeiten* das Licht der Musikwelt erblickte, wie Guttenberg in einem Interview mit August Everding anmerkte. »Das war natürlich ein großer Moment in meinem Leben.«[9]

Palló war Schüler des legendären Wiener Dirigierpädagogen Hans Swarowsky sowie seines ungarischen Landsmanns Ferenc Fricsay und arbeitete damals an der Oper in Wuppertal, bevor er zur Düsseldorfer Rheinoper wechselte und später in den USA Karriere machte. Er war drei Jahre nach der Uraufführung der *Schwarzenbergmesse* auch bei Guttenbergs eigener Hochzeit in Eltville am Rhein für die musikalische Umrahmung verantwortlich.

Wenn man will, kann man die Messe als das wichtigste Werk in Guttenbergs kurzem Komponistenleben bezeichnen. Es gibt davon sogar einen Mitschnitt, wohl die einzige Tonaufnahme einer Guttenberg'schen Eigenkomposition. Obwohl die schlechte Aufnahmequalität den Höreindruck verfälscht, bestätigt dieses Tondokument den Eindruck unleugbaren Ideenreichtums bei (noch) mangelnder dramaturgischer Dichte und, in der Tat, spröder Klanglichkeit. Die kompakte Messe von rund 17 Minuten Dauer gliedert sich in fünf abgeschlossene Sätze: Introitus, Kyrie, Sanctus, Benedictus und Agnus Dei. Die Komposition zeichne sich durch teils schroffe Harmonik aus und sei stark eklektisch geprägt, einige Male greife Guttenberg auf tradierte Stilmittel zurück, schreibt Hannah Grieger, Lektorin für Chormusik des Kasseler Bärenreiter-Verlages, in einer Kurzanalyse. Die Übergänge zwischen den Sätzen gestalteten sich oftmals etwas holprig, manchmal finde eine Überleitung lediglich durch einzelne Takte Paukenwirbel statt. »Insgesamt lässt sich die eine oder andere Unebenheit, auch bezüglich des ungewöhnlich großen Tonumfangs einzelner Vokalstimmen, sicherlich mit Blick auf das jugendliche Alter des Komponisten erklären.«[10] Der österreichische Dirigent Patrick Hahn, der sich mit der Musik von Karl von Feilitzsch auseinandergesetzt hat, vermutet, dass es sich bei der *Schwarzenbergmesse* um ein Gemeinschaftswerk von Lehrer und Schüler handeln könnte.[11]

Ob die moderne Messe der Hochzeitsgesellschaft des Fürsten Schwarzenberg im damals noch erzkonservativen Wien konvenierte, muss bezweifelt werden. Schwarzenberg selbst kann sich an die Publikumsreaktionen nicht mehr erinnern.

Im Nebel der Spekulation verschwimmt die Frage, wie sich Guttenberg als Komponist weiterentwickelt hätte, hätten ihn die äußeren Ereignisse nicht auf andere Wege gelenkt, vor allem sein rasch einsetzender Erfolg als Dirigent der Chorgemeinschaft, der das viel zitierte »Wunder von Neubeuern« begründete.

Weil er vom Fundament der Tonalität nicht abrücken wollte, wäre er von der europäischen Nachkriegs-Avantgarde, die sich alljährlich bei den Darmstädter Ferienkursen oder den Donaueschinger Musiktagen zu ihren Klangexerzitien traf, mit Sicherheit auf den Index gesetzt worden. Womöglich wäre Guttenberg, wie sein hochgeschätzter Lehrer, auf eine Existenz als eigenbrötlerischer Sonderling verwiesen worden, sicher keine Lebensperspektive für den charismatischen, extrovertierten Musiker.

Dass er das Komponieren als ersehnte Profession Ende der Sechzigerjahre an den Nagel hängte, begründete Guttenberg selbst mit dem durchschlagenden Erfolg der Pop-Musik. Als »plötzlich die Beatles am Horizont erschienen und die ganze Welt auf den Kopf stellten«,[12] sah der Baron seine Zeit als Musikschöpfer abgelaufen.

Lehrer und Vorbild: Karl von Feilitzsch

Es ist ausgerechnet ein Zeichentrickfilm, mit dem sich der Komponist Karl Freiherr von Feilitzsch in der bayerischen Regionalgeschichte ein bleibendes Andenken bewahrt hat: Ludwig Thomas *Der Münchner im Himmel* in der von Feilitzsch vertonten Zeichentrickversion von Walter und Traudl Reiner aus dem Jahr 1962. Die Kurzgeschichte vom Münchner Dienstmann Alois Hingerl, der nach seinem Tod in den Himmel kommt und sich dort so bayerisch-derb danebenbenimmt (»Luja sog i«), dass ihn Petrus genervt auf die Erde zurückschickt, wurde zu einem Klassiker.

Feilitzsch verwendete in diesem für sein gesamtes Schaffen gewiss peripheren Werk ein von dem Komponisten Oskar Sala zusammen mit dem Ingenieur Friedrich Trautwein entwickeltes Mixtur-Trautonium, Vorgänger des Synthesizers, das heute im Deutschen Museum zu München besichtigt werden kann. Im artifiziellen Klang elektronischer Instrumente und im Jazz sah Feilitzsch die Zukunft der neuen »ernsten« Musik, nicht in der seriellen und atonalen Kompositionsweise der Nachkriegs-Avantgarde. Obwohl sein Lehrer immer wider »den Zeitstachel gelöckt hat« und »weiß Gott modern« gewesen sei, habe er den Boden der Bach'schen Harmonielehre nie verlassen, sagte Enoch zu Guttenberg in einem Interview mit August Everding.

Für Guttenberg war Feilitzsch, bei dem er ab Mitte der Sechzigerjahre, zunächst heimlich, Kompositionsunterricht nahm, von eminenter Bedeutung, und zwar nicht nur musikalisch. Der Freiherr aus einem alten fränkisch-vogtländischen Adelsgeschlecht – sein Vater diente noch als Königlich Bayerischer Kämmerer am Hof des letzten Bayern-Königs – war enger Freund, Vaterersatz, philosophischer Mentor und Vorbild im Kampf für den Umweltschutz.

Das Denken des von Feilitzsch oft zitierten Geschichtsphilosophen Oswald Spengler hinterließ bei Guttenberg ebenso tiefe Spuren wie der von seinem Lehrer praktizierte Fundamental-Katholizismus. Und auch der existenzielle Grundzug in Guttenbergs Weltbild und vielen seiner musikalischen Interpretationen ist ein Erbe des von ihm zeitlebens beinahe wie ein Halbgott verehrten Lehrers. »Es gibt keinen Tag, an dem ich nicht an ihn denke«, sagte Guttenberg. Im Schloss zierte ein Feilitzsch-Porträt sein Musikzimmer; eine Bronzebüste des Komponisten hatte er in seinem Arbeitszimmer direkt neben einer Büste seines Vaters platziert.

Feilitzsch kam 1901 in München zur Welt und früh in Kontakt mit dem reichen Kulturleben der Residenzstadt – die musikliebenden Eltern besaßen eine Dauerloge im Nationaltheater. Dem Wunsch seiner Eltern gemäß, schrieb er sich zunächst für das Studium der Rechtswissenschaften an der Münchner Universität ein, belegte jedoch gleichzeitig Musiktheorie an der damaligen Akademie der Tonkunst in München. Parallelen zu Guttenbergs Werdegang und zu seinem Kampf gegen familiäre Etikette sind erkennbar, doch gestaltete sich Feilitzsch Karriere zielgerichteter.

1925 entschloss sich Feilitzsch, Musiker zu werden. Er nahm regulären Unterricht bei dem angesehenen Münchner Musikpädagogen Hermann Freiherr von Waltershausen und später bei Hans Pfitzner an der Akademie der Tonkunst. Schon 1928 brachte er seine erste Oper *Die rote Fackel* heraus, die mit Erfolg in Nürnberg uraufgeführt und auch nachgespielt wurde. Im Laufe seines Lebens komponierte er weitere Opern, Ballette, mehr als 250 Lieder, zahlreiche Bühnenmusiken sowie Soundtracks zu Werbe- und Industriefilmen. 1949 erschien sein Hauptwerk, die Jazz-Kantate *Apokalypse*, an der er bis 1972 weiterarbeitete.

Feilitzsch war ein notorischer Querkopf und auch darin Guttenberg wesensverwandt. Weil er den Nazis als politisch unzuverlässig galt, wurde ihm eine eigene Lehrtätigkeit an der Akademie verwehrt; über seine lebensgefährlichen Aktivitäten im Widerstand gegen das NS-Regime soll später ausführlicher berichtet werden. Er war zwar nicht verfemt, doch unterbrachen seine oppositionelle Haltung gegen das Regime und der Krieg seine erste große

Karl von Feilitzsch: Lehrer, Mentor, Freund

Schaffensphase. Nach dem Krieg machte sich Feilitzsch mit Bühnenmusiken als Hauskomponist der Münchner Kammerspiele an der Seite von Axel von Ambesser einen Namen. Diese zweite große kreative Phase endete mit seinem radikalen Umweltengagement ab Mitte der Sechzigerjahre. Bis zu seinem Tod 1981 erhielt er keine weiteren öffentlichen Aufträge mehr.

Karl von Feilitzsch und Bertolt Brecht
Eine von Feilitzschs ersten und wichtigsten Arbeiten für das Theater war die Schauspielmusik zu Bertolt Brechts legendärer Münchner Inszenierung seines Stücks *Mutter Courage und ihre Kinder.* Er sollte für Kurt Weill, den Komponisten der Musik zur *Dreigroschenoper* einspringen, der im April 1950 gestorben war. Während der Proben kam es zu einem intensiven Austausch mit Brecht: Der geniale Dichter, überzeugte Kommunist und Atheist, sei, wie es heißt, im Hause Feilitzsch aus und eingegangen.[13]

Die Produktion kam im Oktober 1950 heraus, sie wurde zu einer Sternstunde des Theaters und der begnadeten Charakterdarstellerin Therese Giehse in ihrer Paraderolle der Mutter Courage. Die von Feilitzsch komponierten Melodien zu Songs wie dem berühmten Lied der Mutter Courage »Ihr Hauptleut', lasst die Trommeln ruhn« klinge den Münchnern »heute noch in den Ohren«, schrieb die *Süddeutsche Zeitung* 1998 in einem Artikel mit dem Titel »Erinnerung an B. B. in München«.[14]

In den nächsten knapp 20 Jahren verfasste Feilitzsch viele weitere Schauspielmusiken, etwa zu Shakespeares Komödie *Was ihr wollt*, zu Büchners Drama *Dantons Tod*, und erwarb sich den Ruf eines der »sensibelsten der Komponisten, die heute für die Sprechbühne schreiben«.[15] Ihm gelang auch der Sprung zu den Salzburger Festspielen, wo er zu einer Ambesser-Inszenierung von Johann Nestroys Zauberspiel *Die Träume von Schale und Kern* den Bühnensound lieferte. Außerdem arbeitete er an der Seite von Erich Kästner mit dem Münchner Kabarett Die Schaubude zusammen und schrieb kabarettistische Stücke mit Titeln wie *Die Hinterbliebenen* und *Hurra, wir sterben*.

Dennoch habe sich Feilitzsch »wie jeder Kapellmeister und Komponist einer Schauspielbühne in unablässiger Entsagung bewähren müssen« und sei ein »Geheimtipp für Eingeweihte« geblieben, schreibt der Kulturjournalist Karl Ude in einer Würdigung zu Feilitzschs Tod.[16] Immerhin war ihm 1964 mit dem Schwabinger Kunstpreis eine wichtige Ehrung seiner Heimatstadt zuteil geworden.

Die Zusammenarbeit mit Ambesser (nicht ihre persönliche Freundschaft) endete, als er bei Joachim Kaiser in Ungnade fiel. 1967 schrieb der angehende Kritikerpapst eine vernichtende Kritik zu der Bühnenmusik, die Feilitzsch für Ambessers Inszenierung von Eichendorffs Lustspiel *Die Freier* geliefert hatte. Eichendorffs Verse seien durch die »triviale, einfallsarme, halb modernistische, dabei mühsam unsentimentale Musik des als Schauspielkomponisten sonst so schätzenswerten Karl von Feilitzsch ruiniert« worden, wetterte Kaiser und konstatierte ein »absurdes Gefälle zwischen der höchsten Lyrik unserer Sprache und dem armseligen Trara der winzigen Feilitzsch-Combo«.[17]

Es bleib nicht der einzige Verriss aus seiner Feder, und man wundert sich darüber, dass der einflussreiche Rezensent den Feilitzsch-Schüler Guttenberg nicht ebenfalls mit einem Bann belegte, sondern zu einem der frühesten entschiedenen Fürsprecher des aufstrebenden Dirigenten wurde. Wobei nicht zu klären ist, welche Rolle dabei die Aura alten Adels und Kaisers wie Guttenbergs ausgeprägte Leidenschaft für Krustentiere gespielt haben mag, von der noch die Rede sein wird.

»Disharmonienlehre«

Feilitzschs Kompositionstechnik war so unangepasst wie seine Persönlichkeit. Er verließ die Grammatik der traditionellen Harmonielehre zwar nie, zäumte sie jedoch von hinten auf, indem er sie zu einer »Disharmonienlehre«

umformte und Dissonanzen auf ihre jeweiligen »Schärfegrade«[18] untersuchte. Eine von Feilitzsch entwickelte Dissonanzentabelle in Form einer an seinem Klavier hängenden Schiefertafel gilt als verschollen.[19]

Mit der seriellen Musik in der Nachfolge Arnold Schönbergs, die ganz neue klangliche Bezugssysteme schuf, und der freien Atonalität mit ihrer behaupteten Gleichberechtigung aller Töne konnte sich Feilitzsch, ähnlich wie Guttenberg, nie anfreunden. Für die Nachkriegs-Neutöner war Feilitzsch ein Reaktionär, für die Konservativen ein Radikaler. Er saß nicht nur politisch, sondern auch künstlerisch zwischen allen Stühlen.

Der Musikjournalist Klaus Peter Richter sieht Feilitzsch in der unmittelbaren Nachfolge eines »losen Kreises« von Münchner Komponisten wie dem jungen Richard Strauss, Ludwig Thuille oder Max von Schillings, die das spätromantische Idiom von Wagner und Liszt »schöpferisch, aber eigenständig abgegrenzt vom atonalen Expressionismus«[20] weiterentwickelt hätten. Auch wenn Feilitzsch den tonalen Bezugsrahmen nicht verlässt, klingen seine dissonanzenreichen Kompositionen »modern«, vor allem wenn noch Jazz-Rhythmen und elektronische Klänge hinzutreten.

In der *Apokalypse*, einem, so der Musikjournalist Klaus Kalchschmid »Anti-Oratorium«[21] auf Worte der endzeitlichen Offenbarung des Johannes in der Übersetzung Martin Luthers, gibt es einen Heuschrecken-Song im Rumba-Tempo, einen »launigen Boogie-Woogie« zum Kampf des Erzengels Michael mit dem Drachen und den »Song von der bösen Drüse«, wieder im Rumba-Tempo. Das Elend der »Hure Babylon« wird von Feilitzsch mit einem Blues unterlegt.

Die Uraufführung der *Apokalypse* 1951 im zerstörten Brunnenhof der Münchner Residenz wurde vom Bayerischen Rundfunk übertragen, deutschlandweit wahrgenommen und überwiegend positiv besprochen. Ein Kritiker monierte zwar das »mixtum compositum aus Strawinsky, Bach, Songs und Chorälen, Brecht und Luther«, doch hätten Sprache und Anruf der biblischen Apokalypse das Publikum »unmittelbar gepackt und erschüttert«.[22]

Die Radikalität der gegen Krieg und Umweltzerstörung im Nuklearzeitalter gerichteten Aussage des 120-minütigen Werkes (das 1958 auch verfilmt wurde) und seiner Klangsprache blieb niemandem verborgen. Helmut Schmidt-Garre wies hellsichtig darauf hin, dass die verwendeten Jazz-Elemente nicht dem »leichtfertigen Jazz der Unterhaltungs- und Musikindustrie« entstammten, sondern jener »seltsamen Kunst aus den Ländern am unteren Mississippi, in deren erregender Klangwelt noch etwas von der Dämonie archaischer Kulturen lebendig ist«.[23]

Auch Johannes von Kalckreuth, selbst Komponist und Rezensent der *Süddeutschen Zeitung*, der das Werk »als Schaubuden-Sensation auf das entschiedenste« ablehnte, stieß sich weniger an der Komposition, als daran, »einen solchen Stoff überhaupt mit Musik zu behelligen« und in Songmanier mit »Stimmung« zu durchtränken.[24]

Guttenberg hat das Chef d'œuvre seines heiß geliebten Lehrers nach vorliegenden Zeugnissen nicht selbst dirigiert. Überhaupt schien er als Interpret um dessen Musik eher einen Bogen zu machen. Nur in den ersten Neubeurer Jahren finden sich Stücke von Feilitzsch auf den Programmzetteln, einige Marienlieder, die Uraufführung einer *Kleinen Messe* und zuletzt 1976 noch eine Karl von Feilitzsch gewidmete Matinee im Festsaal des Neubeurer Schlosses mit seinem *Liederkreis für Kinderchor nach alten Melodien.*

Dass Guttenberg nur wenige Werke seines väterlichen Mentors aufführte, erklärte er selbst mit seiner emotionalen Betroffenheit. Er sei immer den Tränen nahe, wenn er Stücke Karl von Feilitzschs dirigiere, sagte er dessen Tochter Angela Wallwitz. Außerdem war er zu Beginn seiner Karriere viel zu beschäftigt damit, sich selbst einen Weg zu bahnen, als dass er sich auch noch in besonderer Weise für das Schaffen seines nicht nur in musikalischer Hinsicht umstrittenen Lehrers hätte einsetzen können.

Im Jahr 2009 stand bei den Herrenchiemsee Festspielen die Uraufführung der *Gryphius-Kantate* auf dem Spielplan, Feilitzschs letzte Komposition, an der er bis zu seinem Tod geschrieben hatte. Auch hier griff Guttenberg nicht selber zum Taktstock, sondern vertraute die Aufführung einem Kollegen an. Dabei handelte es sich um nicht weniger als Feilitzschs »künstlerisches und politisches Testament«.[25] Das Werk mit dem Beinamen »Kantate der Vergänglichkeit« ist Zeugnis des abgründigen Pessimismus, der dem Spätwerk des Komponisten zu eigen war.

Die von Angela Wallwitz organisierte Uraufführung der 1972 entstandenen Endfassung der *Apokalypse* im November 2018 erlebte Guttenberg nicht mehr. Das Konzert im Münchner Herkulessaal unter der Leitung von Patrick Hahn wurde ihm dann gewidmet. »Sie teilten die Intensität des Fühlens, des Wollens und ihres persönlichen Einsatzes für Religion, Musik und den Schutz der Natur«, heißt es im Programmheft.[26] In seiner Grabrede zum Tod Karl von Feilitzschs sagte Axel von Ambesser: »Denn ich habe es immer wieder erlebt, dass die Menschen, die ich mit Karl zusammenbrachte, tief beeindruckt [...] waren. Sie hatten meistens das Gefühl, einem Mann mit genialen Anlagen zu begegnen.«[27]

Do-it-yourself statt Ochsentour

»Der Baron kann nicht schlagen«, »Hobbymusiker«, »adeliger Dilettant«: Zeitlebens musste sich Enoch zu Guttenberg mit dem Vorwurf auseinandersetzen, er verstehe sein Handwerk nicht, er könne nicht richtig dirigieren, habe nie die für einen »ordentlichen Kapellmeister« verpflichtende, berühmtberüchtigte »Ochsentour« absolviert, sich nicht von kleinen Opernhäusern und Orchestern »hochgedient« und verdanke seinen Ruf eigentlich nur seinem großen Namen – und seinem Geld.

Tatsache ist: Guttenberg hat keine reguläre Ausbildung zum Dirigenten genossen, er absolvierte kein Studium an einer Musikhochschule und konnte keinen anerkannten Abschluss vorweisen. Sein umfassendes Wissen über Theorie, Praxis und Geschichte der Musik erwarb er sich in privaten Studien bei unterschiedlichsten Lehrern und Mentoren und »on the job« mit seinem Neubeurer Chor und diversen Orchestern.

Wenn er ein Dilettant war, dann im besten Sinne des Wortes, das von seinem Ursprung her einen Menschen bezeichnet, der sich für eine Sache begeistert, für etwas brennt. Heute wird der Begriff nur noch in der abwertenden Bedeutung eines »Stümpers« verwendet. Doch ein Stümper war Guttenberg gewiss nicht, selbst ganz zu Beginn seiner ungewöhnlichen Karriere jenseits aller Konventionen. Denn von seinem ersten Konzert mit der Neubeurer Liedertafel an gelang es ihm, seine Musiker, seine Sänger und sein Publikum zu fesseln.

Und ja, Guttenbergs Dirigiertechnik war zumindest eigenwillig, was Kritiker zu süffisanten Kommentaren und schulmeisterlichen Hinweisen anstachelte. Doch was ihm an Technik fehlte, machte er mit seinem Charisma wett und seiner bedingungslosen, auch körperlichen Hingabe ans Werk, einer an Besessenheit grenzenden Begeisterung für die Musik und deren Botschaft.

Derwisch am Pult

»Wer Enoch zu Guttenberg nicht gesehen hat, kennt nicht die Ausmaße sportlichen Dirigiereinsatzes, kennt nicht die sich bis zum Exzeß steigernde Pultvirtuosität«, schreibt ein Rezensent der *Münchner Abendzeitung* halb staunend, halb befremdet über ein Konzert Guttenbergs im November 1976. Das Ergebnis seines »dramatisch aggressiven Musizierstils«: »Ein unter Hochdruck gesetztes Magnificat, rhythmisch präzise und von schnittiger Schärfe, und Mozarts c-moll-Messe im Siedekessel erhitzt, bei dem aus allen Ventilen der Überdruck entwich.«[28]

Baldur Bockhoff von der *Süddeutschen Zeitung* ließ sich vom Gutten-

Frühe Probe in Neubeuern

berg'schen Körpereinsatz (»großartig und eindrucksvoll fuchtelnd«) und seinem wildwüchsigen Furor nicht beeindrucken, und hielt ihm vor, allzu leichtfertig mit Metren und Rhythmen umgegangen zu sein.[29] Sein Verriss liest sich, als sei der Kritiker in einem anderen Konzert gewesen als der *AZ*-Kollege. Guttenberg schied von Anfang an die Geister und teilte sein Publikum in atemlos staunende Anhänger und schnappatmende Gegner.

Dass der hoch talentierte Baron keine normale Musikerlaufbahn einschlagen konnte, lag weniger an ihm selbst als an den Zeitumständen und den Zwängen seines Standes. »Ein Aristokrat lässt spielen, aber er spielt nicht selbst«, sagte Guttenbergs Schwiegervater Jakob zu Eltz, der in Bezug auf Standesregeln pingelig war[30] – schon gar nicht für Geld in der Öffentlichkeit. Johannes Rogalla von Bieberstein schreibt hierzu: »Wenngleich die Ausübung von Musik als Hobby als angemessene Betätigung für einen Aristokraten galt, so war die Laufbahn eines Berufsmusikers durchaus unstandesgemäß.«[31]

Guttenbergs Vater sah dies vielleicht nicht so eng wie sein gräflicher Standesgenosse, fürchtete jedoch, der Sohn stehe als Künstler in spe nicht mehr als Chef des Hauses und Manager der familieneigenen Besitztümer zur Verfügung. Also blieb Guttenberg nichts anderes übrig, als im Verborgenen an seiner Musikerkarriere zu arbeiten, was ein festes Engagement an einem Opernhaus, etwa als Korrepetitor, ausschloss. Außerdem wollte er ursprünglich ja Komponist werden und kam nur auf dem Umweg über die Chorleitung in Neubeuern zum Dirigieren. »Ich wollte damals eine Kapellmeisterlaufbahn an der Oper machen, der Neubeurer Chor war anfangs eigentlich ein zufälliger Nebenaspekt meiner musikalischen Arbeit«, sagt Guttenberg. »Ich wollte nie Chorleiter werden, sondern Komponist und Dirigent.«[32]

Der Vater streckte erst die Waffen, als Guttenberg in Neubeuern sichtbare und hörbare Erfolge als Dirigent aufweisen konnte. Im Advent 1968 besuchte der damalige Staatssekretär im Bundeskanzleramt mit seinem Tross spontan die kleine Neubeurer Barockkirche, um sich anzuhören, was der Sohn dort so treibe. »Ich habe das Adventskonzert dann zwar dirigiert, aber wir hatten alle den Schreck in den Knochen. Jeder kannte ja den Vater aus dem Fernsehen, und jeder wusste, dass mein Neubeurer Leben auf wackeligen Beinen stand.«[33]

Wunder vor dem Wunder

Doch dann geschah ein kleines Wunder, das dem späteren »Wunder von Neubeuern« voranging. Beim Umtrunk nach dem Konzert klopfte Karl Theodor zu Guttenberg an ein Bierglas, wandte sich dem Sohn zu und erteilte ihm das väterliche Nihil obstat: »Weißt du, wenn ich dich zusammen mit irgendeinem philharmonischen Orchester erwischt hätte, das hätte mir nicht imponiert. Aber was ihr hier zusammen auf die Beine gestellt habt, das ist toll. Und ich will dir nur sagen: Tu, was du nicht lassen kannst.«

Nachträglich habe Enoch seinem Vater Bewunderung gezollt für seinen Widerstand gegen eine Existenz als Musiker. »An der Gewichtigkeit des väterlichen Einspruchs habe sich sozusagen die Energiemenge gemessen, die zu mobilisieren war für die Begehung eines eigenen Weges«, schreibt Hans-Klaus Jungheinrich in einem Porträt des Dirigenten Enoch zu Guttenberg.[34]

Jetzt schien der Weg frei, doch dann erkrankte der Alte und starb unerwartet früh, was den Sohn zwang, sich just zu dem Zeitpunkt, als er sich offen seinen künstlerischen Ambitionen hätte widmen können, um die Rettung des, wie sich herausstellte, beinahe hoffnungslos überschuldeten Familienbetriebes zu kümmern. Einen Großteil seiner Zeit (»Ich habe manchmal nur vier Stunden geschlafen.«) musste er sich nun mit Bilanzen und Banken herumschlagen. »Der Chor war eine ganze Zeit lang das Einzige, was ich in punkto Musik machen konnte. Dass der sich dann selber einmal zu einem Weltklasse-Ensemble entwickeln würde, hat man weder den Choristen noch mir an der Wiege gepfiffen.«

»Der Baron kann nicht schlagen«

Natürlich war sich Guttenberg seiner technischen Defizite als Dirigent bewusst. Nachdem die klassische »Ochsentour« in weite Ferne gerückt war, nahm er privaten Dirigierunterricht, etwa bei dem in München lebenden Musiker Friedrich Carl von Solemacher. Solemacher begleitete Guttenberg zu seinen Konzerten und gab ihm hinterher Ratschläge, was man hätte besser machen können. Guttenberg soll auch Kurse bei Georg Solti genommen haben sowie bei Bernhard Paumgartner, dem Dirigenten, Komponisten und langjährigen Präsidenten der Salzburger Festspiele.

Als er den Frankfurter Cäcilienverein leitete, holte sich der Baron professionellen Rat bei dem zu jener Zeit an der städtischen Oper Frankfurt engagierten Kapellmeister Ernst Würdinger. Der Österreicher, der später an der Wiener Universität für darstellende Kunst Tonsatz lehrte, stand ihm lange Zeit als Sparringspartner und Coach für die kapellmeisterliche Praxis zur Seite. »Er war ja nie am Theater und hatte nicht den regelmäßigen Austausch mit dirigierenden Kollegen gehabt«, sagt Würdinger, der auch gelegentlich einsprang, wenn der Baron einmal krank war.

In einem Interview mit August Everding sagt Guttenberg, er sei auch von Eugen Jochum und Antal Doráti beeinflusst worden, wobei offenbleibt, ob es sich dabei im engeren Sinne um ein Lehrer-Schüler-Verhältnis handelte. Außerdem besuchte er in München Proben von Carlos Kleiber und Leonard Bernstein, die er »angebetet« habe.[35] In einem Artikel zur Verleihung des Bayerischen Förderpreises für Musik an Guttenberg im Jahr 1974 wird er einer »Ferenc-Fricsay-Gruppe«[36] zugeordnet, was ein Hinweis auf Imre Palló sein könnte, der Guttenbergs *Schwarzenbergmesse* aus der Taufe hob.

In seiner langjährigen Arbeit mit Laiensängern hatte sich Guttenberg einen plakativen, bilderreichen Probenstil angewöhnt. »Elektrische Eisenbahn« rief Guttenberg seinen Choristen zu, als ihm eine Passage von Haydns *Schöpfung* (»Und eine neue Welt entspringt auf Gottes Wort«) nicht unbefangen-kindlich genug klang. »Denken Sie, dass der liebe Gott mit der elektrischen Eisenbahn spielt.« Bei Anton Bruckner fiel Guttenberg immer das Gleichnis vom »kleinen, großen Mann« ein, der in seinen Sinfonien vom »kleinen, großen, lieben Gott« erzählt und von »einer bitteren Welt«.

Der Konzertmeister der KlangVerwaltung, Andreas Reiner, charakterisierte Guttenbergs Probenstil folgendermaßen: »Enoch ist einerseits sehr klar und analytisch geschärft in seinen Vorstellungen und Verbalisierungen, andererseits ist er ein begnadeter Geschichtenerzähler und Fabulierer. Künstlerischer Ausdruck braucht diese beiden Elemente, so scheinbar unlogisch im zeitlichen Ablauf sie auch nebeneinander stehen können.«[37] Einigen Mitgliedern des Frankfurter Cäcilienvereins blieb der temperamentvolle und eloquente Baron auch nach drei Jahrzehnten als »Bildermaler«[38] in Erinnerung.

Auch wenn Guttenberg beinahe lebenslang an seiner Schlagtechnik feilte, wurde aus ihm kein perfekter Kapellmeister. »Enoch zu Guttenberg ist schlagtechnisch gewiss kein Schule machender Dirigent, er kann dies einfach nicht«, konnte man noch 2007 in beinahe verletzender Direktheit in einer

Kritik der *Süddeutschen Zeitung* lesen.[39] Guttenberg litt unter solchen Äußerungen. »Dass ich immer wieder in der Presse als Hobbymusiker gescholten wurde, war das Ärgste, was man über mich sagen konnte.«[40]

Doch es gelang ihm, sich verständlich zu machen und seine musikalischen Visionen im Laufe der Zeit immer besser umzusetzen, vor allem, wenn er mit Ensembles arbeitete, die jahre- oder jahrzehntelang auf ihn eingeschworen waren. Da ging es ihm nicht anders als Nikolaus Harnoncourt, einem Quereinsteiger wie viele Orchesterleiter aus dem Dunstkreis der historischen Aufführungspraxis, über dessen kantigen Dirigierstil ebenfalls gelästert wurde. Ganz zu schweigen von der aleatorischen Zeichengebung vom Schlage Wilhelm Furtwänglers oder Valery Gergievs. Imre Palló meint, die Bedeutung einer makellosen Schlagtechnik werde überschätzt. »Sicher hätte Enoch das eine oder andere anders oder besser machen können. Aber seine Liebe und sein Verständnis für die Musik hat alles überwogen.«

Technische Perfektion war nie Ziel Guttenberg'schen Musizierens, sondern ein Höchstmaß an Ausdruck und Wahrhaftigkeit der musikalischen Botschaft, weswegen ihm schon relativ früh das Etikett des »Bekenntnismusikers« angeheftet wurde. Um dies zu erreichen, ging Guttenberg stets volles Risiko ein, peitschte seine Musiker zu extrem schnellen oder langsamen Tempi, ließ sie in vielfachem Forte so laut dröhnen, dass dem Publikum Hören und Sehen verging, oder verlangte Piani an der Grenze der Hörbarkeit, wie zu Beginn des Verdi-Requiems.

Guttenberg experimentierte unablässig, nicht nur mit Dynamik, Phrasierung und Klangfarben, wobei er es anfänglich mit dem Notentext nicht so genau nahm, sondern auch mit semitheatralischen Aufführungsformaten, wie bei der *Johannespassion*. Immer bewegten sich der Baron und seine Musiker auf dünnem Eis, was Unsauberkeiten und gelegentliche Schmisse einschloss. Bei der Lektüre von Kritiken Guttenberg'scher Konzerte ist man verblüfft, wie stark das Urteil der Rezensenten schwankt. Oft lag eine musikalische Offenbarung nur haarscharf neben dem Reinfall. Eines waren Guttenbergs Konzerte selten: mittelmäßig.

Wie viele Einflüsse auch auf Guttenberg eingewirkt haben, am Ende war und blieb er ein Solitär. Ihm sei es nie um einen spezifisch »guttenbergischen« Stil gegangen, schreibt Hans-Klaus Jungheinrich. Seine dirigentische Arbeit habe sich stets unmittelbar geäußert, »als eine ebenso spontane wie anhaltende, eine profunde und reißfeste Hingegebenheit an die Musik«. Dabei sei Guttenbergs Emphase mit zunehmender künstlerischer Reife nicht weniger geworden. »Dieser Musiker altert kaum; er steht noch heute mit jünglingshafter Entflammtheit vor und inmitten der Musik.«[41]

Das Wunder von Neubeuern

Der 17. Dezember 1967 ist die Geburtsstunde eines Märchens. Es ist das Märchen vom oberbayerischen Bauernchor, der es in den Händen eines charismatischen Dirigenten bis in den Goldenen Saal des Wiener Musikvereins und in die New Yorker Carnegie Hall schaffte. Und zwar nicht mit volkstümlichem Liedgut, sondern mit den ganz großen sakralen Meisterwerken von Bach, Mozart und Verdi. Es ist die Geschichte des »Wunders von Neubeuern«.

Eines »schönen Weibes« wegen hatte es den Musikstudenten Enoch zu Guttenberg in den Markt am Alpenrand verschlagen. Das Mädchen, das der Baron begehrte, besuchte die Internatsschule Schloss Neubeuern, ein bis heute in adeligen und großbürgerlichen Kreisen angesehenes Institut. Er hatte sich, wie berichtet, ein Blockhaus am Waldrand angemietet, um dort komponieren zu können. Als der örtliche Gesangsverein, die Neubeurer Liedertafel, gegründet 1907, einen neuen Chorleiter suchte, wurden die örtlichen Honoratioren aufmerksam auf den jungen Musikus.

»Ich kann ihn riechen, den dunkel verrauchten Raum. Bierkästen und ein elektrisches Piano [hier irrte Guttenberg, es war ein altes Klavier] stehen herum und 28 Menschen singen: ›Es werd scho glei dumpa, es werd scho glei Nacht.‹« So schildert Guttenberg in einer Rede zum 50-jährigen Bestehen der Chorgemeinschaft seine erste Chorprobe. »Eigentlich hätte ich das Weihnachtslied dirigieren sollen, aber die Neubeurer singen es so innig, so einfach,

Achtundsechziger

61

so hinreißend schön, dass ich Angst habe, auch nur mit einer Bewegung diesen Zauber zu zerstören. Wie die singen, das wird auf keiner Hochschule dieser Welt gelehrt.«

Liebe auf den zweiten Blick
Guttenberg schildert es mit dem ihm eigenen Enthusiasmus als Liebe auf den ersten Blick, doch die bodenständigen Choristen waren skeptisch, ob der oberfränkische Adelige die richtige Wahl sei. »Wir haben nicht unbedingt aufeinander gewartet, aber der Chor hat sich auf ihn eingelassen und war neugierig auf das, was da kommen mochte«, erinnert sich Hildegard Eutermoser, seine spätere Vertraute im Musikbüro Guttenberg. »Wir«, das waren 22 Leute aus dem Dorf, drei Bäuerinnen und ein Bauer, alle mit eigenem Hof, außerdem Handwerker, Unternehmer, Hausfrauen, Angestellte und ein Gastwirt. Welten trafen aufeinander, doch die beiderseitige Neugier obsiegte, man raufte sich zusammen. Guttenberg stellte sich zur Verfügung und versprach, den Chor sechs bis acht Jahre leiten zu wollen. Bei dieser Entscheidung hatte ihm wohl Karl von Feilitzsch zur Seite gestanden und seinen Schüler gedrängt, die Chance, sich in praktischer Musik zu üben, nicht verstreichen zu lassen.

Mit dem ihm eigenen Elan machte sich der 21-Jährige ans Werk. Schon zum alljährlichen Adventssingen drei Monate nach seiner Berufung, einem der Fixpunkte des Chorlebens im Jahreskreis, paukte er den Sängern, die bis dato zu diesem Anlass allbekannte Adventslieder präsentiert hatten, neben seiner eigenen *Weihnachtlichen Choralstudie* anspruchsvolle Werke von Buxtehude und Bach ein. In der »Jungfern«-Kritik des Chores im *Oberbayerischen Volksblatt* spendete ein namenloser Rezensent »großes Lob« und sah die Liedertafel »auf einem vielversprechenden Weg«.[42] Im darauffolgenden Januar hieß es dann schon: »Liedertafel Neubeuern hat große Pläne.« Und nach dem zweiten Adventskonzert mit Guttenberg in der Neubeurer Pfarrkirche im Dezember 1968 schien einem Journalisten des *Bayernkuriers*, in Neubeuern sei »etwas Ungewöhnliches im Werden«.[43]

Dass Guttenberg vom ersten Tag an den Turbo zündete und mit seinen noch recht unbedarften Choristen schnurstracks auf Bachs Passionen oder die großen Messen und Requiems von Mozart, Beethoven, Verdi und Brahms zusteuerte, kann man fast lückenlos der vierbändigen Chorchronik entnehmen, die sich streckenweise wirklich wie ein Märchenbuch liest.

Schon im November 1969 absolvieren die Sängerinnen und Sänger ihren ersten Auftritt in der Landeshauptstadt. Mit einem gemischten Programm geistlicher Musik, darunter die Uraufführung einer *Kleinen Messe* von Karl von

Feilitzsch, füllten der Chor und ein aus Musikstudenten zusammengewürfeltes Kammerorchester die Münchner Theatinerkirche bis auf den letzten Platz. Ein vielversprechendes Debüt, befand doch ein Kritiker, »dass man selbst in der Musikhochburg München plötzlich vor beeindruckenden Neuheiten steht, die total aus dem üblichen Rahmen fallen«.[44]

Die erste kleine Konzertreise führte im November 1970 in Guttenbergs fränkische Heimat, wo man in Coburg und Bamberg Christoph Willibald Glucks Oper *Orpheus und Eurydike* aufführte mit der aus Neubeuern stammenden und damals an der Baseler Oper engagierten Sopranistin Franzi Berger als Eurydike und dem Bariton Klaus Kirchner von der Oper Karlsruhe als Orpheus. Ein gewagtes Unterfangen, wenn man bedenkt, dass sich der Chor kaum drei Jahre zuvor noch mit »Schnaderhüpfeln« beschäftigt hatte, volkstümlichen Vierzeilern, die oft aus dem Stehgreif gedichtet und gesungen und mit einem Juchzer oder Jodler beendet werden.

Ausprobiert hatte man Glucks Oper zuvor im Rahmen der von Chormitgliedern ironisch so genannten »ersten Auslandstournee« in der Stadthalle von Kufstein. Die Tiroler Festungsstadt mit der berühmten Heldenorgel liegt nur rund 25 Kilometer südlich von Neubeuern direkt an der deutsch-österreichischen Grenze. Das erste »echte« Auslandsgastspiel der Chorgemeinschaft führte zehn Jahre später nach Paris, die erste vollwertige Auslandstournee 1984 nach Spanien. Weitere Gastspielreisen sollten die Neubeurer Sängerinnen und Sänger bis Nord- und Südamerika und Asien führen.

Mit der Premiere der von dem neuen Chorleiter ins Leben gerufenen Neubeurer Musiktage im Juli 1971 ging es auf der Leiter des Erfolges immer steiler hinauf. »Enoch zu Guttenbergs Triumph«, titelte das *Rosenheimer Tagblatt*.[45] Zur zweiten Ausgabe der Musiktage präsentierte Guttenberg mit der Mezzosopranistin Hertha Töpper und dem Bass Kieth Engen – beide arbeiteten regelmäßig mit Karl Richter zusammen – erstmals richtige Stars. Sie sangen unter anderem Bachs Magnificat, das zu einem der wichtigsten Werke im Guttenberg'schen Repertoire werden sollte.

Zudem hatte Guttenberg mit dem Kurpfälzischen Kammerorchester ein Profi-Ensemble engagiert, das sich auf die Tradition der berühmten Mannheimer Hofkapelle des musikbesessenen pfälzisch-bayerischen Kurfürsten Karl Theodor berief, die zu ihrer Zeit als eines der besten Orchester überhaupt galt. Mittlerweile war auch das Fernsehen auf den neuen Festspielort aufmerksam geworden und zeichnete im stimmungsvollen alten Burghof des Neubeurer Schlosses ein Mozart-Programm auf.

Die Musiktage waren so etwas wie der Vorläufer der Herrenchiemsee Festspiele. Auch in Neubeuern sollten sich die berückende Landschafts- und

Architekturkulisse, nicht alltägliche Musikprogramme und die Persönlichkeit des »Vollblutmusikanten« Enoch zu Guttenberg zu einem Gesamtkunstwerk vereinigen. »Musikalischer Snobismus und Starkult haben hier noch nicht Einzug gehalten«, schrieb die *Neue Zürcher Zeitung* über das kleine Festival. »Mit der überaus sorgfältigen, mehr auf Qualität denn auf Quantität achtenden Programmgestaltung und mit der Wahl der Solisten, unter denen man zahlreiche junge und großenteils noch unbekannte Kräfte findet, wird mit Erfolg versucht, einem oberflächlichen Kulturbetrieb, wie er sich heute an allzu vielen Festspielorten breitgemacht hat, aus dem Weg zu gehen.«[46]

Nach sechs Jahren wagte sich Guttenberg bei den Musiktagen 1973 erstmals an Bachs *Johannespassion*. Und er präsentierte sie dem Publikum zum ersten Mal in jener dramatisierten Form, die er auch für seine letzte Aufführung des Werks bei den Herrenchiemsee Festspielen 2017 wählen sollte, wenn auch nach einer künstlerischen Entwicklung von mehr als 40 Jahren in ganz anderem klanglichem Gewand: Der Sänger des Christus stand in der Mitte des Chores, der Evangelist auf der Kanzel, die Stimme des Pilatus drang von der Empore hinab, und die Sänger der kleinen Partien saßen unter den Zuhörern.

Musikalischer Borderliner

Guttenbergs musikalischer Enthusiasmus gleiche einem »Zauberteppich«, schwärmte die *Münchner Abendzeitung*, »auf dem er und seine Gefolgschaft über die Fährnisse des Handwerks hinwegschweben. Hier herrschte viel Seligkeit des Gelingens ohne die kühle Sicherheit des Gelingens. Hier erlebte man Momente, die an Intensität der Ursprünglichkeit Aufführungen von hoher Perfektion übertrafen.«[47] Viel besser konnte man nicht beschreiben, um was es dem musikalischen Borderliner Guttenberg ging: unbedingte Wahrhaftigkeit des musikalischen Ausdrucks und der künstlerischen Botschaft, immer hart an der Grenze zwischen Höhenflug und Absturz. »Entweder ist Enoch zu Guttenberg ein Genie oder er ist wahnsinnig geworden«, schrieb ein verblüffter Rezensent.[48]

Ins gleiche Jahr wie Guttenbergs erste *Johannespassion* fällt auch der Beginn seiner Auseinandersetzung mit Bachs *Weihnachtsoratorium*. Zunächst wagte er sich nur an die Kantaten I und II des sechsteiligen Zyklus. Später präsentierte er oft alle sechs Kantaten an einem Abend, was seinem Publikum einiges an Durchhaltevermögen abverlangte.

Als Guttenberg seine dramatisierte *Johannespassion* in der vorösterlichen Fastenzeit des Jahres 1975 erstmals im Münchner Herkulessaal aufführte und damit eine bis zu seinem Tod nicht abreißende Konzerttradition begründete, verfiel auch Karl Schumann, Kritiker der *Süddeutschen Zeitung*, dem »flammenden Außenseiter«: »Eine Bach-Aufführung, nach der man nicht zur Tagesordnung übergeht.«[49] Zur Premiere des Chores im damals wichtigsten Münchner Konzertsaal in der wiederaufgebauten Residenz wurde das Chor-Büro zur Nähstube umfunktioniert. Die Damen sollten künftig lange Dirndl, die Herren Trachtenjacken tragen. Im Laufe der Jahre wechselten mehrfach die Farben, doch die oberbayerische Tracht wurde zum Markenzeichen der Chorgemeinschaft Neubeuern.

Erste Preise und Ehrungen stellten sich ein: 1974 der Bayerische Staatsförderpreis für Musik, 1976 ein Projektförderpreis der renommierten Ernst-von-Siemens-Musikstiftung. 1977 wurde das zehnjährige Jubiläum der Chorgemeinschaft unter Guttenberg gefeiert. Der Chor hatte in wenigen Jahren einen Bekanntheitsgrad erreicht, der weit über seine Heimatregion hinausreichte. Man hatte auf dem Präsentierteller der Landeshauptstadt gesungen, im Oberammergauer Passionsspielhaus und im reizenden Schlosstheater von Schwetzingen die Mozartwoche eröffnet. Man war im Fernsehen aufgetreten und hatte eine Schallplatte aufgenommen. Und Guttenberg, selbst immer noch Lernender wie seine Choristen, hatte sich allen privaten Widrigkeiten zum Trotz den Ruf eines geachteten, wenn auch umstrittenen Außenseiters erarbeitet, der seinem Publikum neue Hörerlebnisse und musikalische Erfahrungswelten jenseits von Konventionen eröffnete. Und von dem noch einiges zu erwarten war.

»Der Bauernchor«

Die Chorgemeinschaft Neubeuern war *sein* Instrument. Weil ihm die Kapellmeister-Ochsentour verwehrt blieb, er aber neben dem Komponieren unbedingt Musik machen wollte, konzentrierte Guttenberg alle Kraft, die ihm neben den familiären Geschäften verblieb, auf ein Häuflein von Dorfbarden, von denen manche nicht einmal Noten lesen konnten.

Um die Frühzeit des Chores rankten sich Mythen, die nicht nur von den Medien kolportiert, sondern auch von Guttenberg selbst gepflegt wurden, um seine Aufbauleistung in noch strahlenderem Lichte erscheinen zu lassen. So waren die meisten seiner Choristen keineswegs musikalische Analphabeten. Viele Mitglieder der Liedertafel beherrschten ein Instrument und waren auch in anderen Vereinen musikalisch engagiert, sie spielten in der Blaskapelle oder pflegten das Instrumentarium der bayerischen Stubnmusi: Geige, Klarinette, Zither und Hackbrett.

Auch der Mythos vom »Bauernchor« bedarf einer Konkretisierung. Unter den 22 Gründungsmitgliedern der Chorgemeinschaft Neubeuern waren

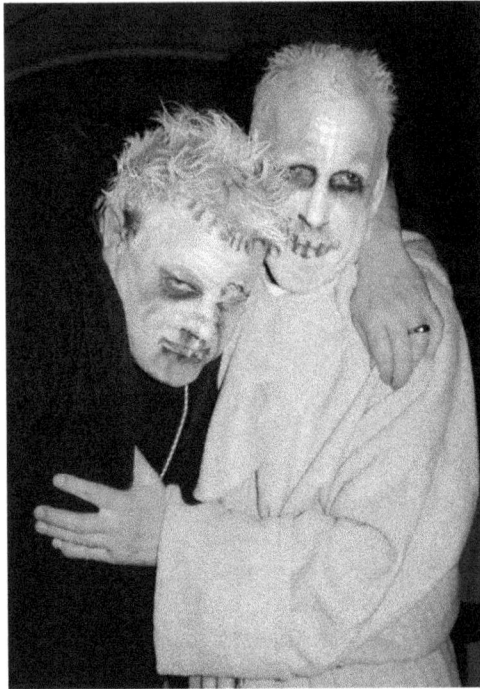

**Als Frankenstein-Dracula-Verschnitt (links) beim
Neubeurer Chorfasching**

gerade mal vier aktive Landwirte mit einer Milchbäuerin als Vorzeigemitglied, die bis zur Auflösung der Chorgemeinschaft nicht vom Blatt zu singen gelernt hatte, aber gleichwohl jeden Ton traf. Ansonsten spiegelte das Ensemble das ganze soziale Spektrum eines überschaubaren, aber nicht von Gott und der Welt verlassenen oberbayerischen Gemeinwesens, das im 19. Jahrhundert sogar zu einem »Treffpunkt deutschsprachigen Intellekts, deutscher Kultur und Dichtkunst« geworden war. Viele Künstler verbrachten ihre Urlaubstage in der oberbayerischen Sommerfrische, darunter Hugo von Hofmannsthal, der in Schloss Neubeuern an seinem *Jedermann* schrieb.[50]

Als der Chor wuchs und sein Renommee stieg, änderte sich seine personelle Struktur, die Zahl der Bauern (Höchststand: sieben) nahm ab, auch wegen des Strukturwandels auf dem Land, der viele Hofbesitzer zum Aufgeben zwang. Dafür kamen immer mehr Lehrer, Studenten und Ärzte. Auch der räumliche Einzugsbereich erweiterte sich kontinuierlich. Zuerst wurden auch Mitglieder aus den Nachbargemeinden akzeptiert, später sogar aus München und Umgebung.

Trotzdem trug die Chorgemeinschaft ihren Namen auch im letzten Jahr ihres Bestehens zu Recht: Immer noch stammte die Mehrheit der Mitglieder aus Neubeuern. Manche Choristen waren zwar in andere Gemeinden umgezogen, fühlten sich aber weiter ihren Neubeurer Familien zugehörig. Etliche Studenten bildeten regelmäßig Fahrgemeinschaften, um die wöchentlichen Proben in ihrem Heimatort nicht zu versäumen.

Guttenberg im Dirndl

So erfolgreich die Chorgemeinschaft war, so blieb sie doch immer ein dörflicher Gesangsverein mit einem reichen Gemeinschaftsleben, regelmäßige gemeinsame Besäufnisse eingeschlossen. Die Chronik ist voller Berichte über »Standerlsingen«, wenn etwa, wie am 14. April 1971 bezeugt, der Kracher Jakob endlich »seinen zäh verteidigten Junggesellenstand aufzugeben bereit war« und die hübsche Franzi ehelichte.[51]

Der alljährlichen Tradition des Adventssingens entzog sich Guttenberg als Chorleiter ebenso wenig wie den ausschweifenden Faschingsbällen, zu denen er dem Chor später die Tenne in seinem luxuriös ausgebauten Neubeurer Anwesen, einem früheren Ökonomiehof des Schlosses, zur Verfügung stellte. Einmal kam der sonst so korrekt in Frack oder Anzug Gewandete zusammen mit Hildegard Eutermoser als »wohlbeleibtes Negerehepaar«,[52] einmal als fesches Dirndl, als Bettler oder Frankenstein-Verschnitt. Die Rolle des Bettlers verkörperte er so lebensecht, dass die Leute dem armen Tropf, der vor der Eingangstür zum Ballsaal kauerte, ein paar Münzen in den Hut warfen.

Die Chorjubiläen und runden Geburtstage des Chefs wurden mit zunehmender Opulenz begangen. Zu Enochs 50. Geburtstag präsentierte das Ensemble in Schloss Guttenberg eine auf Guttenberg gemünzte, musikalische Faust-Parodie, für die monatelang getextet, komponiert, geschneidert und geprobt worden war. Dem 60. Geburtstag des Barons wurde sogar ein veritables Festwochenende gewidmet, mit Theater, Gottesdienst und Festkonzert auf Herrenchiemsee inklusive Brillantfeuerwerk zu Händels *Feuerwerksmusik*. Wieder führten die Choristen ein selbst kreiertes Schauspiel auf: In dem an die Artus-Sage angelehnten Stück werden Bauern zu Rittern und Bäuerinnen zu Damen, die sich durch ihre Künste Ruhm erwerben und ihrem charismatischen Vorbild »durch die Welt und durch Höhen und Tiefen folgen«.[53]

Dieses bodenständige Vereinsleben mit klarem lokalem Bezug unterschied die Neubeurer wohl am deutlichsten von anderen renommierten Laienchören wie Karl Richters Münchener Bach-Chor oder Helmuth Rillings

Gächinger Kantorei, bei denen es sich im engeren Sinn um semiprofessionelle Projektensembles handelt. Die Frage nach einem spezifischen Klang der Chorgemeinschaft ist dagegen ebenso schwer zu beantworten wie die nach einem spezifischen Orchesterklang.

Dass professionelle Chöre »perfekter«, vielleicht auch »glatter« singen, kann nicht überraschen. Kleine Unebenheiten und Unschärfen, wie sie bei guten Laienensembles vorkommen, müssen aber nicht »falsch« klingen, sie rauen gewissermaßen das Klangbild auf. Enoch zu Guttenberg, dem erklärtermaßen nicht an absoluter Perfektion, sondern an Authentizität gelegen war, wusste mit diesem Umstand, der streng genommen ein Makel ist, umzugehen und ihn in ein Noch-Mehr an Ausdruck umzumünzen. Später gelang es ihm, auch mit dem professionellen Chor der KlangVerwaltung ähnliche Wirkungen zu erzielen.

Filserbrief an Everding

Immer wieder war zu lesen, Guttenbergs Interpretationen großer Sakralmusik seien auch deshalb so ergreifend, weil seine Sängerinnen und Sänger noch wüssten und fühlten, was sie singen. Sie seien verwurzelt im Glauben, beseelt von einer »ungekünstelten Frömmigkeit« und müssten den Eindruck von Religiosität nicht erst »erzeugen«. Ihnen sei »die Begegnung mit dem Kunstwerk« noch wichtig, »nicht nur die Darstellung«.[54]

Auf den Topos der Unverfälschtheit verweist auch Wolfgang Schreiber, Kritiker der *Süddeutschen Zeitung*, wenn er 1981 über eine Aufführung der *Johannespassion* im Münchner Herkulessaal schreibt: »Vielleicht wirkt hier eine Unverbrauchtheit, eine Frische der Vorstellungskraft in das Singen hinein, die sich hier abseits unerschütterlicher erhält als in den Zentren eines überfütterten und ermüdeten Musiklebens. Vielleicht birgt für die Bauern und Handwerker von Neubeuern die Bilderwelt der Bachschen Passion noch eine (auch religiöse) Erlebnisqualität, die derjenigen der Zeitgenossen Bachs gar nicht so inadäquat ist. Kraft, deftige Kontraste sind die Merkmale dieses Singens.«[55]

Schreibers Befund mag einen wahren Kern enthalten, offenbart jedoch zugleich unterschwellige Ressentiments, einerseits gegenüber den »edlen Wilden« aus der oberbayerischen Provinz (die so provinziell schon damals nicht war) sowie andererseits gegenüber der angeblich blutleeren Kultur der Städte, Ressentiments, die sich wohl aus der konservativen Zivilisationskritik der Zwanzigerjahre speisen und denen ansatzweise auch Karl von Feilitzsch huldigte – und Guttenberg selbst.

Die bodenständigen Mitglieder der Chorgemeinschaft Neubeuern hatten ein feines Gespür für »positive Diskriminierung«. Das Gerede vom »Bauernchor« ging ihnen irgendwann auf die Nerven. Je professioneller der Chor wurde, desto mehr beanspruchte man, künstlerisch ernst genommen zu werden, und reagierte verschnupft, wenn die Rede wieder auf die »singende Milibäuerin« oder den »trällernden Gastwirt« kam.[56] Fuchsig konnten sie da werden, die Eingeborenen aus Neubeuern, was selbst Münchens allmächtiger Generalintendant August Everding einmal zu spüren bekam. In einer Rede zum 200-jährigen Geburtstag des Englischen Gartens im Sommer 1989 – Guttenberg und die Chorgemeinschaft steuerten dazu Haydns *Jahreszeiten* bei – hatte der leutselige Everding mit Blick zum Chor gewitzelt: »In der ›Schöpfung‹ singen die Engerl und in den ›Jahreszeiten‹ die Bauern.«[57] Wenige Tage später erhielt er Post aus Neubeuern. Im Stile eines Filserbriefes dankte der »Neupeuerne Bauernkohr« dem »vielgeschezden Hern Generalinflagranten« für die »lipreiche« Rede. Unterschrieben war der Brief mit zweimal drei Kreuzen. Eine Antwort geruhte der »hochvererliche Her Generalelefant« nicht zu geben.[58]

Kaiserliche Weihen

Höhepunkt des ersten großen Chorjubiläums war eine Aufführung von Bachs h-Moll-Messe, dem anspruchsvollsten Werk, das sich Guttenberg und die Chorgemeinschaft bis dato vorgenommen hatten. Das Stück zog sich durchs ganze Jubiläumsjahr und auch durch das folgende; für eine Aufführung in der Klosterkirche zu Raitenhaslach bei Burghausen am Inn bot Guttenberg eine Bayreuth-erfahrene Solistenriege auf, darunter die Mezzosopranistin Hanna Schwarz, der Bass Karl Ridderbusch und der Bassbariton Martin Egel. Eine weitere Aufführung im Sommer 1978 im Erler Passionsspielhaus wurde live auf Schallplatte mitgeschnitten.

Ausschnitte daraus landeten auf dem Schreibtisch von Joachim Kaiser. Nachdem er sich die Platte angehört hatte, schrieb der Starkritiker einen zweiseitigen Brief an Guttenberg, der einem Ritterschlag gleichkam. »Und wieder hat sich mein Eindruck, daß Ihnen da nicht nur etwas Gutes, sondern etwas Außerordentliches, ganz und gar Charakteristisches, Bewegendes und Mitreißendes gelungen ist, bestätigt.«[59] Kaiser attestiert Guttenberg, dass er nicht nur den Klang, sondern immer auch den »Sinn« einer Phrase mitgestalte und das Musikalische ins »Gestische« übersetze. Die »elementare Expressivität bayerisch-bäuerlichen Musizierens« – auch Kaiser erlag der verführerischen Faszination des angeblich Unverfälschten – werde bei Guttenberg »fesselnd Gestalt«. Der um gewichtige Worte nie verlegene Journalist schließt seinen Brief: »Immer, wenn mir, und das bleibt nicht aus, der Musikbetrieb auf die Nerven geht, wenn ich das alles für ohnmächtige Betriebsamkeit und eitlen Quatsch halte, dann werde ich an die h-moll-Messe und Ihre Interpretation denken und ein wenig getröstet sein.«

Versehen mit kaiserlichen Weihen gingen Guttenberg und sein Chor die nächsten Herausforderungen an. 1979 gab es in der Klosterkirche von Rott am Inn Guttenbergs erstes Mozart-Requiem. Und im Jahr darauf nach einem triumphalen Konzert in der Pariser Salle Pleyel mit Bachs *Johannespassion*, das vom französischen Rundfunk live in sechs Länder übertragen wurde, nahm man im Erler Passionsspielhaus Verdis Requiem in Angriff. Es war der Höhepunkt der letzten Neubeurer Musiktage.

Für eine gewisse Zeit verlagerte sich der Arbeitsschwerpunkt des Barons zum Teil nach Frankfurt am Main, wo er den bekannten Cäcilienverein übernahm, einen der ältesten Oratorienchöre Deutschlands. Die Neubeurer mussten ihren »Guttei« jetzt mit den Hessen teilen, was sich eindrücklich bei Guttenbergs erster *Matthäuspassion* im Sommer 1981 zeigte, wo er beide Chöre auf der Bühne des Erler Passionsspielhauses vereinigte, ein, wie Joachim Kaiser bemerkte, »Doppel-Beschluss«[60] der musikalischen Art.

Musikalische Lokalderbys
Wenige Monate zuvor war am 15. Februar 1981 Karl Richter gestorben. Er hatte seit 1953 den Münchener Bach-Chor, hervorgegangen aus dem Heinrich-Schütz-Kreis der evangelischen Markuskirche, zu internationalem Ruhm geführt und erlangte mit seinen üppig besetzten, dynamisch-temperamentvollen Bach-Interpretationen Kultstatus. Als Richter starb, wurde Guttenberg als dessen geborener Nachfolger gehandelt. Der Oberfranke sei drauf und dran, die »ruhmreiche Bachtradition in der Landeshauptstadt München fortzusetzen«, hieß es in der in Bamberg erscheinenden *Bayerischen Rundschau*.[61]

Doch der Autor verkannte, dass Guttenberg niemals in erster Linie als Chordirigent oder gar als Kantor gelten wollte (Orgel spielen konnte er ohnehin nicht), sondern immer als vollwertiger Konzert-, später auch Operndirigent, wofür ihm zunächst das entsprechende Ensemble und das Handwerkszeug fehlte. Zwar machten auch Richter und Helmuth Rilling mit seiner Gächinger Kantorei Abstecher ins Repertoire jenseits der (barocken) Kirchenmusik, doch wahrgenommen werden beide bis heute vor allem als Chorerzieher, Organisten und große Bach-Interpreten.

Guttenbergs und Richters Stil ähnelten sich nur vordergründig. Beiden war eine hohe Expressivität zu eigen und ein kaum zu bändigender Einsatz für musikalische Wahrhaftigkeit. Und zumindest anfangs teilten die Dirigenten eine Vorliebe für üppige Chor- und Orchesterbesetzungen, breite Ritardandi und große Bögen. Bei seiner ersten *Matthäuspassion* in Erl bevölkerten

350 Sänger und Musiker die Bühne. Mit einer solchen Besetzung pflege man andernorts Mahlers 8. Sinfonie (»Sinfonie der Tausend«) aufzuführen, witzelte der Rezensent des *Oberbayerischen Volksblattes*.[62]

Doch Guttenberg musizierte »theatralischer« als Richter, mit schroffen Tempowechseln und großen dynamischen Gegensätzen. »Guttenberg der Konservative ist in Sachen Bach ein Radikaler«, heißt es in einer Kritik der *Johannespassion*, »rücksichtslos gegen Aufführungstraditionen und sogenannte Werktreue, hemmungslos in der Wahl seiner Mittel, wenn sie nur den gewünschten Effekt bringen.«[63]

Da wirken Richters Einspielungen, denen oft das Etikett »spätromantisch« angeheftet wird, weitaus gebändigter und zielen eher auf schwärmerische Anbetung im Sinne eines schöngeistigen Pietismus. Guttenberg dagegen frönte einem Katholizismus barocker Spielart und jenem sinnenfrohen Zwiebelturm-Ultramontanismus, dem sich die Neubeurer Choristen zugehörig fühlten.

Später drifteten Guttenberg und Richter stilistisch noch weiter auseinander, als Guttenberg mit weniger Aufwand noch aufwühlendere Ergebnisse erzielen wollte und die Errungenschaften der historischen Aufführungspraxis in seine Interpretationen integrierte, um die Richter anders als später Rilling einen Bogen gemacht hatte. Wie sich Richter entwickelt hätte, wenn er nicht so früh gestorben wäre, muss offenbleiben. Guttenberg zumindest wurde immer »moderner«.

Nach einer längeren Interimsphase unter dem Richter-Schüler Ekkehard Tietze bestimmte der verwaiste Münchener Bach-Chor den Kirchenmusiker Hanns-Martin Schneidt, damals Generalmusikdirektor des Sinfonieorchesters Wuppertal, zum neuen künstlerischen Leiter. Guttenberg hielt seinen Neubeurern die Treue. So kam es nun jedes Jahr an Ostern und Weihnachten zu viel beachteten Lokalderbys zwischen Guttenberg und den Richter-Nachfolgern Tietze und Schneidt, beide im Stil nüchterner als Richter. Dabei standen, vereinfacht gesagt, »protestantische Herbheit« und Verinnerlichung gegen Bach-Ekstase und katholisches Pathos. Demut gegen Voluntarismus, Objektivität gegen Subjektivität, Kopf gegen Herz. Mal trug der eine, mal der andere die Siegespalme davon, jedenfalls in den Augen der Kritiker.

Erste Auslandstourneen

Fast 35 Jahre lagen zwischen dem letzten, triumphalen Auftritt Guttenbergs mit der *Matthäuspassion* in Madrid im Jahr 2018 (ohne die Neubeurer, an deren Stelle sang der Chor der KlangVerwaltung) und dem ersten Konzert der Chorgemeinschaft unter Guttenberg in der spanischen Hauptstadt, bei dem die *Johannespassion* auf dem Programm gestanden hatte. Der umjubelte Abend im Teatro Real am 16. April 1984 war Auftakt zur ersten längeren Auslandstournee der Chorgemeinschaft Neubeuern und wurde live vom Spanischen Rundfunk und in Teilen auch vom Fernsehen landesweit übertragen.

Tags darauf stand die h-Moll-Messe im Madrider Dom auf dem Programm, bevor Chor und Orchester zum traditionsreichen Festival »Geistliche Musik in der Karwoche« unter Schirmherrschaft der spanischen Königin Sophia nach Cuenca aufbrachen. In einer differenzierten Kritik der Zeitung *El País* wurde Guttenberg als einer der »ranghöchsten deutschen Spezialisten«[64] bezeichnet. Im erzkatholischen Spanien schien sein tönendes Bekenntnis christlicher Glaubenswahrheiten auf besonders fruchtbaren Boden zu fallen.

Kurz vor dem ersten Auftritt in der pittoresken kastilischen Felsenstadt Cuenca, einem Kantatenabend unter anderem mit BWV 82 »Ich habe genug« erlitt Guttenberg einen Kreislaufzusammenbruch. Ein Notarzt wurde gerufen, das Konzert stand auf der Kippe, doch Guttenberg schlug wie so oft die Mahnungen der Ärzte in den Wind und dirigierte. Alles ging gut, der vor der Kirche wartende Krankenwagen kam nicht zum Einsatz, der Patient erholte sich erstaunlich rasch.

Anschließend wurden der Baron und seine Truppe Zeugen der archaischen Karfreitagsbräuche in der alten Stadt. Sie sind geprägt vom Lärm der Trompeter und Trommler, die der Jesus-Skulptur vorangehen. »Sehr irritierend«, vermerkt die Chorchronik.[65]

Malaisen und Körperverachtung

Die Herzattacke wirft ein Licht auf Guttenbergs lebenslangen Kampf mit dem eigenen Körper. Aus der Rückschau betrachtet muss es beinahe verwundern, dass er überhaupt das siebte Lebensjahrzehnt erreichte. Die Liste seiner Unfälle, Krankheiten und sonstigen körperlichen und psychischen Malaisen ist beeindruckend.

Zunächst litt Guttenberg seit seiner Kindheit an Morbus Crohn, einer chronisch-entzündlichen Darmerkrankung, die sich einhegen, aber nicht kurieren lässt. Die Patienten – auch der große Liedsänger Christian Gerhaher zählt zu ihnen – leiden an wiederkehrenden Leibschmerzen und Übelkeit, außerdem erhöht Morbus Crohn das Risiko für einen potenziell lebensgefährlichen Darmverschluss. Guttenberg erlitt zwei Darmverschlüsse, den ersten 1993, der zweite führte infolge weiterer Komplikationen zum Tod.

Auch Rückenschmerzen plagten Guttenberg beständig. Nach einer Wirbelsäulenoperation im Jahr 2013 fiel er just zur Zeit der Herrenchiemsee Festspiele für längere Zeit aus. Linderung erhoffte sich Guttenberg unter

anderem von einem Apparat, an dem er sich kopfüber aufhängen konnte und
dem er wahre Wunderkräfte zumaß. Überall, wo er sich längere Zeit aufhielt,
gab es eine derartige Vorrichtung, die er wärmstens an ähnlichen Beschwer-
den leidenden Freunden und Bekannten empfahl.

Zu den chronischen Malaisen kamen Unfälle, die sich bei Guttenbergs
reiterlichen Aktivitäten ereigneten, bei der Jagd, bei Proben oder anderen
Gelegenheiten. 1983 heißt es etwa in seiner von Hildegard Eutermoser akribisch geführten Krankengeschichte: »Beim Speck abschneiden tief in die linke Hand geschnitten.« Im November 1990 fiel Guttenberg vom Hochsitz.
Ergebnis waren eine Gehirnerschütterung und ein ausgekugelter Arm.
Pflichtbewusst wie eh und je ließ sich der Baron nicht davon abhalten, zum
Bachfest 1990 in der Münchner Philharmonie die *Johannespassion* zu leiten, mit
dem Arm in einer Schlinge.

Dass Enoch zu Guttenberg mit bandagierten Gliedmaßen dirigierte, war
kein Einzelfall, sogar eine Fernsehaufnahme der h-Moll-Messe in der berühmten Wieskirche kam unter solchen Umständen zustande. Während einer
Arbeitspause war er gestürzt und hatte sich den Ringfinger der linken Hand
gebrochen. Eine Operation verschob er und brachte die Aufnahme unter
starken Schmerzen zu Ende. »Der Preis war hoch genug, denn der Finger
wird trotz anschließend erfolgter Behandlung nie mehr voll beweglich sein.«[66]

Ein andermal stürzte Enoch, versonnen auf ein Notenblatt blickend, so
unglücklich, dass er sich einen komplizierten Ellenbogenbruch zuzog. Beim
anschließenden chirurgischen Eingriff ließ er sich gleich noch einen Ham-

merzeh korrigieren. »Die nächsten Konzerte, die er dirigierte, waren eher eine persönliche Passion«, verrät die Chronik.[67]

Zuweilen grenzte die Art, wie Guttenberg mit sich selbst umging, an Körperverachtung. Bei der Anspielprobe zu einem Tourneekonzert im brasilianischen São Paulo brach er zusammen und wurde mit hohem Fieber ins Krankenhaus gebracht. Die Diagnose: Lungenentzündung. Trotzdem bestand er darauf, die Tournee fortzusetzen und zum nächsten Konzert ins peruanische Lima zu fliegen. Doch sein Butler Jürgen Candolfi widersetzte sich dem Ansinnen und weigerte sich mitzufliegen: »Ich wollte die Verantwortung nicht übernehmen.« Grummelnd fügte sich der Baron und lag mehrere Tage im Hotel darnieder, bis sich sein Zustand langsam besserte. »Das war das erste Mal, dass ich mit meinen Nerven am Ende war«, sagt Candolfi. Ähnlich lässig ging Guttenberg mit seinem ersten Schlaganfall um, der ihn im Dezember 2014 in München auf offener Straße ereilte.

Auf der Bühne des Teatro Colón

Im Mai 1984 schrieb Baldur Bockhoff in der *Süddeutschen Zeitung* über Probleme bei der geplanten ersten Südamerika-Tournee der Chorgemeinschaft. Die Lufthansa als Sponsor habe sich »über Nacht« zurückgezogen, das Gastspiel mit bereits fest terminierten Konzerten in sechs Städten in Uruguay, Chile, Argentinien und Brasilien sei geplatzt. Die Fluglinie sei darüber unterrichtet worden, dass Dirigent, Chor und Orchester von »eher minderer künstlerischer Qualität« seien.[68] Lapsus oder Intrige? Die Gründe für die merkwürdige Mitteilung blieben im Dunkeln.

Ein Jahr später standen die Neubeurer dann trotzdem zum ersten Mal auf der Bühne des legendären Teatro Colón in Buenos Aires, und die Presse überschlug sich vor Begeisterung. Diesmal kämpften die Neubeurer nicht mit möglichen Neidern, sondern mit der Zeitumstellung und einem Streik im inflationsgebeutelten Argentinien. Das deutschsprachige *Argentinische Tageblatt* schrieb über ein »unvergessliches Erlebnis auf hohem geistlichen Niveau«,[69] und auch Joachim Kaiser ließ sich nicht lumpen. Zwar seien Guttenbergs Ensembles infolge diverser Stressmomente »ihrem Bach nicht ganz so nahe« gekommen wie sonst. Trotzdem habe Neubeuern Argentinien überwältigt. »Solche Gastspiele helfen dem Ansehen Deutschlands in der Welt.«[70]

Ehrungen und Kritik

In den folgenden Jahren regnete es Preise und Ehrungen. Im Februar 1986 wurde Guttenberg und seinem Chor der Kulturpreis des Landkreises Rosenheim verliehen. In einem Zeitungsbericht über die Festrede, gehalten von

Klaus J. Schönmetzler, später Guttenbergs viel beschäftigter Dramaturg bei den Herrenchiemsee Festspielen, wird mutmaßlich zum ersten Mal das Bonmot »Das Wunder Neubeuern« geprägt.[71]

Im selben Jahr wurde Guttenberg auf persönlichen Vorschlag des bayerischen Ministerpräsidenten Franz Josef Strauß mit dem Bundesverdienstkreuz am Bande bedacht. Dabei hatte er gerade erst die bayerische Staatsregierung wegen ihres Atomkurses und wegen des Festhaltens am Bau der atomaren Wiederaufbereitungsanlage im oberpfälzischen Wackersdorf scharf angegriffen. Zu seinem 45. Geburtstag 1991 gab es für den Leiter der Chorgemeinschaft Neubeuern, des Frankfurter Cäcilienchores und nunmehrigen Chefdirigenten der Danziger Philharmonie dann noch das Bundesverdienstkreuz 1. Klasse – als »Botschafter bester bayerischer Musiktradition«.

1987 feierte die Chorgemeinschaft ihr Zwanzigjähriges und wurde von Intendant Justus Frantz erstmals zum noch jungen Schleswig-Holstein-Musikfestival eingeladen. Gleich darauf folgte die zweite Südamerikatournee unter anderem mit Mozarts c-Moll-Messe und dem Requiem im Teatro Colón. Ein Foto in der Chorchronik zeigt Enoch zu Guttenberg in Buenos Aires, umringt von »Autogrammjägern«.[72]

Die höchste Auszeichnung neben dem Echo Klassik 2008 wurde Guttenberg und der Chorgemeinschaft mit dem Deutschen Kulturpreis 1988 der Stiftung Kulturförderung zuteil. August Everding hielt wieder eine seiner launigen Lobreden, während Guttenberg die Zuhörer schockte, als er schon im ersten Satz seiner Erwiderung drohte, alles »hinzuschmeißen«, Schluss zu machen mit dem Musizieren und anzufangen mit der Politik. Dann gab es den »Herbst« aus Haydns *Jahreszeiten*, eingedenk Guttenbergs Worten, dass gerade die Jahreszeiten, nicht nur im brasilianischen Regenwald, in Rauch aufgingen. »Was steht dafür, die Welt von gestern zu beschwören? Während unsere Welt von heute mit sich überschlagender Geschwindigkeit abstirbt; was sage ich: Verreckt, erstickt, krepiert.«[73]

Auf die Preisverleihung folgte eine Flut von Medienberichten, darunter mehrseitige Reportagen in *Quick* (»Ein Dorf-Chor erobert die Welt«[74]) und *Stern* (»Der Sängerbaron«[75]). Mit einem Teil des Preisgeldes von 100.000 Euro wurde der Chor mit inzwischen 110 Mitgliedern neu eingekleidet. In einem Interview erklärte Guttenberg das Phänomen Neubeuern und formulierte einmal mehr sein musikalisches Credo: »Die Neubeurer glauben, was sie singen. Vereinfacht gesagt, man nutzt das Kunstwerk um des Bekenntnisses und nicht – wie heute meist üblich – das Bekenntnis um des Kunstwerks willen. Dies, glaube ich, sollte die eigentliche Werktreue sein: um Inhalte zu kämpfen und nicht allein um die Form.«[76]

In dem gleichen Interview zieht Guttenberg mächtig vom Leder, auch gegen die Salzburger Festspiele. »Dort entscheidet über Gut und Böse letztlich die Kontinente verbindende Schickeria. Sie können dort neben irgendeinem Industriellen sitzen, der für viele hundert Mark eine Karte besitzt und Sie fragt: Was wird eigentlich heute Abend gegeben? Das ist schon Mißbrauch, das ist so, wie wenn Sie mit Kaviar Hungernde füttern möchten.« Vielleicht waren Sätze wie dieser der Grund dafür, dass Guttenberg nie zu den Festspielen eingeladen wurde.

Allen Ehrungen und Kritiker-Elogen zum Trotz war der Ruf Guttenbergs und seines Chores auch in der Folgezeit nicht unangefochten. Berlin etwa war für Guttenberg immer ein schwieriges Pflaster. Der *Tagesspiegel* rieb sich im September 1990 nach dem ersten Auftritt Guttenbergs in der Scharoun-Philharmonie (mit Bachs h-Moll-Messe) an »unprofessioneller Kapellmeisterarbeit« und attestierte den Neubeurern, sie seien »kaum mehr als ein tüchtiger Laienchor«.[77] Eine Ehrenrettung erfuhr Guttenberg vom *Spandauer Volksblatt*, dessen Rezensent von einer »grandiosen Aufführung« sprach, wenngleich der »extreme Subjektivismus« des Barons »zu überraschenden, gelegentlich auch irritierenden Resultaten«[78] führe.

Wechselbad der Gefühle: Wenige Monate zuvor hatte Bundespräsident Richard von Weizsäcker Guttenberg und seinem Chor in einem persönlichen Brief noch überschwänglich für ein von ihm dirigiertes deutsch-polnisches Versöhnungskonzert gedankt. Anlass war ein offizieller Staatsbesuch, zu dem Guttenberg zusammen mit der Baltischen Staatsphilharmonie Danzig, deren Gastdirigent er damals war, und der Chorgemeinschaft in der Kathedrale des Stadtbezirks Oliva Mozarts c-Moll-Messe aufführte – in Anwesenheit der beiden Staatsoberhäupter.

Der »Hobbykünstler«

Im März 1992 veröffentlichte die angesehene *Neue Musikzeitung* eine Schallplattenkritik des erst 23-jährigen Musikkritikers Helmut Mauró. Dessen Besprechung einer neu erschienenen Aufnahme der *Matthäuspassion* unter der launigen Überschrift »Katastrophe am Ölberg« lässt kein gutes Haar an Guttenberg. Mit flotter Schreibe kanzelt Mauró den Baron einmal mehr als »Hobbykünstler« ab, die Chorgemeinschaft als »mittelmäßigen Laienchor«, und selbst Solist Hermann Prey bekommt sein Fett ab.[79]

Guttenberg ist tief getroffen, will den Autor verklagen und schreibt einen bitteren Leserbrief: »Mit welchen Waffen auch immer Sie auf einen Menschen öffentlich losschlagen, denken Sie nur für einen Augenblick, dieselben könnten gegen Sie persönlich gerichtet sein.«[80] Der Verlag distanziert sich wenig später von dem Artikel, »soweit er unrichtige Angaben und Wendungen enthält, die als Schmähkritik verstanden werden können«.[81] Von einer Klage sieht Guttenberg schließlich ab – die Medien sitzen in solchen Angelegenheiten meist am längeren Hebel.

Wie kam es zu solch spektakulären Verrissen, denen ebensolche Hymnen gegenüberstehen? Tatsache ist, dass Guttenberg mit seinen radikalen Interpretationen von Anfang an polarisierte. Er passte in keine Schublade. Immer wieder warf er bisherige Konzepte über den Haufen und probierte Neues aus. Wer seine *Johannespassion* des Jahres 1973 mit späteren Aufführungen vergleicht, könnte meinen, ein anderes Stück zu hören.

Unabhängig von einer sich ständig wandelnden Stilistik schwankte die Qualität Guttenberg'scher Aufführungen mitunter erheblich, was zum einen an seiner mangelnden Kapellmeisterroutine gelegen haben mochte, aber auch daran, dass er eben keine Routine aufkommen lassen wollte. Auch die Chorgemeinschaft war als Laienensemble anfälliger für Qualitätsschwankungen als ein Profichor. Und die wechselnden Orchester, mit denen Guttenberg arbeitete, trugen ebenfalls nicht zu künstlerischer Stabilität bei. Erst mit Gründung der KlangVerwaltung bekam er auch in dieser Hinsicht Boden unter die Füße.

Nicht außer Acht lassen sollte man, dass sich manche Journalisten offenbar aus ideologischen Gründen schwertaten mit einem Adeligen wie Enoch zu Guttenberg, auch wenn er selbst unter anderem mit seinem Umweltengagement und seiner Kirchenkritik immer wieder gegen die Ansichten und Interessen »seines« Standes agierte. Solche unterschwelligen oder bewussten Ressentiments konnten bewirken, dass aus im Einzelfall berechtigter Kritik Häme wurde.

»Neubeuern am Ziel«
Den weiteren Aufstieg Guttenbergs und seiner Chorgemeinschaft konnte dies alles nicht verhindern. Pünktlich zum 30-jährigen Chorjubiläum waren der Baron und seine Ensembles – als Orchester fungierte diesmal das exzellente Bach-Collegium München, als Kinderchor der Tölzer Knabenchor – im Goldenen Saal des Wiener Musikvereins zu Gast. Für sein Debüt im Olymp des europäischen Musiklebens am 4. März 1997 mit Bachs *Matthäuspassion* hatte Guttenberg ein hochkarätiges Solistenensemble zusammengetrommelt, unter anderem mit dem Bassbariton Thomas Quasthoff, der Sopranistin Christiane Oelze und der Altistin Violetta Urmana.

Als der letzte Ton des Schlusschors verklungen war, entbot das schwer zufriedenzustellende Wiener Klassikpublikum den Künstlern zehnminütige

Standing Ovations. »Das war eines der Konzerte, die man sein Leben lang nicht vergisst«,[82] schrieb die *Wiener Amtliche Zeitung*, und der mitgereiste Joachim Kaiser sah »Neubeuern am Ziel«.[83] Drei weitere Auftritte im Musikverein sollten noch folgen: das *Weihnachtsoratorium* im Jahr 1999, ein Bruckner-Programm mit der »Romantischen«, Ave Maria und Te Deum im Jahr 2007 sowie 2011 Verdis *Messa da Requiem*.

Das erste Konzert im Musikverein markiert in Guttenbergs Schaffen einen Wendepunkt. Wenige Monate später gab die KlangVerwaltung mit dem *Weihnachtsoratorium* in München ihr Debüt als Guttenbergs künftiges Stammorchester, und der umtriebige Münchner Konzertagent Andreas Schessl übernahm von Helmut Pauli die Aufgabe, den sperrigen Baron unter die Leute zu bringen. Die Jahrtausendwende brachte mit dem »Bach-Fest 2000« dann die erste Ausgabe der Herrenchiemsee Festspiele, die sich zum Labor für große Konzert- und Opernprojekte jenseits des von Guttenberg bislang gepflegten Kanons entwickeln sollten.

Als Guttenberg als Gastdirigent in Danzig und Brünn sowie beim MDR in Leipzig arbeitete, richtete sich der Blick zunehmend nach Osten. Im Juni 1997 wurden Guttenberg und der Chor noch einmal eingeladen, einen Staatsbesuch des deutschen Bundespräsidenten, diesmal war es Roman Herzog, in Polen musikalisch zu umrahmen. Zu Guttenbergs Verdruss verließ Herzog schon nach dem fünften Tag von Haydns *Schöpfung* in der Danziger Marienkirche den Saal. Beim anschließenden Staatsbankett raunte er Enoch zu: »A Spitzenaufführung, aber i muaß a amoi schlafa.«[84]

Beim Gedenkkonzert für die Opfer des Amoklaufes von Erfurt im Jahr 2002, bei dem ein Schüler im Gutenberg-Gymnasium ein Massaker mit insgesamt 17 Toten verübt hatte, verließ niemand vorzeitig das Konzert. Zusammen mit Chorgemeinschaft und KlangVerwaltung spielte Guttenberg auf Einladung seines Freundes, des SPD-Innenministers Otto Schily, in der Erfurter Severikirche das Verdi-Requiem. »Kein Staatsakt war dieses Konzert, vielmehr ein gütiges Geschenk«, heißt es in der *Thüringer Landeszeitung*. »Balsam auf die unverheilten Wunden eines tiefen Traumas, das durch kollektives Erinnern wie individuelle Trauer nicht überwindlich erscheint.«[85]

Konzert für den bayerischen Papst

Am 19. April 2005 wurde Joseph Ratzinger zum Papst gewählt und gab sich den Namen Benedikt XVI. Die Freude in Ratzingers deutscher Heimat (»Wir sind Papst«) war groß, und in den Jahren darauf gaben sich diverse Spitzenorchester beim Vatikan die Klinke in die Hand, um dem musikliebenden Kirchenoberhaupt ihre Reverenz zu erweisen. Von Christian Thielemanns

Papstkonzert 2010 in Rom

Vatikan-Konzert zusammen mit den Münchner Philharmonikern und den lange von Ratzingers Bruder Georg geleiteten Regensburger Domspatzen gibt es sogar eine CD-Aufnahme. Auch Mariss Jansons trat mit Chor und Sinfonieorchester des Bayerischen Rundfunks in der riesigen Audienzhalle auf, außerdem das Bayerische Staatsorchester unter Kent Nagano, die Bamberger Symphoniker, das Leipziger Gewandhausorchester unter Riccardo Chailly und sogar die Wiener Philharmoniker. Der Papst habe Konzerte geschenkt bekommen wie andere Männer Krawatten und Socken, lästerte *AZ*-Kritiker Robert Braunmüller.[86] Dabei ging es nicht nur darum, dem Stellvertreter Christi auf Erden eine Freude zu machen, sondern natürlich auch darum, den eigenen Ruhm zu mehren.

Wenn man streng sein wollte, war Guttenbergs musikalische Gabe an den Heiligen Vater ein vergiftetes Geschenk. Ausgerechnet ein Requiem des Kirchengegners Giuseppe Verdi in den Heiligen Hallen des Vatikans? Der Baron sagte zur Begrüßung der etwa 3000 Zuhörer, Verdi spreche in seinem Werk »vom Tod und dann dem Nichts« genauso wie von »seinem anrührenden Kinderglauben und seinen tief im Katholizismus verankerten Wurzeln«.[87] Hier hatte Guttenberg ganz augenscheinlich eine Selbstbeschreibung seiner eigenen religiösen Verfassung und seiner Glaubenszweifel gegeben.

Aber der an Gottesbeweisen geschulte bayerische Papst nahm den Ball nicht auf, sondern deutete die Messe als eine »Anrufung des Ewigen Vaters« in dem Versuch, »den Verzweiflungsschrei angesichts des Todes zu überwinden, um den Lebensatem wiederzufinden, der stilles und inständiges Gebet wird: Libera me, Domine.«[88] In den Augen des Papstes war es schlechthin unmöglich, dass ein Mensch *nicht* glauben kann, vor allem dann nicht, wenn es ans Sterben geht.

Ob in der anschließenden Privataudienz, die sich Guttenberg ausbedungen hatte, sein erstes Zusammentreffen mit dem damaligen Münchner Erzbischof Joseph Ratzinger im Zeichen des Umweltschutzes zur Sprache kam – davon wird noch zu berichten sein – ist nicht bekannt. Ein Honorar erhielten die Künstler übrigens nicht, im Gegenteil: Guttenberg steuerte für den Ausflug nach Rom 175.000 Euro aus seiner Privatschatulle bei. Die organisatorischen Begleitumstände des Papstkonzertes sollen miserabel gewesen sein. Es gab in der Audienzhalle weder Umkleidemöglichkeiten noch Trinkwasser für die Solisten. Der Vatikan sei keine Bar, soll eine Hofschranze dem Baron auf Nachfrage beschieden haben.»Aber a Weihwasser werds doch wenigstens ham«, raunzte Enoch zurück.

Wenige Tage bevor sein Sohn Karl-Theodor zum neuen Bundesverteidigungsminister ernannt wurde, absolvierte Enoch zu Guttenberg im Oktober 2009 zusammen mit Chorgemeinschaft, KlangVerwaltung und einer Handvoll Solisten sein erstes großes Asien-Gastspiel mit Konzerten in Hongkong und Peking. Im Gepäck hatte er ausschließlich Werke von Joseph Haydn, darunter die *Jahreszeiten*, die *Schöpfung*, die *Nelson-Messe* sowie das Trompetenkonzert. Eigentlich unverfängliche Kost. Trotzdem wurde ein Auftritt in der Wanfujing Catholic Church in der chinesischen Hauptstadt zur politischen Gratwanderung.

Mit dem von der Deutschen Botschaft in Peking unterstützten Konzert im Rahmen des zwölften Beijing Music Festivals wurde nämlich das bis dato im offiziell atheistischen China gültige Tabu gebrochen, in Kirchen sakrale Musik aufzuführen. Noch dazu trägt die *Nelson-Messe* den Beinamen »Messe in Zeiten der Bedrängnis«, was die chinesische Führung bewog, das Gotteshaus mit einem großen Militäraufgebot abriegeln zu lassen. In den Genuss der Musik kamen nur 400 geladene Gäste aus Wirtschaft und Politik, die am Ende des Konzertes ihrer Begeisterung freien Lauf ließen – in minutenlangen Standing Ovations hinter verschlossenen Türen.»Die Musik bricht eine Bahn, die nicht einmal Soldaten aufhalten können.«[89]

Einen Tag zuvor hatte Guttenberg in einem »Education Concert« in der Peking University unter ähnlich hohen Sicherheitsvorkehrungen über seine ökologische Sicht auf Haydns Oratorien gesprochen.»Haydn hat die englischen Kohlegruben besichtigt, er hat die Anfänge der modernen Industrie- und Massenzivilisation mit Sorge und Erschütterung gesehen. Vieles von dem, was Haydn zeigt, ist mittlerweile tatsächlich in den riesigen Stauseen unserer Zivilisationen versunken.«[90] Wenige Jahre zuvor war der auch in China hoch umstrittene Drei-Schluchten-Staudamm in Betrieb genommen worden.

2016 folgte eine weitere Asien-Tournee, die nicht ganz so spektakulär und politisch heikel verlief, gefolgt von einer legendären USA-Reise, die Guttenberg, seine Choristen und Musiker nun auch auf den musikalischen Olymp der Neuen Welt führte, in die New Yorker Carnegie Hall.

Guttenberg als Unternehmer

Enochs Vater war ein begnadeter Politiker, ein glänzender Redner und sprühender Geist, ein Mann der großen Linien und Gesellschaftsentwürfe, aber auch ein ausgebuffter Strippenzieher, der jahrelang einem Mann vom Kaliber eines Franz Josef Strauß Paroli bot. Doch für die Verwaltung seiner eigenen Güter und Unternehmungen, für ökonomisches Klein-Klein hatte er keinen Sinn und keine Zeit. Meist weilte er in Bonn, weit weg von seinen über ganz Bayern und die Rheinpfalz, die einmal zu Bayern gehörte, verteilten Besitztümern und verließ sich, vielleicht etwas blauäugig, auf seine Mitarbeiter.

Die Umbrüche nach dem Ende der Adelsherrschaft und zwei Weltkriegen hatte die Familie zu Guttenberg gut überstanden. Auch ohne die einstigen Pfründe und Privilegien und ohne attraktive Portefeuilles bei Hofe oder im Militär war man zumindest in materieller Hinsicht »oben geblieben«, nicht herabgesunken auf das Niveau eines »Etagenadels«, dem vom einstigen Glanz und Besitz nicht viel mehr als der Titel geblieben war.

Als Karl Theodor zu Guttenberg erkrankte, war er Chef eines »Mischkonzerns« mit land- und forstwirtschaftlichem Schwerpunkt. Neben ausgedehnten Waldgebieten und landwirtschaftlichen Gütern, darunter das Weingut Reichsrat von Buhl in Deidesheim, besaß die Familie mehrere Schlösser, Hotels und Kuranlagen in Bad Neustadt, Telefonfirmen, einen Steinbruch, Sägewerke, Hühnerfarmen und weitere Immobilien etwa in Würzburg und München.

Noch zu Lebzeiten des Vaters versuchte Enoch, dem als einziger Sohn die Funktion als Chef des Hauses zufiel, sich einen Überblick zu verschaffen, und musste mit Schrecken feststellen, dass die Familie »hoffnungslos überschuldet« war. »Es gab leitende Mitarbeiter, die meinem Vater nicht nur nicht die Wahrheit gesagt, sondern ihn massiv betrogen und bestohlen haben«, erinnert sich Guttenberg. »Von einem geschickt verdeckten Missmanagement gar nicht zu reden.«

Der Kassensturz ergab einen Schuldenstand in Höhe von 60 Millionen Mark, mehr als der Besitz insgesamt wert war. »Ich rechnete täglich mit dem Zuschlagen der Banken und war gezwungen, vor den Augen des sterbenden Vaters fast alle Mitglieder seiner alten Direktion zu entlassen.« Jetzt rächte sich, dass der Vater so lange die Zügel hatte schleifen lassen. Nach seinem Tod ließ sich Guttenberg notariell bestätigen, dass er einen hoch verschuldeten Betrieb übernommen habe. »Gerade weil ich erzogen worden war, mich nur als Glied in einer Ahnenkette zu sehen, war mein Trauma, die Nachfahren könnten einmal sagen: Dieser komische Musiker hat den Betrieb kaputt gemacht.«[1] Dass er, im Gegenteil, einmal als Retter des Familienunternehmens dastehen würde, wäre ihm damals sicher nicht in den Sinn gekommen. Für Enoch begannen harte Jahre. Neben seiner eigentlichen Profession, der Musik, musste er sich in ökonomische Zusammenhänge einarbeiten, musste lernen, Bilanzen zu lesen, mit Geldgebern zu verhandeln und fähiges Personal zu gewinnen. Ihm zur Seite stand Eugen Münch, anfangs Leiter der Guttenberg'schen Hauptverwaltung, sowie der Rechtsanwalt Friedrich-Wilhelm Graf von Rittberg, ein Jurist, der, so Guttenberg voll Bewunderung, »Recht und Gesetz wie eine Orgel« zu bedienen verstand.

Vom Pleiteobjekt zum Großkonzern: Das Rhön-Klinikum

Der Kurort Bad Neustadt an der Saale lag zu Zeiten der deutschen Teilung im Zonenrandgebiet. Das war eine Art Sonderwirtschaftszone mit Steuervergünstigungen und attraktiven Abschreibungsregeln, mit denen man Investoren in die Region entlang der innerdeutschen Grenze locken wollte, die der verlorene Krieg von einer zentralen Lage ins geografische und ökonomische Abseits befördert hatte. Die »Zonenrandförderung« betraf einen 40 Kilometer breiten Gebietsstreifen entlang des »Eisernen Vorhangs«, und Bad Neustadt lag rund 30 Kilometer von der schwer bewachten Demarkationslinie entfernt.

Findige Investoren wurden auch bei Karl Theodor zu Guttenberg vorstellig und überredeten ihn, auf einem in seinem Besitz befindlichen Grundstück am Fuß der Salzburg ein Kur- und Therapiezentrum zu bauen – mit vier zwölfstöckigen Wohnblöcken, die in 1500 Einzelappartements für potenzielle Kurgäste unterteilt waren. Die Wohnungen sollten mit fürstlichen Renditeversprechungen an Privatinvestoren verkauft werden, Ärzte, andere Freiberufler, vermögende Handwerker, Unternehmer. »Guttenberg geriet mit seinem guten Namen – die anderen Hintermänner kannte man nicht – in die Position eines Lockvogels und Aushängeschildes und gab dem Projekt einen seriösen Anstrich«, sagt Eugen Münch, der die Anlage im Auftrag des Sohnes sanierte und in einen florierenden Klinikkonzern verwandelte.

Retter mit Mao-Bibel
Die Appartements in den grauen Betonblöcken, die bis vor Kurzem das Tal der fränkischen Saale überragten, wurden zwar innerhalb kurzer Zeit verkauft, waren jedoch kaum zu betreiben, was das waghalsige Geschäftsmodell ins Wanken brachte. Statt steuermindernder Buchverluste ließen die Immobilien nun »echte Verluste in erheblichem Ausmaß erwarten«, sagt Münch.

Unter Verkennung ihrer eigenen Rolle in diesem Geschäft, so Münch, hätten sich die Käufer an den Baron gewandt und Forderungen geltend gemacht, die sich 1970 auf etwa 40 Millionen Euro beliefen.»Sein Sohn Enoch hat die ganze Katastrophe dann geerbt.« Auch um den Rest des Guttenberg'schen Besitzes stand es nicht zum Besten.»Der Familienbesitz als solcher war zwar relativ proper, es gab eine Menge Kunst im Schloss und viel Grundvermögen, aber außer dem alten Heilbad Bad Neustadt mit einem Bäderbetrieb und einer Kurklinik keine Ertragsperlen. Dazu kam einiges an Schulden, die bedient werden mussten.«

Eugen Münch stammt aus Schwaben und ist gelernter Müller. Seinen Beruf konnte er jedoch infolge einer Stauballergie nicht ausüben. Auf dem zweiten Bildungsweg studierte er Betriebswirtschaft und ein paar Semester Jura, las die Mao-Bibel und engagierte sich in der Studentenbewegung. Nebenher arbeitete er für einen Steuerberater, der sich gerade mit einem Abschreibungsobjekt in Freyung im Bayerischen Wald herumschlug.»Das war auch so eine Bettenburg, ein Fünf-Sterne-Hotel, das im Rohbau stecken geblieben war.« Zusammen mit einem Kommilitonen erarbeitete Münch ein Sanierungskonzept und versuchte, zu retten, was zu retten war. Er verwandelte das Haus in eine Fünf-Sterne-Rehaklinik, die von der Bundesversicherungsanstalt für Angestellte (BfA) belegt und wirtschaftlich zum Erfolg wurde.

Schnell machte sich Münch einen Namen als Sanierer maroder Abschreibungsobjekte. Statt mit der Abrissbirne zu arbeiten, entwarf er kreative Unternehmenskonzepte und vertraute dabei auf einen untrüglichen Geschäftssinn. 1970 heuerte er noch ohne Hochschulabschluss mit gerade einmal 27 Jahren bei Guttenberg an und ging daran, das völlig überdimensionierte Kurzentrum Bad Neustadt vor der Pleite und die Familie Guttenberg vor schwersten finanziellen Konsequenzen zu bewahren.

Enoch zu Guttenberg, der ökonomisch wenig zu verlieren hatte, setzte mithilfe seines Generalbevollmächtigten Graf von Rittberg alles auf eine Karte und betraute Münch 1974 mit der alleinigen Geschäftsführung. Für 5.000 Mark (»mehr hatte ich damals nicht«) erwarb der junge Manager selbst einen 25-Prozent-Anteil an der Betreiberfirma.»Ohne eine Beteiligung hätte ich den Job nicht gemacht, denn nur so konnte ich hinter die Kulissen blicken.« Das Investment sollte auch ihn zum reichen Mann machen.

Um für Auslastung zu sorgen, brachte Münch zunächst Aussiedler in den leerstehenden Appartements unter. 1975 gründete er eine psychosomatische Klinik, damals noch medizinisches Neuland – denn erst 1970 waren psychosomatische Medizin und Psychotherapie in der ärztlichen Approbationsordnung als verpflichtende Unterrichtsfächer verankert worden, und die

Ärzte dazu standen noch in der Ausbildung. Mit feiner Nase reagierte Münch auf aktuelle Trends auf dem boomenden Gesundheitsmarkt. Engpässe in der Herzchirurgie (»Tod auf der Warteliste«) bewogen ihn 1984, eine Klinik für Herz- und Gefäßchirurgie zu gründen, es folgten eine neurologische Klinik und eine Klinik für Handchirurgie. Seit 1989 gehörte auch die renommierte Deutsche Klinik für Diagnostik (DKD) in Wiesbaden zu Münchs Imperium. Enoch ließ sich dort regelmäßig durchchecken.

Auf dem Guttenberg'schen Kurareal in Bad Neustadt entstanden mehrere Neubauten für Operationssäle und Intensivbehandlung; die vier Hochhäuser im Plattenbaustil wurden zu Bettenhäusern umgebaut. 1988 wurde die Rhön-Klinikum GmbH in eine Aktiengesellschaft umgewandelt, die ein Jahr später an die Börse ging, als erster börsennotierter Klinikkonzern Deutschlands.

Zum Zeitpunkt des Börsengangs hatte das Unternehmen rund 670 Mitarbeiter und erwirtschaftete einen Umsatz von rund 100 Millionen Mark. Mit der Übernahme öffentlicher Krankenhäuser in ganz Deutschland und zahlreichen Neugründungen wuchs der Konzern rasant und beschäftigte im Jahr 2006 mehr als 30 000 Mitarbeiter.

Als die Familie zu Guttenberg im Jahr 2002 ausstieg und die letzte Hälfte ihrer Beteiligung an die Bayerische Hypovereinsbank verkaufte, belief sich der Wert des Unternehmens bereits auf rund 1,3 Milliarden Euro und wuchs weiter. 2013 schluckte der Konkurrent Fresenius den Löwenanteil (60 Prozent) der Rhön-Kliniken, fusionierte ihn mit dem eigenen Klinikunternehmen Helios und stieg zum größten privaten Krankenhausbetreiber Europas auf. Kaufpreis: rund drei Milliarden Euro.

Natürlich konnte Enoch zu Guttenberg nicht wissen, was Münch aus dem Pleitebetrieb des Vaters machen würde. Doch es bleibt sein Verdienst, zur richtigen Zeit auf den richtigen Mann gesetzt und ihm dann rückhaltlos vertraut zu haben. Er war lange Zeit mit Abstand größter Einzelaktionär des florierenden Gesundheitskonzerns, profitierte von stattlichen Dividenden und verkaufte immer wieder kleinere Aktienpakete. Existenzängste gehörten nun der Vergangenheit an.

Der Erlös aus dem Verkauf des letzten Aktienpaketes soll allein rund 260 Millionen Euro betragen haben. »Eugen Münch wollte damals weiter expandieren, auch ins Ausland, und wir wollten ihn nicht bremsen, weil wir natürlich das Risiko sahen. Schließlich hatten wir als Familie mehr oder weniger alles auf einen Gaul gesetzt«, sagt Philipp zu Guttenberg zu den Hintergründen des Ausstiegs. Die Guttenbergs zählten nun zu den wohlhabendsten Familien des Landes. In der Presse wurde und wird regelmäßig über die Höhe des Guttenberg'schen Vermögens spekuliert. Sicher ist, dass Enoch tief-stapelte, als er seine Familie dem »gehobenen Mittelstand« zurechnete.[2]

Auch nach der Trennung der Familie von den Rhön-Kliniken blieb Münch ein wichtiger Berater der Guttenbergs, nicht zuletzt für den Bundes-minister Karl-Theodor zu Guttenberg. Münch war als Sanierer nicht unum-stritten, doch wurde ihm stets ein soziales Gewissen attestiert. In einem *Spiegel*-Interview lehnte er es strikt ab, Patienten aus ökonomischen Gründen in »gut« und »schlecht« zu unterteilen. »Wenn man Amerikanern unsere Bi-lanz zeigt, fragen sie sofort: Wer sind Ihre lukrativen Patienten? Wir sagen: Das wollen wir gar nicht wissen. Die unselektierte Patientenaufnahme ist bei uns eine Heilige Kuh – und wer die anfasst, bekommt es mit mir persönlich zu tun.«[3]

Die Guttenberg'sche Familienstiftung

Über Jahrhunderte gab es ein kompliziertes Rechtsinstitut: den Fideikom-miss. Von der Wortbedeutung (»fidei commissum«: »der Treue Anvertrau-tes«) her handelt es sich um eine Art Treuhänderschaft, im engeren Sinne um ein privatrechtlich gebundenes Sondervermögen, das weder veräußert, noch belastet werden durfte und dessen Nutzung durch die Familienmitglieder nur sehr eingeschränkt möglich war. Zu diesem Vermögen gehörten meist Schlösser, Burgen und Herrensitze und die angeschlossenen land- und forst-wirtschaftlichen Betriebe. Adelige, später auch bürgerliche Familien, konnten auf diese Weise den über Generationen ererbten Besitz zusammenhalten, Grundlage ihrer wirtschaftlichen und politischen Macht und ihres Ansehens.

Nach der Französischen Revolution wurde der Fideikommiss als adeliges Privileg zunehmend infrage gestellt, und er entsprach wohl auch nicht mehr den Bedürfnissen einer Zeit zunehmender wirtschaftlicher Dynamik, weil das gebundene und nicht belastbare Vermögen dem ökonomischen Prozess mehr oder weniger entzogen war und das Volksvermögen nicht mehren konnte. Um 1890 waren immerhin 3,2 Millionen Hektar, knapp sieben Pro-zent des deutschen Staatsgebietes, in Fideikommissen gebunden.[4]

In der Weimarer Reichsverfassung von 1919 wurde bestimmt, dass die Fideikommisse aufzulösen seien, wobei die einzelnen Länder Übergangfristen erlassen konnten. Mit dem »Reichsgesetz über das Erlöschen der Familien-fideikommisse« im Jahr 1938 wurden schließlich die Reste des alten Privilegs abgeschafft und in freies Privatvermögen überführt.

Doch auch nach Ende der Adelsherrschaft blieb das Interesse adeliger (und nicht-adeliger) Familien bestehen, einen Besitz nicht durch fortgesetzte

Erbteilung zu pulverisieren. Dies lässt sich heute zumindest teilweise über die Gründung von Familienvermögensgesellschaften oder Familienstiftungen erreichen.

Flucht ins Steuerparadies?

Am 31. Oktober 2008 erschienen Enoch zu Guttenberg und sein Sohn Philipp bei einem Notar im österreichischen Kurort Semmering, um die Stiftungsurkunde der »Freiherrlich von und zu Guttenberg'schen Familienstiftung« zu unterzeichnen. Philipp besitzt neben der deutschen auch die österreichische Staatsbürgerschaft und lebte zu dieser Zeit im steierischen Radmer. Seine Mutter Christiane Gräfin zu Eltz ist über ihre Mutter Ladislaja Mayr-Melnhof in direkter Linie mit dem habsburgischen Erzherzog Johann verwandt, einem Sohn des österreichischen Kaisers Leopold II. Interessantes Aperçu: Auch der Dirigent und Pionier der historischen Aufführungspraxis Nikolaus Harnoncourt war über seine Mutter, eine Gräfin von Meran, mit der Familie zu Eltz verwandt und auf diese Weise sehr weitläufig auch mit Enoch zu Guttenberg, der ihn verehrte und Harnoncourts Erkenntnisse zur barocken Musizierpraxis in seine eigenen Interpretationen einfließen ließ.

Als die Guttenberg'sche Familienstiftung aus der Taufe gehoben wurde, war Karl-Theodor zu Guttenberg vom bayerischen Ministerpräsidenten Horst Seehofer gerade zum CSU-Generalsekretär ernannt worden und galt als große politische Hoffnung. In der Presse wurde spekuliert, warum die Guttenbergs eine Stiftung nach österreichischem, nicht nach deutschem Recht gegründet hätten, zumal deren Zweck »die tunlichste Erhaltung vor allem des historisch und kulturell bedeutsamen Stiftungsvermögens« sein sollte. Damit war das Familienschloss in Oberfranken mit seinem wertvollen Interieur gemeint.

Die *Süddeutsche Zeitung* berichtete darüber, dass wenige Monate vor dem Notartermin in Semmering die österreichische Regierung die Erbschaftssteuer abgeschafft habe. Philipp zu Guttenberg wies den Verdacht, die Familie habe sich in ein Steuerparadies geflüchtet, entschieden zurück. »Das hat weiß Gott keine Rolle gespielt.«[5] Er erinnerte an seine österreichische Staatsbürgerschaft und sagte, es gehe ausschließlich darum, das Familienschloss als Kulturgut dauerhaft zu erhalten und vor etwaigen Erbstreitigkeiten oder Unwägbarkeiten in der Zukunft in Sicherheit zu bringen. »Wir haben uns damit quasi selbst enteignet.«

Zu diesem Zeitpunkt hatte Enoch seine beiden Söhne schon mit einem Teil des Erlöses aus dem Verkauf der Rhön-Anteile ausgezahlt. Außerdem hatte Karl-Theodor zu Guttenberg, der Erstgeborene, darauf verzichtet, nach

Enochs Tod Chef des Hauses zu werden, und diese Verantwortung seinem jüngeren Bruder übertragen. Als Karl-Theodor Verteidigungsminister wurde und Philipp aus Österreich zurück nach Deutschland gezogen war, stellte der Jüngere noch einmal klar, dass die Stiftung nicht aus Gründen der Steuervermeidung ins Leben gerufen worden sei.[6] Denn nur ein kleiner Teil des Gesamtvermögens, das Schloss und einige Forstbetriebe, lägen in dieser Stiftung. »Den Großteil meines Vermögens habe ich seit meinem Umzug in Deutschland und zahle dort Steuern«, sagte Philipp zu Guttenberg dem *Manager Magazin* in einem 2011 erschienenen Artikel mit der Überschrift »Über alle Berge«.[7] Auch Karl-Theodor, damals Bundeswirtschaftsminister, meldete sich zu Wort: Er habe auf Vermögenswerte, die sein Bruder in die Stiftung eingebracht habe, bereits vorweg verzichtet.[8]

In der Rückschau nach dem Tod seines Vaters sagt Philipp zu Guttenberg, die Familie habe sich »gedanklich und faktisch immer am Prinzip des Fideikommiss orientiert, da es die Familie und nicht das Individuum im Zentrum sieht. Es ist zudem auch eine bewährte Praxis, diese Art von Betrieben wirtschaftlich zusammenzuhalten und damit überleben zu lassen.« Die Stiftung solle unter anderem genau das bezwecken.

Eine weise Entscheidung, denn sein Vater Enoch hatte nach seinem plötzlichen Tod nur ein unvollständiges Testament hinterlassen. Die Folge waren erbrechtliche Auseinandersetzungen, die das Fortbestehen des Stammschlosses als Sitz und Epizentrum derer zu Guttenberg hätten gefährden können.

Gekaufte Karriere?

Fast sein ganzes Leben litt Enoch zu Guttenberg unter Behauptungen, er habe sich seinen Erfolg als Dirigent gewissermaßen gekauft, sein Ruf als Künstler basiere weniger auf Talent und Arbeit als auf Geld und gesellschaftlichem Einfluss. Doch diese Gerüchte entbehrten jeder Grundlage. Als Enoch seine Laufbahn als Musiker begann, war die wirtschaftliche Lage der Familie, wie bereits erörtert, prekär. In Neubeuern lebte er in einfachen Verhältnissen und musizierte mit einem Dorfchor, dem niemand eine große Zukunft vorausgesagt hätte.

Als sich die finanziellen Verhältnisse besserten, weil es dem visionären Unternehmer Eugen Münch gelang, die defizitären Guttenberg'schen Kuranlagen mit ihren Thermalquellen in eine sprudelnde Geldquelle zu verwandeln, hatte sich Guttenberg bereits eine wirtschaftliche Basis als Chorleiter und Dirigent erarbeitet. Jetzt bediente er sich wie alle namhaften Künstler eines Managers, der Konzerte und Tourneen organisiert und, wenn möglich, solide durchfinanziert.

Guttenbergs erster professioneller Agent war ab 1982 der Münchner Konzertveranstalter Helmut Pauli, der unter anderem das Bach-Collegium München und die Münchener Bach-Konzerte gegründet hatte und mit dem eigenwilligen Baron einen künstlerisch-stilistischen Gegenpol zu Karl Richter aufbauen wollte. Pauli ermöglichte ihm Schallplatten- und Fernsehproduktionen an spektakulären Orten wie der Wieskirche, der Basilika Ottobeuren und der Wallfahrtskirche Gößweinstein in der Fränkischen Schweiz, er organisierte eine Spanien- und zwei Südamerika-Tourneen sowie Enochs »Requiem für den Regenwald«. Als der studierte Mathematiker und Geiger die Hörfunkdirektion des nach der Wende im Aufbau befindlichen Mitteldeutschen Rundfunks (MDR) beriet, vermittelte er Guttenberg als ersten Gastdirigenten des MDR-Sinfonieorchesters nach Leipzig.

1997 endete die Zusammenarbeit mit Pauli; Guttenberg wechselte zu dem von München aus bundesweit tätigen Konzertveranstalter und Chef von MünchenMusik Andreas Schessl, der ihn bis zuletzt betreute. Enoch habe in dieser Zeit Gagen von 15.000 bis 20.000 Euro pro Abend erhalten, sagt Josef Kröner, Manager der KlangVerwaltung. Doch immer wieder griff er selbst in die Tasche. So glich Guttenberg regelmäßig größere Fehlbeträge bei den Herrenchiemsee Festspielen aus. Auch bei einzelnen Konzerten, an denen ihm ideell etwas lag, wie dem »Requiem für den Regenwald« in der Alten Oper zu Frankfurt oder dem Papstkonzert im Vatikan, schoss er zum Teil größere Beträge zu.

Dank seiner weitreichenden Beziehungen gelang es Guttenberg, potente Sponsoren an Land zu ziehen, etwa die Deutsche Bank, die jahrelang mit stattlichen Beträgen die Herrenchiemsee Festspiele unterstützte. Als das Geldhaus seine Förderung drastisch zusammenstrich, sprang der Freistaat Bayern in die Bresche, was eine Gerechtigkeits-, man kann auch sagen Neiddebatte nach sich zog. So beklagte sich Brigitte Fassbaender, die frühere Intendantin des Richard-Strauss-Festivals in Garmisch-Partenkirchen, über die ihrer Meinung nach unverhältnismäßig hohe Förderung der Herrenchiemsee Festspiele seitens der öffentlichen Hand und griff Guttenberg in einer Rede scharf an. Darauf schrieb ihr der Baron einen Brief, in dem er Fassbaenders implizite Erwartung, er könne als vermögender Mann das Festival ja selbst bezahlen, entschieden zurückwies. Wirtschaftlich wäre er niemals dazu in der Lage, beschied er sie. Außerdem werde seine »künstlerische Reputation international der Lächerlichkeit preisgegeben, sollte ich mir tatsächlich ein eigenes Festival finanzieren.«[9]

Vom Chorleiter zum Orchesterdirigenten

Abwege: Guttenberg und der Frankfurter Cäcilienchor

Nach mehr als zehnjähriger Aufbauarbeit mit der Chorgemeinschaft Neubeuern ging Guttenberg 1980 erstmals musikalisch fremd. Der Frankfurter Cäcilienchor, ebenfalls ein Laienensemble, steckte in der Krise, weil sein langjähriger Leiter Theodor Egel infolge eines Herzleidens regelmäßig ausfiel. Egels Sohn Martin, ein junger Bassbariton, der schon mehrfach mit Guttenberg musiziert hatte und drei Jahre lang auch sein Manager war, stellte den Kontakt zu den Hessen her.

Nach kurzer Bedenkzeit sagte der Baron zu, den traditionsreichen Oratorienchor zu übernehmen. Eine Position als Chorleiter in der dynamischen Bankenmetropole schien dem Baron zu dieser Zeit »ein gutes Sprungbrett zu sein«, heißt es in der 2018 zum 200-jährigen Bestehen des Cäcilienvereins erschienen Festschrift.[1] Die Liaison sollte neun Jahre dauern.

Der Frankfurter Cäcilienverein gehört zu den ältesten deutschen Oratorienchören. Er wurde 1818 von Johann Nepomuk Schelble, einem Sänger des Frankfurter Opernhauses gegründet, rekrutierte sich aus sangeslustigen Damen und Herren der besseren Gesellschaft und erwarb sich schnell Renommee. 1830 führte das noch junge Ensemble erstmals Bachs *Matthäuspassion* in Frankfurt auf, ein Jahr nachdem das Werk von Felix Mendelssohn Bartholdy wiederentdeckt worden war. Die Aufführung der *Matthäuspassion* 1829 durch die Berliner Singakademie unter Leitung des jungen Komponisten gilt als Beginn der modernen Bach-Rezeption.

Später schrieb Mendelssohn, dessen Eltern vielfältige private und geschäftliche Kontakte in die Stadt am Main hatten, im Auftrag des Cäcilienvereins das Oratorium *Paulus*, das 1836 aber nicht in Frankfurt, sondern in Düsseldorf uraufgeführt wurde. Ein weiterer Markstein in den Annalen des Chores: 1937 brachte der Cäcilienverein im Frankfurter Opernhaus Carl Orffs *Carmina Burana* heraus, vielleicht das populärste klassische Chorwerk des 20. Jahrhunderts.

Dirndl meets Laura Ashley
Eine von Guttenbergs ersten Taten als Leiter des Cäcilienchores war die Anschaffung neuer Roben für die etwa 100 Sängerinnen und Sänger, die sich von dem üblichen Schwarz der meisten Chöre abheben sollten. Die »Kombination aus bordeauxrotem, geblümtem Rock mit altrosafarbener 100-Prozent-Polyesterbluse« sei bei den Damen zwar nicht übermäßig beliebt

gewesen, habe jedoch zu einem neuen »Wir-Gefühl« beigetragen.[2] Der un-konventionelle Chorleiter ließ sich duzen, was bei seinem Vorgänger un-denkbar war, und lehnte zunächst auch eine generelle Stimmprüfung neuer Sängerinnen und Sänger ab. Wie in Neubeuern gab es Chorausflüge und Chorfeste, und nach den Proben feierte man zusammen in einer Kneipe. Die Einladungen der »Cäcilien« nach Schloss Guttenberg hinterließen bei den großstädtisch-bürgerlich sozialisierten Choristen einen »nachhaltigen Ein-druck«.[3]

Musikalisch konzentrierte sich Guttenberg einmal mehr auf zentrale Werke der Chorliteratur wie Bachs Passionen und Verdis Requiem. Als sich die Presse über eine allzu konventionelle Programmgestaltung mokierte, nahm er auch weniger bekannte Stücke wie Francis Poulencs Gloria, Antonín Dvořáks Stabat mater und Igor Strawinskys *Psalmensinfonie* ins Repertoire. Dennoch sei der Cäcilienverein unter Guttenberg weiter vor allem als Bach-Ensemble wahrgenommen worden.

Bei seinen Choristen stieß Guttenbergs emotionale und theatralische Herangehensweise, sein »katholischer Ansatz«, nicht auf ungeteilte Zustim-mung. Wie immer spaltete er die Gemüter. »Während einige im Konzert das Musizieren wie ›im Flow‹ gleich einem Gottesdienst erlebten, konnten andere mit seinen wortgewaltigen, predigtartigen Einlassungen nichts anfangen und standen seinem expressiven Stil distanziert gegenüber.«[4]

Unter Guttenberg gastierte der Cäcilienchor, allein oder zusammen mit der Chorgemeinschaft, an spektakulären Orten wie der Basilika Ottobeuren im Allgäu oder dem antiken Theater im südfranzösischen Orange. Bei Gut-tenbergs erster *Matthäuspassion* im Erler Passionsspielhaus mit Cäcilienchor und Chorgemeinschaft charakterisierte Joachim Kaiser den Ton der Hessen im Vergleich zu den Neubeurern als »etwas glatter, oratorienhafter«. Doch habe die »andere Färbung des fragenden Gemeinde-Tones im Verhältnis zum sagenden Neubeurer Chorton eine bemerkenswerte Bereicherung der Auf-führung dargestellt, die große, ergreifende Momente geboten habe – »aber als Ganzes gelang die Aufführung nicht.«[5]

Die Verbindung mit dem Cäcilienverein hielt bis Frühjahr 1989 und en-dete mit einem Konzert in der Düsseldorfer Tonhalle. Auf dem Programm: Beethovens spröde Chorfantasie und sein 4. Klavierkonzert. Den Solopart übernahm der so geniale wie verschrobene Pianist Valery Afanassiev, ein kompromissloser Ausdrucksmusiker wie Guttenberg.

Die Festschrift beschreibt die Umstände der Trennung im Stil einer di-plomatischen Note. In »schwierigen, aber konstruktiven Gesprächen« mit dem Chorvorstand sei dem Dirigenten klar geworden, dass seine musikalische Zukunft nicht in Frankfurt lag, »auch weil durch die beschränkten Mittel des Chores nicht die musikalischen Events möglich waren, die sich Guttenberg zu Beginn seines Engagements erhofft hatte«.[6]

Enoch behielt seine »Cäcilien« in guter Erinnerung und steuerte zur Jubiläums-Festschrift im Jahr 2018 ein überschwängliches Grußwort bei.

Aufbau Ost: Als Gastdirigent in Danzig, Brünn und Leipzig

Im früheren Ostblock waren internationale Hotels beliebte Anlaufstellen für Prostituierte, die sich hier gute Geschäfte mit wohlhabenden »Wessis« versprachen. Das war im polnischen Gdańsk, dem früheren Danzig, nicht anders. Als Guttenberg kurz vor der Wende die Chefposition der Danziger Philharmonie übernommen hatte, fand auch er sich beim abendlichen Bier in der Hotelbar umringt von attraktiven Repräsentantinnen des leichten Gewerbes. Eine der Damen sprach ihn an: Sie beobachte ihn nun schon längere Zeit und frage sich, weshalb ihn der Trubel an der Bar offenbar nicht interessiere, und überhaupt unterscheide er sich sehr von den anderen Gästen.

Der stets nahbare Baron berichtete der Dame von seiner Position als Chefdirigent, die ihn zwinge, oft in diesem Hotel zu übernachten. Gerade stehe ihm ein besonders wichtiges Konzert bevor – möglicherweise handelte es sich um den Staatsbesuch Richard von Weizsäckers in Polen im Jahr 1990. Auf die Frage, ob sie zusammen mit einigen Freundinnen das Konzert besuchen könne, reagierte Guttenberg aufgeschlossen, wie es seine Art war, und versprach, wie erbeten, 25 Gratiskarten zu besorgen.

Im Glauben, ein bekannter Mann wie Guttenberg könne die Freikarten nur für eine Gruppe VIPs bestellt haben, setzten die Organisatoren des Konzerts alle Hebel in Bewegung, um den Wunsch des adeligen Chefdirigenten zu erfüllen. Am Abend des Konzerts wurden die mit Orden und anderen Würdezeichen garnierten Honorationen samt ihren Ehefrauen unter Protest auf hintere Ränge verwiesen, während eine Schar auffällig gekleideter Damen die Ehrenplätze einnahm – jedermann war klar, um wen es sich dabei handelte. Als Guttenberg das Podium betrat, wehte ihm aufdringlicher Veilchenduft entgegen.

Die pikante Angelegenheit beschäftigte auch das Auswärtige Amt in Bonn, und es soll einen witzigen Briefwechsel zwischen Guttenberg und dem damaligen Bundesaußenminister Hans-Dietrich Genscher gegeben haben.[7] Für den Baron war die Sache damit erledigt. Doch Jahre später, mutmaßlich beim Empfang zum Staatsbesuch Roman Herzogs in Polen 1997, bei dem er die Danziger zum letzten Mal dirigierte, holte sie ihn noch einmal ein, als ihn der offenbar gut informierte polnische Alt-Staatspräsident Lech Wałęsa mit einem schelmischen Lächeln und den Worten »Guten Tag, Herr Nuttendirigent« begrüßt haben soll.

Guttenbergs »wilde Jahre« im deutschen und europäischen Osten begannen 1988 mit einer Europatournee des Cäcilienvereins zusammen mit der Staatlichen Baltischen Philharmonie Danzig und Antonín Dvořáks Stabat mater als einzigem Programmpunkt. Das Danziger Orchester war 1945 im mondänen Ostseebadeort Zoppot gegründet worden und wurde wenig später verstaatlicht. Zoppot war seit den Zwanziger- und Dreißigerjahren als »Bayreuth des Nordens« bekannt. In der Zoppoter Waldoper, einem riesigen Freilichttheater, wurden vor allem die großen Opern Richard Wagners aufgeführt – mit Dirigenten wie Erich Kleiber, Hans Knappertsbusch und Hans Pfitzner. 1935 kündigt ein Prospekt Inszenierungen des *Rienzi* und der *Meistersinger* an mit einem 130-Mann-Orchester und einem Chor aus 500 Sängern.[8] Diese »große« Zeit endete mit dem deutschen Überfall auf Polen. Heute ist die Waldoper alljährlich Schauplatz eines internationalen Song-Festivals.

Als Helmut Pauli den Kontakt zu dem Danziger Orchester herstellte, war der Zustand des Ensembles beklagenswert. Die Musiker spielten auf abgenutzten Instrumenten, und das Repertoire war ausbaufähig. Enoch zu Guttenberg habe, als er in Danzig das Amt eines First Guest Conductor antrat, bei Null beginnen müssen, schrieb Klaus J. Schönmetzler. »Denn für Mozart, Beethoven und Bruckner war nach vierzig Jahren Sozialismus buchstäblich kein Raum mehr.«[9]

Guttenberg half, wo er konnte, sammelte und spendete Geld für neue Instrumente, setzte Stipendien aus. Es war aber auch Aufbauarbeit in eigener Sache. Mit den im Vergleich zu wohlbestallten deutschen Orchestermusikern weniger anspruchsvollen und vielleicht zunächst auch weniger kritischen osteuropäischen Instrumentalisten konnte er Erfahrungen als Orchesterdirigent sammeln und die versäumte Ochsentour ansatzweise nachholen. Mit ihnen wagte er sich erstmals unter anderem an Robert Schumanns einzige Oper *Genoveva* sowie an Anton Bruckners 4. Sinfonie (»Romantische«) und die spröde Fünfte.

Am Grab des Thomaskantors

Im Frühjahr 1993 stand Enoch zu Guttenberg erstmals am Grab Johann Sebastian Bachs in der Leipziger Thomaskirche. Der damalige Orchesterinspektor des MDR-Sinfonieorchesters, Gerhard Weidauer, begleitete ihn beim Besuch eines Gottesdienstes mit den Thomanern und erinnert sich: »Dort am Grabe Bachs zu stehen, das hat ihn schon sehr beeindruckt.«

Dabei handelt es sich hier nicht um eines jener pompösen Ehrengräber, wie sie für andere große Komponisten wie Ludwig van Beethoven und Wolfgang Amadeus Mozart auf dem Wiener Zentralfriedhof errichtet wurden, oder um einen freistehenden Sarkophag, Pilgerstätte von Bruckner-Fans in der Klosterkirche St. Florian bei Linz. Bachs Grab in der Thomaskirche ist nichts weiter als eine in den Boden des Altarraumes eingelassene Marmorplatte. Sie ist stets mit frischen Blumen geschmückt, die Musikfreunde aus aller Welt dort niederlegen.

An Bachs wichtigster Wirkungsstätte, der alten Kultur- und Handelsstadt Leipzig, gab Guttenberg am 6. Dezember 1992 sein erstes Konzert als Ständiger Gastdirigent des MDR-Sinfonieorchesters und des MDR-Rundfunkchores. Es war seine einzige »feste« Stelle bei einer großen, öffentlichen Kulturinstitution. Der Mitteldeutsche Rundfunk als Rundfunkanstalt der Bundesländer Sachsen, Sachsen-Anhalt und Thüringen war gerade im Aufbau begriffen. Vor allem aus Bayern zog es nach der Wende viele Menschen nach Sachsen. Auch der damalige Chef der MDR-Klangkörper, Hubertus Franzen, kam aus München, wo er als Intendant der Münchner Philharmoniker gearbeitet hatte. Franzen kannte und schätzte Guttenberg und holte den ungestümen Dirigenten nach Leipzig.

Neben dem weltbekannten Gewandhausorchester unter Kurt Masur gab es damals in Leipzig das große Rundfunkorchester, die spätere MDR-Radiophilharmonie, ein Blasorchester, eine Bigband, einen Chor sowie einen Kinderchor. Der neue MDR trennte sich von Blasorchester und Bigband und überführte die Musikerinnen und Musiker in das Sinfonieorchester, das damit zu einem Klangkörper von 135 Mitgliedern aufgebläht wurde. In dieser Besetzung dirigierte Guttenberg allerdings nur wenige Konzerte, etwa einen Abend mit leichter Musik von Georg Friedrich Handel bis Johann Strauß und Franz von Suppé im Leipziger Gewandhaus. Ansonsten stand ihm mit der MDR-Kammerphilharmonie eine kleinere Formation vor allem für das barocke und frühklassische Repertoire zur Verfügung.

»Wie war ich?«

Guttenberg zählte nicht zu jenen Glücksrittern und »Besserwessis«, die damals die neuen Bundesländer unsicher machten und der angestammten Bevölkerung bald mächtig auf die Nerven fielen. Im Gegenteil: Auch in Leipzig pflegte er einen offenen und kollegialen Umgang mit seinen Musikern und Sängern und zeigte sich in gewohnter Weise skrupulös. »Er wollte es immer allen recht machen«, sagt Weidauer. »Nach jedem Konzert fragte er mich: Wie war ich?« In Leipzig war Guttenberg bis dato noch nie gewesen.

»Er war Neuland für uns, wir kannten ihn kaum, waren aber neugierig auf ihn.«

Gut drei Jahre arbeitete Guttenberg mit den unterschiedlichen MDR-Ensembles zusammen. Mit der Kammerphilharmonie gab er gut zwanzig Konzerte, darunter sein erster Auftritt in der Dresdner Semperoper, wo er im August 1994 gemeinsam mit der Chorgemeinschaft Neubeuern Haydns *Jahreszeiten* aufführte.

Als er in der gleichen Besetzung ein Jahr zuvor im Gewandhaus die *Schöpfung* präsentierte, überraschte er das Leipziger Publikum mit einer Rede, in der er nicht nur den allgemeinen ökologischen Niedergang im Zeichen der Umweltzerstörung beklagte, sondern auch die verletzten Seelen der früheren DDR-Bürger streichelte. Guttenberg erinnerte daran, dass Musik im SED-Staat »jahrzehntelang ein Lebens- und Überlebensmittel« gewesen sei, »etwas unendlich Kostbares, nicht eine gleichgültig nach Tarifplan hingewerkte Ware«. Und er pries, ungeachtet allen industriellen Raubbaus der DDR-Planwirtschaft, die relative Unversehrtheit der Landschaften im Osten. Landschaften, »wie ich sie derart nah an Haydns Utopie nur noch aus meiner Kindheit kannte.«

Repertoiremäßig bewegte sich Guttenberg auch beim MDR in gewohnten Bahnen. Zu den wenigen Werken, denen er sich erstmals widmete, zählten Händels *Messias* und Mendelssohns Schauspielmusik zu Shakespeares *Sommernachtstraum*, vielleicht eine Referenz an den einstigen Leipziger Gewandhauskapellmeister.

Das Presse-Echo auf Guttenbergs Aktivitäten im Sendebereich des MDR fiel gemischt aus. Enthusiastisch besprochen wurde der erste Auftritt der Chorgemeinschaft Neubeuern zusammen mit der MDR-Kammerphilharmonie in der Semperoper mit Mozarts c-Moll-Messe 1995 im Rahmen des von Hubertus Franzen und Helmut Pauli ins Leben gerufenen MDR-Musiksommers.[10] Am Abend zuvor war Guttenberg mit dem gleichen Programm in der ehrwürdigen St. Annenkirche von Annaberg-Buchholz im Erzgebirge an der halligen Akustik gescheitert.[11]

Die Stippvisite des Barons als Gastdirigent beim MDR endete im Januar 1996 mit drei Aufführungen von Bachs h-Moll-Messe in Prag, Brünn und München.

Mährisches Gastspiel

Etwa zur gleichen Zeit wie sein Engagement beim MDR begann Guttenbergs Gastspiel bei einem anderen Ost-Orchester, der Staatsphilharmonie Brünn. Die mährische Hauptstadt war eine der wichtigsten Wirkungsstätten Leoš

Janáčeks, der als Dirigent einige Jahre die Philharmonische Gesellschaft in Brünn leitete, wahrscheinlich der Vorläufer der Staatsphilharmonie. 1995 wurde Guttenberg Ehrenmitglied des Internationalen Musikfestivals Brünn, das vor allem dem Opernschaffen Janáčeks gewidmet ist. Guttenberg selbst dirigierte offenbar nur einmal dessen Suite für Streichorchester.

Die Verbindung mit der Brünner Staatsphilharmonie währte bis zur Jahrtausendwende, mit dem Philharmonischen Chor Brünn arbeitete er auch später noch gelegentlich zusammen. Guttenberg präsentierte mit diesen Ensembles nicht nur seinen üblichen Kanon, sondern probierte auch Neues aus, etwa Mendelssohns Oratorium *Elias* und die Haydn-Variationen von Brahms. Im Passauer Dom wagte er sich auch mit der Staatsphilharmonie an Bruckners 5. Sinfonie mit ihrer heiklen Doppelfuge im Finalsatz. Das Ergebnis, zumal in Anbetracht der für ein kontrapunktisch ausgefeiltes Werk wie die Fünfte sehr problematischen Akustik des Gotteshauses, dürfte zwiespältig gewesen sein.

Guttenberg scheute sich nicht, seine tschechischen Musiker regelmäßig im »Westen« zu dirigieren, etwa beim Rheingau-Musikfestival und in München, wobei die Kritiken bestenfalls wohlwollend ausfielen. Dass solche Auftritte seinem Ruf als Orchesterdirigent eher abträglich waren, kann als Beleg dafür gelten, dass es Guttenberg bei seinen osteuropäischen Engagements durchaus nicht nur darum ging, Kapellmeisterroutine zu erwerben, sondern auch darum, dem klassischen Musikleben im lange Zeit sowjetisch beherrschten Osteuropa auf die Beine zu helfen, und dass er dies wirklich als »Glück und prägende Erfahrung«[12] empfand. Auch zu seinem 50. Geburtstag im Jahr 1996 ließ er die Musiker und Sänger aus Brünn in der Münchner Philharmonie aufspielen, eine Auszeichnung.

Die Chronik von Guttenbergs musikalischem Lebenswerk verzeichnet in dieser bewegten Zeit auch Auftritte mit der Sinfonia Varsovia aus Warschau, der Slowakischen Philharmonie und dem Slowakisch Philharmonischen Chor, der Janáček-Philharmonie Ostrava (früher Mährisch-Ostrau), dem Philharmonischen Orchester Łódź, der Prager Kammerphilharmonie und dem Prager Kammerchor, dem Tschechischen Nationalorchester Prag, mit dem Guttenberg offenbar erstmals Beethovens 9. Sinfonie interpretierte, sowie der Cappella Istropolitana. Dieses 1983 gegründete Kammerorchester hat mit der Adria-Halbinsel Istrien nichts zu tun, sondern leitet seinen Namen von einer alten Bezeichnung für die slowakische Hauptstadt Bratislava her.

Die KlangVerwaltung

Ein Orchester mit dem Namen KlangVerwaltung – das klingt wie eine Provokation. Und es sollte auch eine sein. »Wir wollten uns ganz deutlich abgrenzen von gängigen Bezeichnungen und Attributen wie ›Collegium‹ oder ›festliches Barock‹, wir wollten einen Namen, der absolut provoziert«, sagt Andreas Reiner, Konzertmeister und gemeinsam mit Josef Kröner Gründer der KlangVerwaltung, die ab Mai 1997 mit der Studioproduktion einer CD-Aufnahme von Bach *Weihnachtsoratorium* zu Guttenbergs Stammorchester wurde.

Der Name KlangVerwaltung mit der modischen Binnenversalie lässt diverse positive und negative Assoziationen zu. Doch gemeint war natürlich nicht der Gedanke an Amtsschimmel und Bürokraten mit Ärmelschonern, sondern ein Begriff von »guter Verwaltung« im Sinne dienender Treuhänderschaft, einer Treuhänderschaft gegenüber dem Komponisten und seinem Werk. »Das Orchester, dem ich vorstehen darf, heißt KlangVerwaltung, und das bedeutet, wir verwalten etwas, das uns nicht gehört«, sagt Guttenberg. »Wir dürfen nicht vergessen, dass wir der Kunst zu dienen haben, und nicht die Kunst unseren Karrieren.«[13]

»Mir ist das wohl in einer zu heißen Badewanne eingefallen«, scherzt Josef Kröner, der Manager des Orchesters. »Enoch und Andreas waren spontan begeistert, aber viele andere Leute haben damit erst mal wenig anfangen können. Doch der Name war absolut einzigartig, ein echtes Alleinstellungsmerkmal.« Auch Guttenbergs neuer Konzertagent Andreas Schessl war anfangs alles andere als begeistert. »Wir haben noch lange darüber gestritten, weil mir das so schwer über die Lippen kam.«

Reiner erinnert sich, dass es Probleme gab, unter dem Namen Klang-Verwaltung überhaupt an Engagements zu kommen. »Die Veranstalter sagten, ihr klingt ganz toll, Kompliment, aber mit diesem Label können wir euch nicht verkaufen.« Die ersten, die den Widerstand aufgaben, waren ausgerechnet die Verantwortlichen des Wiener Musikvereins. »Und dann prangte auf den goldenen Plakaten unsere KlangVerwaltung.«

Von Beginn seiner Zusammenarbeit mit der Chorgemeinschaft Neubeuern an hatte Enoch zu Guttenberg mit zahlreichen, oft wechselnden Kammerorchestern zusammengearbeitet. Sie nannten sich Streichorchester Neubeuern, Chor- und Orchestergemeinschaft Neubeuern, Festspielorchester Neubeuern, der Einfachheit halber auch einmal Kammerorchester Guttenberg. Phasenweise musizierte er mit dem Münchner Symphonieorchester Kurt Graunke, dem Vorläufer der Münchner Symphoniker, dem Kurpfälzi-

Im Gespräch mit Konzertmeister Andreas Reiner (links Sohn Paulinus)

schen Kammerorchester und dem Bayerischen Kammerorchester. In seiner Zeit als Leiter des Frankfurter Cäcilienchores griff er auf Mitglieder des Radio-Sinfonie-Orchesters, des Frankfurter Opernhaus- und Museumsorchesters, auf die Staatsphilharmonie Rheinland-Pfalz sowie die in Frankfurt ansässige Junge Deutsche Philharmonie zurück, auch ein Frankfurter Oratorienorchester taucht in den Annalen auf.

Als Guttenberg begann, mit dem ideenreichen Konzertveranstalter Helmut Pauli zusammenzuarbeiten, wurde das renommierte Bach Collegium München zu seinem Stammensemble. Das erste Konzert mit dieser Formation war im März 1983 Bachs *Johannespassion*. Oft wird dieser Klangkörper, der bis heute existiert, mit Karl Richters Münchner Bach-Orchester verwechselt. Er wurde Anfang der Siebzigerjahre von dem Kirchenmusiker und Dirigenten Christian Kabitz aus Studenten der Münchner Musikhochschule zusammengestellt, mit dem Geiger Florian Sonnleitner als Konzertmeister, der später die musikalische Leitung des privatwirtschaftlich geführten Ensembles übernahm. Sonnleitner stammt aus einer Münchner Musikerfamilie und war von 1986 bis 2018 im Hauptberuf Erster Konzertmeister des Symphonieorchesters des Bayerischen Rundfunks, zuletzt unter Mariss Jansons. Kabitz wiederum wurde Nachfolger Guttenbergs beim Cäcilienchor, den er bis heute dirigiert.

Guttenberg feierte mit dem Bach Collegium viele Triumphe. Doch die Zusammenarbeit mit dem eher konservativen Ensemble stieß an ihre Grenzen, als der Baron immer größere Ambitionen als Orchesterdirigent entwickelte und zudem begann, die Erkenntnisse und Stilmittel der historischen Aufführungspraxis zu berücksichtigen. Hier wollte ihm das Collegium nicht mehr folgen.

»Die machen nicht, was er will!«

Unabhängig voneinander berichten zwei Ohrenzeugen davon, wie sehr Guttenberg gegen die Musiker arbeiten musste, die offenbar immer weniger gewillt waren, seine sich ändernden Klangvorstellungen umzusetzen. Einer von ihnen war Hubert von Schaffgotsch, Vater des in Wien lebenden Priesters Rudolf Schaffgotsch, der 2018 das Requiem zu Guttenbergs Tod zelebrieren sollte. »Mein Vater hatte einmal Bachs *Matthäuspassion* unter Furtwängler gehört«, sagt Rudolf Schaffgotsch. Der Eindruck war so tief gewesen, dass er sich schwor, die Passion nie wieder zu hören. Für Enoch hat er diesen Schwur gebrochen, und ich erinnere mich genau, wie tief beeindruckt und erfüllt die Eltern von seiner ersten *Matthäuspassion* in Erl zurückkamen.« Der Vater sei ein scharfer Kritiker des Bach Collegiums gewesen. »Ich erinnere mich, wie er in einem Konzert immer wieder ungeduldig einwarf: ›Die machen nicht, was der Enoch will!‹«

Auch Reiner war bestürzt, dass er in Guttenberg einen Mann sah, »der unglaublich viel wollte, doch zugleich fiel mir auf, wie wenig davon am Ende zu hören war«. Ihm sei die »völlig fehlgeleitete ›Professionalität‹ des beteiligten Orchesters« aufgefallen. »Das wirkte wie ein Weichspüler. Radikaler Dirigent, korrigierendes beziehungsweise nicht wirklich antwortendes Orchester. Was will der Guttenberg da schon wieder – igitt!«[14]

Zunächst sprang Reiner auf Enochs Bitte immer wieder als Konzertmeister des Bach Collegiums ein. »Vielleicht habe ich Enoch da zum ersten Mal zeigen können, dass ein Konzertmeister weder ein Pflichterfüller noch ein Verhinderer ist, sondern das Bindeglied zwischen Dirigent und Orchester. Er war damals total frustriert. Nur, er konnte sich gegen dieses System nicht wehren.«

Sonnleitner macht für die zunehmende Entfremdung Guttenbergs kapellmeisterliche Defizite verantwortlich. »Enoch hat irgendwann gespürt, dass mich die technische Qualität seines Dirigierens nie so hundertprozentig überzeugt hat und ich ihm deswegen nicht das Gefühl der bedingungslosen Unterstützung geben konnte, auf das er von seiner Persönlichkeit her angewiesen war.« Reiner dagegen: »Es ging uns auch darum, zu beweisen, dass Enoch eben kein dilettierender Baron, sondern ein richtig toller Musiker ist, der aber genauso wie Nikolaus Harnoncourt ein maßgeschneidertes Orchester braucht.«

Bis zur Gründung der KlangVerwaltung dauerte es noch ein knappes Jahr. »Wir hoben das Orchester unter der Prämisse aus der Taufe, dass wir nicht wie ein Sinfonieorchester, sondern wie ein Kammermusikensemble zusammen arbeiten wollen«, sagt Reiner. »Es gab eine klare Abmachung mit Enoch, dass hier etwas gemeinsam entstehen und dem jeweiligen Dirigenten nur die Richtlinienkompetenz zustehen sollte.«

Die KlangVerwaltung ist ein Projektorchester, das nur zu bestimmten Anlässen zusammentritt und im Stil von Workshops probt – mit Musikern und Dirigenten als gleichberechtigten Partnern. Es besteht zu rund vierzig Prozent aus Mitgliedern verschiedener europäischer Sinfonie- und Opernorchester, zu denen sich eine etwa gleich große Zahl von Kammermusikern gesellt. Die restlichen zwanzig Prozent rekrutieren sich aus freien Solisten, wie die Perkussionistin Babette Haag oder die Geigerin Rebekka Hartmann. Mit der Cellistin und Continuo-Spielerin Anja Lechner, Helmut Nicolai, dem Solobratscher der Münchner Philharmoniker und Vertrauten Sergiu Celibidaches, und Reiner selbst als Primarius war die Besetzung fast des gesamten Rosamunde Quartetts – es bestand von 1992 bis 2009 – bei der KlangVerwaltung engagiert.

Zu Beginn des neuen Jahrtausends standen Enoch nun mit der Chorgemeinschaft Neubeuern und der KlangVerwaltung – später trat noch der aus Profisängern bestehende Kammerchor der KlangVerwaltung hinzu – zwei erstklassige Ensembles zur Verfügung, die ganz auf ihn eingeschworen waren. In dieser Zeit endete Guttenbergs »romantische« Phase. Nun trat er endgültig aus dem Schatten Karl Richters, der in Sachen Sakralmusik über viele Jahre der Maßstab war, vor allem in München, wo die historische Aufführungspraxis, von Gastspielen internationaler Spezialensembles abgesehen, bis in die Gegenwart ein Nischendasein führt.

In seiner Besprechung der *Matthäuspassion* im Wiener Musikverein war Joachim Kaiser aufgefallen, dass Guttenberg den Ideen Harnoncourts »manchmal gefährlich nah«[15] komme. Schon damals spielten im Bach Collegium viele Musiker, die später in die KlangVerwaltung wechselten. Folgt man Kaisers offensichtlicher Abneigung gegenüber der Alte-Musik-Bewegung, wurde es dann noch gefährlicher, denn nun konnte Guttenberg endlich ohne angezogene Handbremse arbeiten. »Für uns war immer klar, dass wir die Grenzen ausloten wollen«, sagt Reiner. »Wenn man mit Musikern arbeitet, die diese Grenzenlosigkeit eigentlich nicht wollen, sogar verachten, dann ist das für den Dirigenten eine Tortur.«

Richter meets Harnoncourt

Die KlangVerwaltung ist kein Originalklangensemble wie Harnoncourts Concentus Musicus, John Eliot Gardiners English Baroque Soloists oder Philippe Herreweghes Orchestre des Champs-Élysées. Ihre Geiger ziehen keine Darmsaiten auf und benutzen keine Barockbögen, die Flötisten blasen nicht auf hölzernen Traversflöten, und auch die Blechbläser spielen nicht durchgängig auf ventillosen Naturinstrumenten.

Dafür experimentierte Guttenberg intensiv mit alten Spielweisen, etwa dem vibratoarmen Spiel. Ohne Dauer-Vibrato lassen sich harmonische und rhythmische Verläufe schärfer konturieren, bis hin zu beinahe gläsernen Klangwirkungen. Typisch für Guttenbergs Spätstil ist auch ein ungewöhnlich markanter, zuweilen explosiver Einsatz der Pauken, die er oft mit Holzschlegeln traktieren ließ. Zur alten Technik gehört schließlich das inegale Spiel: Dabei werden mehrere aufeinanderfolgende Noten mit gleich notierten Notenwerten ungleich lang gespielt. Geübte Musiker können auf diese Weise flexibler und abwechslungsreicher phrasieren.

Guttenberg stand damit ein wesentlich differenziertes Ausdrucks- und Klangspektrum zur Verfügung als bei einem Traditionsorchester, das sich einem wattigen Mischklang und einer eher schematischen Phrasierungstechnik verpflichtet fühlt. Sein Ziel war nun größtmögliche Durchsichtigkeit und agogische Flexibilität. Wo er bis dato gerne in üppigen Klangwogen gebadet hatte, wirken manche seiner späteren Interpretationen etwa der Sinfonien Anton Bruckners und Franz Schuberts stellenweise wie skelettiert.

Mehr und mehr legte der Baron willkürliche Eingriffe in den Notentext ab, für die er lange bekannt war und die ihm Kritiker als Manierismen ankreideten. »Enoch wurde mit der Zeit immer texttreuer«, sagt Andreas Reiner. »Das heißt nicht, dass wir keine Auseinandersetzungen darüber hatten, wie dieses oder jenes zu spielen sei. Im Gegenteil: Wir haben gestritten wie die Berserker, doch dann war wieder alles gut.«

Guttenberg verehrte Nikolaus Harnoncourt, den er für den wichtigsten Musiker des 20. Jahrhunderts hielt. »Er schenkte uns im Grunde das Wissen um alte Musik neu, versuchte deren ursprünglichen Klang und seine Entstehung zu vermitteln. [...] Damit gab er uns Kapellmeistern einen großen Farbkasten in die Hand, mit dem wir unerhörte Bilder malen und die alten Werke mit neuem Feuer beleben können.«[16] Zu einem direkten Gedankenaustausch zwischen den beiden Musikern kam es jedoch dem Vernehmen nach nicht.

Der Spätstil Guttenbergs war historisch informiert, aber nicht dogmatisch einer reinen Lehre verpflichtet. »Enoch hat einen Kompromiss gefahren zwischen der Tatsache, dass wir eben nicht mehr in etwas größeren Fürstenwohnzimmern konzertieren, sondern in Sälen mit 2000 Plätzen. Da müssen die Streicher Kraft haben, und das geht nur mit modernen Instrumenten«, sagt Josef Kröner. »Etwas anders liegt die Sache bei Naturhörnern, Naturtrompeten und den kleinen Barockposaunen, die nicht unbedingt mickrig klingen müssen. Da geht es um eine andere Klangfarbe, ein spitzeres, helleres Klangbild, das nicht unbedingt leise sein muss.« In Guttenbergs eigenen Worten: »Wenn man das Handwerkszeug von Dirigenten wie Harnoncourt oder Gardiner gut benutzt, aber sehr viel stärker emotionalisiert, ist man, so glaube ich, auf dem richtigen Weg.«[17]

Vermittelt durch Musiker wie Helmut Nikolai meint man, in Guttenbergs Konzerten und Einspielungen mit der KlangVerwaltung auch Spuren der Klangkultur Sergiu Celibidaches wiederzufinden, etwa eine Steigerungsökonomie, bei der das dynamische Pulver nicht vor dem eigentlichen Höhepunkt verschossen wird, sowie die Art, markante Satzschlüsse nicht dröhnend in den Raum zu wuchten, sondern ähnlich einer menschlichen Stimme verklingen zu lassen.

Wie zuvor schon die Chorgemeinschaft Neubeuern wurde die KlangVerwaltung zu Guttenbergs Markenzeichen. Mit ihr unternahm er auch zwei reine Orchestertourneen. Sie führten 2006 nach England und ein Jahr darauf in die USA, mit populären Werken von Beethoven, Schubert, Bruckner und Mahler im Gepäck. Doch das Orchester verstand sich nicht als Enochs Privatdomäne, sondern arbeitete auch ohne Dirigenten oder mit Gästen wie Kent Nagano, Andrew Parrott, Heinrich Schiff, Reinhard Goebel und Roberto Abbado. Auch Guttenberg selbst band sich nicht exklusiv an die KlangVerwaltung, sondern nahm weiterhin Gastdirigate an, etwa bei den Bamberger Symphonikern, der Staatskapelle Berlin und dem Staatsorchester Hamburg. Eine nicht zuletzt landsmännisch motivierte Zusammenarbeit verband ihn mit den Hofer Symphonikern, die ihn 2003 zu ihrem Ehrendirigenten ernannten.

Repertoirefragen: »Schön ist scheiße!«

Was Repertoirefragen anbelangt, können es Dirigenten ihren Kritikern selten recht machen. Wer ein breites Repertoire pflegt, wird der Beliebigkeit geziehen, während ein kleines Repertoire Anlass gibt, an der allumfassenden Kompetenz eines Kapellmeisters zu zweifeln. Mit mehr als 200 Werken von A wie Albinoni bis W wie Wagner lag Guttenberg irgendwo im Mittelfeld zwischen Allroundern und Spezialisten, mit einem markanten Schwerpunkt auf Barock, Klassik und Spätromantik.

Dass er gerne und oft die Renner des überlieferten Klassik-Kanons dirigierte und immer wieder neu entdeckte, kann man ihm (und vielen seiner Kollegen) nicht verdenken. Große Werke werden ja deswegen »groß« genannt, weil es sich um Gipfelpunkte im Schaffen genialer Musikschöpfer handelt. Warum sollte man sich absichtsvoll mit dem weniger Guten zufriedengeben, wenn man das Beste haben kann? Noch dazu, wenn das Publikum diese Werke liebt und sie sich gerne immer wieder anhört.

In Guttenbergs Repertoire finden sich auffallend viele Oratorien, Messen und chorsinfonische Werke, was sich aus den Anfängen seiner Karriere als Chorleiter und seiner engen Verbindung mit der Chorgemeinschaft Neubeuern erklärt. Hier fühlte er sich schon früh zu Hause und sattelfest, bis er sich mehr und mehr auch die Sinfonik erschloss.

Die musikalische Moderne lag ihm erklärtermaßen nicht, auch wenn er selbst und sein Lehrer Karl Feilitzsch sich als Komponisten bis an die Grenzen der Tonalität vorgewagt hatten. Vielleicht ist der Grund hierfür, dass Guttenberg auch in der Musik nach den verlorenen Paradiesen seiner Kindheit suchte, wobei ihm die Zerbrechlichkeit und Doppelbödigkeit der Idylle bewusst war und er Brüche in seinen Interpretationen unsentimental herausarbeitete.

Auf die angebliche Übersichtlichkeit seines Repertoires angesprochen, pflegte Guttenberg Carlos Kleiber zu zitieren, der selbst ein »kleines« Repertoire hatte, was seinem bis heute andauernden Ruhm nichts anhaben konnte: »Wenn ich mich nicht für jeden Ton totschlagen lassen kann, mach ich's nicht.«[18] Musik, die ihn nicht im Innersten bewege, könne er nicht dirigieren, sagte Guttenberg. Dieses Credo bezog sich nicht nur auf die allbekannten Klassiker. Guttenberg widmete sich auch Randständigem wie Vivaldis *Juditha triumphans*, Rossinis *Petite Messe solennelle*, Gounods *Cäcilienmesse*, Schumanns selten gespielten Werken *Das Paradies und die Peri* und *Genoveva*, Strawinskys *Die Geschichte vom Soldaten* und, nicht zu vergessen, Schostakowitschs Sinfonie »Babi Yar«.

Guttenberg wollte (fast) niemals nur unterhalten. »Schön ist scheiße«, hielt er jenen entgegen, für die Musik vor allem ein entspannendes Feierabendplaisir darstellt. Musik enthalte immer tiefe Aussagen (religiöser oder humanistischer Art) und beantworte Fragen, »auf die unsere Welt längst keine Antworten mehr« habe. »Und wo die Werke Inhalte tragen, darf man »sie nicht zum Kulturgut herabwürdigen«. Das sei, so der Baron in gewohnter Deutlichkeit, »als würde man Liebe mit einem Puffbesuch verwechseln.«[19]

Von Bach bis Verdi: Guttenberg als Sakralmusiker
»Kein Weihnachten, kein Ostern ohne die dazugehörigen Oratorien, keine Hochfeste ohne die jeweiligen Kantaten, kein freier Abend meines Vaters ohne Suiten oder Brandenburgische Konzerte. Wir Kinder mussten, sollten, in den Augen meines Vaters: durften, lange vor dem Schulzeitalter den bisweilen exzessiven Bach-Abenden stumm beiwohnen. Ansonsten flog man aus dem Salon.« So schildert Enoch zu Guttenberg seine ersten Begegnungen mit der Musik des Leipziger Thomaskantors. Und das Mantra des Vaters, wonach keiner besser »vom lieben Gott« erzähle als »der alte Bach«, sollte ihn ein Leben lang begleiten.[20]

Guttenbergs Aufführungen des *Weihnachtsoratoriums* in der Adventszeit sowie der *Johannes-* und *Matthäuspassion* in den Tagen vor Ostern waren Fixpunkte des Münchner Musiklebens. So unerbittlich, wie Guttenberg senior den Filius mit seinen Bach-Exerzitien in Beschlag nahm, so unerbittlich traktierte Enoch später sein Publikum. Den sechsteiligen Kantatenzyklus für die Festtage von Weihnachten bis Dreikönig mit einer Gesamtspieldauer von rund zweieinhalb Stunden dirigierte er als einer der ersten Bach-Interpreten an einem Abend, mit »nie nachlassender Intensität«, wie ein erschöpfter Kritiker anmerkte.[21] Fast genauso lang mussten die Zuhörer der *Matthäuspassion* ausharren, bis sie den Schlussapplaus spenden konnten. Doch auf die Befindlichkeiten seiner Zuhörer nahm Guttenberg noch weniger Rücksicht als auf sich selbst, seine Musiker und seine Sänger. Und der Weihnachtgruß, den er vom Podium in die Ovationen hineinzurufen pflegte, klang meist mehr trotzig als froh.

Bachs Weihnachtsoratorium
Sogar das *Weihnachtsoratorium* mit seiner von strahlendem Trompetenjubel umrahmten Freudenbotschaft von der Geburt des Erlösers wurde in Guttenbergs Händen nicht zum Krippenspiel. Auch hier suchte er nach Untiefen, gestaltete etwa die Pastorale am Beginn der zweiten Kantate nicht als beschauliches Weihnachtskonzert im Stile Arcangelo Corellis, sondern ließ die

Generalprobe »Elias« von Felix Mendelssohn Bartholdy

Furcht der Hirten auf dem Felde angesichts der Erscheinung des die Geburt Jesu verkündenden Engels deutlich werden. Sie konnten ja nicht wissen, mit welchem »Gott« sie es zu tun bekommen würden.

Im Chor »Ehre sei Gott« betonte Guttenberg den Gegensatz zur darauf folgenden Phrase »Und Friede auf Erden« mit einem zerbrechlichen Piano: »mehr Hoffnung als Gewissheit«, notierte ein Kritiker.[22] Zuweilen verstieg sich Guttenberg, wenn er in den Paukenschlägen des Eingangschors »Jauchzet, frohlocket, auf preiset die Tage« schon die Hammerschläge der Kreuzigung erkennen wollte.[23]

Gegen diese Auffassung spricht, dass Bach für diesen Chor auf die Eröffnungsmusik »Tönet, ihr Pauken! Erschallet, Trompeten! Klingende Saiten, erfüllet die Luft!« seiner 1733 uraufgeführten Glückwunschkantate zum Geburtstag Maria Josephas, Königin von Polen und Kurfürstin von Sachsen, zurückgriff – so wie der Thomaskantor in seinem *Weihnachtsoratorium* bekanntlich nicht weniger als zwanzig Stücke aus früheren Werken parodierte, neudeutsch: recycelte. Und ob er wirklich, wie von Guttenberg und manchen Musikwissenschaftlern vermutet, die weltlichen Kantaten schon in dem Bewusstsein schrieb, sie später in einem sakralen Kontext wiederzuverwenden, ist Spekulation.[24]

Doch für den bibelfesten Grübler und Pessimisten Guttenberg waren alle festlichen Gefühle im *Weihnachtsoratorium* letztlich auf dem »harten Grund von Golgatha verankert«.[25] Deswegen bevorzugte er die vollständige Aufführung des Zyklus, einschließlich der Kantaten vier bis sechs, die auch von Zweifel, Not, Tod und Hölle reden. Von hier ist es tatsächlich nicht weit zur Hinrichtungsstätte in Jerusalem: »... der du dich für mich gegeben an des bittern Kreuzes Stamm« (Nr. 38).

Bachs Passionen

Mehr als vier Jahrzehnte liegen zwischen Guttenbergs erster *Johannespassion* 1973 im Barockkloster Reisach im Inntal und seiner letzten Aufführung dieses Werkes bei den Herrenchiemsee Festspielen des Jahres 2017. An die ganz andersartige *Matthäuspassion* wagte er sich erst acht Jahre später heran. Sein Leben lang arbeitet sich der Baron an Bachs Meisterwerken ab, ohne zu einer für ihn letztgültigen Deutung zu finden.

Im Gegensatz zum *Weihnachtsoratorium* spielte er die Passionen auch losgelöst vom zeitlichen Zusammenhang des Kirchenjahres etwa im prallen Hochsommer beim Rheingau-Musikfestival oder den Herrenchiemsee Festspielen. Für ihn waren Bachs Meisterwerke, die mit Tod und Auferstehung Jesu den Kern der christlichen Heilsbotschaft formulieren, überzeitliche Stücke, die nicht notwendigerweise der liturgischen Einbettung bedürfen.

Guttenberg deutete Bachs Passionen in nachgerade protestantischem Geist streng vom Wortsinn her. In der *Matthäuspassion* ist Jesus Christus ihm zufolge »ein ernster, milder, leidensbereiter ›Menschensohn‹, der im Verlauf der biblischen Erzählung immer mehr verstummt und fast vollständig aus dem Blick gerät. Erst sterbend am Kreuz findet er Worte tiefster – menschlicher – Verzweiflung: ›Eli, Eli, lama asabthani – mein Gott, mein Gott, warum hast du mich verlassen!‹ Erst als er stirbt, gibt der Himmel selbst ein Zeichen. Die Erde bebt, der Vorhang im Tempel zerreißt, die Gräber tun sich auf, und selbst ein römischer Hauptmann unterm Kreuz erkennt: ›Wahrlich, dieser ist Gottes Sohn gewesen!‹«[26]

Für Guttenberg stellt diese in nur drei Takten formulierte Erkenntnis den Mittel- und Zielpunkt des Riesenwerkes dar. Er überdehnt die von beiden Chören gemeinsam intonierte Passage zu einem in Himmelssphären reichenden, extrem langsamen Crescendo-Decrescendo. Guttenberg versucht damit auch dem modernen Zuhörer erfahrbar zu machen, dass Bach, wie er meinte nachweisen zu können, hier einen Regenbogen in Tönen abgebildet hat, wie er in der christlichen Ikonografie oft mit dem Auferstandenen in Verbindung gebracht wird.

Fast ebenso markant zieht er den »Barrabam«-Schrei der Gerichtsszene in die Länge, als »ewige Anklage gegen Massenwahn und Verhetzung«. Die komponierte Dissonanz dieses Schreis, die zu Bachs Zeit den Zuhörer schockierte, ist seiner Meinung nach für einen modernen, durch freie Tonalität und Atonalität abgebrühten Zuhörer nicht mehr erfahrbar – daher wählte er das Mittel der Überdehnung und Überbetonung, um sich dagegen im Choral »Wenn ich einmal soll scheiden« wieder ganz ins Leiden eines individuellen Menschen zu versenken. Und der berühmte Choral »O Haupt voll Blut und Wunden« sollte in seiner Interpretation klingen, als schlügen die Folter-knechte gerade mit Wucht auf den dornengekrönten Kopf des Menschen-sohnes ein.

In der *Johannespassion* tritt dem Zuhörer ein ganz anderer Christus entge-gen, kein leidender Mensch, sondern Christus triumphans, ein wahrer König, dessen Tod und Auferstehung den triumphalen Anbruch einer neuen Zeit-rechnung markiert. Das berühmte es »Es ist vollbracht«, lässt Guttenberg seine Jesus-Darsteller nicht, wie oft zu hören, sentimentalisch flüstern, son-dern mit mächtigem Sendungsbewusstsein in die Welt hinausschreien. Es ist das Gegenstück zum »Wahrlich, dieser ist Gottes Sohn gewesen« aus der *Matthäuspassion*. Wieder knappe zwei Takte, die in Guttenbergs Augen das Spiel entscheiden.

Während in der *Matthäuspassion* ein wohlinformierter Erzähler aus wis-sender Distanz berichtet, liest sich die entsprechende Passage des Johannes-Evangeliums nach Guttenbergs Worten wie eine »hochdramatische Gerichts-Reportage. »Wir sind gleichsam Augenzeugen des Geschehens, wir erleben und erleiden mit, sogar der Ausgang des Prozesses erscheint uns ungewiss.«[27]

Um den Reportage-Charakter zu unterstreichen, platziert Guttenberg die Darsteller des Jesus und des Pilatus mitten im Chor, den er selbst noch räum-lich aufteilt in einen Gemeindechor und einen für die Turba-Passagen, ob-wohl es sich bei der *Johannespassion* um keine doppelchörige Komposition handelt. Den Evangelisten lässt er von der Kanzel herab den anderen Pro-zessbeteiligten mitunter regelrecht ins Wort fallen.

Viele Eingebungen des Barons wirkten auf seine Zuhörer verstörend, etwa die quälende Langsamkeit, in der er den Chor der Juden »Wir haben ein Gesetz« als trockene Gesetzesmaterie geradezu buchstabieren lässt, oder der nach Gewalt lüsterne »Barrabam«-Ruf. »Guttenberg weiß auch um die Schat-tenseiten dieser enormen Plastizität«, bemerkte *SZ*-Kritiker Egbert Tholl und verweist auf die »schauerliche Erkenntnis des darin [in der *Johannespassion*] mehr oder weniger latent vorhandenen Antisemitismus. Es ist der von Martin Luther, und er gehört halt auch zu diesem Werk«.[28]

Für Guttenberg sind Bachs Passionen »gesungene Theologie«,[29] Werke mit einer tiefen religiösen Botschaft. Und eben kein rein ästhetisches Ver-gnügen. In einem Vortrag zur *Matthäuspassion* warnte Guttenberg davor, diese

Stücke »zu selbstverständlich« zu lieben und sie alljährlich zur Osterzeit »ab-
zusitzen, so wie man Silvester eine ›Fledermaus‹ und am Palmsonntag einen
›Parsifal‹ besucht. Gerade gegen diese Selbstverständlichkeit habe ich zeitlebens angefochten.«[30]

Bachs h-Moll-Messe
Wie das *Weihnachtsoratorium* ist Bachs h-Moll-Messe ein Mixtum compositum
aus diversen zu verschiedenen Zeiten in verschiedenen Zusammenhängen
entstandenen Stücken. Den Kern bilden ein Kyrie und ein Gloria, zwei Stücke, die Bach 1733 an den katholischen sächsischen Kurfürsten August II.
sandte, verbunden mit einem Schreiben, in dem sich der Leipziger Thomaskantor um eine Stelle als Hofkapellmeister in Dresden bewarb. 15 Jahre später vervollständigten Credo, Osanna, Benedictus und Agnus Dei die einzige
Messe, in der der überzeugte Protestant Bach das vollständige katholische
Messordinarium vertonte.

Gewaltige Musik und ein gewaltiges Paradox, dem sich Guttenberg erstmals bei den Neubeurer Musiktagen im Jahr 1977 zuwandte. Vielleicht geht
Klaus J. Schönmetzler zu weit, wenn er die h-Moll-Messe kurzerhand als
»ökumenisches«[31] Werk bezeichnet. Doch der Katholik Guttenberg, der
selbst als Kirchenpatron einer protestantischen Gemeinde gelebte Ökumene
zelebrierte, kam an diesem zwitterhaften Werk, das Bachs Meisterschaft
trotzdem wie aus einem einzigen, monumentalen Guss erscheinen lässt, nicht
vorbei.

Für die Chorgemeinschaft Neubeuern war die für den liturgischen Gebrauch untaugliche, weil viel zu lange Messe mit ihren riesenhaften Chorfu-
gen eigentlich eine Nummer zu groß. Doch wieder gelang es Guttenberg,
technische Defizite mit Emotion und Intensität zu kompensieren. Und dabei
zog er alle Register der Kontrastdramaturgie und emotionalen Zuspitzung.

Die große Fuge des Kyrie zu Beginn der Messe erschien Joachim Kaiser
in einem schon erwähnten Brief aus dem Jahr 1979 an Guttenberg, als ob ein
»unglücklicher Zug der leidenden Menschheit qualvoll voranschreitet«. Guttenberg gelinge es meisterhaft, Musikalisches in Ausdruck, in »Gestisches« zu
übersetzen. Das »Cum sancto spiritu« erlebte Kaiser als »hinreißend wilde,
unstete, rasende Musik. Der heilige Geist weht wirklich, wo und wie er will.
Er drückt sich nicht ›majestätisch‹ aus, sondern aufgeregt, ja gejagt.«[32]

Eine der ergreifendsten Passagen der Messe ist das »Crucifixus« im Credo, wo Guttenberg seine Choristen und Musiker in die tiefsten Tiefen des
Leides schickt, um sie dann im überschäumend jubelnden »Et resurrexit«
umso strahlender zurückzurufen. Der abschließenden Bitte um Frieden im

feierlich getragenen Chorsatz »Dona nobis pacem« verleiht Guttenberg den Charakter einer schon fast Bruckner'schen Schlussapotheose.

Als sich Guttenberg mit der KlangVerwaltung der historischen Aufführungspraxis geöffnet hatte, setzte er die h-Moll-Messe noch einmal bei den Herrenchiemsee Festspielen 2004 aufs Programm. »Indem wir dieses Werk im ornamental völlig überladenen Spiegelsaal präsentieren, soll der Kontrast zwischen den unterschiedlichen Kunstepochen und ästhetischen Haltungen deutlich werden.«[33]

Diesmal dirigierte er nicht die Chorgemeinschaft Neubeuern, sondern einen solistisch besetzten Kammerchor der KlangVerwaltung und ein winziges, ebenfalls aus Musikern der KlangVerwaltung gebildetes Barockensemble. Eine Wendung um 180 Grad. Guttenberg selbst sei mit dem Experiment unzufrieden gewesen, erinnert sich Josef Kröner, weil er gemeint habe, die von ihm gewünschte emotionale Intensität verfehlt zu haben. Erst 2018 anlässlich einer *Matthäuspassion* in Moskau sei ihm klar geworden, dass er diese Wirkung auch mit einem kleiner besetzten Profichor erreichen konnte.

Beethovens Missa solemnis

Mehr noch als Bachs h-Moll-Messe ist Beethovens *Missa solemnis* ein Werk für den Konzertsaal, nicht für einen Kirchenraum. Technisch sind die Anforderungen dieser zeitgleich mit der 9. Sinfonie entstandenen, weit in die Zukunft weisenden Komposition immens. Enoch tastete sich erstmals zum Bonner Beethovenfest 2006 an das heikle Stück heran, das Beethoven selbst als sein größtes Werk bezeichnet hatte. Über sein Selbsturteil lässt sich streiten, wobei der Ausnahmecharakter des Werkes außer Zweifel steht.

Bei Guttenbergs Bonner Premiere musizierte er den Koloss zusammen mit dem Tschechischen Philharmonischen Chor Brünn, einem hoch angesehenen Profi-Ensemble. Für zwei weitere Aufführungen im spanischen Santander und in Köln engagierte er den ebenfalls mit ausgebildeten Kräften bestückten Berliner Ernst-Senff-Chor – für die Chorgemeinschaft Neubeuern war die Missa fraglos zu schwer. Bei den Herrenchiemsee Festspielen 2008 arbeitete er schließlich mit dem professionellen Kammerchor der KlangVerwaltung zusammen, den er mit 25 der besten Sängerinnen und Sänger der Chorgemeinschaft verstärkte. »Verbissen studierten diese in vielen Stunden zuhause und im Probenraum […] diese von der Höhe und den Tempi her sehr anspruchsvolle Messe«, vermeldet die Chorchronik. »Aber als dann alle der Ehrgeiz gepackt hatte, war von Aufgeben keine Rede mehr.«[34] In dieser Besetzung wurde das Stück im März des Folgejahres auch in München präsentiert und als packende Live-Aufnahme auf CD herausgebracht.

Für Enoch war die *Missa solemnis* ein Pflichtstück, weil darin all jene Gott- und Menschheitszweifel enthalten sind, mit denen er sich selbst herumschlug. »Der nie in Frage gestellte Glauben der altvorderen Komponisten war längst bohrenden Fragen, depressiven Zweifeln gewichen«, referiert Guttenberg in einer Rede. »Fast trotzig aber bedient sich Beethoven des alten Wissens, und lässt sein Kyrie nicht auf der Eins, also auf der Zeit, dem Schwerpunkt eines Taktes, beginnen, sondern auf der schwachen Takthälfte, der Drei – Symbol für die Ewigkeit der Trinität.«[35]

Wie auch im Schlusssatz der 9. Sinfonie deutlich wird, hat sich bei Beethoven der Glaube an einen persönlichen Gott schon verflüchtigt und richtet sich nur noch auf eine abstrakte Macht im Sinne des »Göttlichen«. Im Gegensatz zum Weltumarmungsgestus der 9. Sinfonie beschwört der Schluss der Missa, in dem die Bitte um Frieden von wildem Schlachtenlärm begleitet wird, eine Katastrophe herauf, »gegen deren Wüten in der christlichen Teleologie kein Heil mehr zu finden ist«.[36] Unter Guttenberg klingt Beethovens sakrales Opus summum stellenweise wie ein Requiem – ein Requiem auf eine gottverlassene Menschheit.

Die Requiems von Mozart, Verdi und Brahms

»Die beiden Werke wehrten sich wie wilde Tiere, die in Gefangenschaft geraten. Und ich stürzte […] in die bis heute für mich unbarmherzigste und katastrophalste Krise meines musikalischen Lebens. Der Erholungsprozess dauerte lang, nach innen und nach außen, und es verging lange Zeit, bis ich wieder versuchte, ganz scheu, mich beiden Werken neu anzunähern.«[37] So beschreibt Guttenberg seine erste Auseinandersetzung mit zweien der berühmtesten Torsi der Musikgeschichte: Mozarts c-Moll-Messe und seinem Requiem, wobei hier von Letzterem die Rede sein soll.

Auch wenn Guttenberg um dramatische Selbsteinschätzungen nie verlegen war, so bestätigt doch Klaus J. Schönmetzler, dass der Baron lange brauchte, bis er eine gültige Sicht des Requiems gefunden zu haben glaubte. »Mal überzog er die Musik mit aufgewühlter Leidenschaft (was auf die Dauer überzogen wirkte), mal versuchte er zu dämpfen, zu besänftigen (was als Trauerarbeit tiefen Eindruck machte, aber an schlechten Tagen auch arg fade und verschwommen klingen konnte).«[38]

Dazu kam die Frage, wie er sich als Interpret zu den postumen Ergänzungen und Neukompositionen der fragmentarischen Partitur durch Mozarts Schüler Franz Xaver Süßmayr stellen sollte. Sollte man sie ernst nehmen oder die stilistischen Brüche sichtbar machen? Und wie sollte man es halten mit all den Mystifizierungen der einzigen Mozart'schen Totenmesse, angefangen beim geheimnisvollen Auftraggeber bis zu der Tatsache, dass Mozart über der Komposition gestorben ist. Schrieb er nicht auch sein eigenes Requiem?

Guttenberg kam schließlich zu der Erkenntnis, dass eine überzeugende Stiltrennung – hier Mozart, da Süßmayr – wohl nicht möglich ist, und behandelte den gewaltigen Torso als Einheit, um ihn dann entschlossen von allem sentimentalisch-verklärenden Pathos zu befreien. »Nur selten spürte man etwas von Mozarts süßer Wehmut oder seinem verklärenden Trost«,[39] schrieb ein Rezensent über eine Aufführung des Requiems in der Düsseldorfer Tonhalle und traf damit unbeabsichtigterweise den Nagel auf den Kopf. Auch *SZ*-Kritiker Egbert Tholl, später ein glühender Anhänger Guttenbergs und seiner Kunst der Unerbittlichkeit, vermisste »Mozarts verklärte Tragik«.[40]

Doch genau dies hatte Guttenberg nie im Sinn, nur fehlten ihm zunächst die künstlerischen Mittel. Spätere Interpretationen des Requiems mit der KlangVerwaltung sind bitter und kalt bis zur Erstarrung, bröselig stockend der Introitus, unruhig-suchend das Kyrie, fast panisch das »Dies irae«, bis zum Äußersten zugespitzt mit schaurigen Glissando-Effekten im Chor und gnadenlos dazwischenfahrenden Trompeten: »eine Trilogie heilloser Furcht«,[41] so die *Frankenpost*.

Mozart, so Guttenberg, habe sich in seiner letzten Komposition gegen die verklärenden Textpassagen gewehrt, habe »Danksagung mit Schreckensmusik unterlaufen«, »Trost mit Mutlosigkeit«.[42] Der erst 35 Jahre alte Komponist habe mit dem Gedanken an den eigenen Tod nicht fertigwerden können. Auf der letzten USA-Tournee von Chorgemeinschaft und KlangVerwaltung im Jahr 2016 gehörte das Requiem zu jenen Stücken, die das Publikum nachhaltig beeindruckten. »Das Mozart-Requiem war schlichtweg erschütternd«, schrieb der *Boston Inquirer*.[43]

Im Gegensatz dazu konnte selbst ein radikaler Wahrheitssucher wie Guttenberg dem Verdi-Requiem die opernhafte Klangschönheit und die damit evozierten Gefühle nicht völlig austreiben. Dennoch ließ er mit seinem druckvollen Dirigat, das in den gelungensten Aufführungen einen unentrinnbaren Sog erzeugte, am Ernst der Lage keinen Zweifel. Schließlich beherrscht die Angst vor endlosen Höllenqualen in den alles verschlingenden Klangwogen des »Dies irae«, die leitmotivartig und entgegen den liturgischen Vorschriften immer wieder über die Zuhörer hereinbrechen, das ganze Stück.

In diesem Meer von Todesfurcht gibt es nur einsame Inseln der Hoffnung, etwa im klangseligen, von Sopran und Mezzosopran angestimmten »Recordare, Jesu pie«, der kurzen Pastorale des »Inter oves« oder dem schmachtenden »Lacrimosa« – mit seinen ätherischen Klangwirkungen einer der vielen Ohrwürmer des Requiems. Guttenberg kostet diese lyrischen

2011 im Konzert (»Elias«) mit Susanne Bernhard (zweite von rechts)

Passagen voll aus, ohne ins Sentimentale abzudriften, bevor im abschließenden »Libera me« noch einmal die Schrecken des Jüngsten Gerichts dröhnen, bei Guttenberg brutaler als zu Beginn. »Errettet wurde an diesem Abend niemand«, resümiert *FAZ*-Kritiker Harald Budweg eine Aufführung des Stückes beim Rheingau-Musikfestival 2004.[44]

Bei Verdis großer Totenmesse gelang es Guttenberg früher als bei Mozarts Torso, einen persönlichen Zugang zu finden. »Ich selber kenne [...] kein katholischeres, gleichzeitig kein an Nihilismus sich überbietenderes, kein liebevolleres, kein sarkastischeres und zynischeres, und kein hoffnungsloseres Werk als dieses Requiem, und wenn ich es dirigiere, bin ich ihm verfallen«, sagt Guttenberg selbst.[45]

Freilich dauert es Jahre, bis Guttenberg zusammen mit seinen Ensembles den Koloss technisch bewältigte und das rechte Maß fand für die ungeheure Bandbreite dieser Musik vom kaum hörbaren Flüstern des Chores zu Beginn bis zum endzeitlich lärmenden Tumult des »Dies irae«. Dabei standen ihm schon in der ersten Aufführung im Erler Passionsspielhaus im Juli 1980 exzellente Solisten wie Trudeliese Schmidt, Siegfried Jerusalem und Karl Ridderbusch zur Verfügung.

Auch später ließ sich der Baron nicht lumpen und verpflichtete für das Paradestück oft Bayreuth-erprobte Sängerinnen und Sänger wie Pamela Coburn, Robert Holl, Simon Estes, Matti Salminen, Julia Varady, Cheryl Studer, Waltraud Meier und Günther Groissböck. Sogar der junge Jonas Kaufmann taucht in den Besetzungslisten zum Verdi-Requiem auf, nicht zu vergessen Guttenbergs letzte Lebensgefährtin Susanne Bernhard.

Mehrfach dirigierte er die Totenmesse im Zusammenhang mit seinen Umweltaktivitäten, als »Requiem für den Regenwald« oder als »Requiem für die Heimat« gegen die von ihm beklagte Landschaftszerstörung durch Autobahnen und Windräder. Und es war das Werk, das ihn anlässlich eines Gedenkkonzertes unter Leitung von Kent Nagano selbst auf dem letzten Weg begleitete.

»Enoch zu Guttenberg kämpfte in München um Brahms«, schrieb Joachim Kaiser über Guttenbergs erste Interpretation des *Deutschen Requiems* im November 1988. Kernaussage seiner Besprechung: Guttenberg habe manchmal »wegen allzu vieler überdeutlich gemachter kontrast-rhythmischer Einzelheiten die große Linie dieses grandiosen Werkes christlich-nordischer Todesmusik«[46] verfehlt.

In Guttenbergs Repertoire wie in der klassisch-romantischen Sakralmusik überhaupt nimmt das Brahms-Requiem eine Sonderstellung ein. Es handelt sich nicht um die Vertonung einer Totenmesse im Rahmen der christlichen Liturgie, sondern um ein Oratorium auf Bibelworte, eine »menschliche, romantisch-erlebnishafte Auseinandersetzung mit der Tragik des Todes, eine Gegenüberstellung von Vergänglichkeit und Ewigkeitshoffnung, von Trauer und Trost«,[47] wobei die Gestalt des Erlösers Jesus Christus mit keinem Wort erwähnt wird. Es ist das Werk eines Künstlers, der dem christlichen Jenseitsglauben möglicherweise noch ferner stand als Giuseppe Verdi.

Nach dem anfänglichen Misserfolg legte Guttenberg das Stück zunächst beiseite und versuchte, sich Brahms über dessen Lieder und kleinere Chorwerke anzunähern. Dafür schuf ihm Klaus J. Schönmetzler einen imaginären Brahms-Zyklus, der beim Münchner Klaviersommer 1989 aufgeführt wurde und durchweg achtbare Kritiken erfuhr. (Bei den Herrenchiemsee Festspielen gab es später unter der Überschrift »Vineta – Lieder vom Lieben und Sterben« noch einmal eine Neuauflage dieses Zyklus, diesmal kreisend um das Thema der im Meer versunkenen, mythischen Stadt Vineta, der auch auf CD erschien.)

Guttenbergs Mühen der Ebene trugen Früchte: Nur drei Jahre später war Kaisers *SZ*-Kollege Baldur Bockhoff anlässlich einer weiteren Aufführung des Brahms-Requiems in München voll des Lobes.[48] Und in der Zeitschrift *Oper und Konzert* konnte man lesen: »Wir waren gewöhnt, das Brahms-Requiem als nazarenisch milde, schöne und edle, wohlig einlullende Salonmusik vorgesetzt zu bekommen. Enoch zu Guttenbergs Interpretation ist dagegen geprägt von einer durchgehenden, großen, von starkem religiösem Engagement gespeisten Spannung, die auch an den langsamen und leisen Stellen keine Sentimentalität und schon gar keine Langeweile aufkommen läßt.«[49]

Dass Guttenberg diesmal den Ton getroffen hatte, mag auch einem äußeren Ereignis geschuldet gewesen sein. Wenige Tage vor dem Konzert in der Münchner Philharmonie im Januar 1991 hatte der Zweite Golfkrieg begonnen. Bilder vom nächtlichen »Präzisions«-Bombardement Bagdads wurden vom US-Nachrichtensender CNN live im Fernsehen übertragen und sollten einen »sauberen Krieg« suggerieren. In Wahrheit starben Zehntausende von Soldaten und Zivilisten in diesem Konflikt. »Der Golfkrieg war gerade eine Woche alt, als wir in München Brahms' *Deutsches Requiem* sangen«, berichtet die Neubeurer Chorchronik. »Hätten Angst und Bestürzung und trotz allem aufkeimende Hoffnung stimmiger Ausdruck finden können?«[50]

Guttenberg musizierte das *Deutsche Requiem* dann wieder im Jahr 1995 mit seinen mährischen Musikern und Choristen, programmierte es seither regelmäßig und spielte es sogar auf CD ein. Trotzdem wurde es nicht wirklich sein Stück. »Brahms' Zuversicht, ja Gewissheit des Trostes scheint Guttenberg zu misstrauen«, schreibt Dietrich Mack über eine Aufführung des Requiems im Festspielhaus Baden-Baden und vermisst den »ganzen« Brahms. »Der ganze Bach ist uns lieber.«[51]

Händels Messias

Das »Halleluja« aus Georg Friedrich Händels *Messias* ist so etwas wie die »Nationalhymne vom lieben Gott«[52] und nur einer der zahlreichen Ohrwürmer dieses barocken Meisterwerks, dessen Zuordnung zur Sakralmusik nicht ganz eindeutig ist. Man kann den *Messias* auch als »Oper im Kirchengewand« bezeichnen, wofür auch die zahlreichen Versuche stehen, das Oratorium szenisch zu deuten, zuletzt praktiziert von US-Kultregisseur Robert Wilson bei der Salzburger Mozartwoche 2020. Guttenberg widerstand der Verlockung, der er ja bei der *Johannespassion* immer wieder nachgegeben hatte.

Als Gastdirigent des MDR-Sinfonieorchesters nahm sich Guttenberg erstmals die neben der *Feuerwerksmusik* mit Abstand populärste Komposition Händels vor. 1994 führte er das Stück mit der MDR-Kammerphilharmonie und dem MDR-Chor im Rahmen einer kleinen Ostdeutschlandtournee auf, mit einem Abstecher nach Salzburg, wo er erstmals in seiner Dirigentenkarriere im Großen Festspielhaus zu Gast war, allerdings außerhalb der Festspiele.

Zunächst hielt sich Guttenberg an die von Mozart bearbeitete Fassung mit ihrem etwas holprigen Deutsch und ihrem reicheren Instrumentarium, darunter auch Klarinetten, die es zu Händels Zeiten noch nicht gab. Eine spätere Aufführung im niederbayerischen Kloster Niederaltaich mit der Chorgemeinschaft Neubeuern und der Staatsphilharmonie Brünn war der Rettung der zwischen Regensburg und Passau noch frei fließenden Donau gewidmet, die damals kanalisiert werden sollte. Der schmetternde Ruf des Chores »Auf, zerreißet ihre Bande« war damals wörtlich gemeint. »Als ob er diese Worte an alle Verantwortlichen hätte richten wollen, die uneinsichtig sind und die Donau in Beton fassen wollen«, schrieb ein umweltbewegter Rezensent.[53]

Bei weiteren Aufführungen des Oratoriums mit der Chorgemeinschaft und der KlangVerwaltung, später mit dem neuen Chor der KlangVerwaltung und im englischsprachigen Original verzichtete Guttenberg auf ein äußeres Programm und stürzte sich, wie gewohnt, mitten hinein in die ungemein vielfältige und farbenreiche Partitur, die wie in einem Bilderbuch die christliche Heilsgeschichte entfaltet – von der messianischen Verheißung des Heilands über Geburt, Tod und Auferstehung bis zur »Verherrlichung des Messias-Gedankens, der die Welt erfüllt und überwindet«.[54]

Mehr und mehr verweigert sich Guttenberg der großen Geste, selbst beim »Halleluja!« verzichtet er auf alles protzig Strahlende. »So entsteht eine überaus markante Lebendigkeit, die im permanenten Gedröhne nicht möglich wäre«, schreibt ein SZ-Rezensent.[55] Doch Guttenbergs unprätentiöser Zugriff mundet nicht jedem. Der Messias sei letztlich kein Zeugnis der Demut, sondern der Gewissheit, urteilt ein Kritiker der Passauer Neuen Presse über ein weiteres Konzert in Niederaltaich bei den Europäischen Wochen 2008. »Wer das nicht forte in den Himmel meißelt, darf auf einen Preis in artikulatorischer Feinheit hoffen, aber theologisch liegt er neben der Spur.«[56] Guttenberg fehlte diese Gewissheit, und er ließ es seine Zuhörer wissen.

Haydns Oratorien

»Man kann die schönste, herzlichste und redlichste Musik, die unserer Welt je zugeschrieben wurde, nicht länger reinen Herzens singen, spielen oder dirigieren, ehe nicht die Ironie, die mittlerweile über jeder Note lagert, aufgehoben wurde durch den Einspruch, durch das Wort«, teilte Guttenberg seinen Zuhörern mit, als er 1993 im Leipziger Gewandhaus Joseph Haydns Oratorium Die Schöpfung aufführte. Um danach in seiner Rede der vom Komponisten beschriebenen »idealen Welt« vor dem Sündenfall den aktuellen Zustand der Schöpfung entgegenzustellen, den in immer länger werdenden »roten Listen« dokumentierten Artentod und den allgegenwärtigen Raubbau. Wie solle man, sagte er, »unter dem Unsäglichen an Leid, Zerstörung und milliardenfachem Schöpfungsmord die Schöpfung Joseph Haydns da anders hören, anders dirigieren denn als Requiem.«

Noch einmal Haydn, diesmal *Die Jahreszeiten*. Für die Besucher des Schleswig-Holstein-Festivals im Jahr 1988 stellte Guttenberg in seiner Ansprache dem Chor des Landvolks »Komm, holder Lenz, des Himmels Gabe« jene radioaktive »Wolke von Tschernobyl« gegenüber, die zwei Jahre zuvor über Teile Europas gezogen war, dem Bittgesang »Träufe Segen über unser Land herab; lass Regenguss die Furchen tränken« die damals hochaktuelle Bedrohung durch den »sauren Regen«. Und zu der schlichten Sentenz des Librettisten Gottfried van Swieten »Lass deine Sonne scheinen hell« fiel ihm das Ozonloch ein, das die Sonne, Sinnbild des Lebens, zum Mörder werden lasse. Manchem Zuhörer mag da nach einem aufmunternden Prosecco an der Pausenbar zumute gewesen sein.

Seit er Haydns *Jahreszeiten* erstmals 1988 zum 75-jährigen Bestehen des Bundes Naturschutz in Bayern präsentierte, zählte das Oratorium – fünf Jahre später gesellte sich *Die Schöpfung* hinzu – zu den Kernstücken seines Repertoires. Immer wieder nutzte er Haydns Meisterwerke, um mittels einer einleitenden Rede auf Umweltprobleme aufmerksam zu machen, so auch bei der Verleihung des Deutschen Kulturpreises an die Chorgemeinschaft Neubeuern 1989, bei einem weiteren Konzert gegen die drohende Donaukanalisierung im Kloster Niederaltaich 1995 und noch einmal 2012 anlässlich eines »Klimakonzerts« mit der Berliner Staatskapelle.

Über Guttenbergs Faible für die beiden in ihrem äußeren Gestus so »problemlos heiteren«[37] Oratorien mag man sich wundern, bieten sie doch weniger Potenzial für dramatische Aufladung und zerknirschte Selbstbefragung als die Passionen Bachs oder die Requiems von Mozart bis Verdi. Doch Guttenberg konnte eben auch anders, wie er nicht zuletzt in seiner (selbst-)ironischen *Zauberflöte* und in Mendelssohns luftigem *Sommernachtstraum* zeigte – Letzterer mit Klaus Maria Brandauer als Sprecher, der sämtliche Rollen der Shakespeare'schen Komödie in Personalunion verkörperte.

In seinen Interpretationen der *Schöpfung* und der *Jahreszeiten* zeigte sich auch Guttenbergs kindliche Seite, wenn er Haydns deftige Genreszenen und lautmalerische Nachahmung von Tierstimmen voll auskostete. Und dem passionierten Jäger hatten es natürlich die Jagdszenen angetan. Dazu verdoppelte er die Orchesterhörner durch vier Jagdhörner, die er von einer Empore herab spielen ließ. Nur selten ließ der Baron einen Schatten auf die von Haydn und seinem Librettisten Gottfried van Swieten beschworene Heile-Welt-Utopie fallen: »Haydns Musik muss jubeln, damit wir nicht verzweifeln.«[38]

Enoch zu Guttenberg brauchte mehrere Jahrzehnte, um sich und seinem Publikum ein Werk zu erschließen, das viele für den Gipfel der abendländischen Musik überhaupt halten: Beethovens 9. Sinfonie mit ihrem zu offiziellen Anlässen aller Art so oft ge- wie missbrauchten Chorfinale auf Schillers *Ode an die Freude.* »Mir ist der Schlusssatz immer auf die Nerven gegangen«, sagt Guttenberg in einem Interview und verweist dabei auf die Tatsache, dass die Neunte selbst einem Unrechtsregime wie dem der Nazis dazu gedient habe, einer verbrecherischen Politik die Aura der Brüderlichkeit zu verleihen.

In Guttenbergs Konzertchronik findet sich das Stück erstmals im August 1997, als es der Baron mit dem Tschechischen Nationalorchester Prag und dem Tschechischen Philharmonischen Chor Brünn beim Festival Mitte Europa in Plauen im Vogtland aufführte. Von diesem Konzert gibt es leider weder Kritiken noch ein Tondokument. Es ist anzunehmen, dass er mit dem Ergebnis alles andere als zufrieden war, denn danach taucht die Neunte für fünfzehn Jahre in seinen Konzertprogrammen nicht mehr auf.

Zunächst widmet er sich der »Eroica«, der 5. Sinfonie, der »Pastorale« und der wirbelnden 8. Sinfonie (2014 kommt noch die 7. Sinfonie hinzu), interpretiert mit unterschiedlichen Solisten wie Valery Afanassiev, Martin Stadtfeld und dem Briten Freddy Kempf mehrere Beethoven'sche Klavierkonzerte, einmal auch sein Violinkonzert mit der Geigerin Rebekka Hartmann. Die »Pastorale« dirigierte er nur ein einziges Mal, sie war ihm »zu schön«. »Ist Musik einfach nur schön, bin ich als Dirigent schlecht. Ich muss brennen.«

Erst 2012 knöpft er sich die Neunte wieder vor, geht dann mit dem Stück sogar auf eine kleine Deutschlandtournee, die nach Regensburg, Nürnberg und Berlin führt. Im Sommer desselben Jahres spielt er es dann noch zweimal bei den Herrenchiemsee Festspielen. Jetzt fühlt sich Guttenberg endlich reif für den Beethoven'schen Zwitter aus Sinfonie und Kantate, und ein Live-Mitschnitt aus dem Spiegelsaal zeigt deutlich, in welche Richtung er denkt.

Mit der Freude, so Guttenberg, sei es bei der Neunten nicht weit her. Sie sei nicht die »Hurranummer«, für die man sie halte, sondern »eines der bittersten und verzweifeltsten Werke, die Beethoven je geschrieben hat«.[59] Die Sinfonie sei alles andere als eine positive Antwort auf die Welt. »Ich höre da alles bis Auschwitz.«[60]

Schon der erste Satz der Neunten münde in hysterischer Verzweiflung, sagt Guttenberg und lässt ihn auch so spielen, gefolgt von einem manisch leerlaufenden Scherzo und einem zerbrechlichen Adagio, in dem die Gesangslinien nicht wie etwa bei Wilhelm Furtwängler schmachtend ausgekostet werden, sondern spukhaft vorbeihuschen.

Und der hymnische Schlusschoral? Hier bleibt wenig vom glückhaften Durchbruch »per aspera ad astra«, und die allbekannte Zeile »Freude, schöner Götterfunken« klingt aus den Kehlen des Chores der KlangVerwaltung mehr trotzig als freudig, so als wollten sich die Sänger einreden, dass es doch so etwas geben müsse wie eine (friedliche) Völkergemeinschaft. Das »Seid umschlungen, Millionen« macht Guttenberg fast zum Grabgesang, und den Ausruf »Brüder!« stellt er noch flehender, noch appellativer in den Raum als die Freudenfunken.

Dabei setzt der Baron auf maximale klangliche Transparenz, martialische Paukeneinsätze und konsequentes Poco-vibrato-Spiel der Streicher. Immer wieder kommt die Musik regelrecht zum Stillstand, vor allem am Beginn des Finalsatzes. Die orchestrale Suche nach dem erlösenden Thema gerät zu einem ziellosen Herumirren, und die endlich gefundene *Ode an die Freude* erscheint auch nicht als der Weisheit letzter Schluss.

In einer weiteren Aufnahme aus dem Wiesbadener Kurhaus, die vom Deutschlandfunk im Rahmen des Rheingau-Musikfestivals 2014 übertragen wurde, änderte sich nichts an Guttenbergs illusionslosem Grundkonzept, nur wird noch eine Spur distanzierter, man kann sogar sagen: nihilistischer zu Werke gegangen. In dieser Interpretation taugt die Neunte dann wirklich nicht mehr für staatstragende Jubelfeiern. »Welt pur«, wie Guttenberg ihren Sinngehalt lakonisch auf den Punkt bringt.[61]

Im Berliner Konzerthaus am Gendarmenmarkt spielt Guttenberg das so hart erkämpfte Werk beim Festival Young Euro Classic im Sommer 2015 zum letzten Mal, diesmal nicht mit der KlangVerwaltung, sondern mit einem »Friedensorchester« aus deutschen, russischen, ukrainischen und armenischen Musikern. Es ist die Zeit der Offensive des »Islamischen Staates«, des unerklärten Krieges zwischen Russland und der Ukraine und einer auch nach Deutschland hereinbrechenden Flüchtlingswelle.

Schuberts Große C-Dur-Sinfonie

Mit der 8. Sinfonie in C-Dur, der »Großen«, trat Franz Schubert endgültig aus dem Schatten Beethovens heraus. Das populäre, aber oft missverstandene Werk gehörte seit den frühen Neunzigerjahren zu Guttenbergs Stammrepertoire. Er musizierte es mit der MDR-Kammerphilharmonie und der Sinfonia Varsovia, ab der Jahrtausendwende dann mit der KlangVerwaltung. Offenbar fand Guttenberg bei diesem Stück mit seinen »himmlischen Längen« früher als bei der Neunten zu einem interpretatorischen Konzept.

»Drahtig«[62] erschien einem Kritiker der *FAZ* schon Guttenbergs erste Aufführung der »Großen« C-Dur-Sinfonie in der Frankfurter Alten Oper im März 1993. Und dem Rezensenten der *Frankfurter Rundschau* fiel auf, wie Guttenberg von Anfang an die dem Werk innewohnende tröstliche Melancholie unterlief. Als »fragil und flüchtig« lasse Guttenberg Momente von Idylle, Helligkeit und Wohllaut erscheinen. Und das Ende der Sinfonie rücke der Baron gar in die Nähe des katastrophischen Finales, das Gustav Mahler fast 80 Jahre später seiner 6. Sinfonie gegeben hat.[63]

Auch in Guttenbergs letzter CD-Veröffentlichung klingt Schuberts Meisterwerk, als habe man den etwas abgespielten Renner des klassischen Repertoires nie zuvor gehört. »Bewundernswert ist die räumlich kontrastreiche, immer wieder glanzvolle und klare Tongebung der KlangVerwaltung. Doch neben der Beglückung gibt es im Vergleich mit eher sinfonisch gedachten Aufnahmen zutiefst verstörende Momente«, heißt es in einer postumen Kritik in der Zeitschrift *Das Orchester*.[64]

Guttenberg präsentiert Schubert in dieser Einspielung nicht als liedseligen Romantiker, sondern als zutiefst unglücklichen und zerrissenen Menschen, dessen Größe erst nach seinem Tod allgemein erkannt wurde. Mit Schuberts 7. Sinfonie, der »Unvollendeten«, verfolgte Guttenberg ein ähnliches Konzept, nur liegt hier die Tragik so dicht an der Oberfläche, dass man des Guten auch zu viel tun kann. »Wir waren alle nicht zufrieden mit dem Ergebnis, es erschien uns überinterpretiert«, sagt Josef Kröner zu zwei Aufführungen mit der KlangVerwaltung auf Herrenchiemsee und in München, bei denen Guttenberg die »Unvollendete« mit Schostakowitschs »Babi Yar«-Sinfonie gekoppelt hatte.

Anton Bruckners Sinfonien

Mit dem Sinfoniker Johannes Brahms wurde Guttenberg nie richtig warm. Der Brahms-Antipode Anton Bruckner dagegen zählte zu seinen Lieblingskomponisten. »Meine Welt ist Bruckner! Der kleine Bruckner erzählt die große Geschichte vom lieben Gott. Ich liebe seinen Glauben und seine Zweifel.«[65] Auch ihm näherte er sich zunächst über Chorwerke wie das Locus iste, das Ave Maria oder das Te Deum sowie die e-Moll-Messe. In seiner Zeit als Chefdirigent der Baltischen Philharmonie Danzig erprobte er sich 1990 an der »Romantischen«, der populärsten und zugänglichsten der Bruckner'schen Sinfonien, fünf Jahre später folgte mit der Fünften dann eines der sperrigsten Werke des österreichischen Spätromantikers.

Im Jahr 2001 interpretierte er die Vierte erstmals mit der KlangVerwaltung – mit ihr sollte er 2008 seinen ersten und einzigen Echo Klassik erringen. Es folgten die seltener gespielte Sechste und die gefällige Siebte, 2014 dann noch die unvollendete Neunte, die er öfters mit dem Te Deum und dem Ave Maria kombinierte. Bruckner hatte verfügt, das fehlende Finale seiner letzten Sinfonie durch das Te Deum zu ersetzen.

Doch Guttenberg hielt sich, wie viele seiner Kollegen, nicht an den Wunsch des Meisters, sondern spielte immer den dreisätzigen, mit einem erschütternden Adagio endenden Torso und platzierte das Te Deum zusammen mit dem Ave Maria zu Beginn. Er wollte den durch Bruckners Tod bedingten Bruch nicht unkenntlich machen. Auch den diversen Neukompositionen des Finales der Neunten unter Verwendung einiger überlieferter Fragmente des Schlusssatzes aus Bruckners Hand verweigerte er sich. Die monumental-tragische Achte dirigierte Guttenberg nie, die Gründe dafür sind unbekannt.

Was war es, das Guttenberg so an Bruckner faszinierte? In einem Artikel in der *Süddeutschen Zeitung* gibt er selbst Auskunft darüber, schwärmt von den »spannenden Harmonieabfolgen« mit Akkorden, die »eigentlich jenseits des 19. Jahrhunderts stehen.« Er charakterisiert die Bruckner'schen Sinfonien als Klanggebirge mit »unendlich vielen kleinen Bächen und wunderbaren Wiesen« oder als Kathedralen mit prächtigen Seitenaltären. »Es ist eine Faszination für mich, diese Seitenaltäre zu zeigen. […] Gott sei Dank haben wir das ja von Nikolaus Harnoncourt gelernt.«[66]

Und er schildert mit anrührenden Worten seine persönlich gefühlte Nähe zum Menschen Anton Bruckner. »Gerade das Ende des dritten Satzes der ›Neunten‹ rührt mich an«, sagt Guttenberg. »Da finde ich mich selbst wieder, mit meinen Zweifeln an dieser seltsamen Welt, in der man leben muss.« Stets habe Bruckner mit seinen riesigen Kompositionen gerungen, sich immer wieder selbst infrage gestellt. »Da ist nichts elegant. Da muss auch nicht alles perfekt sein. In diesem Ringen […], da ist mir Bruckner sympathisch. Da fühle ich mich wie ein Bruder. Wie ein ganz kleiner Bruder.«[67]

Zahlreiche Kritiken über Guttenbergs Bruckner-Aufführungen geben ein beredtes Zeugnis davon ab, wie der Baron bemüht war, ein realistisches Bruckner-Bild zu zeichnen, abseits fadenscheiniger Klischees vom bigotten Provinzler und entrückten »Musikanten Gottes«. Über eine Aufführung der Fünften heißt es: »Am Ende war klar, dass Guttenberg weder einen weihevollen, noch einen säkularisierten Bruckner wollte, sondern einen sehr menschlichen, manchmal kantigen, der auch von Auflehnung und der daraus folgenden Erschöpfung erzählen konnte.«[68]

Guttenberg war auch bei Bruckner nicht an einem an Richard Wagner orientierten Mischklang, an Bombast und Weihrauchnebeln interessiert, sondern betonte einmal mehr die Ecken und Kanten, die schroffen Abbrüche, tiefen Generalpausen-Löcher und schreienden Dissonanzen in Bruckners Kompositionen. Das erreichte er durch mal rasche, mal quälend langsame Tempi, forcierte dynamische Kontraste und maximale Transparenz im Sinne der historischen Aufführungspraxis. In der *Badischen Zeitung* wird Guttenberg in eine Reihe mit dem hoch geachteten Günter Wand und dessen nüchterner, textgetreuer Bruckner-Exegese gestellt.

Die meisten Bruckner-Sinfonien liegen in verschiedenen Fassungen vor, die sich zum Teil stark voneinander unterscheiden. Warum Guttenberg konsequent den von Bruckners Ratgebern und von ihm selbst geglätteten Spätfassungen den Vorzug gab, ist nicht bekannt. Hier muss man spekulieren. Vielleicht sind die Brüche in den Urfassungen schon so deutlich auskomponiert, dass hier, analog zu Schuberts »Unvollendeter«, für einen Ausdrucksmusiker wie Guttenberg viel weniger Spielraum bleibt und das Risiko des zu viel Gewollten droht.

Als Bruckners letzte Komposition liegt die Neunte logischerweise nur in einer einzigen Fassung vor. Sie wurde zum späten Schlüsselwerk im dirigentischen Schaffen Enoch zu Guttenbergs. »Die hat Bruckner dem lieben Gott gewidmet, und ich höre da immer einen Aufschrei heraus, eine Riesenverzweiflung«,[69] erläutert er seine Affinität zu diesem Werk, das nach einem grellen Höhepunkt in Form eines abrupt abbrechenden Tredezimenakkords in einen von Wagner-Tuben intonierten, weltentrückten Abgesang mündet. »Den lieben Gott kann ich darin nur finden, indem die Verzweiflung des Mannes Bruckner darin beschrieben ist.«[70]

Ist es die Verzweiflung über »den drohenden Selbstverlust, die tiefe Entfremdung und Gottesferne des modernen Menschen, die dem 20. Jahrhundert den Stempel aufdrücken sollte« und die Bruckner als tief gläubiger Katholik »stärker und quälender« empfunden habe als die meisten seiner Zeitgenossen, wie die Musikologin Renate Ulm schreibt?[71] Eine Verzweiflung, die Guttenberg zeitlebens quälte.

Angst vor Richard Wagner

Der »Grüne Hügel« in Bayreuth liegt nur einen Katzensprung entfernt vom Stammschloss derer zu Guttenberg. Doch Enochs Vater hätten keine zehn Pferde dazu bewegen können, das Mekka der Wagnerianer aufzusuchen. Zu sehr war dieser Ort vom Ungeist des NS-Regimes kontaminiert. Ein Besuch der Bayreuther Festspiele sei für seinen Vater »noch ein echtes Sakrileg« gewesen, sagte Guttenberg. In der Zeit, als die Nazi-»Elite« nach Bayreuth pilgerte, sei die Familie »deshalb immer abgetaucht wie die Maulwürfe.«[72]

Enoch kannte solche Berührungsängste nicht mehr. So habe der Dirigent Horst Stein manchmal in Guttenberg gewohnt, wenn er im Festspielhaus dirigierte. Er habe ihn oft zu Proben nach Bayreuth begleitet, sagt Guttenberg, und sei auch später dort gewesen, »weil ich mich trotz allem mit der Musik befassen will und von ihrer Schönheit fasziniert bin.«[73]

Guttenberg selbst hatte außer dem bukolischen *Siegfried-Idyll* nur die *Wesendonck-Lieder* im Programm. Zu den Opern, selbst den Ouvertüren, hielt er Abstand. Guttenberg begründete das mit der enormen Verführungskraft von Wagners Musik. »Wagner bewegt bei mir eine Grenze, in der man das Gute vom Bösen nicht mehr unterscheiden kann, und zwar als grandiose Qualität der Verführung. Diese Musik vermittelt mir unfassliche Geistes- und Körpererotik und führt mich in menschliche Atmosphären, die mir einerseits sehr unangenehm sind, mich gleichzeitig aber sehr anziehen. Es ist so schwer zu erklären, aber das macht mir eben manchmal Angst.«[74]

Ob dies die einzige Erklärung für seine lebenslange Zurückhaltung gegenüber Wagner war, sei dahingestellt. Möglicherweise traute er sich auch nicht an die komplexen Partituren heran, weil er meinte, sie technisch (noch) nicht bewältigen zu können. Jedenfalls versuchten Musiker der KlangVerwaltung, ihm den *Parsifal* nahezubringen, ausgerechnet jenes Stück, in dem die zweischneidige Wagner'sche Verführungskraft vielleicht am stärksten zutage tritt. Abgeneigt war Enoch nicht. Bei den Herrenchiemsee Festspielen den *Parsifal* aufzuführen, könne er sich »gut vorstellen«, sagt er in seinem Interviewbuch. »Das ist das verrückteste Stück, das es gibt. Wie es sich mit christlichen Mythen beschäftigt, ohne christlich zu sein, ist für mich hoch spannend.«[75]

Von Mahler zu Schostakowitsch

»Im Aufschwung des Herzens war ihm gegeben, Glaubenshöhen zu erreichen; aber das feste Ruhen im Glauben war ihm nie verliehen.«[76] Dieses auf Gustav Mahler gemünzte Zitat aus dem Munde des Dirigenten Bruno Walter könnte man wortgleich auch auf Enoch zu Guttenberg beziehen. Der Baron selbst schätzte an Mahler »den Sarkasmus gegenüber der Welt: Welcher Weitblick schon zu Beginn des 20. Jahrhunderts!«

Enoch zu Guttenberg als Mahler-Dirigent, diese Vorstellung scheint fernzuliegen. Doch der Baron beschäftigte sich intensiv mit den Sinfonien des »letzten« Spätromantikers, der die Türen zur Moderne noch ein Stück weiter aufstieß als zuvor Anton Bruckner. Nur eine einzige der neuneinhalb Sinfonien Mahlers freilich, die Vierte, sowie die *Kindertotenlieder* gehörten zu seinem Repertoire. Dass er »außerhalb Münchens« auch die Zweite, Dritte und Sechste aufgeführt habe, behauptete er selbst in einem Zeitungsinterview.[77] Belege dafür gibt es nicht.

Nach den Klangorgien der Zweiten und Dritten ist die unpathetische Vierte von klassizistischem Geist erfüllt, vergleichbar mit Bruckners Parallelsinfonie und ihrem vergleichsweise intimen Tonfall, der ihr den Beinamen »Romantische« eintrug. Doch als Guttenberg erstmals Mahlers Vierte dirigierte, wehrte er sich dagegen, das Stück als »Naturidyll« zu unterschätzen. »Der erste Satz war ursprünglich mit ›Die Welt als ewige Jetztzeit‹ überschrieben. Beim zweiten sollen dem Publikum nach Mahlers Worten vor Verwirrung die Haare zu Berge stehen. Hier spielt der Tod auf der Geige. Das Adagio stellt die Reise zum ›letzten Ruheplatz‹ dar. Von wegen Natur. Hier geht es um Leben und Tod.«[78]

Erstmals erarbeitet Guttenberg das Stück für die Herrenchiemsee Festspiele 2003, nahm es 2006 mit auf eine England-Tournee der KlangVerwaltung und setzte es 2012 noch einmal in der Frankfurter Alten Oper aufs Programm. Kritiker rühmten Guttenbergs »intellektuell kontrollierte«, auf »innewohnende musikalische Kontraste« angelegte Interpretation,[79] »bruchlos sich ausbreitende Klangflächen« und den »mit einer wahren Paukenkanonade«[80] einhergehenden Durchbruch zum abschließenden *Wunderhorn*-Lied. Im Mitschnitt eines Konzertes im Münchner Herkulessaal von 2007 bestätigt sich der Eindruck: Überzeugend gelingt Guttenberg insbesondere das klangschöne Adagio, eine fadenscheinige Idylle, die den Traum vom »himmlischen Leben« als Vision entlarvt.

Als nächstes hätte vielleicht Mahlers Zweite mit ihren mächtigen Chorpassagen auf Guttenbergs Aufgabenliste gestanden. Oder die mythenbefrachtete Achte. Der »Sinfonie der Tausend«, die in kühnem Spagat dem mittelalterlichen Pfingsthymnus »Veni creator spiritus« die Schlussszene von Goethes *Faust II* gegenüberstellt, hätte Guttenberg ihren latent esoterischen Bombast wohl ausgetrieben.

Von Mahler ist der Weg zu Dmitri Schostakowitsch nicht weit, denn der russische Komponist schätzte seinen österreichischen Vorgänger über die Maßen. In vielen seiner Sinfonien finden sich direkte Anklänge an Mahler, und das gesamte sinfonische Schaffen Schostakowitschs wirkt wie eine Fortsetzung und Erweiterung der Musik Mahlers, freilich ohne jedes Epigonentum.

Für seine erste und einzige Begegnung mit Schostakowitsch bei den Herrenchiemsee Festspielen 2008 nahm sich Enoch zu Guttenberg mit der 13. Sinfonie »Babi Yar« eines der ergreifendsten Werke des sowjetischen Meisters vor. Im ersten Satz der mit Männerchor und Solobass zu einer Art

Oratorium erweiterten Sinfonie vertont Schostakowitsch das gleichnamige Gedicht des sowjetischen Dichters Jewgeni Jewtuschenko über das Massaker der SS an den Kiewer Juden im September 1941: »Es steht kein Denkmal über Babi Yar.« Bei dieser selbst für den deutschen Vernichtungskrieg im Osten beispiellosen Aktion ermordete eine Handvoll SS-Männer in einer Schlucht bei Kiew binnen zweier Tage mehr als 34 000 Juden: Männer, Frauen, Kinder und sogar Säuglinge.

Jewtuschenko erinnert in seinem berühmten Gedicht, das in der Tauwetterperiode nach Stalins Tod veröffentlicht wurde und heftige Diskussionen auslöste, nicht nur an das SS-Massaker, sondern lässt in eindringlichen Worten die jahrtausendealte Verfolgungsgeschichte der Juden von der Kreuzigung Christi über die Affäre Dreyfus und die Tragödie der Anne Frank am geistigen Auge des Lesers vorbeiziehen. Das Gedicht wurde auch als Kritik an einem stets virulenten russischen Antisemitismus verstanden, mit der Folge, dass das Massaker in der Stalin-Zeit mehr oder weniger totgeschwiegen worden war.

Für seine Sinfonie wählte Schostakowitsch noch vier weitere Gedichte aus Jewtuschenkos Feder aus: Nach dem Kopfsatz auf »Babi Yar« geht es im Scherzo um die subversive Kraft des Humors, gefolgt von einer elegischen Hymne auf die sowjetischen Frauen (»Im Laden«), die schwerste Arbeit verrichten und zugleich den Geist der Familie am Leben erhalten. Ein beklemmendes Largo schildert die »Ängste« zur Zeit des stalinistischen Terrors. Das Finale mit dem Titel »Karriere« ist eine ironische Selbstreflexion über das Gewissen des Künstlers.[81]

Der Männerchor der Chorgemeinschaft interpretierte die Chorpassagen auf Deutsch und folgte damit einem Wunsch des Komponisten, die Texte in der jeweiligen Landessprache singen zu lassen. Yorck Felix Speer, der Enkel von Hitlers Leibarchitekten und Rüstungsminister Albert Speer, sang den Solopart. Für ihn war dieses musikalische Projekt auch ein Stück Aufarbeitung der eigenen Familiengeschichte.

Bei Guttenbergs erster Auseinandersetzung mit »Babi Yar« fiel Schuberts »Unvollendeter« als erstem Programmpunkt die undankbare Rolle eines zu gewichtigen Lückenfüllers zu. 2010 koppelte Guttenberg das Stück dann mit Bachs »Kreuzstabkantate«, und FR-Rezensent Hans-Klaus Jungheinrich fühlte sich an die Radikalität Michael Gielens erinnert, der einmal Beethovens Neunte mit Schönbergs *Überlebendem von Warschau* kombiniert hatte.[82]

Für Guttenberg hatte die ungewöhnliche Programmpaarung auch einen persönlichen Hintergrund: Ein väterlicher Freund, ein zum christlichen Glauben konvertierter deutsch-französischer Jude, habe als Mitglied der Resistance gleich doppelt unter der deutschen Besatzung gelitten. Dem Horror der Inhaftierung in Dachau sei er schließlich nur durch den Gedanken an die »unendlich humanere Welt der Bach-Kantaten« entkommen. In diesem Sinne, sagte Guttenberg seinen Hörern in der Frankfurter Alten Oper, sollten sie nun »Bachs Musik und ihre Glaubenszuversicht mit hineinnehmen in Schostakowitschs erschütternde Mahnung an die Opfer von Verfolgung und Unterdrückung«.[83]

Guttenbergs erste Reise in die sinfonische Welt Dmitri Schostakowitschs wurde auch in Frankfurt zum gefeierten Ereignis. »Enoch zu Guttenberg brauchte nichts mit Nachdruck auszuinszenieren, um die ungeschminkte Wahrheit dieser großen, mitmenschlichen Musik ans Tageslicht zu bringen«, schrieb Hans-Klaus Jungheinrich. Es handele sich um eines der »ungewöhnlichsten Musikereignisse der letzten Zeit«.[84] Die *FAZ* sprach von einem »denkwürdigen Konzert«.[85]

Weiter in die Sphäre der Moderne traute sich der Baron nicht, wobei Schostakowitsch ja längst zu den Klassikern gehört und selbst konservative Abonnenten nicht mehr reflexhaft ihre Karten zurückgeben, wenn ein Stück des sowjetischen Sinfonikers angekündigt wird. Mit den Zwölftonkompositionen der Wiener Schule und der Nachkriegs-Avantgarde von Nono über Stockhausen bis Boulez und Rihm wusste Guttenberg nichts anzufangen. Das sei eine »Sackgasse«, urteilte er streng. »Ich kann zum Beispiel Zwölftonmusik wenigstens noch lesen und mit dem Gehirn der Konstruktion folgen, mit dem Herzen aber verstehe ich sie nicht mehr.«[86] Dann brach wieder sein Kulturpessimismus durch: Der große Geist habe sich offensichtlich »aus der Kunst verabschiedet und heute in der Technik eingenistet«. Eine Folge, so Guttenberg, von Auschwitz und Hiroshima. »Dass da die Kunst verzweifelt reagiert, ist für mich logisch und hat seine historische Berechtigung.«

Guttenberg und die audiovisuellen Medien

Von Anfang an war Enoch zu Guttenberg ein »gefundenes Fressen« für die Medien, zumal er sich selbst offen zeigte für fast jede Art der Berichterstattung. Er stand in Interviews Rede und Antwort, bat Journalisten zu Home-Storys und Porträts regelmäßig in sein oberfränkisches Schloss oder seinen umgebauten Neubeurer Kuhstall, hatte keine Hemmungen, in grellem Scheinwerferlicht vor Fernsehkameras zu dirigieren, und produzierte im Laufe seiner Karriere mehr als zwei Dutzend Musik- und Video-Aufnahmen.

Schon zwei Jahre nachdem Guttenberg die Neubeurer Liedertafel übernommen hatte, brachte das Label iton eine Aufnahme von Glucks Oper

Hahn im Korb inmitten der Chorgemeinschaft Neubeuern

Orpheus und Eurydike auf Langspielplatte heraus. Diese und andere Einspielungen aus der ersten Zeit waren in der Regel nicht für den allgemeinen Verkauf bestimmt, sondern richteten sich an ausgewählte Personenkreise. 1978 landete eine weitere LP mit Ausschnitten aus der h-Moll-Messe auf dem Schreibtisch des Musikkritikers Joachim Kaiser, was ihn zu einem begeisterten Brief animierte, der bereits zur Sprache kam.

Die erste »offizielle« Schallplatte der Chorgemeinschaft Neubeuern wurde 1982 unter dem Titel »Volksmusik aus Neubeuern« veröffentlicht, in Eigenregie und fast ohne künstlerische Beteiligung des »Chefs«, wie das *Oberbayerische Volksblatt* erfahren hatte.[87] Was nicht heißen sollte, dass Guttenberg um Volkstümliches einen Bogen machte, im Gegenteil. Später erschienen noch drei CDs mit den berühmten Neubeurer Advents- und Weihnachtskonzerten im alpenländischen Stil.

1985 begann für Guttenberg und seinen Chor die Ära der digitalen Silberscheiben mit einem Live-Mitschnitt von Mozarts c-Moll-Messe aus dem Herkulessaal. Die damals hochmoderne Aufnahmetechnik forderte den Rezensenten Klaus J. Schönmetzler zu einem ambitionierten Vergleich mit einer Aufnahme Herbert von Karajans heraus, der gemeinhin als Meister der audiovisuellen Vermarktung klassischer Musik galt und gilt.[88]

Zusammen mit Dietrich Mack, damals Programmchef der Abteilung Fernsehfilm und Musik beim Südwestfunk, und Manfred Frei, Geschäftsfüh-

rer der Musikproduktionsfirma LOFT music, entstanden auch Fernsehproduktionen der *Matthäus-* und *Johannespassion* sowie der h-Moll-Messe. Dazu
suchte man sich spektakuläre »Locations« wie die Basilika Gößweinstein, die
Klosterkirchen Alpirsbach und Waldsassen, die Wieskirche, ein Rokokojuwel
im Alpenvorland, sowie das pittoreske Markgräfliche Opernhaus in Bayreuth.
1991 und 1995 wurde Guttenberg die Ehre zuteil, das ARD-Weihnachts-
konzert zu gestalten.

Für die Neubeurer Choristen wurden die anstrengenden TV-Aufnahmen
langsam zur Routine. Gemeinsam traf man sich hernach im Gemeindesaal,
um das schwer erarbeitete künstlerische Ergebnis in Augenschein zu nehmen. »Nur ab und zu«, liest man in der Chorchronik, »hörte man Murren und
Grollen des einen oder anderen Sängers, der sich nach zweieinhalb Stunden
immer noch nicht auf der Leinwand entdeckt hatte.«[89]

Einen weiteren Höhepunkt der audiovisuellen Vermarktung Guttenbergs
sollte eine Aufführung von Mozarts Requiem in der Frari-Kirche in Venedig
darstellen. Im Angesicht von Tizians berühmter *Assunta* ging technisch jedoch schief, was schiefgehen konnte. »Das Konzert selbst mit der Chorgemeinschaft und dem Orchestra di Padova e del Veneto war fulminant«, erinnert sich Pauli. »Doch die Aufnahme haben wir in den Sand gesetzt. Wir
hatten viele Kilometer Bandmaterial, es kam aber nie zum finalen Schnitt.«
Eigentlich hatte die ARD auch dieses Konzert zeitversetzt ausstrahlen sollen.

Nach der Trennung von seinem Agenten Pauli und dem Münchner Bach
Collegium lernte Guttenberg mit Felix Gargerle, Geiger im Bayerischen
Staatsorchester und in der KlangVerwaltung, einen ambitionierten Tonmeis-
ter und Produzenten kennen. Gargerle hatte zusammen mit Andreas Reiner
und dem Münchner Komponisten und Produzenten Andreas Cämmerer
1992 das Label FARAO classics gegründet, das fortan Guttenbergs CD-
Produktionen realisieren sollte. Die erste Veröffentlichung auf FARAO classics mit Guttenberg dokumentierte 1996 das *Deutsche Requiem* von Johannes
Brahms mit Chor und Orchester der Brünner Staatsphilharmonie.

»Unsere Vision bei FARAO classics war und ist es, den künstlerischen
Prozess einer Musikproduktion von der Planung, über die Aufnahme, den
Schnitt und die Mischung bis zur Veröffentlichung in die Hände von Musikern zu legen«, sagt Gargerle. Wir wollen möglichst einzigartige Aufnahmen
mit künstlerischer Persönlichkeit schaffen, kommerzielle Erfolgsaussichten
und marketingtechnisches Kalkül interessieren uns nur am Rande.«

Dieser kompromisslose Ansatz passte nahtlos zu Enoch zu Guttenbergs
künstlerischer Philosophie. FARAO classics wurde ab 1996 zu seinem
Stammlabel. Höhepunkte der Zusammenarbeit waren die mit einem Echo

Klassik ausgezeichnete Produktion von Bruckners 4. Sinfonie mit der Klang-Verwaltung im Wiener Musikverein sowie eine aufwendige Videoproduktion der Guttenberg'schen Inszenierung von Mozarts *Zauberflöte*. Von 1997 bis 2013 etablierte sich FARAO classics auch als Hauslabel der Bayerischen Staatsoper unter den Generalmusikdirektoren Zubin Mehta und Kent Nagano.

Viele Guttenberg-CDs, darunter die Referenzeinspielung von Bachs *Matthäuspassion* aus dem Jahr 2003, wurden in Schloss Guttenberg in einer Werkstatt-Atmosphäre nachbearbeitet. »Ich habe meine ganze elektronische Ausrüstung mitgenommen und wochenlang bei und mit ihm gearbeitet. Meist traf sich dort der ganze innere Zirkel des Guttenberg'schen Musiker-Freundeskreises. Er war sehr glücklich, bei sich zu Hause zusammen mit seinen engsten Freunden unsere gemeinsame Musik entstehen zu lassen«, erinnert sich Gargerle. »Tagsüber konnte er auf die Jagd gehen und alles Mögliche machen. Nach dem Abendessen haben wir uns jeden Abend in die Bibliothek unter ein wunderbares Bild von Lucas Cranach gesetzt und zusammen bis tief in die Nacht an den Aufnahmen gefeilt.«

Intendant der Herrenchiemsee Festspiele

Ein eigenes Festival! Diesen Traum träumen sicher viele große Dirigenten. Endlich selbst schalten und walten zu können im Sinne der Kunst, ohne Rücksicht auf Agenten und Veranstalter, die doch nur darauf achten, dass die Zahlen stimmen, und denen man jedes Risiko abtrotzen muss. Für Enoch zu Guttenberg ging dieser Traum um die Jahrtausendwende in Erfüllung, und er sagte später, dass die Herrenchiemsee Festspiele, neben der Chorgemeinschaft Neubeuern, das verkörperten, woran ihm am meisten liege.

Es war ein Wagnis, in Oberbayern ein neues Festival zu etablieren, im Bannkreis der Musikstadt München mit gleich drei Spitzenorchestern und einem berühmten Opernhaus und der Festspielstadt Salzburg mit dem weltweit größten und bekanntesten Musik- und Theaterfestival überhaupt. Auch viele kleinere Orte in dieser wohlhabenden Region mit einem anspruchsvollen und zahlungskräftigen Publikum haben ihre eigenen Konzertreihen und Festspiele, angefangen beim Opernfestival Gut Immling im Chiemgau mit seinem eher ländlichen Publikum bis zu den ambitionierteren Richard-Strauss-Tagen in Garmisch-Partenkirchen und den Tiroler Festspielen im Passionsspielort Erl bei Kufstein.

»Als wir anfingen, die Herrenchiemsee Festspiele zu machen, haben alle gesagt: Guttenberg, haben Sie noch alle Tassen im Schrank, in dieser überfluteten Festspiellandschaft noch ein Festspiel zu gründen?« So erinnerte sich Guttenberg selbst in einem Interview. »Ich habe geantwortet: Nicht nur die Herreninsel ist eine Insel, auch als Festspiel wollen wir eine Insel im Meer dieser heterogenen Festivals sein. Wo die Leute Inhalte erleben, teils politische, teils kulturelle. Für mich ist Kunst alleine nicht genug. Wir wollen auch zum Beispiel immer einbinden, dass auf dieser Insel die deutsche Verfassung [das Grundgesetz der BRD] entstanden ist.«[1] Damit war die Programmatik umrissen: die Herrenchiemsee Festspiele als gesellschaftspolitisch konnotiertes Programm-Festival, das seine Kraft aus dem Genius loci bezieht, der schillernden Persönlichkeit Ludwig II., der Natur und der Zeitgeschichte.

Bei der Suche nach einem geeigneten Ort für seine eigenen Festspiele hatte Guttenberg zunächst ein Auge auf jenes schon erwähnte Tiroler Dorf Erl geworfen mit seinem von der im Inntal verlaufenden Autobahn aus gut sichtbaren Passionsspielhaus. Es wurde 1959 eröffnet und ist ein Werk des Tiroler Architekten Robert Schuller, Exponent einer an organischen Formen orientierten Nachkriegsmoderne. Alle sechs Jahre dient das Haus, das sich wie eine große Plastik an einen Berghang lehnt, als Spielstätte der seit 1613 bestehenden Erler Passionsspiele.

Guttenberg wusste um die hervorragende Akustik des Passionsspielhauses und die emblematische Wirkung der eng mit der umgebenden Natur verwobenen Architektur. Er hatte dort wohl ein Dutzend Mal mit der Chorgemeinschaft, dem Münchner Bach-Collegium und namhaften Solisten wie Theo Adam, Karl Ridderbusch und Trudeliese Schmidt musiziert; nicht zuletzt seine erste *Matthäuspassion* mit der Chorgemeinschaft und dem Frankfurter Cäcilienchor fand in den »heiligen Hallen« des Passionsspielhauses statt.

Doch für Erl interessierte sich damals auch der österreichische Dirigent Gustav Kuhn, ein Enfant terrible wie Guttenberg, nur von etwas anderer Art. Er wurde unter anderem von Herbert von Karajan ausgebildet und war in den Siebziger- und Achtzigerjahren an Opernhäusern und bei Orchestern in ganz Europa und den USA präsent, darunter so renommierte Häuser wie die Bayerische und die Wiener Staatsoper. 1978 debütierte er bei den Salzburger Festspielen. Als Generalmusikdirektor der Bonner Oper stand er in ständigem Konflikt mit dem damaligen Opernintendanten Jean-Claude Riber und verpasste seinem Chef 1985 öffentlich eine Ohrfeige, was seiner weiteren Karriere nicht zuträglich war. In einem legendären Interview mit *Spiegel*-Musikpapst Klaus Umbach über Kuhns »neue Schlagtechnik« ließ der Dirigent nach dem Eklat kein gutes Haar am etablierten Kulturbetrieb, sprach von »Stimm-Porno«, »Konventionskäse« und »Opernzirkus« und nannte die Salzburger Festspiele ein »Industriefestival«.[2]

Fortan arbeitete Kuhn vor allem in Italien, wo er mit der Accademia di Montegral in einem alten Kloster bei Lucca in der Toskana eine Nachwuchsschmiede für junge Sängerinnen und Sänger aufbaute. In Erl sollten diese dann ihr Können auf der Bühne unter Beweis stellen. 1997 nahm Kuhn Kontakt mit Guttenberg auf, um, wie er sagt, etwas gemeinsam auf die Beine zu stellen. Es gab diverse Gespräche, auch über eine finanzielle Beteiligung Guttenbergs, und der Baron wurde sogar offizielles Gründungsmitglied der künftigen Tiroler Festspiele. Doch reifte mit der Zeit die Überzeugung, dass zwei raumgreifende Charaktere wie Kuhn und Guttenberg auf Dauer wohl nicht harmonieren würden. Die Wege der beiden Künstler trennten sich wieder.

Während sich Guttenberg nun Richtung Chiemsee wandte, machte Kuhn Erl im Alleingang zu seinem künstlerischen Zentrum und machte Furore vor allem mit Wagner-Opern, die er selbst dirigierte und inszenierte – mit Erler Bauern und Bürgern als Statisten. Das Dorf avancierte alsbald, in Anlehnung an die Bayreuther Richard-Wagner-Festspiele, zum »Grünen Hügel« Tirols. 2005 führte er »nonstop« den gesamten *Ring des Nibelungen* innerhalb von 24 Stunden auf, was ihm noch einmal internationale Aufmerksamkeit bescherte. Mit dem österreichischen Bauunternehmer und Politiker Hans Peter Haselsteiner fand Kuhn zur gleichen Zeit einen neuen Partner und Mäzen, der ihm für die Tiroler Festspiele ein nagelneues, futuristisches Festspielhaus direkt neben dem Passionsspielhaus spendierte. Im Oktober 2018 endete die Erfolgsgeschichte, als Kuhn von allen Ämtern zurücktrat. Musikerinnen hatten ihn unerwünschter Annäherungsversuche bezichtigt, was der geschasste Dirigent bestreitet. Im März 2020 wurden alle strafrechtlichen Ermittlungen gegen ihn eingestellt.

Auf den Erler Planungen basierten zum Teil auch die späteren Herrenchiemsee Festspiele. Weitere Verbindungslinien ziehen sich zu den gelegentlichen Schlosskonzerten der Vereinigung der Freunde von Herrenchiemsee im Rahmen des »Musiksommers zwischen Inn und Salzach« sowie zum Kunstfest Weimar, für das Enoch zu Guttenberg und sein Dramaturg Klaus J. Schönmetzler Ende der Neunzigerjahre ein neues Konzept entworfen hatten, das »auf den Ort und seine historische Konstellation zugeschnitten war«. Es sollte Musik von Bach bis Liszt, Berlioz und Wagner beinhalten und darüber hinaus eine Brücke zwischen Ost- und Westeuropa schlagen. Der Plan wurde zwar nicht realisiert, diente jedoch ebenfalls als »gute Vorlage« für die späteren Herrenchiemsee Festspiele.[3]

Bayerns »Märchenkönig« Ludwig II. als Alter Ego

Zum 250. Todestag Johann Sebastian Bachs im Jahr 2000 organisierte Guttenberg ein Bach-Fest in Schloss Herrenchiemsee. Es war der direkte Vorläufer der Herrenchiemsee Festspiele, die von 2001 bis 2003 zunächst als »Herrenchiemsee Festspiele am Hof Ludwig II.« firmierten. Die etwa einwöchigen Konzertreihen wurden in Zusammenarbeit mit der Tourismusgesellschaft in Prien veranstaltet und von der Bethmann-Bank und einigen regionalen Sponsoren unterstützt.

Im Sommer 2004 empfingen erstmals Diener in blauen Livreen die Besucher der Herrenchiemsee Festspiele, die Guttenberg eigens nach den Vorbildern der Dienerschaft des »Märchenkönigs« hatte anfertigen lassen. Er achtete dabei auf jedes Detail. »Die Knöpfe mit dem Wappen Ludwigs II. mussten wir eigens anfertigen lassen und auch die Bordüren«, sagt Gertrud Dürbeck, die seinerzeit im Musikbüro arbeitete. »Dabei hat da doch keiner von den Besuchern so genau hingeschaut. Aber er wollte eben, dass alles stimmt bis aufs I-Tüpfelchen.« Insgesamt seien 50 Livreen beschafft worden, dazu 50 Paar Lackschuhe. Und der Klang von vier Alphörnern rief von nun an die Gäste aus den Pausen zum Konzert.

Quartier bei den Wittelsbachern

Während der Festspiele nahm Guttenberg Quartier im Alten Schloss der Insel Herrenchiemsee, das eigentlich ein ehemaliges Augustiner-Chorherrenstift ist. Dort hat die Dynastie der Wittelsbacher, deren Chef Herzog Franz von Bayern die Schirmherrschaft über die Festspiele übernommen hatte, bis heute ein Wohnrecht. Der Baron ließ jene Zimmerflucht standesgemäß ausbauen, in der Ludwig II. residiert haben soll, wenn er die Bauarbeiten für sein letztes, größtes und unvollendet gebliebenes Schlossprojekt überwachte, das eine Nachschöpfung von Versailles werden sollte, ein Ruhmestempel für den von Ludwig angebeteten »Sonnenkönig« Ludwig XIV. Im Gegenzug für die Renovierung gestattete der Herzog seinem Freund und Standesgenossen, die Wohnung zehn Jahre kostenfrei nutzen zu können.

Umweht vom Hauch der Geschichte, studierte Guttenberg hier seine Partituren oder empfing Gäste wie eine Schweizer Journalistin, der das opulente Blumenbouquet auffiel[4] (auch Ludwig II. ließ seine Schlösser mit üppigen Blumenarrangements ausstatten), die obligatorischen Familienfotos im Silberrahmen und ein Porträt des Königs von Ferdinand Piloty d. J., das ihn als Zwanzigjährigen zeigt, in bayerischer Generaluniform und Krönungsmantel. Vom Salon der Guttenberg'schen Festspielresidenz aus konnte man einen Blick über die unberührte Chiemsee-Landschaft genießen, den königlich zu nennen eine Untertreibung ist. Besonders abends, wenn die meisten Besucher die Insel verlassen haben und der quirlige Touristenort in eine fast unwirkliche Stille zurückfällt.

Guttenberg mochte eine Seelenverwandtschaft mit dem unglücklichen König empfunden haben. Ihn interessierte dabei weniger Ludwigs Faible für Richard Wagner, sondern der aus der Welt gefallene und mit der Welt hadernde Romantiker, der sich, wie Guttenberg, wenn auch in ganz anderen Dimensionen, seine Refugien und Traumwelten schuf und den »die mit Konventionen überfrachtete Aufgabe, in die er hineingeboren wurde, fast zerstört hat«.[5] Wer denkt dabei nicht an Guttenbergs eigenen Kampf mit den Konventionen seines Standes?

Ökologischer Märchenkönig

Sympathisch machte Ludwig II. in Guttenbergs Augen auch dessen Abscheu gegen jede Art von Gewalt. Der junge Monarch sei ein »ausgesprochener Pazifist« gewesen, hob Guttenberg hervor, und, nicht zuletzt, ein »ökologisch denkender Monarch«,[6] der die Herreninsel 1873 für das Königreich Bayern gesichert habe und »damit die uralten Baumbestände in letzter Minute vor der Abholzung bewahrte«.[7] Nach Recherchen des Allgäuer Kunsterziehers und Grünen-Politikers Hubert Endhardt zahlte der König die stattliche Summe von 350.000 Gulden an ein Stuttgarter Holzhändlerkonsortium, das begonnen hatte, die kurz zuvor erworbene Insel abzuholzen.[8]

Endhardt fand zudem heraus, dass Ludwig in Bamberg ein Bauprojekt, dem Alleebäume geopfert werden sollten, nur unter der Bedingung genehmigte, dass Kastanienbäume nachzupflanzen seien. Außerdem habe er Pläne eines westfälischen Industriekonsortiums durchkreuzt, das in Soyen bei Rosenheim nach Öl bohren wollte, um dort eine Paraffinfabrik zu bauen. 1878 habe er sich gegen eine Fernbahn von Kempten über den Fernpass bis ins Tiroler Inntal ausgesprochen: »Man soll mir die idyllische Einsamkeit und die romantische Natur, deren Schönheit im Winter noch ungleich größer ist als im Sommer, nicht durch Eisenbahnen und Fabriken stören«, schrieb der König. »Auch für zahlreiche andere Menschen, als ich einer bin, wird die Zeit kommen, in der sie sich nach einem Land sehnen und zu einem Fleck Erde flüchten, wo die moderne Kultur, Technik, Habgier und Hetze noch eine friedliche Stätte weit vom Lärm, Gewühl, Rauch und Staub der Städte übrig gelassen hat.«[9]

Das ist das Credo des romantischen Naturliebhabers und könnte auch aus einem Pamphlet von Guttenbergs Mentor Karl von Feilitzsch stammen oder aus einem der Umwelttraktate von Guttenberg selbst. Ludwig dürfe, so Guttenberg im Programmheft der Herrenchiemsee Festspiele 2004, eben nicht nur als »schwuler Märchenkönig oder Phantast« begriffen werden, sondern als »kluger, kompetenter Realpolitiker; einer, der sehr früh begriffen hat, was Ökologie bedeutet.«

Eine weitere überraschende Facette des Märchenkönigs: Um seine romantischen Träume in Szene zu setzen, bediente sich Ludwig der modernsten technischen Errungenschaften seiner Zeit. Die gewagte Stahlkonstruktion für seinen heute verschwundenen Wintergarten auf dem Dach des Festsaalbaus der Münchner Residenz schuf die Maschinenbaufirma jenes Theodor von Cramer-Klett, dessen Nachfahrin Elisabeth von Cramer-Klett eine der wichtigsten Frauen in Guttenbergs Leben gewesen ist. Dazu später mehr.

Dass Ludwig für technische Spielereien wie das berühmte Tischlein-Deck-Dich in Schloss Linderhof schwärmte oder seinen elektrisch beleuchteten Prunkschlitten, mit dem er nachts in die verschneite Bergeinsamkeit eintauchte, mag nicht ins Bild des romantischen Traumtänzers passen. Doch es zeigt die Ambivalenz und Zerrissenheit eines Menschen des 19. Jahrhunderts mit seinen revolutionären, sowohl Verlust wie Gewinn verheißenden wissenschaftlich-technischen Errungenschaften. Damit der romantische Gesamteindruck nicht gestört wurde, durften die Installationen von außen natürlich nicht sichtbar sein. Das ähnelt jener versteckten Vorrichtung, mit der Guttenberg in seinem Arbeitszimmer im Schloss einen Fernsehbildschirm auf Knopfdruck hinter einem alten Gemälde verschwinden lassen konnte. Doch ein Technik-Freak wie Ludwig, der inkognito die Pariser Weltausstellung von 1867 besuchte und regelmäßig technische Nachrichten studierte, war Guttenberg nicht, wenn man von seinem späteren exzessiven Gebrauch eines Mobiltelefons absieht.

Auch betreffs seiner Begeisterung für Kaiserin Elisabeth von Österreich, genannt Sisi, wandelte Guttenberg auf den Spuren des Königs. Jedes Jahr in der Weihnachtszeit, wenn er etwas Ruhe hatte, zog er sich in Neubeuern in sein »Fernsehzimmerl« zurück und schaute sich auf Video, später auf DVD, die berühmten Sisi-Filme mit Romy Schneider und Karlheinz Böhm an. »Bei der einen oder anderen traurigen Stelle hat er wirklich geweint«, berichten Ohrenzeugen. Außerdem wollte man im Musikbüro wissen, dass manche Eroberung des Barons gewisse Ähnlichkeiten mit der Filmheldin aufwies.

Anspruchsvolle Programmatik

»Der Welt entrückt« lautete fortan das Motto der nun von einer eigens gegründeten gemeinnützigen GmbH veranstalteten Herrenchiemsee Festspiele. Der Rückzug aus der Welt war nicht nur ein Marketing-Claim, sondern wurde von Guttenberg und seinem Festspielteam bewusst inszeniert. Das begann mit der abendlichen Überfahrt vom Priener Hafen auf eine der beiden Chiemsee-Inseln, zu einer Zeit, in der der übliche Touristenrummel schon abgeklungen ist. Dann ging es in kleinen Gruppen zu Fuß oder auf der Herreninsel auch mit dem Bus-Shuttle oder einer Kutsche (auf die der glänzende Kutscher Guttenberg großen Wert legte) zur jeweiligen Spielstätte. Manchmal wähnte man sich dabei nicht auf einer Großveranstaltung, sondern auf einem intimen Fest auf persönliche Einladung des Freiherrn.

Der überschaubare Rahmen war nicht zuletzt der Tatsache geschuldet, dass die Kapazitäten des Festivals sehr begrenzt waren. Die prächtige Spiegelgalerie in Schloss Herrenchiemsee bietet nur Platz für maximal 600 Personen, die Klosterkirche auf Frauenchiemsee hat 430 Plätze, ganz zu schweigen vom unvollendeten Treppenhaus mit nur 250 Plätzen. Diese ungewöhnlichen Orte zu bespielen, war nicht nur eine wirtschaftliche, sondern auch eine logistische Herausforderung. Und die Denkmalschützer achteten penibel darauf, dass die wertvollen Interieurs nicht zu Schaden kamen. Beim Aufbau der Bühne in der Spiegelgalerie mussten immer Spezialisten der Staatlichen

Schlösserverwaltung aus München anreisen, die jeden Schritt der Bühnen-arbeiter überwachten.

So war der Weg von »entruckt« zu »verruckt« nicht allzu weit, vor allem was die Rentabilität der Herrenchiemsee Festspiele anbelangte. Umso mehr, als Guttenberg von Anfang an kein gefälliges Allerweltsprogramm bot, son-dern eine dramaturgisch ausgefeilte Folge von aufeinander abgestimmten und stets einem neuen Motto verpflichteten Konzerten, die immer wieder gesell-schaftlich-politischen Zündstoff bargen – ganz abgesehen von Guttenbergs eigenen, immer kompromissloseren Interpretationen.

Bereits im ersten Jahr gab es unter der Überschrift »Mitwelt-Gegenwelt« einen deutsch-jüdischen Schwerpunkt mit einer konzertanten Version von Mozarts *Die Hochzeit des Figaro* in der deutschen Übersetzung von Hermann Levi, dem von Wagner als Uraufführungsdirigent des *Parsifal* geachteten, als Juden aber geschmähten Sohn eines Rabbiners. Ein Strawinsky-Abend brach-te neben der selten gespielten *Geschichte vom Soldaten* seine *Cantata* mit einer, so Guttenberg, klaren antisemitischen Passage.[10] Dann gab es Bachs h-Moll-Messe, die einzige katholische Messe, die der protestantische Komponist geschrieben hat. Das Schlusskonzert stellte Mendelssohns *Reformationssinfonie* als Glaubenszeugnis eines zum Christentum konvertierten Juden die wenig populäre 6. Sinfonie des »ur-katholischen« Anton Bruckner gegenüber. Ein verheißungsvoller, konfliktreicher Auftakt.

Es würde zu weit führen, jede einzelne Saison der Herrenchiemsee Fest-spiele ausführlich zu beschreiben. Pars pro toto sollen nur noch zwei Pro-grammfolgen detaillierter dargestellt werden, die zu besonderen Anlässen entstanden sind: »Zeitenwende« im Jahr 2008 zum 60-jährigen Gedenken an den Herrenchiemseer Verfassungskonvent, der die Grundzüge eines deut-schen »Grundgesetzes« nach Ende des Zweiten Weltkrieges konzipierte, so-wie die Hommage »Zurück zur Zukunft« zum 125. Todestag König Lud-wigs II. im Jahr 2011.

Für Guttenberg als Nachfahre einer Familie, die im Widerstand gegen das Nazi-Regime einen beachtlichen Blutzoll zahlen musste, war das Anden-ken an den Verfassungskonvent ein Herzensanliegen. Zu diesem Ereignis dirigierte er erstmals eine Sinfonie von Dmitri Schostakowitsch. Und zwar nicht die populäre »Leningrader« oder die noch häufiger gespielte 5. Sinfonie, sondern, wie oben beschrieben, die 13. Sinfonie »Babi Yar«. Indem er den von Schostakowitsch vertonten Text des Dichters Jewgenij Jewtuschenko auf Deutsch singen ließ, versuchte Guttenberg einmal mehr, »die Zuhörer aus ihrer Konsumentenhaltung herauszuholen«[11] und aufzurütteln, was ihm in der bewegenden Aufführung in der Spiegelgalerie von Herrenchiemsee auch nachdrücklich gelang.

An einem weiteren Konzertabend stellten Guttenberg und Schönmetzler Franz Liszts Sinfonische Dichtung *Les Preludes*, deren Fanfare im Nazi-Rundfunk die Siegesmeldungen von den Fronten des Zweiten Weltkriegs ankündigte, Ernest Blochs Hebräische Rhapsodie *Schelomo* und Max Bruchs Adagio nach hebräischen Melodien *Kol Nidrei* gegenüber, beides wenig bekannte Stücke für Violoncello solo und Orchester. Eingerahmt wurde das Programm mit Bachs *Johannespassion* in einer dramatisierten Fassung, die Guttenberg auch bei seinen letzten Festspielen 2017 dirigierte, sowie mit Beethovens *Missa solemnis* – »weil in dieser Musik die Religion keine wirkliche Sicherheit mehr bietet, gerade weil am Ende der Krieg mit seinem ganzen Entsetzen für ein paar Minuten in sie einbricht. Gerade deshalb ist sie für mich ein zwingender Abschluss dieser Festspiele«.[12] Beethoven selbst hatte das abschließende, von kriegerischen Marschrhythmen durchzogene »Dona nobis pacem« mit »Bitte um inneren und äußeren Frieden« überschrieben.

Von ganz anderer Art, aber nicht weniger ungewöhnlich war Guttenbergs Festspiel-Hommage zum 125. Todestag des Märchenkönigs, mit der unter dem geheimnisvoll klingenden Motto »Zurück zur Zukunft« jene »retrospektiven Visionen« reflektiert wurden, die dem Denken des Königs und seiner Zeit eigen waren, einer Zeit, die die enormen wissenschaftlich-technischen Umwälzungen mit dem tröstlichen Kleid des Historismus zu kaschieren versuchte. »Man baute zwar mit Stahl, Glas und Beton«, erläuterte Guttenberg im Programmheft. »Aber das Ergebnis waren gotische Fabrikanlagen, Renaissancebahnhöfe und barocke Industriellen-Villen.«[13] Als »Inbegriff des 19. Jahrhunderts« dirigierte Guttenberg selbst Charles Gounods *Cäcilienmesse*, »ein in Töne umgesetztes Nazarenerbild wie die im Thronsaal von Neuschwanstein«. Natürlich gab es Musik von Ludwigs Idol Richard Wagner, im Original und in Anverwandlungen wie César Francks d-Moll-Sinfonie mit einem Zitat aus der *Walküre* sowie Strawinskys *Pulcinella*-Suite und Carl Orffs *Carmina Burana* als Beispiele der Verwandlung alter Vorlagen in »Zukunftsmusik«. Im Münster Frauenchiemsee war, neben Guttenbergs obligatorischem Bach-Kantatenprogramm, eine »tiefschwarz grundierte Passionsmusik« unter anderem mit Sofia Gubaidulinas *Sieben Worten Jesu* zu erleben, einem Werk, in dem die Komponistin – zurück zur Zukunft – »ausgerechnet mit einem Schütz-Zitat die Schranken der Tonalität« überwindet.[14]

Der Sparringspartner Klaus J. Schönmetzler

Das anregende Zwiegespräch, in dem Guttenberg und sein Dramaturg Klaus J. Schönmetzler auf den ersten Seiten eines jeden Programmheftes der Herrenchiemsee Festspiele die Aufführungen der aktuellen Saison zu erläutern pflegten, fiel 2013 sehr kurz aus. Und es hatte eine skurrile, geradezu tragische Note.[15] Denn die beiden Freunde lagen in verschiedenen Abteilungen des Münchner Universitätsklinikums Großhadern und unterhielten sich, per Telefon von Bett zu Bett. Guttenberg war gerade an der Wirbelsäule operiert worden, Schönmetzler gleich zweimal am Kopf und war halbseitig gelähmt. Wirklich erholen sollte sich Schönmetzler von dem schweren Eingriff und seiner Krankheit nicht mehr.

Das von ihm noch vor seiner Operation konzipierte Programm für die Festspielsaison 2013 kreiste um »Barocke Phantasien« mit Komponisten wie Lully, Steffani, Corelli, Händel, Bach und Pergolesi – mit dem entscheidenden Nachteil, dass Guttenberg nun kein einziges dieser Werke dirigieren konnte. Und auch auf die kenntnisreichen und beliebten Einführungsvorträge Klaus Schönmetzlers musste das Publikum in jenem Jahr verzichten. Der Dirigent Reinhard Goebel und der britische Alte-Musik-Spezialist Andrew Parrott, der schon häufiger mit seinem Ensemble Taverner Consort und Players auf der Herreninsel zu Gast war, sprangen ein, wie dann auch, kurz nach Guttenbergs Tod, bei den Festspielen im Sommer 2018.

Seit der Jahrtausendwende, als die Herrenchiemsee Festspiele mit einer Bach-Woche begonnen hatten, war Schönmetzler derjenige, der im Zusammenspiel mit Guttenberg für die Programmgestaltung sorgte. Er recherchierte, kombinierte, entdeckte, adaptierte, regte an und hatte für jeden seiner Vorschläge die passende Literatur und Tonaufnahme parat. Dass sich Guttenberg an ein auch dirigiertechnisch schwieriges Werk wie Schostakowitschs »Babi Yar«-Sinfonie wagte, war nicht zuletzt Schönmetzlers Überzeugungskunst zu verdanken.

Bei den Herrenchiemsee Festspielen wurde es zu einer Tradition, Mozarts große Opern wie *Don Giovanni* oder *Die Hochzeit des Figaro* ohne Rezitative oder gesprochene Dialoge aufzuführen. Stattdessen ging man dazu über, dass eine Person des Spiels die Handlung aus der eigenen, subjektiven Sicht erzählen sollte. Die entsprechenden Texte schrieb wiederum Schönmetzler. Für Guttenbergs Inszenierung der *Zauberflöte* ließ er sich einen besonderen Kunstgriff einfallen, der im folgenden Kapitel näher erläutert wird.

Schönmetzler war einer der ältesten Freunde Enoch zu Guttenbergs. Seine Eltern besaßen in Bad Aibling, einem Kurort bei Rosenheim, eine bekannte Buchhandlung, die er nach deren Tod zusammen mit seiner Frau Christine weiterführte. Das Geschäft trug den Namen von Fritz Cortolezis, eines bayerischen Dirigenten und Freundes von Richard Strauss, der 1934 in Bad Aibling gestorben war.

Drei Jahre jünger als der Baron, hatte Schönmetzler Musikwissenschaft, Kunstgeschichte und Germanistik studiert und arbeitete zunächst als Musik- und Kunstkritiker überwiegend für regionale Zeitungen. Außerdem veröffentlichte er die erste zweisprachige Gesamtausgabe des mittelalterlichen Dichters Oswald von Wolkenstein sowie diverse Bücher zur Regionalgeschichte seiner oberbayerischen Heimat. 1992 wurde er Kulturreferent des Landkreises Rosenheim. Bis zu seiner Pensionierung im Jahr 2015 betreute und initiierte er zahllose Ausstellungen, Konzerte sowie regionale Film-, Kunst-, Opern- und Musikfestivals.

Als Musikkritiker für das *Oberbayerische Volksblatt* wurde Schönmetzler zum frühen Bewunderer Guttenbergs, aber nicht zum bedingungslosen Apologeten. Seine Besprechung von Guttenbergs erster *Matthäuspassion* im Juni 1981 im Erler Passionsspielhaus mit dem Neubeurer Chor sowie dem Frankfurter Cäcilienverein war, beispielsweise, ein wohlwollend anteilnehmender Verriss mit dem Tenor: Knapp daneben ist auch vorbei. Einen Tag später schiebt Schönmetzler unter der Überschrift »Erschlagt den Hund, er ist ein Rezensent«[16] noch eine Erläuterung seiner Kritik nach, um die offenbar aufgebrachten Gemüter der Neubeurer Choristen (und vielleicht Guttenbergs?) zu besänftigen.

Schönmetzler, ein profunder Literatur- und Musikkenner, gehörte zu den Ersten, die das außergewöhnliche musikalische Talent und die Radikalität Enoch zu Guttenbergs erkannten und anerkannten. Die beiden waren sich seit den Siebzigerjahren immer näher gekommen. Als Dramaturg und stellvertretender Intendant der Herrenchiemsee Festspiele wurde er schließlich zum einflussreichen Ideengeber und unersetzlichen künstlerischen Sparringspartner des Barons.

Guttenberg war überzeugt, dass Schönmetzler das Zeug für eine journalistische »Weltkarriere« gehabt hätte, und versuchte ihn über seine Freunde, den *SZ*-Musikkritiker Joachim Kaiser und den früheren Feuilletonchef der *Neuen Zürcher Zeitung* Hanno Helbling zum »Absprung« zu bewegen.[17] Doch Schönmetzler mochte seiner Heimat, dem geliebten Chiemgau und dem oberbayrischen Inntal, nicht den Rücken kehren.

Er starb 2017, fast genau ein Jahr vor Guttenberg. In einem bewegenden Nachruf schrieb Guttenberg vom »verschränkten Ahnen- und Enkeldienst«, dem Schönmetzler sein Leben gewidmet habe, der, zitiert nach Arno

Schmidt, »Vermittlung des Vergangenen, um die eigene Gegenwart zu verstehen und aus dieser Sicht die Zukunft bewältigen zu können«[18] – mit der Kunst als Vehikel. Guttenberg und Schönmetzler waren liebende und streitende Brüder im Geiste – mit einer gewissen Distanz bis zum Schluss: Die beiden nutzten untereinander das von Enoch oft gebrauchte »Hamburger Sie«, bei dem man das Gegenüber mit dem Vornamen anspricht, dabei aber siezt. Eine nur noch selten gebräuchliche Form, Nähe und Abstand in der Anrede fein zu dosieren.

»Des Königs Zauberflöte«: Guttenbergs wichtigste Operninszenierung

Bis zur Gründung der Herrenchiemsee Festspiele hatte Guttenberg nur sehr wenige Opern dirigiert. Das lag in erster Linie daran, dass er nie die übliche »Ochsentour« eines deutschen Kapellmeisters absolviert hatte, die Gründe dafür wurden bereits dargelegt. Ihm standen also nie die wirtschaftlichen, technischen und künstlerischen Ressourcen eines Opernhauses zur Verfügung, die ihm die Aufführung von Opern ermöglicht hätten.

Deswegen beschränkte er sich über viele Jahre auf kleinere Randwerke des Musiktheaterrepertoires. Ganz zu Beginn seiner Karriere beschäftigte er sich mit Glucks *Orpheus und Eurydike*, später kamen Händels *Acis and Galatea* hinzu und Robert Schumanns einzige Oper *Genoveva*, allesamt in konzertanten Aufführungen. Zu festlichen Anlässen und auf Tourneen spielte er gelegentlich Ouvertüren von Mozart-Opern und auch ein Programm mit Verdi-Arien.

Guttenbergs Opern-Abstinenz fand ein Ende, als sich ihm bei den Herrenchiemsee Festspielen mit der Spiegelgalerie von Schloss Herrenchiemsee ein stilvoller Rahmen für Opernaufführungen bot und sich die finanziellen Spielräume vergrößerten. Während Guttenbergs Ehefrau Ljubka Biagioni einen halbszenischen Zyklus italienischer Opern und Richard Strauss' *Ariadne auf Naxos* präsentierte, realisierte Guttenberg einen konzertanten bzw. halbszenischen Zyklus mit Opern von Wolfgang Amadeus Mozart. 2006 stand *Die Hochzeit des Figaro* auf dem Programm, gefolgt von *Don Giovanni* im Jahr darauf und 2010 der *Zauberflöte*. Im Jahr 2014 widmete sich Guttenberg dann noch Beethovens Befreiungsoper *Fidelio*, abermals in einer konzertanten Aufführung.

Damit die abendlichen Opernaufführungen im Schloss nicht zu lange dauerten und die Zuschauer rechtzeitig mit dem Schiff aufs Festland zurückkehren konnten, entschieden sich Guttenberg und Schönmetzler, die Rezitative zu streichen und durch verbindende Texte zu ersetzen, die zuweilen über das eigentliche Bühnengeschehen hinausgingen. Sie wurden von Schönmetzler selbst gelesen, beim *Fidelio* in der Maske des französischen Librettisten Jean-Nicolas Bouilly, auf dessen 1798 erstmals gedrucktem Stück *Léonore ou L'amour conjugal* die einzige Oper Ludwig van Beethovens beruht. »Schönmetzler erzählte nicht nur, er deutete, kommentierte und würzte alles mit einer erinnerungsverklärten, milden Ironie. So schön kann erzählte Oper sein«, schwärmte der Rezensent des *Oberbayerischen Volksblattes*.[19]

Als einzige vollgültige Operninszenierung Guttenbergs kann eigentlich nur die *Zauberflöte* gelten. Sie war zwar im Programmheft ebenfalls als »halbszenisch« deklariert, doch handelte es sich eigentlich um eine echte szenische Aufführung, wenn auch mit sehr begrenzten technischen Mitteln. Im Schloss, wo am 23. Juli 2010 die Premiere stattfand, gab es eigentlich überhaupt keine Bühnentechnik, während das Münchner Prinzregententheater, wo es 2013 und 2015 noch zwei weitere Aufführungsserien gab, zwar nicht über eine Drehbühne, doch immerhin über einen Orchestergraben verfügte.

Geistesblitz auf dem Klo
Die Grundidee zu seiner Sicht von Mozarts populärster Oper, die zugleich die meistgespielte der Opernliteratur überhaupt ist, will Guttenberg auf der Toilette im heimatlichen Schloss gekommen sein. In seiner offenherzigen Art berichtete er gerne, wie ihm bei einer »Sitzung« ein alter Theaterzettel an der Wand des stillen Örtchens aufgefallen sei. Es handelte sich um eine nicht näher benannte Liebhaberaufführung eines Theaterstücks oder einer Oper in Adelskreisen. Das sei, so Guttenberg, »fast eine Manie im 19. und frühen 20. Jahrhundert« gewesen. Nicht nur seine eigene Familie, »sondern der halbe deutsche Hochadel« hätten an solchen Dilettantenaufführungen mitgewirkt. »Und jetzt stellte ich mir vor: Was, wenn der Theater vernarrte König Ludwig II. die Großen seiner Zeit nach Herrenchiemsee eingeladen hätte, um dort die Zauberflöte aufzuführen.«[20]

Damit war »Des Königs Zauberflöte«, wie Guttenberg seine Inszenierung schließlich nannte, geboren, wobei man noch eine weitere, diesmal völlig reale historische Begebenheit aufgreifen wollte: das mutmaßlich erste »Son et lumière«-Spektakel der Weltgeschichte. Im Spätsommer 1884 erfüllte sich Ludwig II. einen Traum, der ihn womöglich schon seit der Kronprinzenzeit begleitete und der, was den technischen und finanziellen Aufwand anbelangte, weit über seine legendären Separatvorstellungen im Münchner Nationaltheater hinausging. Mit den Mitteln modernster Licht- und Bühnentechnik sollte nämlich im Park des im Bau befindlichen Schlosses Herrenchiemsee

Klohausidee wird Realität: Guttenbergs »Zauberflöte«

ein abendliches Hoffest stattfinden nach der Art, wie es einst Ludwigs Idol, »Sonnenkönig« Ludwig XIV., in Versailles inszenieren ließ. Nur eben mit den technischen Möglichkeiten des späten 19. Jahrhunderts. Und für ihn ganz allein.

Dafür wurden zunächst die Ziegellager, das Dampfsägewerk und die Schmalspurbahn der Schloss-Baustelle mit einer auf wetterfesten Kulissen gemalten Parklandschaft verdeckt, woraufhin einer der führenden Elektrotechniker seiner Zeit in Bayern, der Edison-Schüler Alois Zettler, eine veritable »Open-Air-Showbeleuchtung« installierte mit zahlreichen Bogenlampen, Farbscheinwerfern, Beleuchtungstürmen, drei Lokomotiv-Dampfkesseln zur Stromerzeugung sowie einem eigens geschaffenen Telefonnetz zur reibungslosen Koordination der Effekte. Zur Bepflanzung der unfertigen Parkanlagen wurden außerdem per Güterzug Blumen und Rabatten aus Holland herangeschafft. Geschlagene zwei Wochen dauerten die Aufbauarbeiten, bis sich der König schließlich tief in der Nacht von diesem »Gesamtkunstwerk aus Licht und Klang« bezaubern lassen konnte. Bezeugt ist überdies, dass Ludwig sich schon 1879 im Münchner Hof- und Nationaltheater eine von ihm angeordnete, besonders prachtvolle Neuinszenierung der *Zauberflöte* angesehen hatte.[21]

Guttenberg und Schönmetzler verbanden Mozarts Oper mit Ludwigs »Son et lumière«-Spektakel und »besetzten« die Rollen mit damaligen Größen der adeligen High Society. Aus dem Fürsten Bismarck wird ein schwarzgesichtiger Monostatos mit Pickelhaube, aus der Königin der Nacht die Erzherzogin Sophie von Österreich, die Mutter Kaiser Franz Josephs I., der selbst in die Rolle des Tamino schlüpfte, dessen kaiserliche Gemahlin Elisabeth (»Sisi«) wiederum als Pamina auftritt. Herzog Max in Bayern, Sisis Vater, kommt als lederbehoster Papageno daher und Ludwig selbst in dieser hochadeligen Amateuraufführung als Sarastro.

Vor allem Letzteres war eine abenteuerliche Idee, wenn man weiß, dass der echte Ludwig insbesondere in seinen späten Jahren eine Menschenscheu an den Tag legte, die an eine behandlungsbedürftige Soziophobie heranreichte. »Mit dem Hochadel Europas die ›Zauberflöte‹ aufzuführen, das ist ziemlich der letzte Wunsch, der dem einsamen Menschenfeind auf dem Bayern-Thron zuzutrauen wäre«, bemerkte *AZ*-Kritiker Robert Braunmüller.[22] Doch das ebenso ambitionierte wie ungewöhnliche Setting funktionierte den meisten Kritiken zufolge gut, zumindest in dem an Pracht kaum zu überbietenden Ambiente der Spiegelgalerie. »Der opernvernarrte Bayernmonarch, dessen Leben selbst Züge eines erzromantischen Wagner-Dramas trägt, im Mittelpunkt eines Opernspektakels – da schien es, als seien die seltsam kulissenhaften Räumlichkeiten seines letzten, unvollendeten Zauberschlosses nun erst ihrer eigentlichen Bestimmung zugeführt worden«, schrieb Christian Wildhagen in der *FAZ*.[23]

Ihren eigenwilligen Charme bezieht »Des Königs Zauberflöte« durch einen besonderen inszenatorischen Einfall. Chefdramaturg Klaus J. Schönmetzler hatte wie immer die Dialoge zu einem erzählerischen Text verdichtet, den er diesmal einem in die Jahre gekommenen Papageno in den Mund legte, der das Geschehen aus der Rückschau betrachtet, wie er es bei Mozart und Schikaneder erlebt hatte, und in die adelige Dilettantenaufführung immer korrigierend und interpretierend eingreift mit allerlei Sottisen und Seitenhieben auf Gott und die Welt. Verkörpert von dem bayerischen Volksschauspieler Gerd Anthoff, grantelt sich dieser alternde Papageno durch die Wirren von Schikaneders Libretto und beschimpft schon mal das Publikum, das die Arie der Königin der Nacht nicht zu beklatschen habe. Schließlich gehe es hier um eine Aufforderung zum Mord. Als Papageno/Anthoff gegen den Hochadel polemisiert, greift, mit gespielter Empörung, Guttenberg vom Dirigentenpult ein. Und die Frauenfeindlichkeit der Tempelritter um den Oberpriester Sarastro geht Papageno/Anthoff ebenso auf den Senkel wie dessen Gesäusel von Humanität und letzten Wahrheiten. Ihm sei, so Guttenberg, Sarastro schon immer »auf die Nerven gegangen […]. Der mag keine Frauen und das habe ich als Kind schon blöd gefunden. Dann foltert er – man denke an die 77 Sohlenstreiche –, und Männerbünde mag ich ebenfalls nicht, was mit meiner Erziehung zu tun haben mag.«[24]

Mozarts *Zauberflöte* ist schwer zu inszenieren. Wenn man die Oper zu ernst nimmt, wird man dem Stück nicht gerecht; wenn man nur auf Gags setzt, unterläuft einem der gleiche Fehler in puncto Musik. Guttenberg und Schönmetzler tappten in keine dieser Fallen, was nicht zuletzt Guttenbergs Dirigat zu verdanken war, das von der Kritik uneingeschränkt gelobt wurde. Der Baron sei mit der *Zauberflöte* auf »lichtem Originalklang-Kurs«, begleite die Sänger trotz rascher Tempi »ungehetzt«,[25] finde zu einer »überzeugenden Verbindung von Eleganz, Temperament und durchlüftetem, widerborstigem Klangbild«. Und immer wieder gelinge es dem Dirigenten, selbst bei diesem Stück mit seinen Ohrwurm-Melodien »Akzente gegen ein allzu leichtes Konsumieren der Musik zu setzen«.[26]

Als Beispiel nennt der *FAZ*-Rezensent die Geharnischten-Szene im zweiten Akt, die Guttenberg »mit der unerbittlichen Strenge eines Bachschen Choralvorspiels interpretiere«.[27] Es ist jene Szene, in der das vorderhand unbeschwerte Stück auf die Menschheitskatastrophe verweist: Die Geharnischten tragen Uniformen des Ersten Weltkriegs. In dieser Katastrophe ging auch die Aristokratie unter, der der Baron zu Guttenberg mit seiner *Zauberflöte* auf ambivalente Art Reverenz erweist. Die Produktion von »Des Königs Zauberflöte« war immer ausverkauft und wurde zu einem der größten Publikumserfolge Guttenbergs. 2016 erschien dazu eine aufwendig produzierte DVD.

»Privatfestival«: Finanzielle Sorgen und reichlich Häme

Künstlerisch waren die Herrenchiemsee Festspiele unter der Ägide Guttenbergs und Schönmetzlers ein Juwel. Sie wurden zum Pilgerort für alle Guttenberg-Fans, die ihr Idol hier in seinen ureigenen Gefilden erleben wollten. Finanziell dagegen war das Festival von Anfang an eine Gratwanderung. Angesichts der geringen Zahl an Sitzplätzen in den drei Spielstätten Spiegelgalerie, unvollendetes Treppenhaus und Münster Frauenchiemsee schien ein wirtschaftlicher Betrieb ausgeschlossen.

Der ökonomisch bewanderte Baron kalkulierte ein »rentables« Festspielkonzert mit »knapp 2000« Besuchern pro Veranstaltung. Diese Voraussetzungen seien bei weniger als 600 Plätzen selbst in der Spiegelgalerie, dem größten Saal des Schlosses, nicht gegeben. »Und wir wollen eben nicht wie andere Festivals mit unseren Kartenpreisen auf 300 oder 400 Euro gehen. Dann hätten wir nämlich exakt jene Schickeria […], die ich am allerwenigsten sehen möchte.«[28] Allein die jährlichen Fixkosten für Saalmiete, Personal, Werbung, Shuttle-Service und anderes überstiegen »drastisch« die Erlöse aus

Kartenverkäufen. »Da hat aber noch kein Geiger den Bogen in die Hand genommen und kein Sänger sich auch nur geräuspert.«[29]

Guttenbergs Festspiel-Abenteuer begann in einem eher regionalen Rahmen, ab 2005 kamen die Investmentbank Goldman Sachs und die Deutsche Bank als Sponsoren an Bord, was eine deutliche Erweiterung des Programms möglich machte. Ab 2006 wurden die Festspiele exklusiv von der Deutschen Bank gefördert. Die Guttenbergs unterhalten zu dem Frankfurter Bankhaus seit langer Zeit enge Verbindungen. Schon Karl Theodor zu Guttenberg senior saß im Beirat Süd der Deutschen Bank, dann Enoch selbst, schließlich ging der Sitz an dessen Sohn Philipp Franz über.

»Ich wusste, dass das Festival ohne einen Hauptsponsor nach fünf Jahren am Ende gewesen wäre«, sagte Guttenberg.[30] Persönlich wandte er sich an die seinerzeit erste Adresse unter den potenziellen Finanziers mit ihrem damaligen, als musikliebend bekannten Vorstandschef Josef Ackermann. Der Schweizer Bankmanager hatte bei dem renommierten Geld- und Wachstumskritiker Hans Christoph Binswanger promoviert, der an der Universität St. Gallen lehrte und sicher auch dem Umweltschützer Guttenberg ein Begriff war. Binswanger entwickelte unter anderem Ideen für eine ökologische Steuerreform.

Guttenberg antichambrierte mit Erfolg: Die Kulturstiftung des größten deutschen Bankhauses sagte zu, die Herrenchiemsee Festspiele mit jährlich mehr als einer Million Euro zu unterstützen. Der Pakt überdauerte zunächst sogar die Finanzkrise 2008/09. »Die Internationalen Herrenchiemsee Festspiele danken aus vollem Herzen der Deutschen Bank und Dr. Josef Ackermann für sein Wort, die Festspiele – auch und gerade in Zeiten der Krise – nicht fallen zu lassen«, schrieb Guttenberg in seinem Geleitwort zur Saison 2009.[31]

Der Abschied Ackermanns von der Spitze des Geldhauses Ende Mai 2012 konfrontierte die Festspiele zunächst mit einer Kürzung der bisherigen Fördersumme. Ab 2014 wollte die Bank ihr Engagement noch weiter zurückfahren. Dadurch tat sich eine existenzgefährdende Finanzlücke auf. In seiner Not wandte sich Guttenberg an den Freistaat Bayern, obwohl er bis dato immer stolz darauf gewesen war, weitgehend ohne Unterstützung der öffentlichen Hand ausgekommen zu sein. Dass er es sich nun anders überlegt habe, wurde ihm vorgehalten, zuweilen verbunden mit der hämischen Empfehlung, der Baron habe doch genug Geld, um sein »Privatfestival« aus eigener Tasche zu finanzieren. Ein Vorwurf, der Guttenberg besonders traf, musste er sich doch ohnehin immer wieder gegen Vorurteile zur Wehr setzen, er habe seinen künstlerischen Erfolg vor allem seinem Vermögen zu verdanken.

Gewisse »Bauchschmerzen« bereitete manchen Beobachtern auch die Tatsache, dass Guttenbergs Ehefrau Ljubka Biagioni regelmäßig im Rahmen der Herrenchiemsee Festspiele auftrat. Sei das nicht so etwas wie Vetternwirtschaft? Bevor man sich diese Kritik zu eigen macht, sollte man bedenken, dass es in der Klassikwelt nicht unüblich ist, dass Ehepartner gemeinsam auftreten oder sich in gewisser Weise gegenseitig protegieren. Prominentestes Beispiel ist die russische Sopranistin Anna Netrebko, die oft an der Seite ihres weniger bekannten Ehemannes, des aserbaidschanischen Tenors Yusif Eyvazov auftritt. Im »Doppelpack« mit ihrem früheren Partner, dem österreichischen Dirigenten Friedrich Haider, erlebte man auch die Koloratursopranistin Edita Gruberová. Und die langjährige Partnerschaft des Dirigenten Simon Rattle mit der Mezzosopranistin Magdalena Kožená manifestiert sich nicht zuletzt in regelmäßigen gemeinsamen Konzertprojekten.

Die Berichte über Guttenbergs Festival wurden noch unerfreulicher, als bekannt wurde, dass der Freistaat Bayern die Herrenchiemsee Festspiele ab 2013 mit 600.000 Euro pro Jahr als sogenanntes kulturpolitisches »Leuchtturmprojekt« fördern wolle. Es war damals die bei Weitem höchste Fördersumme unter allen bayerischen Musikfestivals. »So wunderbar Konzerte in diesem Rahmen wirken, so regelmäßig stellen sich bei den Festspielen Herrenchiemsee aber auch kulturpolitische Bedenken ein«, schrieb die *AZ* noch im Sommer 2018 direkt nach Guttenbergs Tod.[32]

Guttenberg verfügte über ein außerordentliches Charisma – viele Menschen wollten sich zu seinen Freunden zählen und mit seiner Bekanntschaft und seinem Namen prunken. Und das künstlerische Niveau seines Festivals stand außer Frage. Doch hätte Guttenberg eine so hohe staatliche Förderung sicher nicht erhalten, hätte er nicht über exzellente Beziehungen bis in die höchste Ebene der bayerischen (und bundesdeutschen) Politik verfügt. Das rief Kritiker auf den Plan.

Fassbaender versus Guttenberg

Brigitte Fassbaender ist eine große Künstlerin und eine ungewöhnliche Frau. Nach ihrer glänzenden Karriere als Mezzosopranistin, die sie an alle großen Bühnen der Welt geführt hatte, wurde sie Intendantin des Tiroler Landestheaters in Innsbruck und inszeniert bis heute Opern in ganz Europa. Eine solche Anschlusskarriere nach aktiven Sängerzeiten gelingt nur den wenigsten. Zuletzt war sie Künstlerische Leiterin des Richard-Strauss-Festivals in Garmisch-Partenkirchen, einem kleinen Festival zu Ehren des großen bayerischen Komponisten, der am Fuße der Zugspitze gelebt und komponiert hatte und 1949 dort auch gestorben ist.

Das Festival wurde finanziell immer etwas stiefmütterlich behandelt und verfügt nur über recht unattraktive Spielstätten. Wer einmal in dem schrecklich ungemütlichen Werdenfels-Saal im Garmisch-Partenkirchener Kongresshaus gesessen hat, kann verstehen, dass der resoluten Künstlerin und Managerin Brigitte Fassbaender irgendwann der Kragen platzte. Und sie erkor ausgerechnet Enoch zu Guttenberg zum Adressaten ihrer Empörung.

Ihre Rede zur Eröffnung des Richard-Strauss-Festivals im Jahr 2016 nutzte sie, um dem Freistaat Bayern, anwesend in Person des damaligen CSU-Kultusministers Ludwig Spaenle, eine monetäre Ungleichbehandlung der diversen bayerischen Musikfestivals vorzuwerfen. Die Vorwürfe gipfelten in dem Satz: »Auf Herrenchiemsee kann der reichste bayerische Grundbesitzer, der zufällig auch Dirigent ist, die populistischsten Konzerte bei Kerzenlicht anbieten, wahllos und banal in der Programmgestaltung, nur auf Konzerte im Kerzenschein, Tourismus und Unterhaltung ausgerichtet – und das wird gefördert mit fast einer Million Euro vom Freistaat.« Ein Zeitungsbericht über die Philippika der früheren Operndiva vermerkt dazu: »Spaenle nahm's gelassen und sprach beim anschließenden Staatsempfang von einem reinigenden Donnerwetter. Die Vergleiche, die Fassbaender bemüht habe, seien legitim.«[33]

Damit war der Fehdehandschuh geworfen. Guttenberg schäumte, man muss wohl sagen: zu Recht, denn Fassbaenders Rundumschlag zeugte von nachweisbarer Uninformiertheit und musste sich selbst den Vorwurf des Populismus gefallen lassen. Bei den Herrenchiemsee Festspielen gab es, anders als von Fassbaender behauptet, keine »Konzerte im Kerzenschein«. Diese waren vor Guttenbergs Amtsantritt gelegentlich vom Verein der Freunde von Schloss Herrenchiemsee veranstaltet worden, außerdem gab es im Schlosshof einige Open-Air-Konzerte, die der Priener Fremdenverkehrsverein organisierte. Guttenberg verwahrte sich stets gegen solchen »Touristenkitsch«, und die von ihm und Schönmetzler konzipierten Programme waren alles andere als populär. Die Fördersumme des Freistaates für die Herrenchiemsee Festspiele hatte Fassbaender zudem großzügig aufgerundet. Guttenberg war auch nicht der reichste bayerische Grundbesitzer. Als größter bayerischer (und deutscher) Waldbesitzer gilt immer noch das Fürstenhaus zu Thurn und Taxis. Guttenbergs Sohn Philipp als aktueller Chef des Guttenberg'schen Familienunternehmens belegt in einer Liste der größten Privatwaldbesitzer einen der hinteren Ränge.[34]

Später relativierte Fassbaender in einer Pressekonferenz ihre Äußerungen und betonte, sie habe nicht Guttenberg persönlich angreifen wollen. Es sei ihr nur um »die Sache«[35] gegangen, die Unterfinanzierung des Richard-

Strauss-Festivals. Die wurde ein wenig gelindert, als der Freistaat Bayern Fassbaender eine Erhöhung seiner Zuschüsse von 40.000 auf 70.000 Euro zusagte, in ihren Augen natürlich immer noch viel zu wenig im Vergleich mit Guttenbergs »Leuchtturmprojekt«.

Keine Kenntnis hatte Fassbaender offenbar von der Tatsache, dass Guttenberg aus eigener Tasche immer wieder erhebliche Beträge für seine Festspiele aufwendete, um Finanzierungslücken zu stopfen. Zudem gab er »als Gegenleistung und zum Dank für die Unterstützung des Freistaates« am Tag nach dem offiziellen Ende der Festspiele ein kostenloses Sonderkonzert für kranke, bedürftige und verdiente Bürger der fünf großen Chiemsee-Gemeinden.

Die karitative Geste der Sonderkonzerte wie auch die regelmäßigen Geldspritzen fanden mit Guttenbergs Tod ein jähes Ende. Jetzt musste Josef Kröner, Manager der KlangVerwaltung, als Geschäftsführender Programmdirektor der Herrenchiemsee Festspiele versuchen, das Festival auf eine wirtschaftlich tragfähige Basis zu stellen, ohne den künstlerischen Anspruch aus der Zeit des Gründers aufzugeben. Abermals eine Gratwanderung.

Familienfreuden, Familiensorgen

Standesgemäß: Guttenbergs Ehe mit Christiane zu Eltz

Die Hochzeit Enoch zu Guttenbergs mit Christiane zu Eltz war ein Ereignis im Rheingauer Weinstädtchen Eltville am Rhein im Winter 1970/71. Nach einer längeren Kältewelle um Weihnachten und Neujahr war es milder geworden, und auch am Hochzeitstag, dem 21. Februar 1971, kletterte die Temperatur auf einige Grade über Null. Im Chorgestühl der Eltviller Pfarrkirche St. Peter und Paul hatte, wie gewohnt, die Familie derer zu Eltz Platz genommen. Auf einem alten Schwarz-Weiß-Foto tragen die Brautjungfern weiße Häubchen und bergen ihre Hände in wärmenden Muffen.

Die Hochzeitsmesse wurde von Guttenbergs Neubeurer Chor musikalisch gestaltet, der sich in Bayern schon ersten Lorbeer erworben hatte. Am Pult stand Imre Palló, ein Freund Guttenbergs, der, wie bereits erwähnt, in den USA als Orchesterleiter und Musikprofessor Karriere machte. »Der Bräutigam saß still und ruhig an seinem Platz, vielleicht nicht ganz so andächtig, wie es schien, und in Sorge, es könnte doch noch was schiefgehen«, heißt es in der Chorchronik. Besagtes Foto zeigt Enoch zu Guttenberg mit korrekt gefalteten Händen und hocherhobenen Hauptes auf dem Betstuhl, seine Braut neben ihm macht einen etwas verschüchterten Eindruck. Sie ist gerade erst dem Teenageralter entwachsen, er ein junger Mann von Mitte zwanzig.

Die Familie zu Eltz lebt seit dem Krieg in Eltville und ist hier eine Instanz. Das alte Grafengeschlecht stammt ursprünglich von der Mosel, wo sich in einem verwunschenen Seitental die Burg Eltz versteckt, eine mittelalterliche Ritterburg wie aus dem Bilderbuch und bis heute im Besitz der Familie. Aus Vor-Euro-Zeiten war sie jedem bekannt, sie prangte auf den 500-Mark-Scheinen. Die gräfliche Linie derer zu Eltz-Kempenich lebte bis Kriegsende im Schloss ihrer kroatischen Herrschaft Vukovar und zog nach der Vertreibung durch Titos Kommunisten in den Eltzer Hof nach Eltville. Das Eingangstor der denkmalgeschützten Domäne direkt am Rheinufer liegt direkt gegenüber dem Westportal der Pfarrkirche. Letzteres wird nur zu feierlichen Anlässen geöffnet. Man kann dann vom Eltzer Hof durch den Turm hindurch direkt ins Kirchenschiff gelangen.

Chef des Hauses war damals Jakob Graf zu Eltz, ein knorriger, standesbewusster Mann. Er war nicht nur hochdekoriertes Mitglied des Souveränen Rates des Malteserordens in Rom, sondern auch langjähriger Präsident des Rheingauer Weinbauverbandes. Sein Weingut hatte einen legendären Namen. »Eltz war zu seiner Zeit eine Benchmark, ein Leuchtturm in Sachen Qualität«.[1]

Das Weingut gibt es nicht mehr. Der Graf verkaufte 1976 einen großen Teil seines umfangreichen Rheingauer Weinbergbesitzes an das Land Hessen. Mit den Ländereien wurden später jene Winzer entschädigt, die ihre Weinberge für den Bau einer Umgehungsstraße im Eltviller Norden hergeben mussten. Die Straße sollte als vierspurige Autobahn am Rheinufer gebaut werden, wogegen eine der ersten deutschen Bürgerinitiativen jahrzehntelang ankämpfte. Der »Verein zur Erhaltung des Eltviller Stadtbildes und der Eltviller Rheinuferlandschaft« wurde auch von dem Umweltjournalisten Horst Stern unterstützt, der später zusammen mit Enoch zu Guttenberg den Bund für Umwelt und Naturschutz Deutschland gründen sollte.

Für die gräfliche Familie war der Verkauf ihrer Weindomäne ein tiefer Einschnitt, andererseits wurde auf diese Weise das berühmte Eltviller Rheinufer mit der Kurfürstlichen Burg, der gotischen Pfarrkirche mit ihrem landschaftsprägenden Turm und dem Eltzer Hof gerettet. »Ein Glück, sonst hätten wir aus dem Eltzer Hof eine Auto-Raststätte machen können«, sagt Karl Graf zu Eltz, seit dem Tod seines Vaters im Jahr 2006 der Chef des Hauses.[2]

War die Ehe zwischen der jungen Eltviller Gräfin und Enoch zu Guttenberg »arrangiert«, wie oft behauptet wird? Christiane zu Eltz, heute von Ribbentrop, widerspricht dieser Darstellung. Allerdings habe Enochs Vater Karl Theodor senior, der damals schon an einer innerhalb weniger Jahre zum Tode führenden Nervenkrankheit litt, seinen einzigen Sohn gedrängt, die familiäre Sukzession noch zu seinen Lebzeiten zu sichern.

Christiane von Ribbentrop ist eine zupackende, etwas burschikos wirkende Frau, fest verwurzelt im katholischen Glauben und apokalyptischen Anwandlungen unverdächtig. Sie verfügt, im Gegensatz zu ihrem geschiedenen Mann, über eine robuste positive Lebenseinstellung. Wenn sie eine schöne Landschaft genossen habe, erzählt sie, habe Enoch mal wieder eine Hochspannungsleitung in der Ferne ausgemacht oder ein anderes, die Idylle störendes Artefakt der Moderne. Für ihn war ein Becher im Zweifelsfall nicht halb voll, sondern halb leer. Sie sah das meist umgekehrt.

Die junge Gräfin war, wie man so sagt, eine gute Partie, ihre Familie gehört, anders als die Guttenbergs, zum Hochadel. Enoch lernte die junge Gräfin auf einer Familienfeier im Rheinland kennen und warb um sie. Christiane hatte gerade ihr Abitur in der Tasche und wollte erst einmal die Welt kennenlernen. Im südfranzösischen Saint-Tropez machte ihr Guttenberg einen spontanen Heiratsantrag. Die Überrumpelungstaktik funktionierte. »Nach drei Wochen waren wir verlobt.«

Herzenswunsch eines Todkranken

Für den todkranken Vater bedeutete Enochs Hochzeit mit Christiane, wie er in seiner Hochzeitsansprache bekannte, »die Erfüllung meines vielleicht größten persönlichen Wunsches«. Ahnte Guttenberg senior, dass es die jungen, von ihrem Naturell her so ungleichen und dazu in Lebensdingen noch unerfahrenen Eheleute schwer miteinander haben würden? »Ich weiß, daß Ihr beide miteinander meistern werdet, was immer Euch zugedacht sein wird. Nicht, weil Ihr von vornherein immer einig sein werdet – sondern weil Eure Herzen einig sein *wollen*.«

Zuvor hatte Guttenberg darüber gesprochen, was es heiße, einen alten Namen zu tragen: »Eine Last, kein Privileg. Ein Inhalt, keine Hülle. Ein Müssen, und niemals ein Dürfen.«[3] Gewichtige, nachgerade erdrückende Worte, die bis zu Enochs eigenem Tod nachhallen sollten.

Zunächst schienen sich die guten Hoffnungen in das junge Paar zu erfüllen. Innerhalb von nur etwas mehr als zwei Jahren nach der Hochzeit wurden die Söhne Karl-Theodor und Philipp Franz geboren, die Geschichte des Hauses Guttenberg würde in direkter Linie fortgesetzt werden.

Doch von einem geregelten Eheleben, von geordneter Häuslichkeit, konnte kaum die Rede sein. Das Paar sah sich selten, lebte oft an getrennten Orten. Zunächst wohnte man, wenig standesgemäß, zur Untermiete in Neubeuern. Dann zog Christiane zu den Schwiegereltern nach Bonn. »Sie wollten gerne etwas Junges um sich haben, und Enoch war ja immer unterwegs.« Anschließend wurde das Weingut der Guttenbergs in Deidesheim ihr Zuhause, wo im nahen Mannheim der Zweitgeborene zur Welt kam. Schließlich zog die Familie wieder nach Neubeuern, in eine Wohnung am Ortsrand.

Nach dem Tod des Vaters hatte Enoch noch weniger Zeit für seine kleine Familie. Er war nun Chef des Hauses und musste den defizitären Familienbetrieb vor der Pleite bewahren. »Wir haben uns, wenn es hochkommt, einmal in der Woche gesehen. Er hatte mir gegenüber wohl ein schlechtes Gewissen und war ganz froh, dass er weg sein konnte«, sagt Christiane von Ribbentrop. 1977 trennten sich die Eheleute, nur sechs Jahre nach der feierlichen Vermählung in Eltville am Rhein.

Enoch und Christiane legten Wert darauf, dass die Ehe auch nach den Regeln der katholischen Kirche aufgehoben wurde. In seinem selbstformulierten »Antrag auf Eröffnung eines kirchlichen Ehenichtigkeitsverfahrens« an das Erzbischöfliche Offizialat in Bamberg erklärt Enoch zu Guttenberg, die Ehe mit Christiane zu Eltz nur »unter massivem seelischen Druck wider den freien Willen des Antragstellers« geschlossen zu haben.[4] Jenseits möglicher taktischer Übertreibungen ist das Schreiben ein Dokument schonungsloser Offenheit. Dem Antrag – fast eine Selbstentblößung – wurde entsprochen.

Nach seiner Scheidung ließ Enoch zu Guttenberg die Beziehung zu einer Jugendliebe wieder aufleben. Elisabeth von Cramer-Klett, genannt Liesi, wird als Schönheit mit einnehmendem Wesen geschildert, und Guttenberg war seinen eigenen und fremden Zeugnissen zufolge unsterblich verliebt in die fast gleichaltrige Frau, die aus Aschau im Chiemgau stammte, wo ihr Vater einmal Schlossherr von Hohenaschau war. Liesi ging im Neubeurer Schlossinternat zur Schule und ist der Grund, warum Guttenberg überhaupt mit dem kleinen Ort in Berührung kam.

Die beiden jungen Leute verband mehr als innige Zuneigung. Denn Elisabeths Vater Ludwig von Cramer-Klett war, wie Enoch, begeisterter Jäger. Seine Erlebnisse auf der Pirsch verarbeitete er zu zahlreichen Büchern mit Titeln wie *Des Waldhorns Widerhall* oder *Glückselige Einsamkeit*, die ihm den Ruf eines bedeutenden Jagdschriftstellers eintrugen. Außerdem war Ludwig von Cramer-Klett, wie viele Guttenbergs, aktiver Gegner des NS-Regimes gewesen.

Begründer der aus Franken stammenden Dynastie war Theodor von Cramer-Klett, ein Industrieller und Finanzmagnat, Gründer der Maschinenbau Actiengesellschaft Nürnberg (MAN) und der Münchner Rückversicherungsgesellschaft, der im Zuge des Eisenbahn-Booms ein Vermögen anhäufte. Für den Bau des Münchner Glaspalastes, eines damals hochmodernen Veranstaltungsgebäudes aus Stahl und Glas nach dem Vorbild des Londoner Kristallpalastes, wurde er 1854 in den persönlichen Adelsstand, 1876 in den erblichen Freiherrenstand erhoben. Die Cramer-Kletts verkörpern das, was in altadeligen Kreisen manchmal etwas abschätzig Industrieadel genannt wird.

Etwa zehn Jahre waren die beiden nach Enochs Scheidung noch zusammen, heirateten aber nicht. Elisabeth von Cramer-Klett starb 2010 im Alter von 64 Jahren. Bis zuletzt, berichtet Enochs langjährige Vertraute und Leiterin des Musikbüros Guttenberg, Hildegard Eutermoser, habe sie von ihrer großen Liebe zu Enoch erzählt. Für Guttenberg soll Liesi in Sachen Weiblichkeit über Jahre das Maß aller Dinge gewesen sein, wobei man schwer einschätzen kann, wie viel nachträgliche Verklärung dabei eine Rolle spielte.

Guttenberg und die Frauen

Der harmoniesüchtige Guttenberg war stolz darauf, seine »kaputte Ehe« mit Christiane zu Eltz in eine, wie er es selbst formulierte, »innige Lebensfreundschaft«[5] umgewandelt zu haben. Trotzdem blieben Verletzungen. Es gehörte zu Guttenbergs Persönlichkeit, dass Leidenschaft »auch wohl immer wieder als Rechtfertigung dienen musste, wenn Versuchungen nachgegeben wurde und daraus Passionswege (auch für andere) erwuchsen«, formulierte ein kluger Beobachter.[6] Enoch zu Guttenberg und die Frauen: Dieses Kapitel könnte ausreichend Stoff für ein eigenes Buch bieten.

Nach der Scheidung baute sich Christiane zu Eltz, die aufgrund ihrer Heirat und Mutterschaft unmittelbar nach dem Abitur keine Ausbildung genossen hatte, eine eigene Existenz auf. Sie wurde Leiterin der Frankfurter Niederlassung des Londoner Auktionshauses Sotheby's. 1985 heiratete sie Adolf Richard von Ribbentrop, einen Sohn des früheren NS-Reichsaußenministers Joachim von Ribbentrop. Zusammen mit ihrem zweiten Mann, Kunstliebhaber wie sie selbst, unterhielt sie eine Galerie für zeitgenössische Kunst in ihrem Heimatort Eltville am Rhein. Dann übersiedelte das Paar nach Oberbayern.

Für Enoch zu Guttenberg war die Scheidung mit einem Reputationsverlust verbunden. »In der katholischen Aristokratie galt es damals als völlig indiskutabel, sich scheiden zu lassen. Dafür wurde ich eine Zeitlang wenig bis nicht mehr auf Feste, Hochzeiten oder ähnliche Veranstaltungen eingeladen«, sagt Guttenberg. Ohnehin sei er schon als »spinnerter« Musiker verschrien gewesen. »Damals hieß es: Den Enoch kann man nicht mit der Zange anfassen. Umweltschutz galt damals als eine linke Spinnerei, und weil ich zu dieser Zeit studierte, galt ich als 68er, auch wenn ich keiner war.« Auf den »Bauernchor« in Neubeuern habe man sowieso naserümpfend herabgeblickt, »nicht zu vergessen, dass der Betrieb im Eimer war«.[7]

Das habe sich erst wieder geändert, als sich bei ihm sowohl künstlerisch als auch wirtschaftlich Erfolge eingestellt hätten. Da »saßen die Leute auf einmal in der ersten Reihe im Konzert und haben mich wieder eingeladen«.[8]

On tour: Guttenberg als alleinerziehender Vater

Die beiden Kinder blieben nach der Scheidung in der Obhut des Vaters. Dieses Arrangement scheint ungewöhnlich, doch hatte sich Guttenberg mit seinem Wunsch durchgesetzt, die Stammhalter müssten in enger Beziehung zum oberfränkischen Familiensitz aufwachsen. Dass schließlich Neubeuern, nicht Schloss Guttenberg zu ihrem Lebensmittelpunkt wurde, steht auf einem anderen Blatt.

Christiane zu Eltz war zwischenzeitlich nach Frankfurt am Main und in die Nähe ihrer Eltern gezogen, doch sah sich die Familie zu Familienfesten oder bei den regelmäßigen Jagdgesellschaften. Die Ferien verbrachten die

Söhne oft bei ihrer Mutter in Frankfurt oder bei den Großeltern in Eltville. »Sie war eine wunderbare Mutter, auch nach der Trennung. Beide Elternteile haben es verstanden, diese Scheidung nicht zum Problem für uns Kinder werden zu lassen«, sagt Karl-Theodor zu Guttenberg rückblickend.

Enoch zu Guttenberg führte fortan das Leben eines alleinerziehenden Vaters, damals ein unübliches Rollenmodell, besonders in Adelskreisen. Allerdings war Guttenberg nicht wirklich allein, denn mit Ruth Lippert, genannt Lulla, stand ihm eine Frau zur Seite, ohne die ihm der Spagat zwischen Kindererziehung, Sanierung des Familienbesitzes und seinem Beruf als Dirigent vermutlich nicht gelungen wäre.

Leben in der Kommune

Ruth Lippert war etwa zehn Jahre älter als Enoch zu Guttenberg. Sie kam nach dem Krieg als Flüchtlingskind aus Schlesien nach Guttenberg, wo zeitweise mehr als 100 Heimatvertriebene auf dem Schloss lebten. Zunächst führte sie Karl Theodor zu Guttenbergs Haushalt in Bonn. Nach dessen Tod war sie für Enochs Mutter Rosa Sophie im Schloss tätig. »Ich kannte Lulla seit ich lebe, sie wurde für mich so etwas wie eine Schwester.« Nach der Scheidung habe sie ihm ihre Hilfe angeboten. »Sie war wirklich eine Art Ersatzmutter, Tag und Nacht, Samstag und Sonntag, in den Ferien, sie war immer da. Ohne sie hätte ich das nie geschafft.« Später kümmerte sie sich auch um die Söhne Johann und Paulinus aus Guttenbergs zweiter Ehe mit Ljubka Biagioni.

Von einem Leben in gehobenen Verhältnissen war zu Anfang keine Rede. Im Schloss konnte Guttenberg nach der mühsam abgewendeten Pleite nicht mehr wohnen – »so ein Haus geht nur mit Personal«. Der Stammsitz wurde einstweilen zum Wochenend- und Ferienort. Die kleine gemeinsame Wohnung in Neubeuern – Wohnzimmer, Schlafzimmer, Klavierraum, Kleinstküche, Bad und Klo – glich einer Art Kommune. »Sie [Lulla] schlief im Wohnzimmer und teilte das Bett mit Philipp, und ich schlief in einem Bett mit Karl-Theodor, so spartanisch war das.« Trotzdem fand Guttenberg das unkonventionelle Dorfleben jenseits aller Etikette »famos«.[9]

Die Kinder führten zusammen mit ihrem Vater und der Kinderfrau ein Vagabundendasein mit häufigen Ortswechseln, das keiner Norm entsprach. Dabei behandelte Enoch seine Kinder wie Brüder oder kleine Erwachsene. »Er hat sehr viel Wert darauf gelegt, dass wir als Buben immer überall dabei waren«, erinnert sich Karl-Theodor zu Guttenberg. »Wenn zum Beispiel [der Musikkritiker] Joachim Kaiser, [der *FAZ*-Feuilletonchef] Joachim Fest und [der französische Historiker] Joseph Rovan an einem Tisch saßen, war das

Mit Söhnen Philipp und Karl-Theodor in Kanada

für einen Teenager natürlich hoch spannend. Man hat da zwar meistens nur Bahnhof verstanden, war aber trotzdem fasziniert von manchen Inhalten, die dort eine Rolle spielten.«[10]

Enoch handelte ähnlich wie sein eigener Vater, der den Nachwuchs bei Arbeitsessen mit wichtigen Persönlichkeiten wie Herbert Wehner nicht an den Katzentisch verbannte und auf eine verwunderte Frage Wehners geantwortet haben soll: »Auf die kann ich mich mehr verlassen als auf meine Parteifreunde.«[11] Diese völlige Offenheit und Vertrautheit habe auch Enochs Seelenleben und seine häufig wechselnden Frauenbekanntschaften betroffen, sagt Philipp zu Guttenberg. »Da dies schon seit frühester Kindheit der Fall war, haben wir uns nie Gedanken darüber gemacht.«

Regelmäßig begleiteten die Knaben den Vater auf seinen Konzertreisen und wurden dabei mit hohen Dosen klassischer Musik traktiert, obwohl sie womöglich andere Klänge bevorzugt hätten. Während einer Pause im berühmten Teatro Colón in Buenos Aires vertrieb sich das Männertrio die Zeit mit Schwarzer Peter, und später, als Guttenberg sich eine eigene Jagd im österreichischen Tennengebirge leisten konnte, wurde nach dem Alphabet um die Wette gerülpst, »spätestens bei K hat mich einer der beiden besiegt«.[12]

Solche skurrilen Geschichten über gemeinsame »Bubenstreiche« hatte Enoch zu Guttenberg zuhauf parat und gab sie im geselligen Kreis und gegenüber Journalisten gerne zum Besten. Manche entziehen sich einem nachträglichen »Faktencheck«, und sie täuschen wohl auch darüber hinweg, dass Guttenbergs Erziehungsmethoden nicht immer im modernen Sinne kindgerecht waren.

Dass Guttenberg ein guter, wenn auch ungewöhnlicher Vater gewesen sein muss, zeigt ein häufig veröffentlichtes Familienfoto. Man sieht darauf den Vater mit Karohemd und Safarihut, eine Grimasse schneidend, wie er von seinen Söhnen im Military- bzw. Outdoor-Look, mittlerweile im Teenageralter, simultan abgebusselt wird. Eine skurrile Familienidylle.

Nach dem Abitur in Neubeuern sollte Philipp in Schottland Forstwirtschaft und Ökologie studieren und dabei seine Frau Alexandra aus dem namhaften Clan der MacDonald kennenlernen. Neun Jahre lang bis zum Tod seines Vaters setzte er sich als Präsident der Arbeitsgemeinschaft Deutscher Waldbesitzerverbände und Vizepräsident des Europäischen Waldbesitzerverbandes für die Interessen privater Forstunternehmer ein. Vielleicht wäre er Umwelt- oder Agrarminister in Rheinland-Pfalz geworden, wenn die dortige CDU-Vorsitzende und spätere Bundeslandwirtschaftsministerin Julia Klöckner die Landtagswahl 2016 für ihre Partei gewonnen hätte. Jedenfalls hatte ihn Klöckner in ihr »Kompetenzteam« berufen.

Karl-Theodor begann seine höhere Schullaufbahn auf einem humanistischen Gymnasium in Rosenheim, absolvierte die elfte Klasse in einem US-Elite-Internat, studierte schließlich in Bayreuth Jura, wo er auch seine verhängnisvolle Dissertation schrieb, und profilierte sich schon in seinen Zeiten als CSU-Bundestagsabgeordneter als überzeugter Atlantiker. Nach seinem Rückzug aus der Politik infolge der Plagiatsaffäre ließ er sich zunächst in den USA nieder. Er ist Gründer und Mitinhaber einer New Yorker Investment- und Beratungsfirma und seit dem Jahr 2000 mit Stephanie zu Guttenberg, einer geborenen Gräfin zu Bismarck-Schönhausen, verheiratet.

Ganz anders als die meisten Eltern, die sich schon im Grundschulalter um die Karriere ihrer Kinder sorgen, vermied es Guttenberg, sich in die schulischen Belange seiner Kinder einzumischen. Da sei er sehr offen gewesen, »vielleicht zu offen«, sagte er mit einem Anflug von Selbstkritik. »Ich bin fast nie zu Elternabenden gegangen, weil ich gesagt habe: Das ist euer Job und eure Verantwortung, das müsst ihr allein schaffen.«[13]

Wahrscheinlich dachte er dabei an seinen eigenen schulischen Leidensweg und die wenig erfolgreichen Bemühungen der Eltern, ihn zu angemessenen Leistungen in den klassischen Fächern zu bewegen. Der Vater sei diesbezüglich »fast radikal antiautoritär« gewesen, sagt Karl-Theodor zu Guttenberg. »Er wollte nur, dass man das, wozu man sich entschieden habe, mit Passion macht. Wenn man damit ganz nach oben komme, gut. Wenn das nicht der Fall sei, solle man glücklich mit dem Gewählten sein.«

Bei aller Nonchalance achtete Guttenberg stets darauf, seinen Kindern den Wertekanon eines alten Adelsgeschlechts zu vermitteln. »In manchem war ich unerbittlich streng, zum Beispiel bei den Manieren.« Dazu zählten Selbstverständlichkeiten wie aufzustehen, wenn eine Dame den Raum betritt, oder die gute Sitte, dass man eintreffenden Gästen unter allen Umständen das Handgepäck abzunehmen und ins Gästezimmer zu tragen habe, selbst wenn ein Butler zur Stelle ist. Als Karl-Theodor zu Guttenberg Verteidigungsminister war, brachte er es bei einem Fototermin im Ministerium fertig, einem ob solcherart Noblesse verdutzten Fotografen der *Bild am Sonntag* den schweren Alu-Koffer mit der Kameraausrüstung abzunehmen. »Im Grund genommen die alte Schule, mit allem, was dazu gehört«, sagt Enoch zu Guttenberg. »In meiner Jugend nannte man das noch ritterliches Benehmen.«[14]

Nach seiner Trennung lebte Guttenberg ein Vierteljahrhundert lang in wechselnden Beziehungen. Die Frauen lagen dem charismatischen Künstler und Aristokraten zu Füßen, später gesellte sich zu diesen Attraktionen die nicht zu unterschätzende Erotik des Geldes. Guttenberg war ein überaus emotionaler Mensch, bei dem manche Eroberung gleich zur unsterblichen Liebe wurde. Trennungen entwickelten sich nicht selten zum Drama, das einem Opernlibretto entstammen könnte, mehr als einmal drohte er, sich aus Liebeskummer zu erschießen. »Es waren lange Jahre schmerzvoller Irrwege und Einsamkeiten«, schreibt er in einem anrührenden, autobiografischen Text, der im nächsten Abschnitt auszugsweise dokumentiert werden soll.[15]

Unstandesgemäß: Guttenbergs Ehe mit Ljubka Biagioni

»Die langen ehelosen 25 Jahre waren geprägt vom Familienleben mit den Söhnen. In Neubeuern von Musik, Konzertreisen, Umweltschutz und der Sanierung der Guttenbergischen Betriebe. Und der Sehnsucht nach einer Frau. Das Wunschbild dieser Frau, so schien es, war nicht zu haben. Brauchte ich selbst viele, viele Jahre, die Musikerexistenz Enoch zu Guttenberg mit allen ihren Nebenästen und exotischen Blüten und das Kettenglied der Guttenberg-Generationen Enoch unserer von Pflichten und Verantwortung geprägten Familie zu einer authentischen Person zusammenzuführen. Banal gesagt, die Künstlerin scheute das Schloss, die Gräfin die Bühne. [...] Es waren lange Jahre schmerzvoller Irrwege und Einsamkeiten. Und dann saß sie, Ljubka, hinter mir in einer Aula in Italien.«

Möglicherweise waren diese Zeilen, die er dem Journalisten Constantin Magnis vorlas, für einen autobiografischen Roman mit dem beziehungsreichen Titel *Der Dilettant* bestimmt, den Guttenberg zu schreiben beabsichtigte und der nach seinem Tod veröffentlicht werden sollte. Er lernte seine zweite Frau kennen, als sie als Assistentin an der Seite Gustav Kuhns arbeitete, über den schon im Kapitel über die Herrenchiemsee Festspiele berichtet wurde. Zwischen den beiden lagen Welten. Ljubkas Eltern waren orthodoxe Kommunisten, der Vater, Eligio Biagioni, war Bürgermeister einer Vorstadt von Florenz und später hoher Gewerkschaftsfunktionär. Er war in seiner Jugend in der Sowjetunion gewesen und verehrte Stalin bis zuletzt. Seine Frau, eine Bulgarin, arbeitete in der bulgarischen Botschaft in Rom; er hatte sie über die kommunistische Partei kennengelernt.

Die Familie lebte in bescheidenen Verhältnissen, Eligio Biagioni soll fast seine gesamten Einkünfte für soziale und politische Zwecke gespendet haben. »Wer ihn zum ersten Mal in seiner römischen Dreizimmerwohnung, die er mit Frau und Tochter teilte, sah, traute seinen Augen nicht, bedrückende Enge, winzige Zimmer, das Nötigste zum Sitzen, Essen und Schlafen«, schreibt Guttenberg. »Ich kannte während meiner Kapellmeisterzeit in Polen und in der Tschechoslowakei viele Musikerwohnungen, und zwar während der Kommunistenzeit. Sie erschienen mir nachträglich fast als unanständige Paläste gegen die Behausung der Biagionis.«

Ljubka interessierte sich weniger für Politik als für Musik. Nach einigen Jahren Klavierunterricht ging sie mit einem Stipendium an die Nationale Musikakademie in Sofia, wo sie eine Ausbildung als Chor- und Orchesterdirigentin mit Auszeichnung abschloss. Später studierte die Überfliegerin in Rom noch Philosophie und arbeitete in diversen Meisterkursen unter anderem bei Valery Gergiev weiter an ihrer Karriere als Dirigentin.

Ljubka Biagioni ist eine ungewöhnliche Frau, attraktiv und willensstark, polyglott und begabt mit einem Gedächtnis, das sie Partituren, ganz anders als Guttenberg, prima vista lernen lässt. Als Dirigentin verfüge sie über »goldene Hände«, sagt Kuhn. »Sie wusste genau, wie sie einen Klang mit den Händen sozusagen erzählen kann. Das war ihre Stärke.«

Dass Guttenberg dieser Frau verfiel, ist nachzuvollziehen. Aber nach 25 Junggesellenjahren wollte er ihr wohl auch verfallen, wollte endlich ein Eheleben, um das er seine in wohlgeordneten familiären Verhältnissen lebenden Schwestern so beneidete. Warnungen von Familienangehörigen und Freunden, dass die Beziehung mit der 21 Jahre jüngeren Frau aus ganz anderen gesellschaftlichen Verhältnissen, die noch dazu kein Wort Deutsch sprach, nicht gut gehen könne, schlug er in den Wind.

Hochzeitstorte mit Hammer und Sichel

Dabei war sicher auch männlicher Stolz über seine Eroberung im Spiel, die er selbst mit der Kamera in offenherzigen Posen porträtierte. Und heimliche Freude über die langen Gesichter, die mancher Standesgenosse und manches

Familienmitglied machen würde, wenn sie erführen, dass der fränkische Edelmann sich anschicke, die Tochter italienischer Kommunisten zur Frau zu nehmen. Wieder einmal konnte er sich in seiner Rolle als Enfant terrible profilieren. Die herkunftsmäßigen Antagonismen wurden entsprechend zelebriert, mit einer Hochzeitstorte, die zur Hälfte das Guttenberg'sche Wappen, zur anderen Hälfte Hammer und Sichel, das Symbol der Weltrevolution zeigte. In Zuckerguss.

Doch ganz so spielerisch-heiter war das Aufeinandertreffen extrem gegensätzlicher Gesellschaftsmodelle wohl nicht. Guttenberg empfand seine Verlobungszeit als einen »späten Kampf der Väter«, zweier »am Zusammenbruch der Wahrheit und Begründung ihrer Leben« zerbrochenen Männer. »Es war ein Stellvertreter-Krieg zwischen der Tochter der einen und dem Sohn der anderen Partei«, formuliert Guttenberg pathetisch. »Wir kreuzten die Klingen, wir kämpften jeden Tag, jede Woche, jeden Monat. Oft griff der alte Biagioni, ein erprobter Partisan, mit aller Härte ein und ich, posthum noch geführt von meinem Vater, versuchte mit der Dialektik der 30er und 70er Jahre die Argumente zu führen.«

Der Kampf habe, so Guttenberg, nicht in Sieg und Niederlage geendet, sondern »in der alten Erkenntnis, dass jede Heilslehre eben dem Heil der Menschen gewidmet und von eben diesen immer gleich missbraucht und immer neu verraten wird.« Alle Menschen werden Brüder – was Enoch zu Guttenberg in seiner Interpretation von Beethovens 9. Sinfonie so nachdrücklich infrage stellte, wollte er in familiärer Beziehung in Gewissheit verwandeln. Vergaß »man« wirklich, wo man saß? Vielleicht zu schön, um wahr zu sein.

In seine zweite Ehe stürzte sich Guttenberg genauso beherzt wie einst in die Verbindung mit Christiane zu Eltz. Kennengelernt hatte er Ljubka Biagioni am 16. April 1997, ein Jahr später sind sie ein Ehepaar, und die Kommunistentochter darf sich jetzt Ljubka Freifrau zu Guttenberg nennen. Standesamtlich getraut werden die beiden in Rom, die kirchliche Zeremonie findet etwas später in Schloss Guttenberg statt.

Nach der Hochzeit gibt sich Ljubka Biagioni standesbewusst. Das Porträt, das sie für die Ahnengalerie in Schloss Guttenberg anfertigen ließ, zeigt sie in kühler Aristokratenpose, zu ihren Füßen ein Jagdhund, Beiwerk klassischer Adelsporträts. Daneben Guttenberg, mit offenem Lächeln, wildem Haar und in Shorts. »Ich bin der erste Guttenberg, der sich in kurzen Hosen hat malen lassen«, kommentierte er selbst den kalkulierten Fauxpas, der die spätere Entfremdung des Paares anschaulich dokumentiert.

Schon bald nach der Eheschließung legte Ljubka die Jägerprüfung ab. Und sie findet zum katholischen Glauben. In der Benediktinerabtei von Niederaltaich bei Deggendorf, deren langjähriger Abt Emmanuel Jungclaussen sich Jahrzehnte gegen einen Ausbau des letzten Stückes der frei fließenden Donau in Niederbayern engagierte, absolvierte sie an einem Tag Taufe, Erstkommunion und Firmung. Ein Crashkurs in Sachen Katholizismus. Bei der Feier sind nur der Zelebrant, ein Mönch und Guttenberg zugegen.

Später beginnt sie sogar ein Theologiestudium, das sie aber abbricht, als das erste gemeinsame Kind unterwegs ist. Biagioni wird zum Verehrer von Papst Benedikt XVI. »Ich lese alle seine Predigten und rede im Traum mit ihm«, sagt sie einmal.[16] Es ist der gleiche Mann, der Enoch zu Guttenberg dereinst als Münchner Erzbischof und Kardinal eine denkwürdige Abfuhr in Sachen Umweltschutz erteilt hatte.

Die aufstrebende Dirigentin Ljubka Biagioni zu Guttenberg hatte seit 2013 mit den Sofia Symphonics ein eigenes Orchester, zu dem später noch ein Chor hinzutrat. Als Projektensemble war der Klangkörper ähnlich strukturiert wie die KlangVerwaltung. Bei den Herrenchiemsee Festspielen präsentierte Biagioni mit den Sofia Symphonics unter anderem einen halbszenischen Zyklus italienischer Opern, Repertoire, das ihr Mann mied und das bei *AZ*-Rezensent Robert Braunmüller auf Befremden stieß: »Leider leistet sich das Festival seit Jahren programmatische Blößen: Man spielt Reißer, obwohl sich die Karten fast von selbst verkaufen. Wer braucht einen halbszenischen Puccini oder Verdi im Spiegelsaal des Schlosses?« Seine eigenen Ensembles vertraute Guttenberg ihr nur gelegentlich bei Familienfeiern an. »Wir haben das immer getrennt«, sagt Biagioni.

In den Jahren 2003 und 2005 wurden kurz hintereinander die Söhne Paulinus und Johann geboren. Eigentlich hatte Guttenberg keine Kinder mehr zeugen wollen in einer Welt, die seiner Meinung nach dem Untergang geweiht war. Als die Buben dann geboren waren, stellte sich die Frage: In welchem Geist sollen sie erzogen werden? Guttenberg, der sein unstetes Junggesellenleben eigentlich nicht aufgegeben hatte, wollte die Kinder auf ähnlich ungezwungene Weise aufwachsen sehen wie seine Söhne aus erster Ehe und sie auch in die Neubeurer Dorfgemeinschaft integrieren, zu der die Baronin eher Distanz hielt.

Jedenfalls war Guttenberg die heiß ersehnte familiäre Eintracht wieder einmal nicht beschieden. Die Temperamente der beiden Eheleute, die Herkünfte, Lebensstile und wechselseitigen Erwartungen waren wohl doch zu gegensätzlich. Basierte die Verbindung von Anfang an auf falschen Voraus-

Mit Ehefrau Ljubka und Söhnen Johann und Paulinus

setzungen? Sicher scheint, dass Enoch in der Ehe mit Ljubka Biagioni, abgesehen von der stürmischen Ouvertüre, immer weniger Erfüllung fand. Sie sah das anders und sagt, sie habe Enoch bis zuletzt geliebt.

Auf dem Papier bestand die Verbindung immerhin 19 Jahre, als sie 2016 geschieden wurde. Zuvor wurden die Neubeurer noch Zeugen eines skurrilen Schauspiels, als Eligio Biagioni – die Tochter hatte ihre Eltern mittlerweile nach Oberbayern geholt – auf dem Dorffriedhof zum Klang der *Internationale* beigesetzt wurde. Seine Frau entbot ihrem Mann auf der letzten Reise ins jenseitige Arbeiter- und Bauernparadies die erhobene Faust. Nach dem Tod der Mutter zog Biagioni ins oberfränkische Kulmbach, nur 14 Kilometer von Schloss Guttenberg entfernt. Zu den bayerischen Kommunalwahlen im März 2020 kandidierte sie auf der CSU-Liste für den dortigen Stadtrat, chancenlos auf Platz 30.

Exkurs: Guttenberg als Fotograf

Enoch zu Guttenberg war ein Multitalent. Zu seinen zahlreichen Begabungen und Leidenschaften zählte auch das Fotografieren. Der Vater schenkte ihm mit zehn Jahren an Weihnachten seinen ersten Fotoapparat, eine Agfa Klack, ein »sehr einfacher, sehr guter Fotoapparat«. Noch am Heiligen Abend habe ihm der Alte das Wesen der Fotografie erklärt: »Du musst die Dinge sehen, wie du sie sehen willst.« Dieser Satz habe ihn selbst sein Leben lang begleitet, »und nicht nur beim Fotografieren«.[17]

Karl Theodor zu Guttenberg senior war ebenfalls ein begeisterter Fotograf. »Ich liebte seine Bilder, Ihnen konnte man sich nähern, sie erzählten, was, oder besser wie mein Vater Menschen und Dinge sehen konnte«, schreibt Enoch. Die Bilder seien herzlich gewesen, humor- und liebevoll und immer ästhetisch. »Wenn ich die Bilder sah, konnte ich ihn furchtlos lieben.«[18]

In manchen Lebensphasen und auf vielen seiner Reisen und Tourneen war die Kamera sein ständiger Begleiter. Er knipste, was das Zeug hielt, und sammelte im Laufe der Jahre mehr als zehntausend Fotos an. Mehrere hundert davon wurden mithilfe seines Freundes Klaus J. Schönmetzler zu drei dicken Bildbänden zusammengefasst. Dass diese Bücher dann doch nicht in den Handel kamen, wie ursprünglich vorgesehen, war der angespannten Gefährdungslage der Familie infolge der wachsenden Popularität Karl-Theodors geschuldet. Fotos der minderjährigen Kinder Paulinus und Johann sollten nicht an die Öffentlichkeit gelangen.

Meist in Farbe aufgenommen, sind Guttenbergs Fotos Zeugnisse vergangener oder vergehender Welten, gegen deren Untergang er sich stemmte, indem er sie mit seiner Kamera – an die Stelle der Agfa Klack trat später eine Leica – festzuhalten gedachte. Porträts, Stillleben, Landschaften: die scheinbar unberührten Weiten Nord- und Südamerikas, die Savannen Afrikas, die Wüsten Arabiens, die Hochgebirgsidylle von Radmer in der Steiermark, Guttenbergs Jagd-Refugium, natürlich die eigene, oberfränkische Heimat und, direkt nach der Wende, ein Blick über den gerade gefallenen Eisernen Vorhang, eine Reise auf den Spuren des Vaters, der den Gedanken an die Deutsche Einheit nie aufgegeben hatte, eine Reise in eine Welt von gestern, die der real existierende Sozialismus mit seinen ökonomischen Nöten besser bewahrt hatte als Wirtschaftswunderdeutschland.

Guttenbergs fotografischer Stil ist der des Schnappschusses, der Reportage, doch ist hinter dem Gestus der Improvisation ein starker Gestaltungswille erkennbar. Die Unterschiede zwischen Musik und Fotografie seien nicht so groß, fiel dem Journalisten Klaus Rössner auf. Guttenberg fotografiere, wie er Musik mache, er nehme Stellung durch die Wahl seiner Motive und die Art, wie er sie abbilde. »Zu Guttenberg ist nicht nur ein Bekenntnismusiker. Er ist auch ein Bekenntnisfotograf.«[19]

Fast noch beeindruckender als seine Landschaften sind die Porträts von Menschen und Tieren, in denen sich Guttenberg als meisterhafter und zugleich überaus rücksichtsvoller Beobachter erweist: die Berufsjäger in der Steiermark mit ihren offenen, von Wind und Wetter gegerbten Gesichtern, die Neubeurer Choristen, Freunde wie Klaus J. Schönmetzler, Joachim Kaiser und Karel Schwarzenberg, und natürlich die eigene weitläufige Familie, inklusive Eligio Biagioni, der nicht zuletzt wegen der klobigen Brille wie ein

Double des früheren italienischen Ministerpräsidenten Giulio Andreotti aussieht, freilich mit erhobener Faust und Stalin-Porträt im Hintergrund.

Biografisch von besonderem Interesse ist Band II mit Fotos von Ljubka Biagioni, Johann und Paulinus: Ljubka als naives junges Mädchen, als Vamp, als elegante Römerin, Ljubka auf Safari, auf dem Schiff, im Kloster, Ljubka, die Baronin, die Jägerin, Ljubka, die hingebungsvolle Mutter, unbekleidet, die Brust nur vom eigenen Arm verdeckt, der den Säugling hält. Wenn man diese Bilder betrachtet, hat es den Anschein, als wollte Guttenberg eine erfüllende, harmonische Beziehung quasi herbeifotografieren.

Annus horribilis: Die Plagiatsaffäre

Der 1. März 2011, ein Dienstag, sollte in die Annalen des Hauses Guttenberg eingehen, wie auch in die Geschichte der Bundesrepublik Deutschland. An diesem Abend dirigierte Enoch zu Guttenberg den *Elias* von Felix Mendelssohn Bartholdy. Auf dem Podium der Münchner Philharmonie saßen die KlangVerwaltung, die Chorgemeinschaft Neubeuern, ein Augsburger Domsingknabe und ein fünfköpfiges Solistenensemble mit Susanne Bernhard als Witwe von Zarpat, der durch den Propheten Elias zweimal durch Wunder geholfen wird. Das Oratorium gehörte zu Guttenbergs Kernrepertoire.

Doch an diesem Abend war nichts wie sonst, denn wenige Stunden zuvor war sein ältester Sohn vom Amt des Bundesverteidigungsministers zurückgetreten. Der Druck in der seit knapp zwei Wochen schwelenden Plagiatsaffäre war zu groß geworden, und Karl-Theodor zu Guttenberg hatte bei einem legendären Presseauftritt im Berliner Bendlerblock, dem Sitz seines Ministeriums, alle politischen Ämter, einschließlich seines CSU-Bundestagsmandats niedergelegt. Ein Ende mit Schrecken.

Jürgen Candolfi erinnert sich mit großem Unbehagen an diesen Abend. »Also das war für mich der schrecklichste Tag, den ich in Guttenbergs Diensten erlebt habe.« Zunächst sei es darum gegangen, den vor der Philharmonie auf eine Äußerung des Vaters wartenden Presseleuten zu entgehen. »Wir haben das Auto gewechselt, sind durch die Hintereinfahrt rein, aber es war kaum durchzukommen«, sagt Candolfi. »Er hat nur noch geheult, aber das Konzert war nicht abgesagt worden, wir mussten das irgendwie über die Bühne bringen.«

Auf dem Podium fing sich Guttenberg wieder, und mit dem letzten Taktschlag sprangen alle 2000 Zuhörer von ihren Plätzen und applaudierten stehend. »Ostentativer Beifall: fast, so schien es, noch mehr für den fränkischen Freiherrn als für die Musik«, schrieb *SZ*-Kritiker Klaus P. Richter. Ein

Mit »KT« bei den Herrenchiemsee Festspielen

paar »wackelige Chor und Bläsereinsätze im ersten Teil« wollte der Rezensent nicht überbewerten: »Es war ein schwerer Tag für ihn.«[20] Guttenberg sagte später, er habe solch einen Applaus, nicht nur bei sich selbst, sondern auch bei seinen großen Kollegen noch nie erlebt.[21]

Wenn man heute die vielen Bücher und Medienberichte liest, die vor und nach der Affäre über Karl-Theodor zu Guttenberg geschrieben wurden, wundert es einen etwas, wie sich die eigentlich nicht weltbewegende Geschichte eines unredlich erworbenen Doktortitels zur Staatsaffäre auswuchs, die das Land noch Monate nach dem Rücktritt in Atem hielt. »Hottest news waren das, eine regelrechte Hysterie in jeder Beziehung!«, sagt der Journalist und Fotograf Markus Hurek, der damals in der Redaktion des Münchner Nachrichtenmagazins *Focus* arbeitete und Guttenbergs Auftritt am Tag des Rücktritts in bewegenden Bildern festhielt.

Seither gab es ähnliche Fälle, die weniger Aufmerksamkeit erregten, etwa die Aberkennung des Doktortitels von Annette Schavan, die nach ihrem Rücktritt als Wissenschaftsministerin mit einem gefälligen Posten als Botschafterin beim Heiligen Stuhl versorgt wurde. Sie durfte sich weiterhin der vollen Rückendeckung der Bundeskanzlerin erfreuen, wie auch Ursula von der Leyen, gegen deren Doktorarbeit ebenfalls, wenn auch weniger schwerwiegende Plagiatsvorwürfe erhoben wurden. Heute ist sie Präsidentin der EU-Kommission. Freunde Guttenbergs sind überzeugt, dass dessen spektakulärer Sturz damit zusammenhänge, dass er Angela Merkel als politischer Konkurrent zu gefährlich geworden sei.

Vielleicht war es aber einfach auch die Tatsache, dass es sich bei Guttenberg um den ersten derartigen Fall handelte. Zudem hatte sich der Baron über Jahre konsequent als Politiker neuen Typs präsentiert und inszeniert, als unabhängig, unbestechlich, demütig gegenüber dem hohen Amt und der vom Volk übertragenen Verantwortung, einzig »der Sache« bzw. der eigenen Überzeugung verpflichtet. Dazu kam die Aura alten Adels und nicht ganz so alten Geldes. Guttenberg, so analysiert der frühere *Zeit*-Feuilletonchef Jens Jessen, habe eine »bürgerliche Sehnsucht nach einem politischen Jenseits« bedient, »fern der demokratischen Kompromissbildung und Gleichmacherei, in dem noch unbeugsame Charaktere und echte Überzeugungen gedeihen«.[22]

Guttenberg junior sagt, die Medien hätten ihn ebenso gnadenlos hochgeschrieben wie sie ihn dann brachial abserviert hätten. »Beides hatte eine im Geschäft nachvollziehbare Logik, aber ich wurde auch irrational überschätzt.« Das ist eine Seite der Medaille. Doch die Fallhöhe der Affäre entwickelte sich auch aus den enorm hohen Ansprüchen, die Guttenberg an sich selbst und die Politik stellte und die er schließlich in den Augen seiner Kritiker und von Teilen der Öffentlichkeit nicht zu erfüllen vermochte.

Der Aufstieg Karl-Theodor zu Guttenbergs in der deutschen Politik vollzog sich in atemberaubenden Tempo. Erstmals wird er 2002 für die CSU in den Bundestag gewählt, wird Obmann der CDU/CSU-Fraktion im Auswärtigen Ausschuss und Sprecher für Abrüstung, Nichtverbreitung und Rüstungskontrolle. Seit er im November 2007 mit einer fulminanten Rede und gegen das Partei-Establishment das mächtige Amt eines CSU-Bezirkschefs von Oberfranken erringt, gilt er nach den Worten des früheren bayerischen Ministerpräsidenten Horst Seehofer als »gewaltiges politisches Talent«.

Im Oktober 2008 ernennt ihn Seehofer zum neuen CSU-Generalsekretär, nur vier Monate später sitzt er als Bundeswirtschaftsminister an Merkels Kabinettstisch. Bei der Bundestagswahl am 27. September 2009 erzielt Guttenberg in seinem Wahlkreis Kulmbach mit 68,1 Prozent das bundesweit beste Erststimmen-Ergebnis, vier Wochen darauf amtiert er schon in einem Schlüsselressort. Er ist der jüngste Verteidigungsminister, den es bisher in der Bundesrepublik gegeben hatte.

Enoch zu Guttenberg nahm regen Anteil an der rasanten Karriere seines ältesten Sohnes. In dessen kurzer Zeit als Bundeswirtschaftsminister hoffte der Vater, er werde einen Wandel im Verhältnis von Ökologie und Ökonomie bewerkstelligen. »Ich nehme stark an, dass er da etwas auf der Agenda hat. Ich glaube, wir können auf diesem Gebiet einiges von ihm erwarten«, sagte Guttenberg. »In der Analyse, dass wir vor gewaltigen Problemen stehen, denke ich, gibt er mir Recht. Im Gegensatz zu mir ist er aber ein hoffnungsfroher Mensch, der glaubt, dass es an seiner Generation liegt, die Dinge wieder in Ordnung zu bringen.«[23]

Der Medienrummel um Guttenberg, der schon als künftiger Bundeskanzler gehandelt wurde, nahm zum Teil beängstigende Formen an. Von der ungeheuren Popularität des Sohnes profitierte auch der Vater. »Es lag ein ganz anderer Fokus auf der Familie als üblich. Und es haben sich plötzlich Leute für meinen Vater interessiert, die ihn sonst gerne links liegen gelassen hätten«, sagt Karl-Theodor. Das machte sich auch an der Konzertkasse bemerkbar. »Die Konzerte von Enoch zu Guttenberg haben sich immer gut verkauft, aber natürlich war durch die Aktualität eine leichte Steigerung der Ticketverkäufe zu spüren«, sagt dessen langjähriger Konzertmanager Andreas Schessl.

Doch der Aufmerksamkeitsschub weckte bei Enoch ambivalente Gefühle. »Er sagte einmal, es nerve ihn schon, dass die immer erst nach dir fragen«, erinnert sich Karl-Theodor. Jahrzehntelang hatte der Vater hartnäckig um seine Anerkennung als Dirigent und Interpret kämpfen müssen, zuerst gegen den eigenen Vater, dann gegen eine missgünstige Presse und immer gegen quälende Selbstzweifel. Nun musste er zusehen, wie ihn der eigene Sohn in den Schatten stellte. »Manchmal merkte man in ein, zwei kleinen Nebensätzen, dass es an ihm nagte. Er sagte das nie boshaft, immer liebevoll. Aber es war sicherlich nicht ganz einfach für ihn.«

Medien-Tsunami überrollt Guttenberg

Die Plagiatsaffäre bricht über die Familie völlig unerwartet herein, »wie ein Tsunami«, formulierte es Enoch zu Guttenberg.[24] Die *Süddeutsche Zeitung* brachte am 16. Februar 2011 einen ersten Bericht über Zweifel an der wissenschaftlichen Korrektheit von Karl-Theodors Dissertation *Verfassung und Verfassungsvertrag*, mit der er vier Jahre zuvor an der Universität Bayreuth den Doktortitel erworben hatte. Dann konnte man auf der Webseite GuttenPlag Wiki live mitverfolgen, wie die Netzcommunity immer mehr Textstellen identifizierte, die augenscheinlich ohne oder nur mit unzureichender Quellenangabe aus den Werken anderer Autoren abgeschrieben worden waren.

Zunächst sprach Guttenberg, gerade auf Truppenbesuch in Afghanistan, von »abstrusen« Vorwürfen. Doch die Dynamik der Politaffäre entfaltete sich unerbittlich und führte an besagtem 1. März zu Guttenbergs Rücktritt von allen politischen Ämtern. Nach zwei dramatischen Wochen, in denen sich die Ereignisse überschlugen, war bei den Guttenbergs fast nichts mehr wie zuvor. Und der gerade noch wie ein Messias verehrte fränkische Freiherr wurde von den Medien zum »Lügenbaron« gestempelt.

Enoch zu Guttenberg erfuhr erst aus der Zeitung, welcher Sturm sich über dem Kopf seines Sohnes und der Familie zusammenzog. Nach ein paar

Tagen – die Kanzlerin hatte ein erstes Rücktrittsgesuch ihres in Bedrängnis geratenen Ministers abgelehnt – rief der Vater an und schlug dem Sohn vor, nach Berlin zu kommen. »Ich habe das zunächst dankend abgelehnt, denn ich wusste ja, wie emotional er war«, sagt Karl-Theodor. »Das Letzte, was ich damals gebrauchen konnte, war jemand wie mein Vater, der Katastrophenstimmung verbreitet.«

Dann ließ ihn der Sohn aber doch nach Berlin kommen, in die Höhle des Löwen. »Er hatte mir versprochen, nur da zu sein, und war mir dann wirklich eine wunderbare emotionale Stütze. Er hat mich in keiner Form in irgendeine Richtung gedrängt. Das Einzige, was er noch gemacht hat, war, dass er meine Rücktrittserklärung durchgelesen hat. Er hat aber nichts korrigiert, sondern nur gesagt, er hätte das auch so formuliert.«

In diesen Tagen befanden sich Dorf und Schloss Guttenberg im Belagerungszustand. Heerscharen von Journalisten versuchten, das direkte Umfeld der Familie auszuleuchten, und waren auf der Jagd nach Neuigkeiten nicht zimperlich. »Die Palette reicht von mehrfachem Hausfriedensbruch bei uns in Guttenberg – man hat Familienmitgliedern und unserem Personal regelrecht aufgelauert – bis hin zu Bestechungsversuchen mit Summen in fünfstelliger Höhe bei Menschen aus meiner näheren Umgebung, um auf diese Weise Dinge aus unserem Privatleben zu erfahren«, entrüstete sich Guttenberg. Und niemand habe sich offenbar gefragt, wie es eigentlich den »Delinquenten öffentlicher Hinrichtungen« ergehe.[25]

Über ein Zerwürfnis zwischen Enoch zu Guttenberg und seinem Sohn infolge der Plagiatsaffäre ist nichts bekannt. In der Öffentlichkeit stellte sich der Vater rückhaltlos hinter seinen schwer bedrängten Sohn. Nur gelegentlich meinte er, sein Ältester sei vielleicht zu jung zu hoch aufgestiegen und habe zudem unter starkem innerfamiliärem Leistungsdruck gestanden.

Right or wrong, my family: Bei einer Demonstration von Guttenberg-Fans in seinem Heimatort erklimmt der Alte einen Traktoranhänger und wirkt dabei wie ein Volkstribun. Das »Geifern und der Jagdrausch« bestimmter Medien machten ihm Angst, ruft er der Menschenmenge entgegen, viermal mehr als der Ort Einwohner hat. Er habe sich nicht vorstellen können, »dass so eine Menschenjagd« nach 1945 noch einmal möglich sei. Dann drückt ihm ein Bäcker aus dem Nachbarort eine Torte in die Hand mit dem Schriftzug: »Karl-Theodor, wir stehen zu Dir.«[26]

Noch näher als zuvor seien sie sich in dieser schweren Zeit gekommen, sagt der einstige politische Shootingstar. »Das war die logische Konsequenz unseres ohnehin sehr engen Verhältnisses.« Der Vater habe ihn nur einmal gefragt, »wie das ganze Ding genau gelaufen« sei. »Ich habe ihm das geschildert, und das war es dann.« In einem Interview mit *Zeit*-Chefredakteur Giovanni di Lorenzo, das auch als Buch erschien, spricht Guttenberg von der »denkbar größten Dummheit meines Lebens«.[27] Enoch glaubt dem Sohn. »Mir als Vater hat er jedenfalls nie einen Grund gegeben, an seiner Wahrhaftigkeit zu zweifeln.«[28] Für die enorme Durchschlagskraft der Affäre machte der Alte vor allem die Medien verantwortlich.

Den bislang makellosen Ruf seiner Familie, der sich besonders aus der aktiven Beteiligung mehrerer seiner Vorfahren am Widerstand gegen das Nazi-Regime speiste, sieht Enoch zu Guttenberg infolge des Plagiatsskandals beschädigt. Für ihn nicht nur eine Frage der Ehre, denn auf diesem Ruf basierte auch die Glaubwürdigkeit seiner scharfen Umweltrhetorik. Später ironisiert er die Affäre und streut in Vorträgen und Interviews Seitenhiebe auf die eigene Sippe ein. Die Guttenbergs hätten ja manchmal »so ihre Probleme beim Zitieren«. Das erregte Heiterkeit und brachte dem Redner Sympathiepunkte.

Doch auch über diese Angelegenheit wächst Gras. Mit einem gewissen Abstand versuchte Enoch zu Guttenberg, im Annus horribilis 2011 das Positive zu sehen: »Schlechte, selbst ungerechte, ja böse Kritiken haben mich immer weitergebracht; Jubelkritiken sind gefährlich, sogar sehr gefährlich«, bekennt er in dem zu seinem 65. Geburtstag erschienenen biografischen Bildband. »Alles in allem: Was Karl-Theodor jetzt ausgelöst und mitgemacht hat, stellt sich für ihn und die Familie auf Dauer vielleicht wirklich als stärkendes Drachenblut heraus.«[29]

Letzte Liebe: Die Sopranistin Susanne Bernhard

»Huch, was ist denn mit Enoch zu Guttenberg geschehen?« Ulrich Amling, Rezensent des *Tagesspiegels*, war überrascht, als er im November 2017 ein Konzert mit Mendelssohns *Sommernachtstraum* in der Berliner Philharmonie besprechen sollte. In der Vergangenheit sei der Baron stets »glattrasiert und mit tadellos pomadiertem Haar« auf dem Podium erschienen.[30] Doch nun »widerstehen Silberhaar und Bart jeglicher Bändigung«, schreibt der Musikjournalist. »Was man Guttenberg nie direkt ansah, seine Widerspruchslust, seine Leidenschaft für das Ungeglättete, nun fällt es als Erstes ins Auge.«

Wer Guttenberg in seinen letzten Lebensjahren gegenübertrat, konnte tatsächlich denken, einen anderen Menschen vor sich zu haben. Der adrette Adelslook war passé. Stattdessen zeigte sich Guttenberg mit wildem Haupthaar von fast Beethoven'scher Widerspenstigkeit und lässigem Stachelbart. Tuch oder Krawatte vertauschte er zuweilen mit einem modisch um den Hals geschlungenen, überlangen Schal. Das trendige Accessoire war ein Geschenk seiner fast 30 Jahre jüngeren Freundin und späteren Verlobten Susanne Bernhard.

Metamorphose eines Blaublüters

Unter ihrem Einfluss schien es, als habe Guttenberg den Blaublüter ein Stück weit hinter sich gelassen und mit ihm die Ansprüche an seine Person, die ihn von Kindheit an begleiteten. Doch nicht alle aus seinem Umfeld goutierten die Metamorphose. »Das hat ihn älter gemacht, ich fand den Bart einfach scheußlich«, sagt Guttenbergs Schwester Elisabeth von Stauffenberg. Auch seine erste Frau Christiane zu Eltz war nicht begeistert. »Aber er selbst hat sich ungeheuer wohlgefühlt«, erinnert sich Susanne Bernhard. »Er hat gesagt, dass er sich kaum noch wiedererkennt, wenn er die alten Bilder sieht.«

Mit solcherlei Äußerlichkeiten ging einher, dass Guttenberg immer mehr Zeit außerhalb seines oberfränkischen Stammsitzes oder seiner Dependance in Neubeuern verbrachte, die er im Zuge seiner Scheidung Ljubka Biagioni überschrieben hatte. Er verlagerte seinen Lebensmittelpunkt mehr und mehr nach Maising, einem Dorf auf dem Landrücken zwischen Starnberger- und Ammersee. Dort bewohnte Bernhard den elterlichen Gutshof gegenüber dem Wirtshaus und der Dorfkirche. »Der Enoch war viel bei mir, also in meinem Hof. Den fand er immer sehr gemütlich und schön.«

In dieser oberbayerischen Idylle hatte die Sopranistin – ihre Eltern waren Lehrer und betrieben nebenher eine kleine Landwirtschaft – eine bodenständige Kindheit verbracht, ganz ohne die Insignien von Reichtum, Macht und Bedeutung. 1995 begann sie ein Gesangsstudium an der Münchner Musikhochschule und debütierte zwei Jahre später als Susanna in Mozarts *Le nozze di Figaro* in einer Produktion der Bayerischen Theaterakademie im Münchner Prinzregententheater. Erst 23-jährig wurde sie im Jahr 2000 als lyrischer Koloratursopran Ensemblemitglied am Opernhaus in Kiel. Dort sang sie unter anderem die Violetta in Verdis *La traviata*, eine Rolle, die sie 2008 auch an die renommierte Oper in Frankfurt am Main führte.

Ein Jahr zuvor hatte ihre künstlerische Zusammenarbeit mit Enoch zu Guttenberg begonnen, den sie 2004 bei einem Vorsingen in Neubeuern kennenlernte. Zunächst sang sie in mehreren Produktionen von Ljubka Biagioni, die sich damals noch Ljubka zu Guttenberg nannte. Bei den Herrenchiemsee Festspielen 2004 interpretierte sie Richard Strauss' *Vier letzte Lieder*, begleitet von Guttenbergs Frau am Pult des Prager Kammerorchesters. Im Programmheft präsentierte sie Guttenberg als »junge, phänomenale Sopranistin, die ganz am Anfang ihrer Karriere steht«.

Guttenberg im Jahr 2016: Weniger Baron, mehr Künstler

Ihr erster gemeinsamer Auftritt mit Enoch zu Guttenberg fand im März 2007 im Festspielhaus Baden-Baden statt; im November des gleichen Jahres sang sie erstmals unter ihm das Verdi-Requiem. Mit dieser anspruchsvollen, opernhaften Sopranpartie sollte sie nun oft mit ihm zusammen auf der Bühne stehen. Dazu kam schon im Januar 2018 Beethovens *Missa solemnis*, die auch auf CD erschien und von Presse und Publikum begeistert aufgenommen wurde.

Mit der Zeit avancierte Susanne Bernhard zu einer von Guttenbergs wichtigsten Sängerinnen. Zusammen erarbeiteten sie Mozarts c-Moll-Messe, die *Krönungsmesse* und das Requiem, Beethovens 9. Sinfonie, Dvořáks Requiem und Stabat mater, Schumanns *Das Paradies und die Peri*, Brahms' *Deutsches Requiem*, Bachs Magnificat unter anderem auf der letzten Nordamerika-Tournee und Bruckners Te Deum. In der zweiten Serie von Guttenbergs *Zauberflöte* im November 2013 im Münchner Prinzregententheater sang sie die Pamina und in einer konzertanten Aufführung von Beethovens *Fidelio* bei den Herrenchiemsee Festspielen 2014 die Leonore.

Für Enoch zu Guttenberg war es wieder eine Liebe auf den ersten Blick, die sich jedoch diesmal nur langsam und diskret entfalten konnte, weil beide Partner in unentschiedenen Beziehungen steckten. Aus einer früheren Beziehung hatte Bernhard einen Sohn, Leo, den Guttenberg in sein Herz schloss und bald wie sein eigenes Kind behandelte.

»Ich fand Enoch sofort faszinierend, und ich habe ihn unglaublich geliebt, aber zuerst auf einer anderen Ebene«, erinnert sich Bernhard. »Er war 30 Jahre älter und passte, salopp gesagt, nicht in mein Beuteschema. Und ich bin auch nicht der Typ Frau, der automatisch auf einen mächtigen älteren Herrn abfährt. Das war ich nie, und das habe ich ihm auch gesagt.« Daraufhin muss Guttenberg eine schlimme Zeit durchlebt haben, bevor sich die beiden doch näherkamen.

Bis zur Scheidung gelang es, das innerfamiliäre Zerwürfnis weitgehend geheim zu halten. Erste Gerüchte über einen »bösen Familien-Skandal« verbreitete die *Bunte* in einer im August 2016 erschienenen Titelstory, in der das Blatt wissen wollte, dass der Haussegen bei den Guttenbergs schon länger schief hänge und der Dirigent nun der »anmutigen Sopranistin Susanne Bernhard« nahestehe.[31] Bei den Vorbereitungen zu seiner letzten Asien-Tournee informierte Guttenberg seine beiden Ensembles, seither war die Liaison des berühmten Dirigenten mit der Sängerin offiziell.

Letztes Refugium

Der Maisinger See ist ein Naturjuwel, wie man es auch in Oberbayern nur noch selten findet, ein flaches Gewässer eiszeitlichen Ursprungs, umgeben von Moorresten und Sümpfen mit seltenen Tier- und Pflanzenarten. Schon 1941 wurde das Gebiet unter Naturschutz gestellt und ist damit eines der ältesten Naturreservate Bayerns. In dieser verwunschenen Landschaft erstand Enoch zu Guttenberg einen alten Gutshof, den er wie immer mit viel Liebe zum Detail aus- und umbauen ließ. Er sollte sein letztes Refugium werden. »Das war der Ort, wo Enoch zuletzt eigentlich am liebsten war, denn hier hatte er keine familiäre Belastung«, sagt Bernhard. »Hier war er immer wie ausgewechselt.«

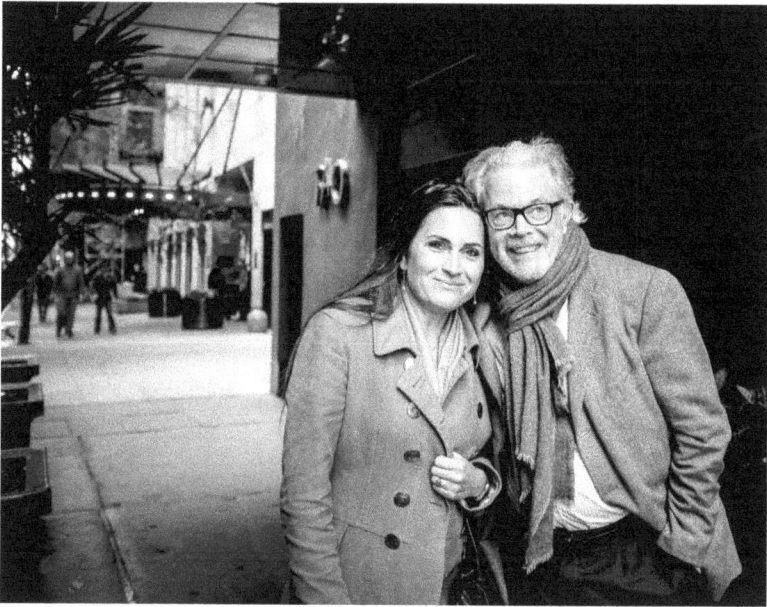

Späte Liebe (mit Susanne Bernhard)

Der Lebensstil in der Maisinger Abgeschiedenheit war ein anderer als in Guttenberg oder Neubeuern. Hier wurde nicht in weißen Handschuhen serviert, sondern selbst gekocht. Und man speiste nicht an der langen Tafel, sondern in der Wohnküche. Es war ein eher einfaches, bäuerlich-bürgerliches Ambiente von der Art, die er auch im Hause seiner langjährigen Mitarbeiterin und Vertrauten Hildegard Eutermoser in Neubeuern schätzte, wenn er dort mit »Euti« und ihrem Mann Alfred eine formlose Brotzeit und ein Glas Bier genoss. Das neue Anwesen war auch als eine Art kreativer Alterssitz gedacht. Hier sollten Kammerkonzerte stattfinden, Gesangskurse und Akademien für geladene Gäste. »Wir hatten viele gemeinsame Pläne«, sagt Bernhard. Guttenbergs Tod machte diese Pläne zunichte.

Wer Guttenberg zusammen mit Susanne Bernhard in ihrem Maisinger Gut erleben konnte, traf dort auf einen gelösten, mal ausgelassenen, mal melancholisch-heiteren Mann, der nach Jahrzehnten des Kampfes, quälender Selbstzweifel und oft wenig befriedigender Zweisamkeit mit sich im Reinen zu sein schien. Erst hier gelang ihm offenbar – Guttenbergs autobiografischer Text sei noch einmal zitiert – die »Musikerexistenz Enoch zu Guttenberg mit allen ihren Nebenästen und exotischen Blüten und das Kettenglied der Guttenberg-Generationen Enoch unserer von Pflichten und Verantwortung geprägten Familie zu einer authentischen Person zusammenzuführen«.

In der Beziehung zu Susanne Bernhard war Guttenberg glücklich, wenn man diese Allerwelts-Kategorie für eine so komplexe Persönlichkeit wie ihn in Anspruch nehmen darf. Auch seine äußere Wandlung spricht dafür, dass die Beziehung zu Susanne Bernhard von einer anderen Qualität war als viele Beziehungen zuvor. Jetzt war er es, der sich änderte und geformt wurde, nicht seine »Weiber«. Diese Freiheit und Souveränität wuchs ihm, privat wie künstlerisch, erst ganz zuletzt zu.

Liesi Cramer-Klett hatte kurz vor ihrem Tod den Schmuck, den sie von Enoch einst geschenkt bekam und ihr Leben lang trug, an ihn zurückgegeben. Sie verband damit einen Wunsch: Sollte ihm noch einmal eine Frau begegnen, die er so liebe, wie einst sie selbst, so möge er den Schmuck an sie weitergeben. »Enoch hat die Stücke aufbewahrt und schließlich mir anvertraut«, sagt Susanne Bernhard. »Seitdem trage ich sie täglich. Im Gedenken an Enoch und an Liesi und an die wahre Liebe.«

Guttenberg, der Umweltschützer

Grüner im Frack, blaublütiger Umwelt-Aktivist, Öko-Rebell am Dirigentenpult: Journalisten sind erfindungsreich, wenn es um schmückende Attribute
und mehr oder weniger treffende Schlagworte geht. Bei Enoch zu Guttenberg konnten die Sprachakrobaten aus dem Vollen schöpfen. Klassische Musik und Umweltschutz, geht das?

Zeitlebens kämpfte Guttenberg mindestens ebenso inbrünstig für den
Schutz von Landschaften, von Natur und Klima, wie er Musik machte. »Er
hat manches Konzert abgesagt, um irgendwo eine Umweltrede zu halten«,
erinnert sich Hubert Weinzierl, Doyen der deutschen Umweltbewegung und
Guttenbergs langjähriger politischer Weggefährte und Freund. Genau genommen waren die beiden Sphären in Guttenbergs Leben und Wirken nicht
voneinander zu trennen.

Schon als Schüler des Komponisten, Philosophen und konservativen
Umweltaktivisten Karl von Feilitzsch engagierte sich Guttenberg gegen den
Bau eines neuen Münchner Großflughafens im Alpenvorland. Er war Mitbegründer des Bundes für Umwelt und Naturschutz Deutschland (BUND),
heute die mit Abstand größte deutsche Umweltorganisation, stand lange Zeit
den langhaarigen Ökos am Bauzaun in Wackersdorf näher als der eigenen
Adelsgesellschaft, versuchte (vergeblich) die katholische Kirche mit ihrem
damaligen Münchner Erzbischof Joseph Ratzinger auf Öko-Kurs zu bringen,
gründete nach seinem Zerwürfnis mit dem BUND nochmals eine neue Na-
turschutzorganisation und focht seither vor allem gegen die zunehmende
»Landschaftsverschandelung« durch Windkraftwerke.

In Guttenbergs prall gefülltem Terminkalender standen Konzertauftritte,
Proben mit seinen Ensembles, organisatorische und künstlerische Bespre-
chungen gleichberechtigt neben Interviews zu Artensterben, Flächenver-
brauch und den Gefahren der Erderwärmung, wo er mit ebenso großem De-
tailwissen aufwarten konnte, wie wenn er über die Bedeutung des Tritonus
im »Barrabam«-Ruf aus Bachs *Matthäuspassion* referierte. Er nutzte seine
hochrangigen Kontakte in Politik, Wirtschaft und Kultur, um Umweltschützern Türen zu öffnen, und war sich auch in Zeiten seines größten Ruhms als
Dirigent nicht zu schade, an einer Jahreshauptversammlung seines neuen
Vereins in einem fränkischen Landhotel teilzunehmen, mit Rechenschaftsbe-
richt, Totengedenken und Vorstandswahlen.

Immer wieder nutzte er Konzerttermine, um seinem Publikum, die Leviten zu lesen. Aufführungen der Haydn-Oratorien *Die Schöpfung* und *Die Jahreszeiten* verband er mit eindringlichen Appellen ans grüne Gewissen seiner

Zuhörer. Zugleich interpretierte er diese Schlüsselwerke seines musikalischen Kanons so, dass die Botschaft vom drohenden ökologischen Untergang auch aus Haydns fast kindlich-unschuldigen Tonsätzen herauszuhören war. »Tatsächlich verwandelt sich hier der naive Reigen des Wohlgefallens zu einem beschämenden Mahnmal, bedenkt man, dass all das auf dem Spiel steht, was Haydn in diesem an Einfallsreichtum und Hingabe überbordenden Oratorium [*Die Jahreszeiten*] ehrfürchtig und liebevoll verherrlicht«, schrieb eine Rezensentin des Berliner *Tagesspiegels* über ein Benefizkonzert Guttenbergs mit der Berliner Staatskapelle.[1]

Dies alles kostete ihn neben seinen vielfältigen künstlerischen Verpflichtungen und seinen Aufgaben als Chef des Hauses Guttenberg so viel Zeit und Kraft, dass er einmal bekannte, Umweltschutz mache ihm keinen Spaß, er sei »notgedrungen Teil meines Lebens.«[2] In seinen späteren Jahren, als er zur Galionsfigur der Windkraftgegner und Energiewendekritiker avancierte, wurde er geradezu mit Anfragen überschüttet und klagte, dass er seine Tage ohne Weiteres mit öffentlichen Redeauftritten zubringen könne. Aus dem ganzen Land erreichten ihn Hilferufe von Bürgerinitiativen, die sich von dem populären Edelmann Unterstützung im Kampf gegen Windkraftwerke vor ihrer Haustüre erhofften.

Guttenbergs Umwelt-Engagement speiste sich wesentlich aus seinem künstlerischen Sinn für Ästhetik. Er glich darin dem Komponisten und Pianisten Ernst Rudorff, einem der Urväter der deutschen Naturschutzszene, der 1904 die Gründung des Deutschen Bundes Heimatschutz mit initiiert hatte. In den *Preußischen Jahrbüchern* von 1880 schrieb Rudorff »Über das Verhältnis des modernen Lebens zur Natur«: »Das Malerische und Poetische der Landschaft entsteht, wo ihre Elemente zu zwangloser Mischung verbunden sind, wie die Natur und das langsame Walten der Geschichte sie hat werden lassen.«[3] Worte, die auch aus dem Munde Guttenbergs hätten stammen können. Anlass von Rudorffs publizistischer Offensive war der Bau einer Zahnradbahn auf den Drachenfels im Siebengebirge bei Bonn, der oft als Beginn des Massentourismus am Rhein bezeichnet wird.

Wenn Enoch zu Guttenberg in seinen Reden gegen die Windkraft seinen Zuhörern die Bilder des großen Landschaftsmalers Albrecht Altdorfer, eines Schülers von Albrecht Dürer, vor ihr geistiges Auge rief, traf das den Kern seines romantischen Naturempfindens. Folgerichtig meinte er, schöne Landschaften mit Windkraftwerken zu zerstören sei so, als wenn ein Attentäter eben jene Gemälde mit Säure bespritzen würde. In Guttenbergs Augen eine frevlerische Tat, wie sie auch Ernst Rudorff anprangerte, wenn er von der »Geometrisierung der Landschaft« und vom »kahlen Prinzip der geraden Li-

nie und des Rechtecks« schreibt. Er sehnte sich zurück nach »unserer schönen, herrlichen Heimat mit ihren malerischen Bergen, Strömen, Burgen und
freundlichen Städten«, die »Dichter wie Uhland, Schwab oder Eichendorff zu
unvergänglichen Liedern begeisterte«. O-Ton Guttenberg? Nein, ein Ru-
dorff-Zitat.

Abbados grüner Daumen

In der Riege seiner Dirigentenkollegen stand er mit seinem (umwelt-)politi-
schen Engagement allerdings mehr oder weniger allein. Nur Claudio Abbado
und Zubin Mehta wurden und werden ähnlich gelagerte Ambitionen nachgesagt. Von Abbado weiß man, dass er einen grünen Daumen hatte und von
seinen Orchestertourneen allerlei Grünzeug mitbrachte, dass er auf dem Bal-
kon seiner Wohnung in Berlin-Wilmersdorf oder in seinem Haus auf Sardini-
en hegte und pflegte. Die Landschaft im Umkreis seines von einem wilden
Garten umgebenen Anwesens an der felsigen Westküste Sardiniens bewahrte
er vor der Verschandelung durch Bauspekulanten, indem er zusammen mit
Freunden einen Küstenstreifen aufkaufte und dort ein neun Hektar großes
Naturschutzgebiet schuf.[4] Abbado liebte die Natur und die Stille und verbrachte viel Zeit im abgeschiedenen Fextal im Oberengadin, in einem Bau-
ernhaus. Dort wandelte er auf einsamen, von Arven und Lärchen gesäumten
Pfaden, im Winter fuhr er Ski. Im Fextal befindet sich heute auch sein kleines
Urnengrab mit einer grau gemaserten Natursteinplatte.[5]
    Öffentliche Wortmeldungen und Kampagnen, wie sie Guttenberg ver-
folgte, waren nicht Sache des sensiblen Mailänders. Mit einer Ausnahme: Als
man ihn nach über 20-jähriger Abwesenheit für zwei Konzerte mit Gustav
Mahlers *Auferstehungssinfonie* wieder an die Mailänder Scala holen wollte, stellte
Abbado eine ungewöhnliche Honorarforderung: Seine Gage sollte mit 90 000
Bäumen abgegolten werden, um seine von Hitze und Autoabgasen geplagte
Heimatstadt nachhaltig zu begrünen. Weil das äußerst kostspielige Projekt im
Behördensumpf nicht vorankam, beauftragte er den ihm seit Langem ver-
bundenen Architekten Renzo Piano, einen konkreten Plan für die Begrü-
nungsaktion auszuarbeiten. Renzos Entwurf sah schließlich vor, in der In-
nenstadt lediglich 3000 Bäume zu pflanzen. Doch selbst diese abgespeckte
Version kam nicht zustande.
    Als empfänglich für ökologische Fragen gilt auch Zubin Mehta. 2012
dirigierte er an der Berliner Staatsoper im Rahmen einer losen Reihe von
»Klimakonzerten« ein Benefizkonzert für die Erhaltung von Wäldern im zu
Indien gehörenden östlichen Himalaya. Auf seine ökologischen Anliegen
angesprochen, verwies der Inder immer wieder auf seine Herkunft aus der

Religionsgemeinschaft der Parsen: »Wir verehren die Elemente und beten für saubere Erde, klares Wasser und reine Luft. Das ist Teil unserer Lebensphilosophie.«[6] Ein Jahr später präsentierte Guttenberg in der gleichen Reihe einmal mehr die *Jahreszeiten*.

Doch selbst Daniel Barenboims jahrzehntelange Bemühungen um eine Aussöhnung von Israelis und Palästinensern reichen nicht an die Intensität heran, mit der sich Guttenberg über fast ein halbes Jahrhundert für seine ökologischen Anliegen einsetzte. Und das schon zu einer Zeit, als Begriffe wie Ökologie und Nachhaltigkeit noch nicht in aller Munde waren und Umweltschützer als fortschrittsfeindliche – im Zweifelsfall linke – Fantasten galten.

Verlorene Paradiese

Wenn Guttenberg auf die Wurzeln seiner meist weniger beglückenden als prekären Leidenschaft für den Umweltschutz angesprochen wurde, kam er immer darauf zu sprechen, wie er als Kind und Jugendlicher Zeuge wurde, wie die ersten Wellen der Naturzerstörung im Zuge des »Wirtschaftswunders« und einer nachgerade naiven Fortschrittsgläubigkeit über Deutschland hinwegbrandeten.

Der Krieg hatte vor allem die Städte schwer in Mitleidenschaft gezogen und der Nation einen beträchtlichen Teil ihres in Stein, Holz, Metall und Glas gebauten historischen Gedächtnisses geraubt. Doch die weiten deutschen Agrarregionen mit ihren Dörfern und Kleinstädten, vor allem die abgeschiedenen Mittelgebirge, waren von der Kriegswalze mehr oder weniger verschont geblieben und verharrten bis in die Fünfzigerjahre in einem beinahe vorindustriellen Dornröschenschlaf.

Die Brennstoffnot nach Kriegsende führte zu ersten großflächigen Abholzungen von Wäldern und Windschutzhecken, bis mit dem »Wirtschaftswunder« eine tiefgreifende Umgestaltung des gesamten Landes im Zeichen der Industrialisierung auch des Agrarsektors begann – mit rücksichtsloser Flurbereinigung, ausuferndem Straßen- und Siedlungsbau und der bis heute noch andauernden Verwandlung von Bauernhöfen in Agrarfabriken.

Enoch zu Guttenbergs Heimat Oberfranken galt als besonders »rückständig«, und als Guttenbergs Vater 1952 bis 1957 Landrat in Stadtsteinach war – der Landkreis wurde im Zuge der Gebietsreform später dem Landkreis Kulmbach einverleibt –, tat er das, was alle Landräte und Bürgermeister damals und heute tun, um ihre Wähler bei Laune zu halten: Sie lassen Straßen und sonstige Infrastruktur bauen, sie siedeln Industriebetriebe an, sie setzen sich ein für möglichst zuträgliche steuerliche Rahmenbedingungen und staatliche Unterstützungsprogramme, kurz: Sie betreiben Wirtschaftsförderung.

Eine erfolgreiche Kommunalpolitik, die irgendwann zu höherem befähigt, bemisst sich an der Steigerung des Bruttosozialprodukts. Dabei ging Karl Theodor zu Guttenberg in Sachen Naturausbeutung nicht rücksichtsloser vor als seine Kollegen, zumal Anfang der Fünfzigerjahre Umweltschutz noch so gut wie keine Rolle spielte. Doch der sensible Enoch, für den die Wälder, Wiesen und Felder rund um Schloss Guttenberg immer ein Refugium auch vor familiärem Zwist waren, beobachtete all dies mit wachsendem Unbehagen.

»Die Gegend bei uns war einmal wunderschön, ich habe die Natur schon immer wahnsinnig geliebt. Als hier auf einmal überall Straßen in die verwunschensten Täler gebaut wurden, war mir, als würde meine Seele zubetoniert.«[7] Mit dem Vater habe er darüber »bis aufs Messer« gestritten. Der habe Umweltschutz für eine romantische Spinnerei gehalten und immer vom »Wind der Moderne« gesprochen, der überall wehen müsse. »Für mich sind rückblickend damals schon die Weichen gestellt worden für die große ökologische Katastrophe, in die wir sehenden Auges hineinrasen.«[8] Erst am Totenbett des früh verstorbenen Vaters sei man sich auch in ökologischen Fragen nähergekommen.

Der Vater war nicht nur als Landrat der CSU ökonomisch aktiv, sondern auch selbst als Unternehmer. Er beteiligte sich an einem brutalistischen Kurzentrumsklotz in Bad Neustadt, Keimzelle der späteren Rhön-Klinikum AG, den der Sohn auch viele Jahre nach dem Verkauf der familiären Anteile an dem prosperierenden Unternehmen als Schandfleck empfand. In unmittelbarer Nähe zum Stammsitz Schloss Guttenberg beutete die Familie einen Steinbruch aus, den der Sohn später rekultivieren und in ein Naturschutzgebiet verwandeln sollte. Dort wurde ein hartes Urgestein gefördert, das vor allem als Zuschlagstoff für den in Umweltschützerkreisen schlecht beleumundeten Straßenbau verwendet wird. Schließlich betrieb der Vater eine Hühnerfarm, von der sich Enoch zu Guttenberg im Zuge seiner den eigenen Familienbetrieb betreffenden wirtschaftlichen Sanierungsmaßnahmen nach dessen plötzlichem Tod trennte, nicht zuletzt aus Gründen des Tierschutzes.

Und noch ein weiteres, einschneidendes Verlusterlebnis ging Guttenberg zeitlebens nicht aus dem Kopf. Bis ins Jahr 2005 besaß die Familie mit dem Weingut Reichsrat von Buhl eines der renommiertesten Weingüter in der Pfalz. Sitz der Domäne war Deidesheim, das später durch Helmut Kohls Saumagen-Gelage mit ausländischen Staatsgästen im Deidesheimer Hof zu weltweiter Bekanntheit auch bei Abstinenzlern und Biertrinkern gelangte.

Von Deidesheim war es nicht so weit nach Bonn, dem politischen Wirkungskreis des Vaters, wie von Oberfranken aus, weswegen die Familie in den Fünfziger- und Sechzigerjahren hier oft Quartier bezog.

Irgendwann erreichte der Fortschritt auch dieses Refugium, das vor den Exzessen der Flurbereinigung und der agrarindustriellen Intensivierung noch ein fruchtbarer, kleinteilig und vielfältig strukturierter Garten Eden war. »Ich weiß noch, wie plötzlich die römischen Weinbergsmauern und die gotischen Kapellen einfach zusammengeschoben wurden. Bäche wurden begradigt und asphaltiert, und es gab zwanzig dicke Ackerpferde, die innerhalb eines Jahres alle einen Kopf kürzer gemacht und durch Maschinen ersetzt wurden«, erinnert sich Guttenberg. »Das war ein Schock, den ich als Kind nicht verarbeitet habe. Ich konnte das damals noch nicht formulieren, aber mir war klar, dass wir begonnen hatten, einen ganz furchtbar falschen Weg zu gehen, der uns trennt vom einigermaßen symbiotischen Leben mit der Natur.«[9]

Heimweh in der Heimat

Aus Erlebnissen dieser Art speiste sich das »Heimweh«, das Guttenberg nach eigenem Zeugnis auch dann verspürte, wenn er »zu Hause« war, und das ihn zum »schwermütigen Nihilisten«, zum zuweilen sanft belächelten oder angefeindeten Öko-Apokalyptiker werden ließ. »Meine Lebenserfahrung besteht darin, Abschied nehmen zu müssen«, sagt Guttenberg.[10] Es mag eine Binsenweisheit sein, dass jede Minute, jede Sekunde des Lebens vom Zeitpunkt der Geburt an ein beständiges Loslassen, ein Abschiednehmen ist. Aber Guttenberg bezog dieses Abschiednehmen nicht nur auf Menschen und die eigene Endlichkeit, sondern auf alles Schöne und Vertraute, was den Zeitläuften zum Opfer gefallen war oder ihnen zum Opfer zu fallen drohte. »Ich habe Abschied genommen von den Jahreszeiten, keine echten Winter mehr, kein echtes Frühjahr, ruinierte Landschaften, Abschied von der alten Kirchenliturgie, Abschied von unserer Kultur, Abschied von den Dialekten, von menschlichen Originalen, man wird immer heimatloser«, resümierte der Baron im Gespräch mit Constantin Magnis.[11] Auch den Glauben seiner Kindheit, den naiven, unerschütterlichen Kinderglauben, stellte Guttenberg in die Reihe des in seinen Augen unwiederbringlich Verlorenen.

Wissenschaftlich ausgebildete Ökologen verweisen immer wieder darauf, dass auch eine angeblich »intakte« Natur keine stabilen Zustände kennt, sondern dass die einzige Konstante stetige Veränderung ist. Doch mit Veränderungen konnte Guttenberg offenbar schwer umgehen. Überall, wo er lebte, ob auf Schloss Guttenberg, in Neubeuern, auf der Herreninsel im Chiemsee, im steirischen Radmer oder, ganz zum Schluss in Maising, schuf er sich seine Refugien, kleine, scheinbar stabile Kinderparadiese.

Man muss nicht psychoanalytisch informiert sein, wenn man dieses intensive Verlustempfinden und Guttenbergs lebenslange, mitunter selbstzerstörerische Trauerarbeit in Zusammenhang bringt mit einer emotional eher kargen Kindheit und einem mehr von Respekt, Pflichterfüllung und Konflikt als von Geborgenheit und Wärme getragenen Verhältnis zu den Eltern.

All das, was der konservative Umweltschützer, der spätere Agnostiker, der traditionsgeerdete Ästhet Guttenberg verloren glaubte oder was tatsächlich verloren war, versuchte er in seinen Rückzugsorten zu konservieren, in die er sich regelmäßig flüchtete. Dazu gehörte auch die Kunst. Musik war für Guttenberg immer Refugium und zugleich Mahnmal, das wenige, was noch übrig ist, nicht auch noch zu zerstören.

Noch einmal: Karl von Feilitzsch

Eine Flut von Plakaten überschwemmte im Herbst 1971 das Städtchen Geretsried im beschaulichen Isartal, etwa 40 Kilometer südlich von München. Auf ihnen prangerte eine »Selbsthilfe-Organisation der Bewohner des Isartales« in scharfen Worten die zunehmende Zersiedelung des Isartales an, dessen »Überflutung mit immer neuen Industrieanlagen, Zweitwohnungen, Bungalows und Hochhäusern«. Auch gegen den Bau einer Katastrophenschutzschule des Landes Bayern wurde Stimmung gemacht und »Grundstücksmakler, Großbaufirmen und deren Helfershelfer in den Gemeinderäten« als Verantwortliche dieser »Fehlentwicklung« benannt, »bei der einige verdienen und der weitaus größte Teil der Bevölkerung die Zeche zahlt«.[12]

Hinter der Kampagne, die damals einiges Aufsehen erregte, stand die Grüne Aktion des Münchner Komponisten Karl von Feilitzsch. Er hatte die Naturschutz-Initiative, eine der ersten ihrer Art in Deutschland, Mitte der Sechzigerjahre mit wenigen Mitstreitern aus der Taufe gehoben, als im Zuge des »Wirtschaftswunders« Städte und Landschaften umgekrempelt wurden. Vor allem Bayern, nach dem Zweiten Weltkrieg noch überwiegend Bauernland, wurde von einer beispiellosen Welle nachholender Industrialisierung von Grund auf verändert und verlor vielerorts sein altbekanntes Gesicht. »Seht Euch an, was aus dieser Landschaft [dem bayerischen Voralpenland] in den letzten zehn Jahren geworden ist«, schrieb Feilitzsch. Eine der »schönsten Gegenden der Erde« werde »für alle Zeiten zersiedelt und ihrer Schönheit beraubt«.[13]

Der exzentrische Freiherr war in vielem ein Antipode zu Guttenbergs Vater. Er nahm nicht nur Enochs musikalische Ambitionen ernst und förderte sie nach Kräften, sondern teilte auch dessen wachsende Besorgnis um den Zustand der Natur. Feilitzsch war es, der das latente Unbehagen Guttenbergs an den rasanten Umwelt-Veränderungen in den Fünfziger- und Sechzigerjahren gewissermaßen in geordnete Bahnen lenkte und seinen auch in dieser Hinsicht gelehrigen Schüler zur Tat animierte. »Der Mann, der dieses unformulierte Unwohlsein bei mir quasi zur Sprache gebracht hat, war [...] Karl Feilitzsch: Er hat dieses Wort vom Umweltschutz schon benutzt, als es das im deutschen Sprachgebrauch noch gar nicht gegeben hat. Er hat eine Grüne Partei vorausgesagt, als es noch überhaupt keinen Gedanken an eine solche Partei gegeben hat. Dieser Mann war wirklich unglaublich.«[14]

Der knorrige Wertkonservative und konvertierte Traditionskatholik aus einem fränkisch-vogtländischen Uradelsgeschlecht (seine Vorfahren zählten noch zu den einflussreichsten Unterstützern Martin Luthers) nahm es mit jedem auf, der in seinen Augen für das Zerstörungswerk verantwortlich war. Eine ähnliche Protestaktion wie im Isartal mit 750 Großplakaten, 25 000 Flugblättern, 50 Pkws mit aufmontierten Plakattafeln und zwölf Demonstrationen mit je vier Aktivisten vor »maßgebenden Behörden und Industrieunternehmen« richtete sich unter dem Motto »München erstickt« gegen die Infrastrukturpolitik des von ihm persönlich durchaus geschätzten Münchner Oberbürgermeisters Hans-Jochen Vogel. Der SPD-Politiker hatte sich damals darangemacht, die behäbige Isarmetropole im Zeichen der »autogerechten Stadt« und der bevorstehenden Olympischen Spiele mit prestigeträchtigen Großbauten, für die er die halbe Stadt umgraben ließ, in die Moderne zu katapultieren.

Feilitzsch und sein Mitstreiter, der CSU-Bundestagsabgeordnete Franz Gleissner, nahmen auch Bundespolitiker ins Visier, darunter den damaligen FDP-Landwirtschaftsminister Josef Ertl. Ihm warf die Grüne Aktion vor, den Bauernstand verraten zu haben und nichts gegen das – im Zeichen einer zunehmenden Industrialisierung auch des Agrarsektors – grassierende Höfe-Sterben zu tun.

Gegen diese Auswüchse einer Wachstums- und Konsumgesellschaft US-amerikanischen Typs stemmte sich Feilitzsch mit Macht, wobei er neben »Zivilisationsschäden« wie Zersiedelung, Landschaftsverlust, Lärm und Abgasemissionen auch allgemeinpolitische Probleme thematisierte, etwa die zunehmende Wohnungsnot, die staatliche und kommunale »Ausgabenflut«, Korruption und Kriminalität. Der umweltbewegte Freiherr sorgte sich überdies – wie später auch Guttenberg in seinen Reden zur Energiewende – um die soziale Balance der Gesellschaft. »Nur der wirtschaftlich Gutgestellte kann sich – etwa durch den Erwerb eines Eigenheimes – wenigstens teilweise den von allen Seiten auf ihn eindringenden Lärmemissionen entziehen. Der wirtschaftlich Schwache ist dem Lärm so gut wie wehrlos preisgegeben.« Guttenberg wies in seinen Philippiken gegen Windräder immer wieder auf die soziale Unwucht der Energiewende hin, die er als »gigantische Umverteilungsaktion« von unten nach oben brandmarkte. So würden die größten Stromverbraucher von der Ökostrom-Umlage befreit, während »Mindestlöhner« und »allein erziehende Mütter« unter steigenden Strompreisen ächzten. »Das ist ein spätkapitalistischer, zum Himmel stinkender Sozial-Skandal.«

Im Geiste Oswald Spenglers

Die Grüne Aktion war keine basisdemokratisch organisierte Bürgerinitiative im herkömmlichen Sinne, weil Feilitzsch bräsiges Vereinsgehabe ablehnte. Er sah darin, angelehnt an Oswald Spenglers häufigen Gebrauch des altgriechischen Begriffs der »Diatribe« (übersetzt etwa: Zeitvertreib), »eine sich leerlaufende Bewegtheit«, eine »ins Expansive gerichtete Spätauswirkung abendländischer Dynamik«, der er so gut wie alle zerstörerischen Phänomene der modernen westlichen Zivilisation anlastete. Feilitzsch verehrte den Autor des von Kritikern als protofaschistisch angesehenen Mammutwerkes *Der Untergang des Abendlandes*, was ihn vor allem bei liberalen und linken Gruppierungen verdächtig machte.

In der Weimarer Republik war die schwer lesbare Schwarte ein Bestseller. Darin postuliert Spengler in der Art einer »negativen Heilsgeschichte«, dass das Abendland, wie andere Kulturen zuvor, notwendigerweise ausbrennen müsse, um einem neuen »Cäsarismus« Platz zu machen. Nur die Cäsaren seien imstande, einen Weltenbrand auszulösen, der das Bestehende auslösche, damit auf den Ruinen eine neue Kultur erblühen könne.[15] Die »Zivilisation« interpretierte Spengler, entgegen dem heutigen Sprachgebrauch, als Zeichen des Verfalls, woran dann nahtlos die bis heute auch bei Umweltschützern virulente »Zivilisationskritik« anknüpfte.

Guttenberg hatte Spengler gründlich studiert, zweifellos auf Anregung Feilitzschs. Dass Spenglers Gedankengut lebenslang in seinem Kopf herumspukte, zeigte sich etwa in einem Interview mit Constantin Magnis: »Das Ruinieren einer schönen Landschaft durch eine Autobahn und das Ruinieren einer Rokokokirche oder einer romanischen Kirche durch einen grauenvollen, noch nicht einmal gekonnten stillosen und hässlichen Volksaltar, das ist dieselbe Sünde für mich. Und es steckt auch dieselbe Diatribe drin, also dass man einfach immer tut und tut. […] Das Menschenwerk ist heute wichtig.«

Aus seinen zahlreichen Schriften gewinnt man den Eindruck, dass sich Feilitzsch damit abmühte, das Werk seines Idols Spengler um die ökologische Dimension zu erweitern. Merkwürdigerweise weist Feilitzschs fast 500 Seiten starkes philosophisches Hauptwerk mit dem kryptischen Titel *K2M oder die Hypothese von der Nebelsäule* (1954), das natürlich auch in Guttenbergs Bibliothek stand, so gut wie keine Bezüge zu Umweltfragen auf. Der Autor versucht darin vielmehr, die Erkenntnisse der modernen Psychoanalyse, die er offenbar eingehend studiert hatte, in »freier philosophischer Deutung« neu zu interpretieren und dem Laien verständlicher zu machen. Allerdings erreicht er damit nach Meinung eines Rezensenten genau das Gegenteil, nämlich »noch größere Verwirrung«.[16]

Feilitzsch befasst sich in seinem Buch auch mit sexuellen »Abweichungen« wie der Homosexualität oder dem Sadomasochismus, die er allesamt unter den psychischen Krankheitsbildern verortet. Für deren Heilung empfiehlt er die Mobilisierung »echter, religiöser Restbestände«.[17] Zum Glück zeigte sich Guttenberg, in libidinöser Hinsicht von fast spontihafter Liberalität, von dieser Volte seines Lehrers wenig beeindruckt. Zu Homosexuellen in seinem Lebensumfeld hatte er ein unverkrampftes Verhältnis. Feilitzschs Spengler-Begeisterung jedoch teilte Guttenberg offenbar uneingeschränkt. »Mein Vater hat bis zum Schluss geschwärmt vom *Untergang des Abendlandes*, das ich für ein hoch fragwürdiges Buch halte«, sagt sein ältester Sohn Karl-Theodor. »Gerade wenn man das Gedankengut meines Vaters kennt, müsste das eigentlich gegen jede seiner Überzeugungen laufen. Seinen Schwärmereien folgend, habe ich es mir mal angetan und fand es ganz schrecklich.«

Feilitzsch war nicht nur ein universal begabter Intellektueller, sondern auch ein Mann der Tat: Von langwierigen Diskussionen mit seinen Mitstreitern oder dem politischen Gegner hielt er wenig. Die Menschen von heute, auch diejenigen Männer (sic!), die mit dem Naturschutz befasst seien, unterlägen »einer immanenten zivilisatorisch extensiven Strebung […], einer verhängnisvollen Lust […], zu organisieren, Schriftstücke zu verfassen, Naturschutzausstellungen ins Leben zu rufen, Druckschriften aller Art an Gleichgesinnte zu versenden«.[18]

Im Gegensatz dazu bevorzugte Feilitzsch öffentliche Werbeschlachten mit meterhohen Plakaten, die zum Teil ohne Genehmigung aufgehängt oder auf Autoanhängern herumgefahren wurden. Flankiert wurde diese »Propaganda« durch absichtsvoll initiierte Leserbriefschlachten und direkte politische Interventionen in München und Bonn, die Franz Gleissner übernahm, wobei wiederum Feilitzsch die wortmächtigen Argumente und Slogans lieferte. Der »geheime Intellektuellenstab«, den die Zeitung *Christ und Welt* 1970 in einem wohlwollenden Artikel[19] hinter den Aktivitäten der Grünen Aktion vermutete, bestand allzu oft nur aus Feilitzsch selbst. Seine detaillierten und nicht immer ganz rechtskonformen Anweisungen zur »Verteilung von Flugblättern« könnten dem Handbuch einer trotzkistischen Stadtguerilla entnommen sein.

Grüne Kommandoaktionen

Etwas überspitzt könnte man sagen, dass Feilitzsch die Öko-Revolution im Alleingang anstrebte. All dies erledigte der adelige Umweltaktivist wohlgemerkt neben seinem eigentlichen Brotberuf als Komponist vor allem von Theatermusiken für in München ansässige Spielstätten wie die Kammerspiele oder das Residenztheater. Auch hier gibt es unübersehbare Parallelen zum Leben Guttenbergs.

Kampagnen der Grünen Aktion glichen geheimen Kommandounternehmen. »Sie ist seit Jahren aktiv, wechselt, agil im Plakatangriff, die Fronten, greift überall da ein und an, wo sie alpenländische Natur- und Kulturwerte durch falsch verstandenen Fortschritt bedroht glaubt«, heißt es durchaus anerkennend in *Christ und Welt*. Parteipolitisch passte Feilitzsch in keine Schublade. Eine 120-seitige umwelt- und kulturpolitische Kampfschrift, die nur hektografiert vorliegt, trägt statt eines Titels die teilweise handschriftlichen Zeilen: »An der Unterdrückung dieses Buches sind sämtliche politischen und wirtschaftlichen Mächte interessiert. Die politische Rechte wie die politische Linke, die Vertreter der Großindustrie wie der Gewerkschaften. Die Anhänger einer sozialistisch-kommunistischen Staatsordnung und nicht zuletzt die heutige Katholische Kirche und der Vatikan.«[20] Der Hinweis auf die Kirche wird verständlich vor dem Hintergrund von Feilitzschs vehementer Ablehnung der Liturgiereform im Zuge des Zweiten Vatikanischen Konzils, ein Anliegen, dem fast die Hälfte seiner Schrift gewidmet ist.

In der Wahl seiner Mittel war Feilitzsch wenig zimperlich. So rühmt er sich selbst Guerilla-Aktionen »jenseits der Legalitätsgrenze«. Zusammen mit Guttenberg will er eine Bombenattrappe im Garten eines Bürgermeisters deponiert haben, der, so Feilitzsch in seinem wohltönenden, etwas altmodischen Deutsch, »ein stilles Gebirgstal hartnäckig durch Skilifte zu erschließen sich anschickte«. Auch vor fingierten Anrufen, in denen sich der Umweltaktivist als Minister ausgab, und sogar handfesten Drohungen schreckte er nicht zurück. Ziel war unter anderem »ein Wirtschaftsminister«, der einen »Großflughafen in die Erholungszone einer Großstadt zu placieren gedachte«.[21] Feilitzsch meinte damit den zunächst im Hofoldinger Forst südlich von München geplanten neuen Zentralflughafen für die bayerische Landeshauptstadt, der später im Erdinger Moos realisiert wurde und jahrelang ein Hauptangriffsziel der Grünen Aktion war.

Bei solcherart Aktionen ging ihm Guttenberg regelmäßig zur Hand. Dass er »mit nicht immer ganz legalen Mitteln« gearbeitet habe, damit kokettierte Guttenberg in seiner Rede zum 75. Geburtstag Hubert Weinzierls 2010 in der Bayerischen Landesvertretung zu Berlin und konnte seinen anarchischen Stolz darauf nur schwer verbergen. Im gleichen Atemzug lobte er Weinzierl dafür, immer auf die Spielregeln der Demokratie gepocht und niemals den Verlockungen »der Straße« erlegen zu sein. Der damalige CDU-Umweltminister Norbert Röttgen hatte sich glücklicherweise verspätet und dürfte Guttenbergs offenherziges Bekenntnis zum kalkulierten Gesetzesbruch nicht mitbekommen haben.

Dass sich die zutiefst wertkonservative Grüne Aktion gelegentlich auch Mittel bediente, die eigentlich aus dem Arsenal extremer rechter oder linker Bewegungen stammten, machte Feilitzsch und sein Gefolge ebenso suspekt wie die Tatsache, dass »Transparenz« für ihn ein Fremdwort war. Das WDR-Politmagazin *Monitor* thematisierte die Aktivitäten der Grünen Aktion am 9. November 1970 in einem Beitrag über »wachsenden Rechtsradikalismus in der Bundesrepublik Deutschland«. Karl Freiherr von Feilytsch (sic!) plane die Revolution, berichtete ein Informant, der belastendes Material über die Grüne Aktion gesammelt haben wollte, und suche »mit rechtsradikalem Vokabular« Gleichgesinnte für seine Ziele. Dabei verweigere er »beharrlich« Auskünfte über Mitglieder, Freunde, Förderer, aber auch über die Finanzen des Vereins.[22]

In dem reißerischen Fernsehbeitrag wurde versucht, Feilitzsch in die rechte Ecke zu stellen und auf diese Weise effektiv zu diskreditieren. Doch der Freiherr hatte mit der braunen Kamarilla nichts am Hut gehabt, sondern, im Gegenteil, Kontakte zu einer Widerstandsgruppe um den Berliner Rechtsanwalt Eugen Polzin unterhalten, der von den Nazi-Schergen gefoltert und 1941 hingerichtet wurde.

Dass Feilitzsch 1940 in die NSDAP eintrat, wurde von seinen Kritikern als Hinweis darauf gewertet, dass der Komponist doch nicht »hasenrein« gewesen sei. Seine Tochter Angela von Wallwitz, die in Akten der Gestapo recherchiert hat, ist davon überzeugt, dass sich ihr Vater nur aus Gründen der Tarnung und des Selbstschutzes ein NSDAP-Parteibuch zugelegt habe, nachdem seine damalige Verlobte von der Gestapo inhaftiert worden war. 1943 konvertierte Feilitzsch zum katholischen Glauben. Nach dem Krieg wurde er in einem Spruchkammerverfahren im Zuge der Entnazifizierung als unbelastet eingestuft. Es wäre kaum vorstellbar, dass sich Guttenberg als

Nachfahre aktiver NS-Widerstandskämpfer ausgerechnet einen verkappten Nazi zum Freund und Mentor erwählt hätte, den er lebenslang verehrte.

Feilitzsch selbst ließ sich durch Attacken wie jene der *Monitor*-Macher nicht beirren. Wenig später lief die Kampagne im Isartal an, für die er die damals stattliche Summe von 15.000 Mark veranschlagte. »Wenn irgendwo, so erscheint mir hier gegeben, dass Naturschutz heute mehr bedeutet und mehr erreichen kann, als den Versand wohlmeinender Broschüren an Gleichgesinnte«, schrieb er an den damaligen Vorsitzenden des Bundes Naturschutz in Bayern (BN), Hubert Weinzierl, der in den Siebzigerjahren ebenfalls darangegangen war, die Umweltzerstörer in Bayern und im ganzen Land das Fürchten zu lehren.[23]

Zum 100. Geburtstag seines Lehrers richtete Guttenberg einen Brief an Feilitzschs Sohn Christoph, der als Verwaltungsrichter in Landshut arbeitete und sich, dem Vater folgend, in der Öko- und Friedensbewegung engagierte, vor allem gegen Atomkraftwerke und Atomwaffen, die, so argumentierte stets auch Guttenberg, die menschliche Kontrollfähigkeit überstiegen. »Meine öffentliche und politische Arbeit gehört bis heute der Umwelt, deren Niedergang, deren Katastrophen und letztlich auch deren fortschreitende Zerstörung wohl eines Tages bis zum Untergang kein anderer, weder Konrad Lorenz, noch Bernhard Grzimek […], noch Hubert Weinzierl […] präziser und visionärer voraussagte als eben Karl.«[24]

Hubert Weinzierl, der Freund

Im Leben des Umweltschützers Enoch zu Guttenberg war Hubert Weinzierl, neben Karl Feilitzsch, die zweite große und prägende Gestalt. Elf Jahre trennten die beiden Männer und vor allem eines: die direkte Erfahrung der Wirren und Schrecknisse des Zweiten Weltkrieges. Der 1935 geborene Weinzierl hatte die Bombennächte in seiner Heimatstadt Ingolstadt als Kind bewusst miterlebt. »Die Erinnerung an meine Kindheit macht in mir ein loderndes Angstfeuer«, schreibt er in seiner Autobiografie. »Ich wurde geprägt von Ängsten, die mich bis heute nicht loslassen und die mich sehr ernst und wenig freudfähig machen.«[25] Guttenberg kannte Krieg und Nazi-Diktatur dagegen nur aus oft etwas heroisch konnotierten Erzählungen seiner Eltern oder Berichten von Verwandten.

Jenseits ihres Altersunterschiedes weisen die Lebenswege der langjährigen Weggefährten bemerkenswerte Gemeinsamkeiten auf: Beide stammen aus begüterten Elternhäusern, beide Väter boten den Nazis die Stirn und riskierten damit ihr Leben, beide Väter saßen für die CSU im Deutschen

Bundestag und waren beteiligt an den ökologischen Exzessen der Wirtschaftswunderzeit, denen sich die Söhne später mit Vehemenz entgegenstellten.

Und für Weinzierl wie Guttenberg war Natur immer auch ein ganz persönliches Refugium, ein Rückzugsraum vor den Zumutungen der Realität. Weinzierl floh nach den Bombennächten in die nahen Donauauen oder träumte sich an den Lehenbach im idyllischen Wiesenfelden im Bayerischen Wald, wo ein Onkel mütterlicherseits für den Wittelsbacher Ausgleichsfonds als Oberforstmeister arbeitete. Guttenberg wiederum setzte sich in den Wald, der das elterliche Schloss umgab, um dort ungestört und gegen das Verbot des Vaters auf seinem Jagdhorn üben zu können.

Dazu kam bei beiden Männern eine mehr oder weniger ausgeprägte künstlerische Begabung. Während Guttenberg seine Musikalität zur Profession machte, schrieb Weinzierl anrührende Naturgedichte, die deutlich über dilettierende Gelegenheitslyrik hinausgehen. Für Weinzierl wie auch für Guttenberg war Natur immer weit mehr als das, was man zählen und messen kann. Sie war eine emotionale Basis, ein Lebenselixier. Als sich die Umweltbewegung wandelte und an die Stelle einer ästhetisch-emotional begründeten, ganzheitlichen Naturanschauung ein wissenschaftlich-nüchterner Zugang trat, musste dies zu Konflikten führen, die bei Guttenberg später in einen radikalen Bruch mit seinen einstigen Gesinnungsgenossen mündete.

Hubert Weinzierl lebt mit seiner Frau Beate in Wiesenfelden im Bayerischen Wald. Dort hatte er den Wittelsbachern ein altes Schloss abgekauft und zu einer ökologischen Bildungsstätte umgebaut. Umgeben ist das Anwesen von einem fünf Hektar großen Wildnisgelände mit alten Bäumen, Weihern, kleinem Bachlauf und einem Luchs- und Wildkatzengehege. Gegründet im Jahr 1983, ist Wiesenfelden die älteste nicht-staatliche Umweltbildungseinrichtung in Bayern.

Bis 2007 diente das Schloss dem Bund Naturschutz als umweltpädagogisches Zentrum, heute wird es von einer privaten Stiftung der Eheleute Weinzierl getragen. Ein freundlicher, unprätentiöser Ort, nicht so perfekt durchgestaltet wie Schloss Guttenberg oder die anderen noblen Dependancen des Freiherrn. Aber auch kein Ort, den man spontan mit der Fraktion der »Birkenstocksandalen-Umweltschützer« (Guttenberg) in Verbindung bringen möchte. Dafür schon eher mit einem aufgeklärten, ökumenisch orientierten Katholizismus aus dem Geist des Zweiten Vatikanischen Konzils, dem sich die Theologin Beate Seitz-Weinzierl verpflichtet fühlt.

Weinzierls Vater Paul war Unternehmer. Er hatte von seinen Eltern ein Kieswerk geerbt, das er nach Kriegsende weiterführte, engagierte sich auch verbandspolitisch und wurde 1954 Vorsitzender des Bayerischen Industrieverbandes Steine und Erden. Damit war er in den Augen seines Sohnes unmittelbar beteiligt an dem »brutalen und gedankenlosen Krieg gegen Tiere und Pflanzen, die ich als Mitgeschöpfe lieben gelernt hatte«. Dass Weinzierl seine Anteile an dem Familienunternehmen später verkaufte und davon Schloss Wiesenfelden finanzierte, war folgerichtig.

Als Kampfkommandant von Ingolstadt vereitelte Paul Weinzierl einen Plan der SS, die die Donau mitten in der Stadt an einer Brücke verteidigen wollte, was wohl zur völligen Zerstörung der alten Stadt geführt hätte. In dieser Konfrontation mit den Nazis und der SS habe Weinzierl sein Leben riskiert. »Sein Plan, durch planmäßige Zersplitterung der eigenen Kräfte eine Verteidigung Ingolstadts hinfällig zu machen, ging letztlich auf.«[26] Das war zwar vielleicht keine originäre Widerstandshandlung wie sie die Verschwörer des 20. Juli unter Beteiligung Guttenberg'scher Familienmitglieder unternommen hatten und dafür zum Teil mit dem Leben bezahlten. Doch ging Paul Weinzierl als Retter seiner Heimatstadt in die Ingolstädter Annalen ein.

Dass Guttenberg an Weinzierl geriet und sich daraus eine lebenslange Freundschaft und fruchtbare umweltpolitische Beziehung entwickelte, war wieder einmal Karl von Feilitzsch zu verdanken. Weinzierl war im bewegten Umbruchsjahr 1969 zum Vorsitzenden des Bundes Naturschutz in Bayern (BN) gewählt worden und hatte dort eine neue Ära eingeleitet. Er wollte den behäbigen, bürokratisch verkrusteten und eng mit CSU-Funktionsträgern und der bayerischen Staatsregierung verbundenen Verein zu einer schlagkräftigen Lobbyorganisation für die Umwelt machen, die auch den Konflikt mit der Staatsmacht nicht scheut. Damals war die CSU die allmächtige Staatspartei. Unter dem prägenden Einfluss des technikbegeisterten Hobbypiloten und Atomenthusiasten Franz Josef Strauß hatte sie sich vorgenommen, den Freistaat ökonomisch ins 20. Jahrhundert zu katapultieren, und überzog das Land mit gigantischen Infrastrukturprojekten.

In einem an Weinzierl gerichteten Memorandum brachte Feilitzsch das Problem des BN selbst auf den Punkt: »Zum Streit innerhalb des Bundes Naturschutz möchte ich bemerken, dass die Naturschützer, seit sie als staatliche Beamte in festbesoldeter Stellung ihre Tätigkeit ausüben, so gut wie nichts geleistet haben. Sie sind nämlich machtlos, weil praktisch nicht das Innenministerium, sondern das allmächtige Wirtschaftsministerium für die Duldung einzelner Naturschutzmaßnahmen zuständig ist. Und das Wirtschaftsministerium entscheidet sich immer für die Wirtschaft und gegen den Naturschutz.«[27] Eine mögliche Versöhnung von Wirtschaft und Ökologie lag damals noch in weiter Ferne.

Wie Feilitzsch und der CSU-Bundestagsabgeordnete Gleissner war Guttenberg zunächst ein umweltpolitischer Solitär. Doch gelang es Weinzierl, den ungestümen Baron davon zu überzeugen, sich enger an die im Aufbruch befindliche Umweltbewegung zu binden und beim Bund Naturschutz mitzuarbeiten. »Über den Ausverkauf der Welt, dass es so nicht weitergehen kann, darüber waren wir uns schnell einig«, sagt Weinzierl. »Ich habe ihm klargemacht, sein Einzelkämpferdasein aufzugeben und sich uns zur Verfügung zu stellen. Er sagte zu.«

Zwischen dem Verbandspolitiker und studierten Forstwirt Weinzierl und dem eloquenten Musiker Guttenberg entwickelte sich eine charakteristische Arbeitsteilung. »Wir traten oft im Duo auf. Während ich den politischen Rahmen abgesteckt habe, hat Enoch den philosophischen Hintergrund dazu geliefert.« Das wichtigste Schlachtfeld der frühen Jahre war der exzessive Straßenbau, die drohende Zerstückelung des Landes, in dem nach einem bei Umweltschützern berüchtigten Diktum aus dem Munde des Bundesverkehrsministers Georg Leber kein Deutscher »mehr als zwanzig Kilometer vom nächsten Autobahnanschluss entfernt leben« solle. Später eskalierte der Kampf gegen die Atomenergie. Auch hier lag Bayern mit der geplanten Wiederaufbereitungsanlage im oberpfälzischen Wackersdorf und mehreren Atomkraftwerken an Isar, Donau und Main im Epizentrum der Proteste. In den Achtzigerjahren schossen sich die bayerischen Umweltschützer auf den Rhein-Main-Donau-Kanal ein, der durch das landschaftlich reizvolle und ökologisch wertvolle Altmühltal führen sollte. Die Wasserstraße wurde gebaut, und Weinzierl sollte später sagen, dass der vergebliche Kampf gegen den Kanal seine größte Niederlage gewesen sei.

Guttenberg formulierte umweltpolitische Programme und Stellungnahmen, nahm an Demonstrationen und öffentlichen Podiumsdiskussionen teil. Dabei ließ er sich, wie auch später in seinen Reden gegen die Windkraft, fachliche Details von Experten zuarbeiten, oft von Weinzierl selbst. Er selbst sorgte dann für die »große Linie«, was vielen seiner Reden den Charakter einer Tour d'horizon verlieh, einer großen Abrechnung mit der menschengemachten Umweltkrise und denen, die er dafür verantwortlich machte.

Umweltrede in Moll

In einer Ansprache, die Guttenberg 1978 in Hof auf der Jahresversammlung des Bundes Naturschutz hielt, kommt er zuerst auf die heuchlerische Politik des Westens gegenüber dem damals in Revolutionswirren versinkenden Iran zu sprechen, um dann von den Gipfeln deutscher Diplomatie in die Niederungen der Umweltpolitik herabzusteigen: Tempolimit, Stilllegung von Bahnstrecken, Flurbereinigung und Luftverschmutzung. Ein Intermezzo über Deutschlands weltmeisterliche Leistung in der Disziplin des »Kindertötens« im Straßenverkehr und über Umweltgifte in Muttermilchproben mündet in eine ausführliche Betrachtung über die Risiken der Kernkraft und des drohenden »Atomstaats«. Sodann beschwört Guttenberg die Grenze des Wachstums, um, nach einem weiteren, selbstkritischen Intermezzo zu den Schwächen der Umweltbewegung und des Verbändewesens, die Bundesregierung und eine bundespresseamtliche Anzeigenserie »Heile Welt« (»Neun Zehntel der Bundesrepublik ist Natur.«) frontal anzugreifen. Es folgt eine Art Stretta, in der Guttenberg der Bonner PR-Aktion eine lange Liste von Umweltsünden gegenüberstellt, die sich die Regierung seit dem europäischen Naturschutzjahr 1970 habe zuschulden kommen lassen.

In vielen seiner Reden schimmern Motive aus den Traktaten seines Lehrers Feilitzsch durch. Etwa wenn Guttenberg in obiger Rede die Notwendigkeit einer grünen Gegenpropaganda betont: »Es ist hohe, höchste Zeit, endlich aufzurüsten, uns der gleichen, der besseren Waffen zu bedienen und dem Trommelfeuer der anderen zu begegnen«, formuliert Guttenberg nicht weniger martialisch als Feilitzsch. Und wenn er vor den »ewigen Querelen unter den Verbänden« und vor »hilflosen Be- und Umtrieben in aufgedunsenen Vereinen« warnt, darf auch wieder der unvermeidliche Spengler Pate stehen.

Als Festredner und populäres Aushängeschild war Guttenberg beim Bund Naturschutz – und später beim BUND – schon bald nicht mehr wegzudenken. Das Charisma des unerschrockenen Freiherrn und unabhängigen Künstlers, der sich nicht scheute, auch den Mächtigen die Leviten zu lesen, garantierte volle Säle und knackige Schlagzeilen. Und er befreite die Umweltschützer ein wenig vom Odium linken Sektierertums.

Auch wenn Guttenberg in vielen seiner Reden mit linkem Gedankengut kokettierte, ließ er keinen Zweifel an seiner grundkonservativen Haltung, die ihn auch mit Weinzierl verband. »Wir sind keine Linksradikalen, wir sind weit konservativer, als die sogenannten Konservativen dies wissen, oder wissen wollen.« Die eigentlichen »Systemveränderer« sitzen nach Guttenberg »allenthalben in Ämtern und Schreibstuben, in den Vorstandssesseln und Ministerien«. Es seien diejenigen, »die mit wenigen Federstrichen und Entscheidungen Herren sind über Gesundheit, Leben und Tod von Pflanzen, Tieren und Menschen.«[28]

Zuweilen schießt Guttenberg mit seiner Radikalität übers Ziel hinaus. Als er bei einer Jubiläumsveranstaltung des Deutschen Naturschutzringes (DNR) – des Dachverbandes der deutschen Natur-, Tier- und Umweltschutzorganisationen – zwischen den Sätzen von Beethovens »Eroica« eine

Festansprache hielt, zog er dermaßen vom Leder, dass der damalige Bundeskanzler Gerhard Schröder Weinzierl zur Seite nahm: »Da habt ihr aber einen Scharfmacher, hat der Schröder zu mir gesagt. Aber gefallen hatte es ihm schon.«

Apokalyptiker versus Optimist

Die Offenbarung des Johannes am Ende des Neuen Testaments ist einer der erstaunlichsten Texte der Heiligen Schrift. Dort wird zur Zeit der Christenverfolgungen im römischen Reich ein Tableau endzeitlicher Visionen ausgebreitet und jenes Strafgericht beschworen, das über das sündige Babylon, ein Synonym für Rom, hereinbrechen soll, bevor Himmel und Erde neu entstehen, ein »neues Jerusalem« ohne Tod und Leid, wo Gott nicht in einem Tempel, sondern inmitten seines Volkes wohnt.

Natürlich schwingt ein Stück Ironie mit, wenn sich Guttenberg einen »bekennenden Apokalyptiker« nannte. Doch zeigte sich der Baron vor allem in seinen späteren Jahren fest davon überzeugt, dass die Erde angesichts von Überbevölkerung, Klimawandel und weiteren Umweltproblemen nicht mehr zu retten sei. Es werde eine Zeit kommen, sagte er mit der ihm eigenen Lust an drastischen Vergleichen, »die dem Zweiten Weltkrieg in nichts nachstehen« werde. Mit gigantischen Strömen von Umweltflüchtlingen, die »nicht als Touristen« kämen. Wobei er die menschliche Zivilisation meinte, die ihrem Untergang entgegensehe. Die Natur werde sich daran nicht weiter stören.[29] Hierin ähnelte er Herbert Gruhl, einem der Gründerväter der grünen Partei, der sich in seinem letzten Buch *Himmelfahrt ins Nichts* mindestens ebenso pessimistisch zeigte wie der späte Guttenberg. Die *FAZ* bescheinigte ihm einmal »Strenge und Verbitterung eines Predigers, der vor sich die ewig gleichen Sündenschafe sieht«.[30]

Wenn Guttenberg gefragt wurde, was ihn angesichts solcher, mehr als düsterer Zukunftsperspektiven für die Spezies Mensch und ein einigermaßen gedeihliches Zusammenleben auf dem »blauen Planeten« noch am Leben erhalte und warum er weiter für die Umwelt kämpfe, zitierte er wiederholt eine Sentenz, die gemeinhin Martin Luther zugeschrieben wird: »Wenn ich wüsste, das morgen die Welt unterginge, würde ich heute noch mein Apfelbäumchen pflanzen.«

Dass Guttenberg weitaus mehr »pflanzte«, als nur Apfelbäumchen, gab nicht nur seinem Sohn Karl-Theodor mehr als einmal Grund zu liebevollem Spott. »Seine apokalyptischen Deutungen werden zur Farce, wenn Baubudgets, Familienplanung und die Sorge um die Nachwelt näher betrachtet werden«, sagte der damalige CSU-Bundestagsabgeordnete in einer kunstvoll gedrechselten Lobrede zum 60. Geburtstag des Vaters im Spiegelsaal von Schloss Herrenchiemsee. Zumindest attestierte der Sohn dem Alten eine in dieser Hinsicht ebenso »bewundernswerte wie beängstigende Ambivalenz«.

»Hubert, das wird nix«

Weinzierl dagegen nannte sich, ebenfalls mit einer gehörigen Prise Selbstironie, einen »pathologischen Optimisten«, also einen Menschen, der wider die unbestreitbaren Tatsachen und die eigene Vernunft daran glaube, dass sich die Weltläufte doch noch zum Guten wenden könnten. Eine Lebenseinstellung, die Weinzierl sogar dann nicht infrage stellte, als er, ein schwerer, unerwarteter Schicksalsschlag, im Jahr 2011 fast über Nacht beidseitig erblindete. »Inzwischen denke ich manchmal, die Menschheit ist einfach zu borniert dafür, dass sie die Umkehr schafft«, bekannte Weinzierl in einem Zeitungsinterview zu seinem 80. Geburtstag. »Aber selbst wenn es so ist, werde ich mich damit nicht abfinden. [...] Ich hoffe immer noch, dass wir der Natur eine Chance geben.«[31]

Dass ihn die eigenen Ängste und die Sorgen um den Fortbestand des Planeten nicht übermannten, dürfte er auch seiner Frau Beate zu verdanken haben, die als gläubige Christin und zupackende Organisatorin über eine nahezu unerschöpfliche positive Lebensenergie verfügt. Den Rückhalt einer stabilen, auf Liebe und gegenseitigem Vertrauen basierenden Zweierbeziehung kannte Guttenberg nicht in dem Maße wie Weinzierl und nur in überschaubaren Lebensphasen, weswegen sein Pessimismus in quälende Depressionen umschlagen konnte. »Hubert, das wird nix«, raunte Guttenberg in solch dunklen Momenten. Dann waren es die Weinzierls, die den Freund, den »traurigen Umweltschützer aus vollem Herzen«[32] wieder aufzurichten versuchten.

Guttenberg und die Gründung des BUND

Die Siebzigerjahre waren eine Zeit des Aufbruchs für die deutsche und europäische Umweltbewegung. Das erste europäische Naturschutzjahr 1970, ausgerufen vom Europarat, wirkte wie ein Fanal. »Damals herrschte eine fulminante Aufbruchsstimmung, und wir haben über fünfhundert Veranstaltungen in Deutschland durchgeführt. Die Säle waren voll, und die Herzen der Menschen schienen offen für den Naturschutz. Der Artenschutz war in aller Munde«, erinnert sich Hubert Weinzierl, der an der Spitze des Deutschen Naturschutzringes für die Organisation verantwortlich war.

Im gleichen Jahr hatte die 1969 an die Macht gekommene erste sozial-liberale Koalition unter Bundeskanzler Willy Brandt ein »Sofortprogramm zur Lösung der dringendsten Umweltfragen« vorgelegt. Überall brannte es: Smog in den Großstädten, überbordender Verkehr zu Wasser, zu Lande und in der Luft, Giftmüllskandale, verschmutzte Flüsse, wilde Müllhalden und die Zersiedelung der Landschaft schreckten die Bevölkerung auf. Auch die von der Regierung vorangetriebene Energiegewinnung aus Atomkraft wurde zunehmend infrage gestellt. 1975 gab es auf dem Gelände des in Planung befindlichen Kernkraftwerks Wyhl bei Freiburg die erste Bauplatzbesetzung als Signal zivilen Ungehorsams, Keimzelle der Anti-AKW-Bewegung. Im gleichen Jahr wandte sich der Bund Naturschutz in Bayern gegen einen neuen Münchner Flughafen im Erdinger Moos.

Im Mai 1972 wurde im niederbayerischen Weiler Heiligenstadt, wo Weinzierl 25 Jahre lang ein landwirtschaftliches Anwesen besaß, die »Gruppe Ökologie« gegründet, ein, wie man heute sagen würde, ökologischer Think-Tank von mehr als 30 namhaften Persönlichkeiten aus Wissenschaft, Politik und Publizistik, dem auch Guttenberg angehörte. Unter der Leitung des weltbekannten Verhaltensforschers Konrad Lorenz veröffentlichte die Versammlung ein »Ökologisches Manifest«, das sich »gegen einen Fortschritt von der Natur weg sowie mangelndes Ökologiebewusstsein der Industriegesellschaft« richtete.[33]

Niederbayerischer Club of Rome

In diesem Gremium, einer Art niederbayerischem »Club of Rome«, wurde sowohl die Idee einer bundesweiten Umweltorganisation wie einer grünen Partei ausgebrütet. 1975 wurde zuerst der Bund für Umwelt- und Naturschutz Deutschland aus der Taufe gehoben. In keiner Rede, keinem seiner zahlreichen Interviews zu seinem ökologischen Engagement ließ es Guttenberg unerwähnt, dass er neben Weinzierl, dem Umweltpolitiker Gruhl, dem Zoologen und Tierschützer Bernhard Grzimek (*Ein Platz für Tiere*) und dem Journalisten Horst Stern (*Sterns Stunde*) an der Gründung dieser heute einflussreichsten deutschen Umweltorganisation direkt beteiligt war. Als wollte er damit sagen, dass er nicht nur große Reden schwingen könne, sondern auch im »operativen« Naturschutzgeschäft eine Rolle gespielt habe und weiter spiele.

Zum ersten Vorsitzenden des Verbandes, der zunächst als Bund für Natur- und Umweltschutz Deutschland (BNUD) firmierte, wurde der CDU-Bundestagsabgeordnete Herbert Gruhl gewählt, der mit seinem endzeitlich gestimmten Buch *Ein Planet wird geplündert* Furore gemacht hatte. **Der starke**

Ökos in Aktion: Bernhard Grzimek, Hubert Weinzierl und Guttenberg 1978 bei einer Pressekonferenz

Mann in diesen Jahren war jedoch Guttenberg. Er war der erste Sprecher des Beirates des BUND, eines beratenden und kontrollierenden Gremiums, das allerdings mehr exekutive Macht in sich vereinte als Vorstand und Geschäftsführung. Guttenberg »hatte faktisch die größte Machtfülle im neuen Verband und war ein naher Vertrauter Hubert Weinzierls«, schreibt der Historiker Nils Franke in seinem geschichtlichen Abriss über 40 Jahre BUND.[34]

Schon damals zeichnete sich innerhalb der deutschen Umweltbewegung ein Konflikt ab, der Jahre später zu Guttenbergs spektakulärem Austritt aus der von ihm mit ins Leben gerufenen Organisation führen sollte. Auf der einen Seite standen die konservativen, oft christlich motivierten Traditionsnaturschützer wie Feilitzsch, Gruhl und – in eingeschränktem Maße – Guttenberg mit einem Hang zur Zivilisationskritik in der Nachfolge der Jugendbewegung der Zwanzigerjahre. Auf der anderen Seite sammelten sich Protagonisten der eher links orientierten (Nachkriegs-)Generation, darunter der spätere BUND-Chef und Antipode Weinzierls Hubert Weiger, für die klassischer Natur-, Landschafts- und Artenschutz nur Teil eines umfassenderen Verständnisses von Umwelt- und Klimaschutz ist. Die Umbenennung des BNUD in BUND, also die Voranstellung des Wortes »Umwelt«, war in diesem Sinne programmatisch. Dazu gesellten sich immer mehr Fachleute aus den Naturwissenschaften, Biologen, Kernphysiker, Ökologen, deren politische Färbung unbestimmter war.

Zunächst hätten Weinzierl und Guttenberg mit dem BUND einen landesweit agierenden, »knallharten« Natur- und Artenschutzverband im Auge gehabt, sagt Franke. Als Gegenpol zu dem ihrer Meinung nach zu laschen

Deutschen Naturschutzring, der auch die Interessen von Naturnutzern wie Anglern und Wanderern vertrat. Weinzierl habe jedoch mit seinem Gespür für politische Taktik, anders als Guttenberg, relativ früh begriffen, »dass er mit seiner konservativen Naturschutzklientel nicht so weit kommen würde, wenn er nicht auch die Umweltschützer neuen Typs mit einbeziehen würde«.

Wobei Weinzierl – Ironie des Schicksals – später selbst von jenen »neuen« Umweltschützern, die er einst protegierte, kaltgestellt wurde, von Kräften, die in seinen Augen bereit waren, für die Energiewende, den globalen Klimaschutz, kurz: die Rettung des Planeten notfalls die heimischen Landschaften und etwa von der Windkraft bedrohte Tierarten zu opfern.

Aber diese Entwicklung lag noch in weiter Ferne. Zunächst verlor Guttenberg 1977 seine einflussreiche Position als Sprecher des Beirates des BUND. Dies lag wohl weniger an der Öffnung des BUND nach links, sondern vor allem daran, dass der Verband sich professionalisierte und der Beirat sich zu einem echten wissenschaftlichen Beratungsorgan entwickelte, für dessen Leitung dem aufstrebenden Musiker Guttenberg die Zeit und das nötige Fachwissen fehlten. Sein Nachfolger wurde der Biologe Paul Müller, später auch Präsident der Universität des Saarlandes und dortselbst Leiter des Zentrums für Umweltforschung.

Guttenberg wechselte unter dem neuen Vorsitzenden Gerhard Thielcke, einem angesehenen Ornithologen, in den Vorstand des BUND. (Gruhl hatte den BUND im Streit verlassen und gründete 1982 die Ökologisch Demokratische Partei, eine christlich-konservative Abspaltung der Grünen.) Sein Renommee öffnete den Umweltschützern im neu eröffneten Hauptstadt-Büro des BUND manche Türe, die ihnen sonst wohl verschlossen geblieben wäre.

Einiges Medieninteresse erregte im September 1978 ein Treffen des damaligen Bundespräsidenten Walter Scheel mit Thielcke, Weinzierl und Guttenberg, bei dem aktuelle Probleme des Umweltschutzes diskutiert wurden: zum Beispiel der nach Meinung der BUND-Vertreter überdimensionierte Straßenbau sowie die Energie- und Wirtschaftspolitik. Man war sich einig, dass eine Wertediskussion anstehe und sich eine Umweltmoral entwickeln müsse. Der Nachhaltigkeitsgedanke sollte dabei eine wichtige Rolle spielen.

Hehre Worte und Beginn einer intensiven und konfliktbereiten politischen Lobbyarbeit, ein Novum für Traditionsnaturschützer, die immer die Nähe zur Staatsmacht gesucht hatten – auch zu den Nationalsozialisten, die mit dem Reichsnaturschutzgesetz von 1935, dem ersten seiner Art überhaupt, viele lang gehegte Wünsche der Naturschützer in Erfüllung gehen ließen.

Abfuhr vom »Panzerkardinal«

Als Joseph Ratzinger 1977 von Papst Paul VI. zum neuen Münchner Erzbischof ernannt wurde, galt er noch nicht als dogmatischer Hardliner, sondern wurde dem Lager der Reformer zugeordnet. Zum »Panzerkardinal« erklärten ihn seine Kritiker erst, als er vier Jahre später nach Rom beordert wurde, um als Präfekt die römische Glaubenskongregation zu leiten, jene mächtige Behörde, die die Glaubens- und Sittenlehre der katholischen Kirche vor Abweichlern und Verwässerung schützen soll.

Zu den berühmtesten Opfern der einstigen »Heiligen Inquisition« gehörten der im Jahr 1600 auf dem Scheiterhaufen hingerichtete Philosoph Giordano Bruno und der Astronom Galileo Galilei, dessen Planetenbeobachtungen das geozentrische Weltbild endgültig ins Wanken brachten. Galilei entging einer harten Strafe, weil er 1633 seinem »Irrtum« abschwor. Im Jahr 1979 beauftragte Papst Johannes Paul II. die Päpstliche Akademie der Wissenschaften, den berühmten Fall aufzuarbeiten. 13 Jahre später wurde Galileo Galilei vom Vatikan offiziell rehabilitiert – genau 350 Jahre nach seinem Tod.

Als glaubensfester Katholik und »Nachfahre« eines leibhaftigen Würzburger Fürstbischofs, als der er sich damals präsentierte, mühte sich Guttenberg, die Kirchen ins Boot der Umweltschützer zu holen. Sehr diplomatisch agierte er dabei nicht, im Gegenteil. Ganz im Stile eines barocken Bußpredigers las er den Kirchenleuten vor aller Öffentlichkeit die Leviten. Auf einer Veranstaltung des Bundes Naturschutz in Würzburg im November 1976 kam es zum Eklat. Ein Weihbischof und einige Dompröbste verließen demonstrativ den Saal.[35]

Hernach wurde Guttenberg nahegelegt, die Genossenschaft der Katholischen Edelleute zu verlassen, ein 1919 mit dem Ziel gegründeter Verein, »das gesellschaftlich-kulturelle Erbe und die Identität des historischen Adels in Bayern in Gegenwart und Zukunft zu bewahren«. Guttenberg weigerte sich mit dem ihm eigenen, zuweilen hochfahrenden Stolz: »Ein Guttenberg tritt nicht aus, er lässt sich nur rausschmeißen.«[36] Dass dies dann unterblieb, mochte ihm Genugtuung bereitet haben.

Anlass für Guttenbergs Philippika war die Verleihung des Bayerischen Naturschutzpreises an Pfarrer Kurt Oeser, den damaligen Umweltbeauftragten der Evangelischen Kirche Deutschlands. Pikanterweise war es die eigene, katholische Kirche, der er seine Wahrheiten »entgegenschleuderte«. Der Münchner Priester und Theologieprofessor Audomar Scheuermann rüffelte ihn für diesen absichtsvoll herbeigeführten Fauxpas mit einem geharnischten

Brief: »Dass Sie so betont genüsslich in der katholischen Hochburg der Bischofs- und Synodenstadt Würzburg den Lobpreis auf einen hochgeachteten evangelischen Geistlichen mit Schimpf und Schelte auf ihre Kirche und einzelne Verantwortliche derselben benützt haben, ist eines Katholiken und eines Glieds ihrer hochangesehenen Familie unwürdig«.[37] Guttenberg war einmal mehr der Nestbeschmutzer, eine Rolle, die ihm nicht wirklich missfiel.

Frontalangriff auf den Vatikan

In seiner später auch in diversen Publikationen gedruckten Rede griff Guttenberg zunächst den Heiligen Stuhl frontal an, der in Person von Papst Paul VI. »alle Menschen guten Willens« dazu aufgerufen habe, »die gemeinsamen Anstrengungen in den Nutzungen der Atomenergie zu vereinigen für eine bessere Welt«. Dieses von Guttenberg damals und auch später mehrfach erwähnte Zitat ist leider nicht zu verifizieren. Dann attackierte er den Münsteraner Bischof Heinrich Tenhumberg, der kirchliche Grundstücke für den geplanten Schnellen Brüter in Kalkar, ein besonders umstrittenes Atomprojekt, zur Verfügung gestellt habe. Die betroffene Bevölkerung fühle sich »zu Recht von ihren Hirten verraten und verkauft«, wetterte der verhinderte Kanzeldonnerer Guttenberg.

Das Fass zum Überlaufen brachte seine abschließende Attacke auf den damaligen Präsidenten der Katholischen Akademie in Bayern. Dessen Weigerung, die Proteste von Bauern gegen einen neuen Großflughafen im Erdinger Moos bei München zu unterstützen, nannte Guttenberg »das beschämendste Beispiel katholischer Indolenz« und fuhr fort: »Mit was denn hat sich die Verwaltung der kirchlichen Heilslehre auf unserer Erde zu beschäftigen als mit den Dingen, die diese Schöpfung bedrohen, die das Leben zerstören, das heiligste Geheimnis unseres Gottes?« Oder gelte der Heilsauftrag nicht dem letzten, schwächsten Schäflein der Herde? »Bange Fragen vieler Christen, die zu oft, zu offensichtlich ihre Kirche plötzlich als Handlangerin des Unglücks, des Bösen auf der Welt wiederfinden!« Starker Tobak, nicht nur für kirchliche Würdenträger.

Ein Jahr später legte er in einer Rede in der Universität Göttingen noch einmal nach. Unter der Überschrift »Ökologie und Christentum, ein Widerspruch?« versucht sich Guttenberg gewissermaßen an einer Theologie des Umweltschutzes. Sowohl Kirchenführer wie Umweltschützer müssten wissen, »dass jegliches ernsthaftes [sic] Engagement für die Rettung des Lebens, für die Erhaltung der Schöpfung nur und ausschließlich durch sittliche Prinzipien wie der unserer christlichen Ethik verantwortet werden kann.« In seiner Würzburger Rede hatte er dies in die Formel gekleidet: »Natürlich müs-

sen nicht alle Umweltschützer Christen, aber alle Christen müssen Umweltschützer sein.«

Guttenbergs Würzburger Rundumschlag gegen die katholische Kirche
rief beträchtlichen Wirbel hervor. Ob die Rede »schon viele heilsame Früchte
trägt und manchen führenden Kirchenvertreter zum Umdenken veranlasste«,
wie Guttenberg im Juni 1977 »nicht ohne Stolz« an den empörten Vorstand
der Genossenschaft der Katholischen Edelleute schrieb, entzieht sich einer
nachträglichen Überprüfung.

Die Probe aufs Exempel kam ein Jahr später, als Guttenberg, Weinzierl
und Grzimek beim neuen Münchner Erzbischof und Kardinal Joseph
Ratzinger zu einer Audienz empfangen wurden. Das Trio begab sich klop-
fenden Herzens ins Erzbischöfliche Palais in der Kardinal-Faulhaber-Straße.
»Wir dachten, das wäre unser Moment«, sagt Guttenberg. »Die Kirchen hatten schließlich im sozialen Sektor Unglaubliches geleistet, und weil in der
Bibel ja nicht nur davon die Rede ist, sich die Schöpfung untertan zu machen, sondern auch davon, sie zu bewahren, sind wir also an ihn herangetre-
ten.«[38]

Weinzierl trug vor: Die Schöpfung sei in akuter Gefahr, wenn die
Menschheit so weitermache wie bisher. Da könne, bitte schön, die Kirche
nicht abseitsstehen und müsse eingreifen. Joseph Ratzinger mag sich kurz
geräuspert und soll dann mit seiner dünnen Gelehrtenstimme entgegnet haben: »Was sie mir da erzählt haben, lieber Herr Weinzierl, ist furchtbar. Ich
verstehe das auch alles, nur muss ich Ihnen eines sagen: Wir haben jetzt gerade den Fall Galilei überwunden, und jetzt kommen Sie schon wieder mit
etwas Neuem.« Guttenberg erzielte mit dieser Geschichte über den überaus
langen Atem der Katholischen Kirche regelmäßig Lacherfolge. Damals jedoch sei man »tief deprimiert wieder abgezogen«.[39]

Ratzingers »halbernst« (Weinzierl) gemeinter Verweis auf den Fall Galilei
birgt eine zeitliche Ungereimtheit. Die Audienz fand, wie gesagt, im Jahr
1978 statt. Doch die staubigen Akten über die Inquisitionsprozesse gegen
Galileo Galilei wurden erst Jahre später aus den Archiven des Vatikans her-
vorgeholt.[40] Wollten sich Weinzierl, Guttenberg und ihre Mitstreiter absichtsvoll in eine Reihe mit dem mundtot gemachten Streiter für die Wahrheit stellen? Wie dem auch sei: Ratzinger hatte den drei Umweltschützern
ganz offensichtlich eine freundliche, aber bestimmte Abfuhr erteilt.

Die Frage, ob sich die Kirchen in die Arena der aktuellen Politik begeben
sollen, ist und bleibt umstritten. Was den Umwelt- und Klimaschutz anbelangt, hat sich nun auch die Katholische Kirche unter Papst Franziskus klar
positioniert. In seiner 2015 veröffentlichten Enzyklika *Laudato si' – Über die*

Sorge für das gemeinsame Haus benennt Franziskus in seltener Deutlichkeit die »große anthropozentrische Maßlosigkeit« der Moderne als eine Wurzel der ökologischen Krise und formuliert, beinahe wie Guttenberg fast vier Jahrzehnte zuvor: »Wenn sich der Mensch für unabhängig von der Wirklichkeit erklärt und als absoluter Herrscher auftritt, bricht seine Existenzgrundlage selbst zusammen.« In seiner Umwelt- und Klima-Enzyklika, die von Umweltschützern in aller Welt begeistert aufgenommen wurde, bekennt sich der Papst auch zur Abkehr von fossilen Energieträgern.[41]

Eigentlich hätte auch Guttenberg mit dieser Wendung der Dinge zufrieden sein können. Doch mittlerweile hatte er sich nicht nur weitgehend vom Glauben abgewendet, sondern auch von seinen einstigen grünen Bündnisgenossen. Früher hätten die Kirchen Atomkraftwerken ihren Segen erteilt, heute besprenkelten sie landschaftsfressende Windkraftwerke mit Weihwasser, sagte er einmal mit bitterem Unterton. Vielleicht hatte Joseph Ratzinger ja doch Recht, als er seine Kirche vor den Verlockungen des Zeitgeistes warnte? Aus welcher Richtung er auch wehen mag.

Guttenberg, die CSU und die Grünen

Parteipolitisch passte Enoch zu Guttenberg in keine Schublade. Um sich stromlinienförmig an wohlklingende Parteiprogramme anzuschmiegen oder machttaktische Kompromisse einzugehen, war er zu unabhängig und zu selbstbewusst. Dass er, wenn auch mit einer längeren Unterbrechung, ein CSU-Parteibuch besaß, ist dazu kein Widerspruch. Eine CSU-Mitgliedschaft gehörte im streng katholischen Hause Guttenberg sozusagen zum guten Ton, waren die bayerischen Christsozialen doch die politische Heimat seines Vaters, der für seine Partei hohe und höchste politische Ämter bekleidete.

Innerhalb der CSU war Enoch zu Guttenberg ein äußerst widerborstiger Parteigänger und wandelte dabei auf den Spuren seines Vaters, der es sogar gewagt hatte, dem allmächtigen Parteichef Franz Josef Strauß zu widersprechen. Er legte sich mit der katholischen Kirche an, lange Zeit ein tragender Pfeiler der »Staatspartei« CSU. Und natürlich opponierte er beständig auf dem Feld der Umweltpolitik lustvoll gegen die eigenen Leute, wobei sich die CSU schon immer den einen oder anderen grün angehauchten Abweichler geleistet hat. Von Franz Gleissner, dem Bonner CSU-Verbindungsmann von Guttenbergs Lehrer Karl Feilitzsch und seiner Grünen Aktion war schon die Rede. Später gefiel sich der mittelfränkische CSU-Bundestagsabgeordnete Josef Göppel in der Rolle eines »grünen Gewissens der CSU«. 2010 votierte er beispielsweise als einziger CSU-Mandatsträger gegen die von der

CDU/CSU/FDP-Koalition geplante Laufzeitverlängerung für Atomkraftwerke, die nach dem Atomunfall im japanischen Fukushima schon ein Jahr
später wieder gekippt wurde.

Auch wenn Guttenberg in seinen späten Jahren verbal immer heftiger
auf die Grünen eindrosch, stand er gewissermaßen an ihrer Wiege. Bevor sich
Anhänger der Anti-Atom- und Friedensbewegung und einige konservative
Naturschützer wie Herbert Gruhl und der rechtslastige Baldur Springmann
1980 in Karlsruhe zusammenrauften, um eine Partei zu gründen, gab es in
der »Gruppe Ökologie« Überlegungen, den neu gegründeten BUND in eine
politische Kraft zu überführen. »Baron von Guttenberg: ›Grüne Partei‹ im
Bereich des Möglichen«, lautete die Überschrift eines Zeitungsberichtes zu
einem »Tag der Umwelt« in Heiligenstadt.[42] »Ich wollte das immer«, sagt Guttenberg im Rückblick, »weil ich Umweltthemen politisieren wollte. Aber
Weinzierl und Grzimek haben dann gesagt: Leute, wir werden uns korrum-
pieren müssen, um koalitionsfähig zu sein, lassen wir's.«[43]

Es blieb bei Gedankenspielen und der BUND bis auf Weiteres eine par-
teiunabhängige Kraft. Politische Avancen der ersten Grünen-Vorsitzenden
Petra Kelly dürften Guttenberg geschmeichelt haben, doch er hielt sich zurück. Rückblickend sei dies weise gewesen, sagt Guttenberg. Letztlich standen ihm nach dem Abgang der Konservativen um Herbert Gruhl die Grünen
und ihr Spitzenpersonal um Joschka Fischer und Jürgen Trittin mit ihrer
Straßenkämpfervergangenheit entschieden zu weit links. Leuten wie Trittin
sei die Umwelt »wahrscheinlich mehr oder weniger wurscht«, vermutet Guttenberg. »Der hat als Umweltminister nicht einmal geschafft, ein Tempolimit
durchzusetzen oder Stand-by-Geräte zu verbieten.«[44]

Für einen wertkonservativen Naturfreund und Landschaftsästheten wie
Guttenberg gab es keinen sicheren politischen Hafen. Man hätte »auf Dauer
eine wertkonservative Partei gründen sollen, schon um das Umweltthema
nicht den Linken zu überlassen«, meinte er rückblickend.[45] 1992 trat Guttenberg aus der CSU aus. Grund war diesmal nicht die Umweltpolitik, sondern
die Weigerung des damaligen CSU-Ministerpräsidenten Max Streibl, an einer
Demonstration gegen Antisemitismus in Berlin teilzunehmen. Als sein Sohn
Karl-Theodor dann Minister war, trat er halbherzig wieder ein, mehr aus väterlicher Loyalität denn aus Überzeugung.

Feindkontakte

Guttenberg hatte zwar nie ein politisches Amt inne, unterhielt jedoch ein
weitgespanntes Netzwerk politischer Kontakte. Es waren interessanterweise
vor allem Sozialdemokraten klassischer Provenienz, zu denen sich Enoch

zu Guttenberg hingezogen fühlte, kantige Persönlichkeiten beiderlei Geschlechts, an denen er sich reiben konnte. Persönlichkeiten zudem, die auch gegen ihre eigene Partei agiert und dabei Federn gelassen hatten.

Eine enge Beziehung bestand beispielsweise zu Renate Schmidt, der einstigen bayerischen SPD-Vorsitzenden und Bundesfamilienministerin im zweiten Kabinett von Gerhard Schröder. Guttenbergs Faible für die »rote Renate« dürfte nicht unwesentlich damit zu tun gehabt haben, dass Schmidt in Franken aufgewachsen war und somit, obwohl im hessischen Hanau geboren, dem gleichen bayerischen Stamm angehörte.

Auch mit Otto Schily verband Guttenberg eine intensive Freundschaft. Dass der einst Mitbegründer der Grünen war und 1989 zur SPD übertrat, störte Guttenberg dabei offenbar ebenso wenig wie der »Energiepolitische Appell«, den Schily 2010 zusammen mit 40 prominenten Managern und Politikern unterschrieb. Darin wird unter anderem ein Festhalten an der Kernkraft gefordert. Im November 2017 bat Guttenberg den früheren Terroristenanwalt, die Laudatio zum 50-jährigen Bestehen der Chorgemeinschaft Neubeuern zu halten, eine Aufgabe, der sich Schily in der Münchner Philharmonie mit Grandezza entledigte.

Schily war zwar alles andere als ein ausgewiesener Umweltpolitiker, dafür liebte der Anthroposoph seit seiner Kindheit die klassische Musik, spielte selbst Cello und Klavier. In einem Interview anlässlich eigener Dirigierversuche am Pult eines westfälischen Festivalorchesters nannte er seinen Freund Guttenberg in einem Atemzug mit Daniel Barenboim sowie mit Dirigenten-Legenden wie Bruno Walter und Arturo Toscanini, was dieser mit Wohlgefallen registriert haben dürfte.[46]

In späten Jahren baute Guttenberg ein Vertrauensverhältnis zu einem weiteren Politiker auf, der spektakulär die Seiten gewechselt hatte: Oskar Lafontaine. Die beiden lernten sich auf einer Veranstaltung gegen die Windkraft in Saarbrücken kennen und schätzen. Zusammen mit seiner Frau Sahra Wagenknecht besuchte Lafontaine Guttenberg auf dessen Schloss. Der einstige SPD-Chef und Bundesfinanzminister, der 1999 aus Protest gegen die in seinen Augen anti-soziale Politik Gerhard Schröders überraschend alle Ämter niedergelegt hatte, ließ sich vom Schlossherrn durch dessen oberfränkische Latifundien kutschieren. Auch hier schließt sich der Kreis zum Vater, der »Feindkontakt« pflegte und sich bestens mit dem Ex-Stalinisten Herbert Wehner verstand, seinerzeit ein rotes Tuch für jeden eingefleischten Konservativen.

Musizieren gegen den Untergang

Am 7. Oktober 2000 hatte sich in München eine illustre Gästeschar einge-funden, um das 50-jährige Bestehen des Deutschen Naturschutzringes (DNR) zu feiern. Der Dachverband der deutschen Natur-, Tier- und Um-weltschutzorganisationen spielte schon damals eine nicht zu unterschätzende Rolle im politischen Betrieb, und die genau zwei Jahre zuvor an die Macht gekommene erste rot-grüne Koalition auf Bundesebene war angetreten, um auch in Sachen Ökologie neue Wege zu gehen. So war kein Geringerer als Bundeskanzler Gerhard Schröder an diesem Tag unter den Ehrengästen. Ne-ben ihm saß sein großer Konkurrent, der bayerische CSU-Ministerpräsident Edmund Stoiber, Wolfgang Engelhardt, langjähriger Präsident des DNR, und natürlich Guttenbergs Freund Hubert Weinzierl, der als Nachfolger Engel-hardts von 2000 bis 2012 an der Spitze des DNR stand.

Für die musikalische Umrahmung des Festaktes inklusive Festansprache sorgte in bewährter Weise Enoch zu Guttenberg. Er dirigierte Ludwig van Beethovens »Eroica«. Der Freigeist Beethoven hatte seine in den Jahren 1802/03 entstandene Sinfonie zunächst Napoleon Bonaparte gewidmet, dem »Retter der Revolution«. Als er jedoch von dessen Absicht erfuhr, sich zum Kaiser der Franzosen krönen zu lassen, soll er das Widmungsblatt eigenhän-dig zerrissen haben und dem Talmi-Monarchen, der später ganz Europa bis ins ferne Russland mit Krieg überzog, den bitteren Satz hinterhergeschickt haben: »Nun wird auch er ein Tyrann und die Menschenrechte mit Füßen treten.«

Leider stimmen solch schöne Geschichten oft nur zur Hälfte oder gar nicht. Wie dem auch sei: Guttenberg nutzte die heroische Kolportage für eine sehr eigenwillige Auslegung der Partitur. Zwischen den Sätzen der »Ero-ica« gab es jeweils eine Rede, am Schluss kam Guttenberg an die Reihe. Den hoffnungsfrohen ersten Satz der »Eroica« deutet er im Lichte jener »Auf-bruchsstimmung«, die damals die »friedlichen Revolutionäre der internationa-len Ökologiebewegung« erfasst habe – und für die nicht zuletzt die ersten grünen Minister auf Bundesebene Pate standen. Doch wie der Trauermarsch im zweiten Satz von Beethovens Meisterwerk plötzlich einen anderen, hoff-nungslosen Ton anschlage, so erklärt Guttenberg in einer effektvollen Wen-dung die bisherigen Erfolge der Umweltschützer für nichtig, die Ökologie-bewegung letztlich für gescheitert: Man habe unzählige Schlachten gewonnen, »den großen Krieg um den Bestand des Planeten« aber »nach aller Wahrscheinlichkeit« verloren. Ökologisches Bewusstsein sei zwar Allgemein-gut geworden, damit zugleich »wie eine abgeschabte Münze ohne Wert«, wie das »leere Aufbäumen des Scherzos« im dritten Satz der »Eroica«. Ob Guttenberg der schwungvollen Komposition mit dem berühmten Hörnerterzett damit nicht Unrecht tut?

Es folgt eine Aufzählung globaler Umweltverbrechen von der Vernichtung der Regenwälder über den Klimawandel bis zum Artensterben. Die Ökologiebewegung sei dabei nicht nur an uneinsichtigen Verbrauchern und unwilligen Politikern gescheitert, sondern habe das Alibi zu diesem Scheitern gleich mitgeliefert. Man habe, sagt Guttenberg etwas geschraubt, »das Erstgeburtsrecht produktiven Widerstandes für das Linsengericht einer Regierungsmacht« verkauft, »die sich dem Schneckengang und damit letztlich der Ohnmacht ausgeliefert sieht«. Um seine Zuhörer nicht in kollektiver Depression zurückzulassen, deutet er den letzten Satz der »Eroica«, einen klassischen Beethoven'schen Variationssatz, als Abfolge von »Denkbarkeiten« und damit als einen »Satz der letzten Hoffnung«, so wie er immer das Bild vom Luther'schen Apfelbäumchen bemühte, wenn er seine apokalyptischen Visionen in etwas milderem Licht erscheinen lassen wollte.

Guttenberg verpasste der »Eroica« gewissermaßen ein außermusikalisches Programm. Seine eigenwillige Exegese widersprach zwar allen Regeln einer festlichen Jubiläumsansprache, verfehlte jedoch ob ihrer Originalität und kompromisslosen Argumentation den Eindruck auf die Zuhörer nicht.

Der Auftritt des Barons beim Jubiläum des Deutschen Naturschutzringes zeigt exemplarisch, wie er Musik für seine politischen Anliegen in Anspruch nahm. Werke wie die beiden Haydn-Oratorien oder die großen Totenmessen von Verdi, Mozart und Brahms interpretierte er im Bewusstsein, gegen den drohenden Untergang anzumusizieren. Und er fühlte sich gedrängt, seine komplexen Gefühle und Gedanken öffentlich zu machen, um, wenn in seinen Augen wohl auch vergeblichen, Widerstand zu mobilisieren.

Bevor er den Taktstock hob und den Einsatz gab, wandte sich Guttenberg auch bei »normalen« Konzerten ohne besonderen Anlass immer wieder an sein Publikum. Er holte einen Sprechzettel aus der Fracktasche oder redete frei vom Dirigentenpult herunter den Menschen ins Gewissen. Immer ging es dabei um seine große Passion, den Umweltschutz, wobei »Passion« durchaus wörtlich zu verstehen ist, als eine ganz persönliche Leidensgeschichte. Dass hier ein Dirigent gewissermaßen seine Kompetenzen überschritt und sein Publikum ungefragt für ein außermusikalisches Anliegen in Anspruch nahm, mochte den einen oder anderen Zuhörer verstören. Doch wurden Guttenbergs mehr oder weniger spontane Philippiken zum Markenzeichen des »Bekenntnismusikers«.

Im Jahr 1989 hob Guttenberg die Initiative Artists United for Nature mit aus der Taufe. Die Idee für diesen bis dato einmaligen weltweiten Zusammenschluss namhafter Künstler hatte der Münchner Musikproduzent und Songwriter Curtis Briggs. International Furore machten die Artists United for Nature (später Artists for Nature) mit dem Song *Yes We Can* (Refrain: »Yes we can save the world around us«), der nicht zuletzt dank Interpreten wie Joe Cocker, Jennifer Rush, der Soul-Ikone Chaka Khan, Chris Thompson, der »Stimme« von Manfred Mann's Earth Band, und Brian May, Leadgitarrist der Kultband Queen, ein Welterfolg wurde.

Erstes gemeinsames Klassik-Projekt der Artists for Nature war das Benefizkonzert »Ein Requiem für den Regenwald« in der Frankfurter Alten Oper im Oktober 1990. Am Pult des European Symphony Orchestra, zusammengesetzt aus »Mitgliedern namhafter europäischer Klangkörper«, dirigierte Guttenberg Verdis Requiem mit der Chorgemeinschaft Neubeuern und erlesenen Solisten, wie seine Musiker und Sänger ohne Gage.

Schon vor dem Konzert kam es zu einem öffentlichen Eklat, der es zu bester Sendezeit in die *Tagesschau* schaffte. Die Veranstalter hatten auf sein Drängen sowohl Bundespräsident Richard von Weizsäcker als auch den damaligen Bundesminister für wirtschaftliche Zusammenarbeit Jürgen Warnke, die dem Benefizkonzert als Ehrengäste lauschen wollten, kurzfristig wieder ausgeladen. Die Bundesregierung förderte seinerzeit mit Geld aus der Entwicklungshilfe ein Straßenbauprojekt durch ein Naturreservat in Zentralafrika. Das gehe nicht zusammen mit dem Schutz des Regenwaldes, befand der Vorstand der Artists for Nature in einer Pressekonferenz. Die düpierten Politiker reagierten verschnupft. Es habe sogar verklausulierte Drohungen mit nicht näher benannten Konsequenzen gegeben, erinnert sich Briggs.

»Meine Damen und Herren Mörder!«
Den nächsten Aufruhr brachte der Konzertabend selbst. Auf YouTube kann man Guttenberg dabei zusehen, wie er zunächst energisch die Partitur aufschlägt, um sich dann mit ernster Miene ans Publikum zu wenden. In markigen Worten geißelt er die Vernichtung tropischer Regenwälder in vielen Teilen der Welt, die drohende Zerstörung der »grünen Lungen« der Erde und den damit einhergehenden Verlust zahlloser Tier- und Pflanzenarten, um schließlich auf den wohlkalkulierten Höhepunkt seiner Rede zuzusteuern: »Wir singen heute ein Requiem. Wir singen es am Grabe der Ermordeten. Wir singen es zugleich vor ihren Mördern. Denn die Mörder, meine Damen und Herren, sind wir alle …«

Das saß: Einige Zuhörer verließen – wieder einmal – das Auditorium. Später wehrte sich Guttenberg gegen – vielleicht nicht völlig unberechtigte – Vorwürfe, er habe die drastische Mörder-Passage auch deswegen vorgebracht, um seine Karriere zu beschleunigen. »Ich habe die Musik gebraucht und [...] vielleicht auch missbraucht für eine politische Aussage«, räumt er ein. »Aber ich denke, dass man das manchmal machen muss, denn die Menschen sind heute ganz einfach schon abgestumpft.«[47]

Die Presse war voll des Lobes über Guttenbergs Musik als »suggestive Manifestation machtloser Betroffenheit« im mit tropischem Mahagoniholz ausgekleideten Großen Saal. Ob dem Wald noch zu helfen sei, fragte bang die *Frankfurter Rundschau*.[48] Nur das »bunt zusammengewürfelte Orchester«, bekrittelt ein Lokalblatt, habe »an Klangentschlossenheit zu wünschen übrig« gelassen.[49]

Einen Monat später hält Guttenberg eine kulturpolitische Grundsatzrede im Rahmen der Veranstaltungsreihe Parlando in der Mainzer Villa Musica, dem Sitz einer vom Bundesland Rheinland-Pfalz und dem heutigen Südwestrundfunk getragenen Stiftung zur Förderung junger Musiker. Sie ist ein ergreifendes Plädoyer für eine politische Kunst und für »Künstler, die ihre Kunst selbst zum Forum machen«. Und selbst wenn die Chance zur Rettung der Schöpfung schon verstrichen sei, sei die Kunst vielleicht das Einzige, »was uns vor der Verzweiflung rettet«. Dann helfe Wagners »Götterdämmerung uns immerhin«, so Guttenberg sarkastisch, »im eigenen Scherbenhaufen stilvoll zu versinken«.

Zum sogenannten Erdgipfel von Rio im Jahr 1992 brachten Artists for Nature eine limitierte Edition von Grafiken weltbekannter Künstler heraus, darunter Christo, Joseph Beuys, Sigmar Polke und der Pop-Art-Künstler Roy Lichtenstein, der dafür in dem für ihn typischen Comic-Stil seinen ersten (und letzten) Baum zeichnete. Bestandteil der Kassette waren auch zwei CDs mit dem Verdi-Requiem unter Leitung Guttenbergs. Die »Columbus-Edition« spielte rund fünf Millionen Mark ein, die unter anderem in das Projekt »Eldorado« zur Wiederaufforstung einer entwaldeten Flussinsel im Río Magdalena in Kolumbien flossen.

Das »Requiem für den Regenwald«-Format kam noch einmal mit gleichem Programm in Brüssel und München zum Einsatz sowie 1994 als »Requiem für eine Heimat« in der Lübecker Petri-Kirche. Auf dem Programm dieses »Protestkonzertes« gegen den Bau der Ostseeautobahn A 20 standen diesmal Gustav Mahlers *Kindertotenlieder* und Mozarts Requiem-Fragment. Eine von Guttenberg gewünschte Tournee kam jedoch nicht zustande. Briggs nennt als Grund Unstimmigkeiten innerhalb des Vorstandes von Artists for Nature, dem auch der Schriftsteller und Münchner Gesellschaftslöwe Florian Langenscheidt angehörte, mit dem Guttenberg nicht konnte. Ironie der Geschichte: Guttenbergs früherer Bundesgenosse Curtis Briggs gehört zu den Pionieren der Windkraftnutzung und betreibt mehrere Windparks in Nord- und Ostdeutschland. Zwei Jahrzehnte später ist es dann wieder das Verdi-Requiem, mit dem Guttenberg bei einem Protestkonzert in Weiden in der Oberpfalz einen verzweifelten Abgesang auf die Zerstörung deutscher Landschaften durch Windkraftwerke anstimmt.

Das Zerwürfnis mit Artists for Nature hinderte Guttenberg nicht daran, sich 2009 noch einmal für eine musikalische Ökoinitiative zu engagieren, nämlich die NaturTon-Stiftung der Berliner Staatskapelle. Dort saß er im Kuratorium neben dem Regisseur und damaligen Intendanten der Berliner Staatsoper Jürgen Flimm, dem Bariton Thomas Quasthoff sowie dem Klimaforscher Hans Joachim Schellnhuber. Die von dem Hornisten Markus Bruggaier mitgegründete Initiative veranstaltet regelmäßige »Klimakonzerte«, deren Erlös in internationale Umwelt- und Klimaschutzprojekte fließt. Kooperationspartner ist der World Wide Fund for Nature (WWF).

Zur Präsentation der Initiative im Jahr 2010 stand Daniel Barenboim, Musikchef der Lindenoper und Schirmherr der NaturTon-Stiftung, am Pult der Staatskapelle. Ein Jahr später folgte Zubin Mehta, der für eine Nachhaltigkeitsinitiative im östlichen Himalaya zum Taktstock griff. Im Dezember 2012 war es schließlich Guttenberg selbst, der zusammen mit der Staatskapelle und seinem Neubeurer Chor in der Kaiser-Wilhelm-Gedächtniskirche ein von ihm moderiertes Konzert mit Haydns *Jahreszeiten* dirigierte.

In einer vorab veröffentlichten Mitteilung seiner Agentur schreibt Guttenberg, dass Joseph Haydn, der 1790 nach England kam, dort auch die Anfänge der Industrialisierung erlebt habe. »Hört man ›Die Jahreszeiten‹ vor diesem Hintergrund, überkommt einen leicht das Gefühl, der Komponist erahnte bereits den bevorstehenden Klimawandel und wusste, dass die Natur, wie in seinem Werk beschrieben, in dieser Form nicht mehr lange Bestand haben wird.« Heute erwärme sich die Erde immer schneller. »Ein Umdenken, unser zügellos lebenszerstörendes Konsumverhalten einzudämmen, ist dennoch nicht in Sicht. Stattdessen werden unseren Kindern auch noch die letzten erhaltenen Kultur- und Heimatlandschaften mit riesigen Windkraft- und Photovoltaikanlagen gestohlen.«[50]

Bei Musikwissenschaftlern wird Guttenberg mit der ersten These, bei Klimaschützern wie Schellnhuber mit der zweiten Anstoß erregt haben. Doch der Abend war ausverkauft, die Kritiken der Hauptstadtpresse konnten sich sehen lassen. Für den 30. Juni 2018 war ein weiteres Klimakonzert mit

Guttenberg und der Staatskapelle terminiert. Diesmal sollte Haydns *Schöpfung* auf dem Programm stehen. Doch wurde daraus ein Gedächtniskonzert für Guttenberg selbst, der zwei Wochen zuvor gestorben war, mit Haydns »Trauersinfonie« Nr. 44 und Schuberts »Unvollendeter«.

Exkurs: Glaubwürdigkeit
Authentizität und persönliche Glaubwürdigkeit zählen mehr denn je zu den Garanten politischen Erfolgs. Guttenbergs Sohn Karl-Theodor hatte auf drastische Weise erfahren müssen, wie es ist, wenn man den eigenen hohen moralischen Ansprüchen in den Augen der Öffentlichkeit nicht mehr gerecht zu werden vermag. Wer Wasser predigt und Wein trinkt, kann über Nacht einen Großteil seiner politischen und persönlichen Integrität verlieren. In Zeiten des Internets und der sozialen Medien lässt sich solch ein Makel nur noch schwer tilgen.

Enoch zu Guttenberg hatte zwar nie ein politisches Mandat, doch stand auch er unter ständiger Beobachtung, zumal er in seinen Reden kräftig austeilte. Die persönliche Ökobilanz des Barons konnte sich durchaus sehen lassen. Schon früh hatte er beispielsweise die Heizungen seiner diversen Liegenschaften auf Holz-Hackschnitzel und Holzpellets umstellen lassen, was bei einem Familienunternehmen, das sich hauptsächlich mit Forstwirtschaft beschäftigt, naheliegend ist.

Weniger naheliegend war, dass Guttenberg seine Fahrer angewiesen hatte, auf der Autobahn »eisern unter 130« zu fahren.[51] Das erlaubte ihm dann, umso vehementer ein allgemeines Tempolimit zu fordern. Wenn die Zeit drängte, was angesichts seines dichten Terminplans zuweilen vorkam, durfte allerdings schneller gefahren werden. Vor allem, wenn sich der stets ungeduldige Guttenberg selbst ans Steuer setzte, schoss die Tachonadel schon einmal deutlich über die selbst verordnete Grenze hinaus.

Sämtliche Autos hatte der Baron auf Gasantrieb umrüsten lassen, der weniger klimarelevantes CO_2 emittiert als ein Diesel- oder Benzinmotor. Später komplettierte ein Elektroauto US-amerikanischer Produktion den Fuhrpark, das allerdings wegen der begrenzten Reichweite der Batterien das ständige Sorgenkind des diensthabenden Chauffeurs war. Als die herkömmlichen Glühbirnen zu »Klimakillern« erklärt wurden, verfügte Guttenberg, sämtliche seiner zahlreichen Wohnsitze mit Energiesparlampen auszustatten. Und zwar auf einen Schlag, wie sein Sohn Philipp bemerkt. »Das war keine Kleinigkeit. Mein Vater machte wirklich, was ihm möglich war, um Energie zu sparen und die Umwelt zu schonen.«

Wer möchte, kann auch Guttenbergs regelmäßige Kutschtouren rund ums Schloss unter die CO_2-armen Nachhaltigkeitsaktivitäten verbuchen. Kuriosität am Rande: Guttenberg duschte immer kalt und erklärte selbst dies zur Energiesparmaßnahme. Ob das auch für jene eiskalten Bäder galt, die er vor jedem Konzertauftritt zu nehmen pflegte? Dazu gibt es keine von Guttenberg überlieferte Äußerung.

Was schließlich die prekäre Kerosin-Frage, also die Fliegerei anbelangte, trennte Guttenberg scharf zwischen seinem beruflichen und privaten Leben. Privat flog er »so gut wie nicht mehr«, zumindest in seinen späteren Jahren. »Auch meine Frau spielt mit, obwohl sie von einem Inselurlaub träumt.«[52] Für Konzertreisen galt dieses strenge Reglement nicht. Regelmäßige Auslandstourneen sehen alle großen Orchester und Dirigenten, mit Ausnahme vielleicht des reiseunlustigen Christian Thielemann, als unverzichtbar an, um das eigene Renommee zu steigern und sich im internationalen Konkurrenzkampf behaupten zu können. Und gerade Enoch zu Guttenberg feierte seine größten Erfolge oft eher im Ausland als zu Hause.

Ein Asket war Guttenberg natürlich nicht, genau genommen alles andere als das. Der Baron schöpfte gerne aus dem Vollen, vor allem wenn es um gutes Essen und guten wie reichlichen Alkoholgenuss ging – das Rauchen hatte er Mitte der Neunzigerjahre aufgegeben, als seine Schwester Minni (Heereman) an Brustkrebs erkrankte. Zertifizierte Bio-Lebensmittel kamen im Schloss nach Beobachtung des Autors nicht auf den Tisch. Ein Rehrücken aus eigener Jagd, der klassisch mit Natursoße, Preiselbeeren, Kartoffelkroketten und Mischgemüse serviert wurde, trägt zwar kein Bio-Siegel, darf aber als naturrein gelten. Dass die Jagd zu Guttenbergs größten Passionen zählte, darüber wurde schon ebenso ausführlich berichtet wie über seine diesbezüglichen Abwehrkämpfe gegen jagdkritische Naturschützer. Wobei auch notorische Gegner des Waidwerks nicht anzweifeln, dass der Genuss von Wildbret heimischer Provenienz zumindest dem von Fleisch aus Massentierhaltung vorzuziehen ist.

Differenzierter zu beurteilen ist der Genuss von Krustentieren, insbesondere von Edelkrebsen. Ihre Zucht und vor allem der Wildfang, so er überhaupt noch praktiziert wird, sind ökologisch nicht unbedenklich. Vielleicht war das der Grund, warum Guttenberg die von ihm regelmäßig veranstalteten Krebsessen nicht an die große Glocke hängte. Zu diesen gewissermaßen postfeudalen Events servierten livrierte Diener im Minutentakt Silbertabletts voller Krebse, die von den in Tücher eingehüllten Essern unter beträchtlicher Geräuschentwicklung verzehrt wurden. Dazu wurde Wein und Aquavit gereicht. Der Musikkritiker Joachim Kaiser war einmal zu Gast bei einem solchen Gelage. Zu dessen 70. Geburtstag rühmte Guttenberg ihn am

Schluss einer Laudatio als einen der wenigen Zeitgenossen, »die fangfrische deutsche Flusskrebse tatsächlich von importierten türkischen Krebsen unterscheiden können«. Er selber habe es einmal ausprobiert und Kaiser türkische als deutsche untergeschoben. »Er hat schon beim ersten Bissen protestiert. Daran erkennt man einen begnadeten Kritiker.« Ob der Star-Journalist darüber lachen konnte? Wir wissen es ebenso wenig wie die genaue Herkunft jener »fangfrischen deutschen Flusskrebse«. Der Wildfang jedenfalls ist in Deutschland verboten, wo die Tiere als vom Aussterben bedroht gelten und streng geschützt sind. In der Türkei und im Iran, wo die meisten der nach Deutschland importierten Krebse herstammen, werden sie in großem Stil gezüchtet.

Man sieht, dass ein ausschweifendes Leben zuweilen mit einer glaubwürdigen ökologischen Lebensführung kollidieren kann. Als Guttenberg sich in späteren Jahren auf die Energiewende und Windräder einschoss, geriet er argumentativ noch mehr in die Bredouille. Oft wurde er gefragt, woher denn der Strom kommen solle, wenn man, wie Guttenberg, den Klimawandel als gewaltige Bedrohung ansehe und sowohl gegen Atomkraft und Kohle kämpfe, aber auch die Windkraft als Säule einer auf erneuerbaren Ressourcen basierenden Energieversorgung ablehne.

Als Antwort darauf forderte er gerne »Maßnahmen konsequentester Energieeinsparung« wo immer möglich, aber auch Verzicht auf überzogenen Wohlstand. »Wenn überhaupt wird uns kein grünes Wachstum retten, sondern nur ein Weniger auf allen Gebieten«, sagte Guttenberg in seiner vorletzten Rede im brandenburgischen Zossen. Wobei ihm nach solchen Äußerungen gelegentlich vorgehalten wurde, dass ein betuchter und privilegierter Mann leicht von Verzicht sprechen könne.

Fazit: Enoch zu Guttenberg war alles andere als ein »Heiliger«, auch nicht in Sachen Umwelt. Doch er tat mehr als andere Männer und Frauen seines Standes und seiner finanziellen Potenz. Dass dies nicht reichen würde, um die in seinen Augen drohende ökologische Katastrophe zu verhindern, war ihm schmerzlich bewusst.

Aus Bundesgenossen werden Feinde

Nach seinem Wechsel vom wissenschaftlichen Beirat in den Vorstand des BUND und dem damit verbundenen Verlust an Macht und Einfluss, zog sich Guttenberg mehr und mehr aus der täglichen Vereinsarbeit zurück. Parallel dazu nahm seine Karriere als Dirigent Fahrt auf. 1980 übernahm Guttenberg neben seinen Neubeurer Sängern noch den Frankfurter Cäcilienchor, was sein knappes Zeitbudget weiter belastete. Wobei das tägliche Vereins-Kleinklein, die Eifersüchteleien und Personalquerelen, die detailreichen Diskussionen um Tagesordnungen, Anträge und Positionspapiere wohl nie wirklich Guttenbergs Sache waren. Seine Rolle war von Anfang an mehr die eines Strategen, Inspirators, Türöffners und Aushängeschildes.

Der starke Mann in der bayerischen und deutschen Öko-Szene war jetzt Guttenbergs Freund und Vertrauter Hubert Weinzierl. 1983 wurde er auch zum Vorsitzenden des BUND gewählt, eine Position, die er mehr als 15 Jahre innehatte. Anfang der Siebzigerjahre stieß der junge Forstwissenschaftler Hubert Weiger als Zivildienstleistender zum Bund Naturschutz und machte dort rasch Karriere. Später schob er seinen Mentor Weinzierl peu à peu aufs Abstellgleis, was den Grundstein legte für das Zerwürfnis zwischen Guttenberg und seinen früheren Bundesgenossen. Guttenbergs Verhältnis zu Weinzierl blieb dagegen ungetrübt. »Unsere Seele hat gleich getickt«, sagt Weinzierl. »Wir haben die Natur nicht aus irgendwelchen rationalen Gründen geschützt, sondern weil wir sie geliebt haben. Ich sage ja immer: Naturschutz ist eine Frage der Liebe. Das war unser gemeinsames Band.«

Es wäre ungerecht zu behaupten, Weiger habe kein Herz für die Natur. Doch dürfte seine romantische Ader deutlich schwächer ausgeprägt sein als bei Weinzierl und Guttenberg. »Weiger ist jetzt nicht gerade ein Schöngeist, aber er ist sicher auch kein engstirniger Technokrat«, sagt Angelika Zahrnt, direkte Nachfolgerin Hubert Weinzierls im BUND-Vorsitz. Doch der Allgäuer aus dem bayerisch-schwäbischen Kaufbeuren, dessen barocke Statur an Helmut Kohl erinnert, entspricht weit mehr dem Typ des Verbandsfunktionärs als sein Vorgänger, von Guttenberg ganz zu schweigen. Weiger ist kein großer Charismatiker, sondern ein machtbewusster Fachmann und Manager, der die Zentrale des Bundes Naturschutz wie eine Behörde organisierte. Und seine Reden sind keine feingeistigen Essays, sie klingen eher wie Rechenschaftsberichte oder wissenschaftliche Vorträge.

Zunächst kamen sich Weinzierl, Guttenberg und Weiger, allesamt Männer mit Verdrängungskraft, nicht sonderlich in die Quere. Weinzierl entschwebte zuerst nach Bonn, dann nach Berlin und pendelte, so der Titel seiner Autobiografie, zwischen »Hühnerstall und Reichstag«, Weiger verdiente sich seine Sporen im bayerischen Outback und baute sich im Bund Naturschutz eine Hausmacht auf, während Guttenberg den Umweltaktivisten mit gediegen-provokativen Festreden, mal mit, mal ohne Musik, seinen häufigen Interviews und Stellungnahmen in regionalen wie überregionalen Medien, gelegentlichen Home-Storys in bunten Blättern und TV-Auftritten bei Alfred Biolek zu etwas Glamour und Weltläufigkeit verhalf. Eine funktionierende

Arbeitsteilung, wobei auch Weinzierl, dokumentiert auf zahlreichen Fotos, immer öfter den Großen und Mächtigen des Landes und der Welt, die Hände schütteln durfte: Gerhard Schröder und Angela Merkel, Klaus Töpfer und Edmund Stoiber, Johannes Rau und Michail Gorbatschow.

Ikone auf dem Abstellgleis

Im Jahr 2002 stand beim Bund Naturschutz ein Personalrevirement an. Im Alter von 67 Jahren und nach 33 Jahren als Vorsitzender machte Weinzierl seinem kräftig mit den Füßen scharrenden Zögling Hubert Weiger Platz. Fünf Jahre später sollte Weiger auch den Vorsitz des BUND übernehmen. Was nach außen wie ein normaler Generationswechsel aussah, geriet zum spektakulären Showdown, als sich der Bund Naturschutz 2010 von Weinzierls Umweltzentrum Schloss Wiesenfelden trennte, wo bislang das vereinseigene Bildungswerk angesiedelt war – mit Weinzierls Frau Beate Seitz-Weinzierl als Leiterin. Die Entscheidung war intern umstritten, doch setzte sich Weiger in der entscheidenden Abstimmung mit satter Mehrheit durch. Er begründete die Schließung der Bildungsstätte mit Sparzwängen, seine Kritiker hielten ihm »gnadenloses Machtstreben« vor. Es handele sich um nichts anderes als um eine Abrechnung mit Weinzierl, der »Ikone des Naturschutzes in Deutschland«.[53]

Mit der Art, wie sich Weiger beinahe brutal von den Weinzierls abnabelte, lieferte er sein verbandspolitisches Meisterstück ab und sollte fortan selbst die Rolle als »Deutschlands mächtigster Umweltschützer« verkörpern. Es sei nun mal nicht einfach gewesen, den Wechsel zu einer jüngeren Generation zu organisieren, wirbt Zahrnt um Verständnis. Weinzierl habe den Verband eben sehr intensiv geprägt und für viele Mitglieder eine Identifikationsfigur dargestellt.

»Ich gebe zu, dass mich in meiner ganzen Naturschutzzeit kein Vorgang so verletzt und getroffen hat«, sagte der Geschasste, tief enttäuscht, der *Süddeutschen Zeitung*. Weinzierl brach mit Weiger, nicht aber mit dem BN; das Umweltzentrum im Bayerischen Wald führte er zusammen mit seiner Frau fortan als private Stiftung weiter. Auch für Guttenbergs Verhältnis zu den beiden Vereinen, die seine umweltpolitische Heimat waren, markierte die Affäre einen tiefen Einschnitt. Doch Guttenberg ging weiter als sein Freund Weinzierl. Er verließ wenig später den BUND und rief eine Konkurrenzorganisation zu BN und BUND ins Leben: eine Kriegserklärung gegenüber den einstigen Bundesgenossen.

In der Schlammschlacht ums Schloss spielten auch inhaltliche Erwägungen eine Rolle. Die lange Zeit maßgeblich von Beate Seitz-Weinzierl geprägte

Bildungsarbeit des BN war ganzheitlich orientiert mit einer deutlichen spirituellen Komponente im Sinne eines positiven, dem Menschen zugewandten Christentums. »Ich war immer der Meinung, Naturschutz muss auch Freude machen. Denn Menschen, die sich freuen, machen weniger kaputt«, sagt Beate Weinzierl. »Das war den anderen suspekt.« Ihre Philosophie entsprach offenbar nicht mehr einer Zeit, in der man mehr über Grenzwerte, »naturschutzfachliche« Stellungnahmen und »Ökosystemdienstleistungen« diskutierte als über die Schönheit bäuerlicher Kulturlandschaften oder »Natur als Quelle aller Lüste und Sehnsüchte« (Weinzierl).

Das Gesicht der Umweltbewegung wandelte sich. Durchaus im ursprünglichen Sinne von Weinzierl und Guttenberg gewannen die Angehörigen eines »kämpferischen Umweltschutzes« der Bürgerinitiativen stark an Einfluss, wie sie sich gegen Atomkraft, Straßenbau und Müllverbrennungsanlagen formiert und dabei großen wissenschaftlichen Sachverstand angehäuft hatten. Gleichzeitig sank die Bedeutung der Vertreter des klassisch-bewahrenden, nicht zuletzt sinnlich-ästhetisch begründeten Natur- und Landschaftsschutzes. »Auch Weinzierl hat einen ästhetischen Zugang zum Naturschutz«, sagt Historiker Franke. »Das ist keine Frage, das war die Grundlage seiner Freundschaft mit Guttenberg.« Doch er habe sehr schnell begriffen, dass er aus Gründen der politischen Taktik die neuen Umweltschützer mit ins Boot holen müsse. »Hubert Weinzierl hat sich weiterentwickelt, Guttenberg leider nicht, das ist der springende Punkt.«

Der Konflikt zwischen – um es plakativ zu sagen – konservativen Schöngeistern und ökorevolutionären Weltrettern, zu denen sich später noch die smarten Öko-Unternehmer gesellten, spiegelte sich vor allem am Umgang mit den sogenannten erneuerbaren Energien, die Umweltschützer auf den Weg gebracht hatten, um von der Kernenergie loszukommen und den Klimawandel zu bekämpfen. Je mehr der Schutz der Ökosphäre vor einer angeblichen oder tatsächlich bevorstehenden Klimakatastrophe in den Fokus der Umweltpolitik geriet, desto weniger verfingen die Argumente derjenigen, die sich an riesigen Windkraftwerken in freier Landschaft störten und auf strikten Landschaftsschutz pochten.

Von einer »Energiewende mit ökologischen Leitplanken«, wie sie Weiger propagierte, hielt Guttenberg gar nichts. Als der Bau von Wind- und Solarkraftwerken nach Fukushima und dem von Bundeskanzlerin Angela Merkel daraufhin mit einem Federstrich beschlossenen endgültigen Atomausstieg richtig in Fahrt kam, wechselte er endgültig die Seiten. Er konnte nicht akzeptieren, dass der Landschaftsschutz, einst die Königsdisziplin des Naturschutzes, in einem bald vor allem von wirtschaftlichen Interessen getriebenen

Klimaschutz buchstäblich unter die Räder kam, und wurde zur Galionsfigur der Energiewendekritiker und Windkraftgegner.

Später sollte er sagen, er habe sich nie träumen lassen, dass er einmal härter gegen die eigenen Leute kämpfen würde als gegen die Naturverschwender von einst. Vielleicht war es nur die bittere Gnade seiner völligen Erblindung, die Weinzierl daran hinderte, ebensolch drastische Konsequenzen aus den nicht nur landschaftsästhetischen Kollateralschäden der Energiewende zu ziehen wie sein Freund Enoch.

Kalkulierter Affront: Guttenberg verlässt den BUND

»Nun jedoch ging mir das Heimatgefühl in diesem meinem zweiten Vaterhaus verloren. Ich erkläre deshalb schweren Herzens und in großer Trauer hiermit meinen Austritt.« Mit diesen beiden Sätzen aus einem Brief an den BUND-Vorsitzenden Hubert Weiger zog Enoch zu Guttenberg am 12. Mai 2012 den Schlussstrich unter ein 40 Jahre währendes Kapitel seines umweltpolitischen Engagements.

Die *FAZ* berichtete im Feuilleton unter der Überschrift »Ich trete aus dem BUND aus« in großer Aufmachung über den Eklat.[54] Auch viele andere Medien ließen sich die Geschichte nicht entgehen, zumal die Guttenbergs durch den aufsehenerregenden Rücktritt Karl-Theodors ein gutes Jahr zuvor noch in aller Munde waren.

In seinem Brief, der Kulmbacher Rede und diversen Interviews nahm Guttenberg kein Blatt vor den Mund. Mit dem Ausbau der Windkraft werde jetzt die Landschaft kaputtgemacht, für deren Erhalt der von ihm mitgegründete Verband lange gekämpft habe. Und es sei schmerzlich, dass diese Entwicklung, die »weitgehende Zerstörung der deutschen Landschaftsschutzgebiete und Naturparks durch riesige Windkraft-, aber auch Photovoltaikanlagen«, durch BUND-Aktivitäten »verantwortungslos geduldet und gefördert« werde.

In seiner öffentlichen Replik bedauerte Weiger den Austritt Guttenbergs. »Wir kämpfen nicht weniger für den Erhalt der Landschaft als Guttenberg dies zu Recht tut.«[55] Deutlicher wurde er in einem BN-internen Rundschreiben, in dem er Guttenbergs in dessen Kulmbacher Rede geäußerten Vorwurf, der BUND lasse sich von der Windindustrie manipulieren, als »infam« zurückwies. »Die Unterstellung, solche Positionsbildungsprozesse würden irgendwie beeinflusst, ist unzutreffend und vollkommen realitätsfremd.«

Den Vorwurf, der BUND habe seine Unabhängigkeit aufgegeben und lasse sich von der Ökostrom-Industrie kaufen, wiederholte Guttenberg von nun an in nahezu jeder seiner zahlreichen Reden, die er, landauf, landab, gegen die »Windspargel«, die überall aus dem Boden schossen, halten sollte. Im März 2016 wurde es Weiger zu bunt. Der BUND zog Guttenberg vor Gericht – davon soll gleich ausführlicher die Rede sein. Jetzt jedenfalls war die Schlacht eröffnet. Sie sollte bis zu Guttenbergs Tod dauern.

Einer, der Guttenbergs Austrittsrede aufmerksam verfolgt hatte, war Johannes Bradtka. Der Förster und Naturschützer aus Erbendorf, ein knorriger Oberpfälzer, war auch Vorsitzender eines Vereins, der für die Erhaltung des für seine Naturschätze bekannten Hessenreuther Waldes kämpfte, ein Ausläufer des Fichtelgebirges, in dem eine Auto-Teststrecke geplant war. Auch Bradtka haderte schon länger mit dem Bund Naturschutz, dem er viele Jahre angehörte. Er ärgerte sich über die dort herrschende zunehmende Geringschätzung traditioneller Kulturlandschaften beim Ausbau erneuerbarer Energien, verbunden mit einer, so Bradtka, »politischen Schlagseite zu linksgrünen Positionen unter Weiger«.

Der Forstmann wandte sich an Guttenbergs Musikbüro mit der Bitte um Kontaktaufnahme. Guttenberg habe zunächst angeboten, den Verein mit ein paar Tausend Euro zu unterstützen. »Nein, habe ich gesagt, wenn Sie uns eine Million überweisen würden, das wäre nicht so wertvoll, wie Ihr persönliches Kommen. Und das hat ihn wahrscheinlich berührt.« Im November 2012 hielt Guttenberg in Erbendorf die erste große Rede nach seinem Austritt aus dem BUND. »Das war der Startschuss für sein Engagement gegen die Windkraft und seine Redetätigkeit. Das vergesse ich nicht, die Leute haben nach der Rede stehend applaudiert. Der Enoch hat geschwitzt, hat auf der Bühne die Brille verloren, so hat er sich in Rage geredet. Und ich habe gedacht, was besitzt der für ein Charisma!«

Im Mai 2014 dirigierte Guttenberg nach zwanzigjähriger Pause wieder ein »Requiem für die Heimat«, diesmal gegen die überall in die Höhe wachsenden »Riesentotems eines Kults der unbegrenzten Energie«. Bradtka und sein Verein hatten dafür die Max-Reger-Halle in Weiden angemietet. Das Konzert mit Giuseppe Verdis bei Anlässen dieser Art schon notorischer Totenmesse war brechend voll, Guttenbergs Dirigat und seine Rede wurden einmal mehr mit Standing Ovations quittiert.

Bradtka leitet heute den Verein für Landschaftspflege und Artenschutz in Bayern (VLAB), einen bundesweit aktiven Naturschutzverband. Es war auch Guttenbergs Idee, den regionalen Verein »Unser Hessenreuther Wald« als Plattform für eine neue, überregionale Organisation zu nutzen, die sich eine Rückbesinnung auf klassische Tugenden des Natur- und Landschaftsschutzes und den Kampf gegen eine zügellose Energiewende auf die Fahnen geschrieben hatte und dem mächtigen BUND Paroli bieten wollte.

Ungefähr zur gleichen Zeit trat die Naturschutzinitiative e. V. (NI) als weitere bundesweit anerkannte Natur- und Umweltschutzvereinigung auf den Plan, die sich zum Ziel gesetzt hat, dem klassischen Naturschutz wieder mehr Bedeutung beizumessen. Der frühere Schulleiter Harry Neumann war 2014 als Landesvorsitzender des BUND Rheinland-Pfalz zurückgetreten und im Januar 2016 aus dem Verband ausgetreten, weil er dessen Nähe zur Windindustrie und die Reduzierung von Naturschutz auf Klimaschutz nicht mittrug. Ursprünglich war geplant, dass VLAB und Naturschutzinitiative unter einem Dach als Verband unabhängiger Naturschützer Deutschlands agieren. Interne Interessengegensätze verhinderten dies bislang.

Enoch zu Guttenberg fungierte, in bewährter Weise, als Aushängeschild und Türöffner und bedachte beide Organisationen mit großzügigen Spenden. Der VLAB ernannte ihn zum Ehrenpräsidenten. Es gelang Guttenberg, seinen Freund Hubert Weinzierl zu überreden, sich ebenfalls dem VLAB als Ehrenpräsident zur Verfügung zu stellen. Dies war ein Coup, ein Affront gegen BN und BUND, der Weinzierl einen Sturm der Entrüstung seitens seiner früheren Anhänger eintrug. Guttenberg wollte Weinzierl auch dazu bewegen, wie er selbst dem BUND den Rücken zu kehren. Doch in dieser Frage blieb der alte Freund stur. Er wollte die Brücken zu jenen Organisationen, die er stark gemacht und denen er sein Leben gewidmet hatte, nicht völlig abbrechen.

Galionsfigur der Windkraftgegner

Dass der Bayerische Landtag im Jahr 2014 eine bundesweit einmalige Regelung zur Begrenzung des Windkraftausbaus verabschiedete, war nicht zuletzt auch Guttenbergs Werk. Die sogenannte 10H-Regelung besagt, dass der Abstand zwischen einem Windkraftwerk und einer Siedlung das Zehnfache der Höhe des Windrades betragen muss, wobei Ausnahmen möglich sind. Windkraftkritische Bürgerinitiativen in Unterfranken hatten die Idee zu dieser neuen Bauvorschrift ausgebrütet, die dazu beitrug, dass der Neubau von Windrädern in Bayern praktisch zum Stillstand kam.

Der damalige bayerische Ministerpräsident Horst Seehofer, der Windräder nicht mochte, setzte 10H praktisch im Alleingang und gegen heftige Widerstände auch aus seiner eigenen Partei durch. Im Januar hatte Seehofer eine Abordnung von Windkraftgegnern mit Guttenberg an der Spitze in der Münchner Staatskanzlei empfangen. »Ich kann mir gut vorstellen, dass das Treffen für Seehofer zumindest eine wohltuende Unterstützung, vielleicht sogar die entscheidende Motivation zum Durchhalten war«, erinnert sich

Matthias Seifert, einer der Urheber der 10H-Regelung. »Wir hatten die Fakten und die Idee geliefert – jetzt kamen, wie ich Herrn Guttenberg einschätzte, die Emotionen hinzu.«

Don Quichotte Guttenberg

Guttenberg kämpfte, wetterte, antichambrierte con brio und molto agitato, und das oft im Alleingang und wieder einmal zu Lasten seiner dem Höhepunkt zustrebenden Karriere als Dirigent: ein oberfränkischer Don Quichotte, der ganz im Wortsinne gegen Windmühlenflügel kämpfte, eine »Ein-Mann-Öko-Armee«, wie Roland Tichy formulierte.[56] Botho Strauß, der zwei wortmächtige, von Guttenberg gerne zitierte Texte gegen die Zerstörung seiner »Erinnerungslandschaften« durch die Windindustrie geschrieben hatte, rühmte in einer Mail an den Baron den »hohen und heiligen Zorn« seiner Rhetorik, das »wohlgefügte Ineinander von Leidenschaft, Anklage und niederschmetternden Fakten«.[57]

Was diese »niederschmetternden Fakten« betraf, waren Strauß und Guttenberg Brüder im Geiste. In der Debatte um die Windkraft spielten »ästhetische Kriterien« keine Rolle mehr, schrieb Strauß, der mit Guttenberg in einem lockeren Gedankenaustausch stand. »Gemordete Landschaften haben für die grundsätzlich amusischen Barbaren, die Entscheidungsträger keinerlei Gewicht. Aber natürlich, darüber darf man sich nicht täuschen, auch für die breite Bevölkerung nicht, die heute sich lieber ins Fitness-Studio begibt als auf eine Wanderung.« Das Lob des umstrittenen Poeten, der zurückgezogen in der brandenburgischen Uckermark lebt, war ein wenig Balsam auf Guttenbergs geschundene Seele.

In seinem »heiligen Zorn« schonte Guttenberg auch die eigenen Leute nicht, jene oft adeligen Waldbesitzer, die ihren Grund und Boden hergaben, um darauf profitable Windkraftwerke zu bauen. Im November 2017 lancierte er einen Brandbrief an die deutschen Privatwaldbesitzer, in dem mit der Energiewende abgerechnet wird. Unterzeichnet ist das Schreiben von 23 zum Teil namhaften adeligen Waldbesitzern, darunter natürlich Enoch zu Guttenberg selbst.

Das Geschäftsmodell, das hinter dem Bau und Betrieb von »Ökokraftwerken« nach dem Erneuerbare-Energien-Gesetz (EEG) stehe, sei »ethisch nicht mehr vertretbar«, heißt es in dem Brief, über den viele Medien prominent berichteten. Es sei von den »ausschließlichen Profitinteressen auf Subventionen getrieben«. Verlierer dieser Politik seien die privaten Stromverbraucher und alle Unternehmen, die die EEG-Umlage bezahlten. Dahinter verberge sich »eine der größten Umschichtungen in der deutschen Gesellschaft durch staatliches Handeln seit der Feudalzeit«.[58] Guttenberg war bei der Mehrzahl privater Waldbesitzer damit einmal mehr ein Nestbeschmutzer. Und auch innerhalb der eigenen Familie riskierte er ein Zerwürfnis. Denn sein zweiter Sohn Philipp war zu dieser Zeit Präsident der Arbeitsgemeinschaft Deutscher Waldbesitzerverbände und damit einer der einflussreichsten Lobbyisten der Privatwaldbesitzer. Der saß nun gewissermaßen zwischen allen Stühlen, weil Pachteinnahmen aus der Windkraft für nicht wenige Waldbesitzer in Zeiten niedriger Holzpreise eine sichere und begehrte Einnahmequelle sind.

Doch bei den Kritikern der Energiewende, die sich längst in Hunderten von Bürgerinitiativen im ganzen Land zusammengeschlossen hatten, und bei den Anhängern eines traditionellen Natur- und Landschaftsschutzes wurde Guttenberg zur Kultfigur, zum Guru einer sich neu formierenden Umweltbewegung, die sich paradoxerweise dazu aufgerufen sah, die Natur gegen die Umweltschützer zu verteidigen.

Ehrenwerte Gesellschaft

»Soll Gutti jetzt gleich?«, fragt Roland Tichy, Publizist und Moderator, vom Podium herab ins Publikum. »Gutti, Gutti, Gutti«, skandiert die Menge. »Also, bitte, Herr zu Guttenberg, Sie haben das Wort.«

Ein milder Samstagvormittag im Februar 2016. Auf Schloss Johannisberg im Rheingau haben sich mehr als tausend Windkraftgegner und Energiewendekritiker aus ganz Deutschland versammelt. Neben dem Wirtschaftswissenschaftler Hans-Werner Sinn ist Guttenberg der Hauptredner des Treffens, in dessen Verlauf auch ein »Johannisberger Appell« des Bündnisses »Vernunftkraft«, das mehr als 900 windkraftkritische Bürgerinitiativen repräsentiert, veröffentlicht werden soll, mit zehn Thesen für eine »vernünftige Energiepolitik«.

Guttenberg besteigt das Podium und setzt an zu einer seiner längsten und zornigsten Reden gegen den »Solar- und Windkraftwahnsinn«, an der er noch während der Pressekonferenz zuvor gefeilt hatte. Überraschenderweise beginnt seine Rede diesmal mit einem englischen Zitat: »For Brutus is an honorable man! So are they all, all honorable men! [...] Look you here, here is himself (Caesar), scarred, as you see, by traitors.«

Guttenberg trägt die Sätze des Mark Anton aus William Shakespeares Drama *Julius Cäsar* mit perfektem Oxford-Akzent vor, obwohl er die englische Sprache nur unvollkommen beherrscht. Guttenberg, der Musiker, weidet sich an den meisterlichen Versen, an der Form, nicht so sehr an deren Inhalt. Auf Deutsch lautet die Passage: »Doch Brutus sagt, dass er (Caesar) voll Herrschsucht war. Und war er das, so war's ein schwer Vergehen. Und schwer hat Caesar auch dafür gebüßt. Hier, mit des Brutus Willen. Schaut her, hier liegt er selbst (Cäsar), geschändet von Verrätern! Doch Brutus ist ein ehrenwerter Mann. Das sind sie alle, alle ehrenwert!«

Guttenberg ist an diesem Tag in Hochform und kampfeslustig wie selten. Denn der BUND hatte ihm kurz zuvor eine über 300 Seiten starke Klageschrift zustellen lassen. Darin wollte Hubert Weiger seinem einstigen Mitstreiter per Gerichtsbeschluss die Behauptung untersagen, der BUND sei mit der Windkraftlobby verquickt. »Ich glaube – und vor meinem Gewissen bin ich mir ganz sicher – nichts Falsches gesagt zu haben«, ruft Guttenberg mit fester Stimme in den Saal, »ich vergaß nur in meinem Kampf gegen diese Gesellschaft […], die unsere deutsche Heimat und ihre unvergleichliche Natur und Landschaften schändet und unwiederbringlich zerstört; ich vergaß, eingedenk der zitierten Trauerrede, diese Gesellschaft eine Ehrenwerte zu nennen.«

Gute eineinhalb Stunden arbeitet sich Guttenberg an diesem Tag an seinen Gegnern ab, dem BUND, den Grünen, der Ökostromlobby, er arbeitet sich ab an einem »spätkapitalistischen Ausbeutersystem und seinen Helfershelfern aus dem ehemalig ehrwürdigen deutschen Naturschutz, die heute weder vor Menschen, noch vor Natur und Kultur auch nur irgend eine Hemmung haben«. Mark Antons vor Hohn triefender Ausspruch »So sind sie alle, alle ehrenwert« durchzieht Guttenbergs Philippika wie das Leitmotiv einer Oper Richard Wagners. Und die Menge, vom Redner angefeuert, skandiert den Satz lautstark und begeistert mit.

Guttenbergs Tour de force durch die Kollateralschäden und Widersprüchlichkeiten einer von grünen Welterlösungshoffnungen getriebenen Energie- und Umweltpolitik gipfelte in dem Vorwurf, die Windkraft-Industrialisierung vor allem der deutschen Mittelgebirge sei »nicht weniger barbarisch als die [Taten] der Bilderstürmer und Bücherverbrenner, die seit der Antike alle Jahrhunderte hindurch bis in die […] Gegenwart blindwütend durch die Geschichte irren. Ob Al Hadra, Mossul oder Palmyra, ob Schwarzwald, Hunsrück oder Odenwald, diese Namen bedingen einander im Maß der Zerstörung« und seien »an Perversion nicht mehr zu übertreffen«.

Für den Vergleich mit den Untaten des »Islamischen Staates«, der zu dieser Zeit in Syrien und im Irak sein blutiges Unwesen trieb und auch die weltberühmte Ruinenstadt Palmyra schwer beschädigte, erntete Guttenberg mediales Unverständnis. Später gab er im persönlichen Gespräch zu, dass ihm hier vielleicht der Gaul durchgegangen sei. Dass ihm wenig später ein Hamburger Gericht signalisierte, sein Vorwurf gegen den BUND könne berechtigt sein und Weiger daraufhin die Klage zurückzog, war einer der größten Triumphe in Guttenbergs letzter, ganz persönlicher Schlacht.[59]

Ungeachtet dieses Erfolges zweifelte Guttenberg gegen Ende seines Lebens, als ihn sichtbar die Kräfte verließen, immer stärker an der Wirksamkeit seiner Auftritte und der Macht des gesprochenen Wortes. Mehr denn je war er davon überzeugt, dass nicht mehr viel zu retten sei und die Welt, wie er sie kannte und liebte, zum Untergang verurteilt sei.

In einem der letzten Telefonate, das er mit dem Autor führte, war er den Tränen nahe, weil er an den Fenstern seines Schlosses in den Abend- und Nachtstunden keine Falter und andere Insekten mehr sehen konnte. Früher seien es Tausende gewesen, die sich im Licht der Scheinwerfer, die das alte Gemäuer anstrahlten, getummelt hätten, sagte er. Es war die Zeit, als in Deutschland über ein womöglich folgenschweres Insektensterben diskutiert wurde.

Die letzten Jahre

Enoch zu Guttenberg hatte für den ersten Tag der Herrenchiemsee Festspiele 2017 unter dem verheißungsvollen Motto »Von Gott und Göttern – Barocke Wege« Bachs *Johannespassion* aufs Programm gesetzt. Das Werk hatte er schon unzählige Male dirigiert, es steht im Zentrum seines künstlerischen Schaffens. Eine Passion im Hochsommer? Die leisen Zweifel, die man hegte, als man eine der heiß begehrten Eintrittskarten bestellte, verflogen spätestens in dem Moment, als Guttenberg den Taktstock hob und man Zeuge eines musikalischen Dramas wurde, das sich tief ins Gedächtnis brannte.

Es gehört zur Tradition der Herrenchiemsee Festspiele, dass die zweiwöchige Veranstaltungsfolge mit einem geistlichen Konzert im Frauenmünster beginnt. Eigentlich ist diese Kirche, in der es nach feuchtem Mauerwerk und verbranntem Kerzenwachs riecht, viel zu klein für eine Aufführung, die auch nur die bescheidensten Ansprüche eines Veranstalters an kommerzielle Rentabilität erfüllen soll. Doch bei den Herrenchiemsee Festspielen gelten andere Maßstäbe.

Guttenberg bedient sich für diese Aufführung der *Johannespassion* wieder eines eigenwilligen, im Laufe der Zeit variierten räumlich-akustischen Settings. Die Idee dafür sei ihm am Totenbett seines Vaters gekommen, sagte er. Obwohl es sich bei der *Johannespassion* nicht um eine doppelchörige Komposition (wie die *Matthäuspassion*) handelt, ist der Neubeurer Chor zweigeteilt. Die eine Hälfte, die die dramatischen Chorpartien (Turbae) singt, drängt sich zusammen mit dem klein besetzten Orchester der KlangVerwaltung im Altarraum, die andere Hälfte, zuständig für die Andachtschoräle der Gemeinde, auf der rückwärtigen Empore.

In den großen Eingangs- und Schlusschören singen die Neubeurer dann gemeinsam, was eine besondere Raumwirkung zur Folge hat. Den Bass-Solisten, die Stimme Jesu, hat Guttenberg erhöht vor den Chorsängern postiert, die anderen Solisten sowie die Continuo-Gruppe rechts und links vom Altar. Der Evangelist singt von der barocken Kanzel, hoch über den Köpfen des Publikums.

Während die Musiker ihre Instrumente stimmen, betritt Guttenberg das Kirchenschiff und nimmt Platz auf einem Schemel, den Kopf gesenkt, beinahe kauernd – mit widerspenstigem Kopfhaar und Wie-viele-Tage-auch-immer-Bart. Als wolle er künstlerische Kompromisslosigkeit jetzt auch in seinem äußeren Erscheinungsbild unverkennbar zur Schau tragen.

Als die Glocken, die man im Kirchenschiff nur gedämpft wahrnimmt, verstummt sind und der Begrüßungsapplaus verhallt ist, erhebt sich Guttenberg und tritt vor sein Ensemble. Fast unmerklich gibt er den Einsatz. Fahl, zittrig und nervös klingen die Sechzehntelketten der Streicher, grundiert vom stetigen Puls des Basso continuo, darüber die schneidenden Dissonanzen der Oboen. Schon nach den ersten Takten weiß man, dass sich hier Unerhörtes ereignet. Immer intensiver, immer drängender, aber kaum lauter, wird das Gewebe der Stimmen, das Seufzen und Pochen, bis es aus dem Chor mit Urgewalt herausbricht: Herr!

Die dreimalige Anrufung Gottes gestaltet Guttenberg diesmal als abgestuftes Diminuendo. Zuerst, wie ein Schrei, in kräftigem Forte, dann immer leiser, verzagter. Als zögen die Menschen angstvoll die Köpfe ein, wenn sie den »Herrn, unseren Herrscher« anrufen, einen triumphierenden Gott, der mit der Opferung seines eigenen Sohnes die Welt erlöste. Die Wirkung schon der ersten Takte ist eine ungeheure. Guttenberg lässt uns Heutige erahnen, dass eine Bach'sche Passion kein gepflegtes Erbauungsstück für den Feierabend war, sondern ein aufwühlender, Demut, gar Unterwerfung einfordernder Glaubensakt mit musikalischen Mitteln.

Diese Absicht wird noch einmal überdeutlich in dem Furor, mit dem der von Guttenberg hochgeschätzte Tenor Daniel Johannsen als Evangelist vom Prozess und der Hinrichtung Jesu berichtet, in einem beinah fanatischen Ton mit Worten, die wie Gewehrsalven über die Köpfe der Zuhörenden hinwegfegen.

Dann erlaubt sich Guttenberg einen weiteren Kunstgriff. Eingedenk der historischen Tatsache, dass Bachs Passionen einst im Rahmen eines Gottesdienstes erklangen und zwischen erstem und zweitem Teil eine Predigt vorgesehen war, lässt er den Schauspieler André Jung einen barocken Sermon über die Verleugnung Petri halten, verfasst von Johann Jakob Rambach, einem der bekanntesten und wortmächtigsten Kanzeldonnerer in Mitteldeutschland zu Bachs Zeiten.

Mit dem letzten Ton des Schlusschorals, nachdem abermals die Glocken des Münsters läuteten, dürfte jedem bewusst gewesen sein, dass man gerade etwas erlebt hatte, das man so schnell nicht wieder erleben würde. Kein Konzert im landläufigen Sinne, sondern ein existenzielles Erlebnis, eine Glaubenserfahrung. »Wie man es noch nie gehört«, war die Rezension von Wolfgang Sandner in der *FAZ* übertitelt: »All das war von einer atmosphärischen Dichte und dramaturgischen Rigorosität, die schier den Atem verschlug.«[1] Und Egbert Tholl von der *Süddeutschen Zeitung* wollte gar schon nach dem ersten »Herr!« die Insel verlassen, »völlig beseelt von diesem einen Ausruf, der in einem einzigen Wort kündet von Hingabe, Hoffnung, Sehnsucht und Verzweiflung«.[2]

Als sich Kritiker und Gäste der Herrenchiemsee Festspiele im folgenden Jahr wieder in Frauenchiemsee einfanden, war sicher, dass sich das Wunder dieser Passion nicht wiederholen würde. Denn Guttenberg war wenige Wochen zuvor gestorben. Andrew Parrott übernahm das Dirigat des Eröffnungskonzertes, das zum Abschiedskonzert wurde. Nun war die Kirche des Klosters Frauenwörth erfüllt mit der Trauer über den Verlust des großen Künstlers und Menschen Enoch zu Guttenberg.

Große Ratlosigkeit war damals mit Händen zu greifen, Pläne und Projekte waren Makulatur, die Vorfreude auf Kommendes quälender Perspektivlosigkeit gewichen. Niemand wusste, ob es die Festspiele, ein »Gesamtkunstwerk«, wie Robert Braunmüller nach der denkwürdigen *Johannespassion* in der Münchner *Abendzeitung* schrieb,[3] in dieser oder einer anderen Form noch geben werde. Niemand vermochte vorherzusagen, wie es um die Zukunft von Guttenbergs Ensembles, der Chorgemeinschaft Neubeuern und der KlangVerwaltung bestellt war. Vom Schmerz der nächsten Angehörigen und Guttenbergs privaten wie künstlerischen Weggefährten gar nicht zu reden.

Zunehmend unbestritten: Guttenbergs Alterskarriere

Unter allen bedeutenden Künstlern – große Dirigenten gehören zweifellos dazu – gibt es solche, die früh zu ihrer Meisterschaft gelangten. Dazu zählten der geniale Carlos Kleiber, der ebenso geniale wie karrierebewusste Herbert von Karajan oder das »Wunderkind« Lorin Maazel. Andere brauchen länger, um ihr Ausnahmetalent zu entfalten, darunter der als rheinischer Provinzkapellmeister verkannte Günter Wand, der erst jenseits der siebzig vor allem mit seinen schlackenlosen Bruckner-Interpretationen so etwas wie Kultstatus erlangte.

Auch Enoch zu Guttenberg brauchte viele Jahre, bis er zu sich selbst und seinen Platz im Musikbetrieb gefunden hatte und die mitunter hämische Kritik an seiner Person und seiner Art des Musizierens nach und nach verstummte. Sein letzter Aufstieg zum Gipfel ist eng verknüpft mit dem Orchester der KlangVerwaltung, mit dem es ihm endlich gelang, seine Interpretations- und Klangideale umzusetzen.

Ein Markstein in Guttenbergs Alterskarriere war die Auszeichnung einer Einspielung von Bruckners 4. Sinfonie, der »Romantischen«, mit dem Echo Klassik im Jahr 2008. Von diesem populären Werk gibt es zahllose Aufnahmen zahlloser Ensembles, und Guttenberg und seine Musiker muss es be-

Weltumarmung

sonders gefreut haben, dass sie eine Einspielung des gleichen Werkes mit den
Berliner Philharmonikern unter Simon Rattle aus dem Feld schlugen.

Ein Jahrzehnt später war Guttenberg dann unter den Ersten, die den
Preis unter Protest zurückgaben, nachdem der Echo Pop des Jahres 2018 an
ein Rapper-Duo vergeben worden war, das in Songtexten Antisemitismus
verbreitet hatte. »Nachdem solch ein Preis nun [...] auch Verfassern von
widerwärtigen antisemitischen Schmähtexten verliehen und noch dazu vom
›Ethikrat‹ Ihres Verbandes bedenkenlos freigegeben wurde, würden wir es als
Schande empfinden, weiterhin diesen Preis in unseren Händen zu halten«,
schrieben Guttenberg und sein Konzertmeister Andreas Reiner in einem offenen Brief an den Bundesverband der Musikindustrie.[4]

Auch wenn es sich um eine andere Preis-Kategorie handelte und sich der
Pop-Echo im Gegensatz zum Klassik-Echo ausschließlich an Verkaufszahlen
orientierte, wollten Guttenberg und Reiner mit dieser Kollegenschaft sicher

zu Recht nichts mehr zu tun haben. Doch es war sicher auch eine schwere Entscheidung, war der Preis doch für Guttenberg ein Beleg, dass er nun auch vom Klassik-Mainstream wahrgenommen wurde. Und zwar nicht als ewiger Außenseiter, sondern als ernst zu nehmender Dirigent, der auf Augenhöhe mit den »ganz Großen« agiert.

Trotzdem wurde Guttenberg selten in einem Atemzug mit allbekannten »Stardirigenten« genannt. Und wenn einmal eine Zeitung unter der Überschrift »Man muss besessen sein – Wie Dirigenten ihren Job erlernen«[5] sein Konterfei neben jenen von Thielemann, Karajan, Levine und Harnoncourt abdruckte, war er darauf so stolz, dass er die Titelseite mit den Fotos in den Räumen seines Musikbüros aufhängen ließ.

Umso mehr schmeichelte es Guttenberg, dass ihn einmal Helmuth Rilling anrief, der wie er selbst ein Provinzensemble, die Gächinger Kantorei, zu einem legendären Chor geformt hatte. »Ich weiß, wie er einmal ganz stolz und zufrieden sagte, dass Rilling sich bei ihm gemeldet und ihm Komplimente gemacht hat«, erinnert sich Guttenbergs Freund Dietrich Mack. »Er pochte zwar immer sehr auf seine persönliche Unabhängigkeit, aber trotzdem ist er natürlich wie jeder Mensch zugänglich gewesen für Lob aus musikalisch berufenem Munde.«

Als Kent Nagano 2006 Generalmusikdirektor der Bayerischen Staatsoper wurde, lernte er über Guttenbergs Musiklabel FARAO classics auch den Baron und seine beiden Klangkörper kennen und schätzen. Mit der Zeit entwickelte sich eine Art Austausch: Nagano borgte sich hin und wieder die Neubeurer aus und arbeitete auch mit der KlangVerwaltung zusammen. Später sollte Guttenberg erstmals Naganos Hamburger Orchester dirigieren. Zu den für Juni 2018 geplanten zwei Konzerten mit Beethovens 9. Sinfonie in der Elbphilharmonie kam es dann nicht mehr.

Dass sich der US-amerikanische Weltstar für Guttenberg und seine Ensembles interessierte, war Balsam auf die Seele des Barons, der so lange um Anerkennung hatte kämpfen müssen. 2017 lud Nagano, mittlerweile neuer Generalmusikdirektor der Hamburgischen Staatsoper und des Hamburgischen Staatsorchesters, die Neubeurer zu einer Aufführung von Haydns *Jahreszeiten* unter seiner Leitung in der Hamburger Elbphilharmonie ein. Das Konzert war eine besondere Ehre für das Laienensemble – und letztlich auch für Guttenberg.

Auf Guttenbergs letzter Tournee, die ihn und seine Ensembles durch Nordamerika führte, empfing Nagano, der auch das Orchestre Symphonique de Montréal leitet, die Münchner in der von ihm 2014 eröffneten Maison Symphonique de Montréal. Hier vertiefte sich auch der persönliche Kontakt zu Nagano, der mit seinem stillen Intellektuellenhabitus fast einen Gegenpol bildet zu dem leidenschaftlichen fränkischen Landadeligen. In der absoluten Wahrhaftigkeit und Ernsthaftigkeit, mit der die beiden Männer Musik machten, unterschieden sie sich nicht.

Zum 50-jährigen Bestehen der Chorgemeinschaft im November 2017 schrieb Nagano eine kleine Eloge auf die einstige Liedertafel – »Tafelrunde« schrieb der Kalifornier mit japanischen Wurzeln in seinem etwas kreativen Deutsch. Die Neubeurer besäßen alles, worüber ein Chor verfügen müsse, um bedeutende oratorische Werke in den Aufführungen zur wahrhaftigen Größe zu bringen. »Das ist ein Verdienst von Enoch zu Guttenberg, der seine unermüdliche Energie und seine künstlerische Verantwortung in diesen Chor immer wieder und unbeirrbar investiert hat.«

Als sich sein Leben dem Ende zuneigte, hatte es Guttenberg endlich geschafft: Er war ganz oben. Trotzdem passte er nie wirklich in die Riege der ehrfurchtgebietenden Maestri und Pultmatadore. Er war eine Klasse für sich, ein radikaler Wahrheitssucher, ein Nonkonformist, der mit zunehmendem Alter keineswegs milder, sondern im Gegenteil immer kompromissloser wurde. Dabei spielte wohl sein Glaubensverlust eine Rolle und seine apokalyptische Überzeugung, dass die Welt nicht mehr zu retten sei. Guttenberg hatte gewissermaßen nichts mehr zu verlieren. Durch eine immer stärkere Reduktion der musikalischen Mittel bei gleichzeitiger Schärfung des Ausdrucks nutzte er die ihm zugewachsene Freiheit, um mit immer weniger Aufwand und ohne die Manierismen früherer Jahre seine existenziellen Botschaften noch klarer, noch überzeugender zu formulieren.

Geheimtipp bis zuletzt

In seinen späten Jahren konnte Guttenberg vieles von dem ernten, was er in den Jahrzehnten zuvor gesät und oft mühsam gehegt und gepflegt hatte. Gleichwohl blieb er, abgesehen von seiner großen Münchner und süddeutschen Fangemeinde, in gewisser Weise bis zuletzt ein Geheimtipp. Diejenigen, die ihn kannten und ihn auf seinem langen Weg zum Erfolg mit einer gewissen Regelmäßigkeit begleitet hatten, wussten, dass sie einen Großen der Musik vor sich hatten. Und wer ihn noch nicht kannte und vorurteilslos zuhörte, empfand Guttenbergs rigorose Interpretationen oft als künstlerische Erleuchtung.

»Eine Offenbarung aus dem Nichts«, war die Kritik des Musikjournalisten David Patrick Stearns vom *Philadelphia Inquirer* überschrieben, der Guttenbergs Tourneekonzert mit Bachs Magnificat und dem Mozart-Requiem besprach. Stearns machte kein Hehl aus seiner anfänglichen Skepsis gegen-

über dem No-Name-Dirigenten aus Deutschland und seinen unaussprech-
lichen Ensembles, um ihn dann umso enthusiastischer zu feiern.[6] Gerade auf
Reisen habe Guttenberg oft die besten Kritiken bekommen, sagt sein Kon-
zertagent Andreas Schessl. »Fast überall, wo die auf Tournee hingekommen
sind, kann ich mich eigentlich nur an ganz besonderes Erstaunen erinnern.«
Wie mag sich Guttenberg gefühlt haben, als er am Abend des 24. Oktober 2017 mit 71 Jahren den Olymp aller Dirigenten erklommen hatte: die
New Yorker Carnegie Hall. Vor ausverkauftem Haus spielte er ein für eine
Orchestertournee eher sperriges Programm: Bachs Magnificat und Mozarts
Requiem. Es war sein 600. Konzert zusammen mit der Chorgemeinschaft
und ein veritabler Triumph mit »Standing Ovations auf allen Plätzen«, heißt
es im Internetnachrichtendienst *Blasting News*.[7]

Zu den denkwürdigen Erfolgen in Guttenbergs letztem Lebensabschnitt
gehörten auch zwei Gastspiele in Spanien und Russland. In der Karwoche
2018 umrahmte Guttenberg das obligatorische Passionskonzert in München – hier stand noch einmal Bachs *Matthäuspassion* auf dem Programm –
mit zwei Auftritten in Madrid und Moskau. Im Auditorio Nacional de Música
musizierten die Ensembles in Anwesenheit der spanischen Königin Sophia.
»Außer dem Erlebnis der Passion schrieben sie mit unvergänglicher Kunst
die Botschaft: Bach ist ewig«, urteilte ein Kritiker.[8]

In der russischen Hauptstadt war Guttenberg erstmals im Moskauer
Konservatorium zu Gast. Der Große Saal dieser musikalischen Ausbildungs-
stätte von Weltrang ist berühmt für seine hervorragende Akustik und ein Ort
ehrwürdigster Tradition in dem an großen Komponisten und Instrumentalisten so reichen Land. Hier zu bestehen, kommt einem Ritterschlag gleich.

Nie habe sie im Rahmen des Internationalen Mstislaw Rostropowitsch
Festivals etwas Besseres gehört, soll Olga Rostropowitsch, Tochter des legendären Cellisten, zu Guttenberg nach der Aufführung der *Matthäuspassion*
gesagt haben. »Wir haben einen tief betroffenen, weinenden Saal hinterlassen«, erinnert sich Konzertmeister Andreas Reiner. »Da saßen 80 Prozent mit
der Partitur im Saal, das beste Publikum auf der Welt, gar keine Frage. Nach-
her haben sich viele Leute die Augen ausgewischt.«

Doch der Prophet gilt nichts im eigenen Land: Bis zuletzt kämpfte Guttenberg in Deutschland gegen die immer gleichen Vorurteile. Dem Konzert-
verantwortlichen eines weltbekannten Festivals fiel im Zusammenhang mit
Guttenberg nur dessen vergifteter Spitzname »Eunuch« ein. Und der gestan-
dene Rezensent einer überregionalen Zeitung drosch noch ein Jahr nach
Guttenbergs Tod das leere Stroh des angeblichen Hobbymusikers. Manche
Kritiker weigerten sich bis zuletzt beharrlich, überhaupt eines seiner Konzer-

te zu besprechen. Was solle man über den Vater eines blasierten Ex-Ministers denn schreiben? Ignoranz hat kein Verfallsdatum.

Das Publikum war anderer Meinung. Nach dem phänomenalen Erfolg in der russischen Hauptstadt mag auch Guttenberg erstmals uneingeschränkt an sich selbst als Musiker und Dirigent geglaubt haben. »Die dauernden Anwürfe, gegen die er sein Leben lang gekämpft hatte, dass er nichts könne, dass er ein Dilettant sei, die waren einfach widerlegt«, sagt Reiner. »Jetzt war er ein Superstar, nicht mehr ›das ist doch dieser …‹, nein, er war Enoch zu Guttenberg, der große deutsche Dirigent. Vielleicht hat er sich gesagt, eigentlich kann ich nichts, aber es scheint doch irgendwie zu reichen. Das hat ihn nicht stolz, aber glücklich gemacht. Und das hat sicherlich auch eine gewisse Müdigkeit bei ihm hervorgerufen.«

Es war das letzte Konzert von Chor und Orchester der KlangVerwaltung mit Enoch zu Guttenberg.

Unvollendet: Guttenbergs früher Tod

Im Dezember 2014 erlitt Guttenberg einen Schlaganfall. Die Attacke mit Schwindel, Übelkeit und einer vorübergehenden Lähmung des linken Armes ereilte ihn auf der Straße in München. Nur mit Mühe konnten ihn sofort alarmierte Freunde davon abhalten, selbst mit dem Auto nach Neubeuern zu fahren, wo ihn sein dortiger Arzt Dr. Elmar zur Hörst, ein Mitglied der Chorgemeinschaft, in Empfang nehmen sollte. Ein paar Tage verbrachte Guttenberg widerwillig in einer Rosenheimer Klinik, weitere Rehabilitations-Maßnahmen lehnte er ab. Das für 23. Dezember terminierte traditionelle *Weihnachtsoratorium* in der Münchner Philharmonie übernahm Helmuth Rilling. Ende Februar stand Guttenberg dann wieder am Pult mit Bruckners Neunter in München, dem Verdi-Requiem in Berlin und der vorösterlichen *Matthäuspassion* wiederum in München. Hildegard Eutermoser erinnert sich, wie ihr Chef nachgerade damit geprahlt habe, mit wie viel Glück er »davongekommen« sei.

Der warnende Wink des Schicksals – man könnte auch von einem Wink mit dem Zaunpfahl sprechen – hatte wenig Einfluss auf die kräftezehrenden Aktivitäten des Barons, zu denen sich noch das Gezerre um die Scheidung von seiner zweiten Frau Ljubka Biagioni gesellte, die 2016 vollzogen wurde. Die Sorge um das Wohl der beiden minderjährigen Söhne Johann und Paulinus lag wie ein schwerer Schatten auf Guttenbergs späten Jahren und auf seiner letzten großen Liebe zu Susanne Bernhard.

Der Baron dirigierte pro Jahr zwischen 25 und 35 Aufführungen, ein gutes Pensum, wenn man seine vielfältigen anderen Engagements berücksichtigt. Nach der Krankheitsepisode änderte sich die Schlagzahl nur unwesentlich. Das Jahr 2016 brachte im Anschluss an die Herrenchiemsee Festspiele und die Feiern zu seinem 70. Geburtstag gleich zwei ebenso anstrengende wie ertragreiche Tourneen nach Fernost und Nordamerika. 2017 schienen Guttenbergs Kräfte nachzulassen, nur 19 Konzerte standen auf seinem Terminplan, allesamt bekanntes Repertoire: Bach, Beethoven, Bruckner, Mozart, Haydn, Dvořák und noch fünfmal Mendelssohns *Sommernachtsraum* mit dem alle Aufmerksamkeit auf sich ziehenden Klaus Maria Brandauer als Sprecher. Den Tod seines langjährigen Freundes Klaus J. Schönmetzler am 25. Mai dieses Jahres würdigte Guttenberg mit einer hinreißenden Rede.

Zeiten des Abschieds, Zeiten der Ernte. Im August wurden Guttenberg und die Chorgemeinschaft mit dem Musikpreis des Rheingau-Musikfestivals ausgezeichnet. Der Geehrte zeigte sich einmal mehr von Rührung überwältigt und herzte den Intendanten Michael Herrmann so innig, dass im Publikum leises Raunen zu vernehmen war. Die anschließende Aufführung von Bruckners Neunter litt dann unter der für Konzerte aller Art – mit Ausnahme vielleicht des gregorianischen Chorals – leider nur bedingt geeigneten Akustik der romanischen Basilika des Klosters Eberbach.

Zu Guttenbergs 70. Geburtstag am 29. Juli 2016 hatten handwerklich versierte Mitglieder der Chorgemeinschaft um Heinz »Klarei« Baumgartner eine »Neubeurer Hütte« gezimmert und unter strenger Geheimhaltung am Ufer des türkisblauen Sees zusammengebaut, der in dem von Guttenberg einst aus ökologischen Gründen stillgelegten Steinbruch der Familie entstanden war. Obwohl es schon herbstelte und man sich in Franken befand, wurde das Ensemble von einem weiß-blau gestrichenen Maibaum komplettiert. Guttenberg und drei betagte Gründungsmitglieder des Chores wurden in einer mit zwei Rappen bespannten Kutsche vorgefahren. Bei der Übergabe des ungewöhnlichen Geschenks sei »Enoch zu Tränen gerührt« gewesen, vermerkt die Chorchronik.

Ein dreiviertel Jahr später standen mit den Jubiläen »50 Jahre Chorgemeinschaft Neubeuern« und »20 Jahre KlangVerwaltung« weitere Festivitäten ins Haus. Diesmal hatten die Neubeurer ein großes hölzernes Floß gezimmert, nach Art jener schwimmenden Plattformen, die auf der Isar bierselig grölende Touristen gen München befördern. Es brachte die Festgesellschaft zu einer versteckt am anderen Ufer des Sees errichteten Party-Zeltstadt. Das dortige Showprogramm, bei dem Guttenberg in der Krachledernen auf seiner Trompete *Die Frankenwälderin* zum Besten gab, endete mit einem, so die Chronik, »absolut gigantischen Feuerwerk, das sich im Kessel um den See von allen Seiten widerspiegelte«. Niemand konnte damals wissen, dass man hier zum letzten Mal sich selbst und die Musik feierte, in einer eigentümlichen Mischung aus bäuerlicher und höfischer Festkultur, die für Enoch zu Guttenberg und die Neubeurer Sänger geradezu ein Markenzeichen war.

Die Strapazen der beiden vorangegangenen Tourneen merkte man Guttenberg an diesem Abend nicht an. Am 11. November 2017 gab es einen offiziellen Jubiläumsfestakt in der Münchner Philharmonie mit Otto Schily als Festredner und Haydns *Schöpfung*. Anschließend brach Guttenberg mit Chor und Orchester zu einer kleinen Deutschland-Tournee auf. Egbert Tholl, Musikkritiker der *Süddeutschen Zeitung* bescheinigte dem dörflichen Ensemble resümierend das Format eines »internationalen Hochleistungschors« und seinem Dirigenten, dass er »unfassbare Erlebnisse« herbeizaubere wie wenige Monate zuvor die *Johannespassion* in Frauenchiemsee: So könne es weitergehen, »die sind ja alle noch jung«.[9]

Trotz übervollen Terminkalenders und schwindender Kräfte vernachlässigte Guttenberg seine umweltpolitischen Aktivitäten nicht. Am 4. November hielt er im brandenburgischen Zossen auf Einladung von Windkraftgegnern eine fulminante Rede und erinnerte darin an die Anfangszeiten auch seines eigenen ökologischen Engagements, nun freilich unter umgekehrtem Vorzeichen: »Vielleicht muss unsere Bewegung, ich scheue mich nicht, dieses Wort zu gebrauchen, militanter werden, sich an den Betonfundamenten der Windmonster festketten, die Anfahrt der Tieflader mit den riesigen Stahlmasten und Rotoren blockieren und die Baustellen besetzen, ganz wie es einst die Atomgegner in Wackersdorf in der Oberpfalz oder Wyhl am badischen Rhein taten oder die Gegner der Startbahn West des Frankfurter Flughafens.«[10]

Wenige Tage zuvor brachte die *Bunte* eine mehrseitige »Enthüllungsstory« über Enoch zu Guttenbergs Großvater Georg Enoch Buhl Freiherr zu Guttenberg, der als Miteigentümer der Pfälzischen Hypothekenbank während der Nazi-Zeit indirekt von der Arisierung jüdischen Vermögens profitiert haben soll.[11] Guttenberg war nach der Lektüre dieses Berichts am Boden zerstört, erwog, nicht nur die Zossener Rede, sondern gleich auch das Jubiläumskonzert abzusagen. Seine Anwälte und Ratgeber konnten ihn jedoch davon abbringen: Die Geschichte sei sehr »dünn«. Man einigte sich mit der Redaktion der *Bunten*, dass anerkannte Historiker die Causa »lückenlos recherchieren« sollten.

Der Bericht sollte erkennbar die nicht zuletzt auf der eigenen NS-Widerstandsgeschichte beruhende Glaubwürdigkeit der Familie untergraben und war möglicherweise ein gezielter Affront gegen Enochs Sohn Karl-

Theodor, auf den die reißerische Titelzeile gemünzt war: »Haben sich seine Vorfahren an jüdischem Vermögen bereichert?« Dem Ex-Verteidigungsminister wurden damals Ambitionen nachgesagt, irgendwann doch wieder auf die politische Bühne zurückkehren zu wollen.

Guttenbergs phänomenale Erfolge in Madrid und Moskau mit Bachs *Matthäuspassion* lagen sechs Wochen zurück, als er die ganze Verwandtschaft – alles in allem mehr als 60 Personen – zu einem großen Fest ins Schloss einlud. Wie immer war alles perfekt organisiert. Es gab ein Preisschießen, viel Speis und Trank und einen Gottesdienst in der Schlosskirche mit Susanne Bernhard als Gesangssolistin und dem mit Enoch zu Guttenberg eng verbundenen Organisten Hubert Huber. Der Gastgeber erschien Freunden so heiter und ausgeglichen wie selten. Es habe Verwechslungen mit den Noten gegeben, erinnern sich Teilnehmer. Überraschenderweise habe Guttenberg auf das kleine Malheur ausnehmend gelassen reagiert, was früher nie vorgekommen sei.

Kann man den eigenen Tod voraussehen, wenn man scheinbar noch mitten im Leben steht? »Manchmal denke ich, frage ich mich, ob er es nicht geahnt hat«, sagt Guttenbergs Schwester Michaela Heereman. »Er hat oft gesagt: Wer weiß, wie lange wir uns noch haben. Das hat er auch an diesem Pfingsten mehrfach gesagt.«

Guttenbergs Tod

Die Hamburger Elbphilharmonie ist seit ihrer Eröffnung im Jahr 2017 ein Pilgerort, nicht nur für Klassikfreunde, sondern auch für Künstler aus aller Welt. Nachdem die Chorgemeinschaft dort bereits mit Kent Nagano aufgetreten war, sollte nun Guttenberg in dem akustisch nicht unproblematischen Wundersaal die Bachkantate »Ich hatte viel Bekümmernis« und Beethovens 9. Sinfonie aufführen, diesmal nicht mit dem Orchester der KlangVerwaltung und den Neubeurern, sondern mit Naganos Hamburgischem Staatsorchester sowie dem Chor der KlangVerwaltung – als zehntes und letztes »Philharmonisches Konzert« der Saison.

Die Proben liefen bereits, als Guttenberg über heftiges Unwohlsein klagte. Schweren Herzens entschied er sich nach längerem Zögern, beide Konzerttermine abzusagen. »Die Musiker«, sagte er, »wollten mich gar nicht gehen lassen«. Für ihn sprang Markus Poschner ein, ein enger Freund Guttenbergs und Susanne Bernhards, der seit September 2017 das Linzer Bruckner-Orchester leitete.

Über sein oberfränkisches Stammschloss fuhr Guttenberg zu seiner Verlobten Susanne Bernhard. Am 14. Juni verschlimmerte sich sein Zustand. Mit

Verdacht auf Darmverschluss wurde er ins nahe Starnberger Krankenhaus gebracht. Die Operation verlief zunächst komplikationslos, doch wachte er nicht vollständig aus der Narkose auf. Im Universitätsklinikum in München-Großhadern bestätigte sich ein schlimmer Verdacht: Er hatte im Verlauf der Operation einen erneuten, schweren Schlaganfall erlitten. Ohne das Bewusstsein wiederlangt zu haben, starb Enoch zu Guttenberg am Morgen des 15. Juni 2018 mit nur 71 Jahren im Kreis seiner engsten Angehörigen.

Die Nachricht von Guttenbergs überraschendem Tod machte schnell die Runde, obwohl die Familie um Diskretion gebeten hatte. Um 11.55 Uhr meldete die dpa das traurige Ereignis. Im Nachruf würdigte die Nachrichtenagentur den »weltweit gefragten Dirigenten und engagierten Naturschützer«, nicht ohne darauf hinzuweisen, dass es sich bei dem Dahingeschiedenen um den »Vater von Ex-CSU-Star« Karl-Theodor zu Guttenberg handele.[12]

Das Medienecho auf Guttenbergs Tod spiegelte noch einmal, wie er zeitlebens um Anerkennung und gegen Vorurteile, Neid und Missgunst, vor allem auch seinen Stand betreffend, ankämpfen musste. Manuel Brug von der *Welt* schrieb etwas lieblos, der »schwerreiche Guttenberg« habe es nicht nötig gehabt, gegen den Musikbetrieb anzukämpfen. »Er machte einfach seine Dinge, konnte es sich leisten, bis der Betrieb schließlich zu ihm kam und ihn eingemeindete«.[13] Unter der Überschrift »Prägender Bayerischer Dirigent ist tot« erklärte der Bayerische Rundfunk Guttenberg zum Regionalphänomen, änderte aber das Programm und brachte unter anderem Mozarts Requiem mit den Bamberger Symphonikern unter Guttenbergs Leitung.[14]

Die *Zeit* brachte zunächst nur einen aus Agenturinformationen zusammengestoppelten Bericht in ihrer Online-Ausgabe.[15] Bewegend der darunter stehende Kommentar von Yorck Felix Speer, der oft mit Guttenberg zusammengearbeitet hatte: »Sein stetes Ringen um Wahrhaftigkeit in der musikalischen Aussage, aber auch um Wahrhaftigkeit in Fragen des Lebens [...] und ihre Verknüpfung in seiner Kunst haben diese Konzerte zu persönlichen Höhepunkten meiner Karriere gemacht.«

Einen Monat später erschien in der Druckausgabe der Wochenzeitung dann noch eine tiefschürfende Betrachtung zu Bachs *Johannespassion* aus Guttenbergs eigener Feder. Die Überschrift würdigte ihn als »einen der größten deutschen Dirigenten«.[16] In der *FAZ* erinnerte Wolfgang Sandner einmal mehr an die »denkwürdige Aufführung« von Bachs *Johannespassion* im Münster Frauenchiemsee und erkannte scharfsinnig, wie Guttenberg lebenslang nach Harmonie strebte. »Frieden mit sich und seiner Umwelt konnte er nur schließen, wenn sich die innere Welt der Kunst mit der äußeren der Natur in Einklang befand.«[17]

Die persönlichste Hommage schrieb Dietrich Mack, der als Hauptabteilungsleiter Musik beim Südwestfunk/Südwestrundfunk oft mit Guttenberg zusammengearbeitet hatte, im *Offenburger Tageblatt*: »Dieser Dirigent hätte während der Matthäuspassion sterben müssen oder am Bug eines Greenpeace-Schiffes, denn alles, was er als Musiker und Umweltschützer tat, dachte und schrieb, war von Leidenschaft beseelt.«[18]

Nicht nur die Musikwelt trauerte. Auch über Dorf und Schloss Guttenberg wehten die Flaggen auf Halbmast. In der Regionalzeitung wurde an Enoch zu Guttenbergs vielfältiges soziales und caritatives Engagement in seiner Heimatregion erinnert. »Zur Feier des 500-jährigen Bestehens der Kirche St. Vitus in Kupferberg bescherte er den Kupferbergern und vielen, vielen anderen wahre musikalische Sternstunden.« Tiefen Eindruck hinterlassen habe auch ein von ihm initiiertes Treffen von fast 1000 Jagdhornbläsern auf dem Kulmbacher Marktplatz.[19] Die in Guttenberg ansässigen Vereine und Parteien legten zusammen und schalteten eine Traueranzeige. Und die Angestellten des Schlosses vergaßen in ihrer Kondolenzadresse auch Guttenbergs nun herrenlos gewordene Jagdhunde Boczs und Schnaubi nicht.

Totenmesse auf Latein

Am 30. Juni 2018 herrschte Ausnahmezustand in Guttenberg. Die Straße hinauf ins Dorf war gesperrt, Omnibusse brachten die Gäste der Beisetzung von einem Parkplatz im Tal bis vor die Tore des Schlosses, in dessen prächtig geschmücktem Innenhof das Requiem stattfinden sollte. Als habe die Natur den Öko-Apokalyptiker Enoch zu Guttenberg Lügen strafen wollen, schien die Frühsommersonne von einem makellosen Himmel und die Vögel trällerten um die Wette. Es ging ein leichter Wind, die Temperaturen waren klimawandelunverdächtig, nur direkt in der Sonne kam die Trauergemeinde ins Schwitzen.

Etwa 2000 Menschen gaben Guttenberg das letzte Geleit, darunter zahlreiche Vertreter des Adels im eleganten Cutaway mit schwarzer Krawatte und der wenige Monate zuvor zum neuen bayerischen Ministerpräsidenten gewählte CSU-Politiker Markus Söder. Auch Söder, seinerzeit noch bayerischer Staatsminister, hatte einmal an einer Fahrt mit Guttenbergs Zweispänner teilgenommen. Dabei soll er zu Guttenberg gesagt haben, dass die Energiewende und der Bau von immer mehr Windrädern wohl nur durch einen massiven Strom-Blackout gestoppt werden könne. Dass Söder später auf den grünen Zug aufsprang und im August 2019 ankündigte, er wolle die Zahl der Windkraftwerke in Bayern verdoppeln, hätte Guttenberg mächtig auf die

Palme gebracht. Vielleicht wäre er sogar ein zweites Mal aus der CSU ausgetreten.

Nach dem ausdrücklichen Wunsch des Verstorbenen zelebrierte der aus Wien angereiste Pater Rudolf Graf Schaffgotsch, Präpositus (Probst) des Wiener Oratoriums des heiligen Philipp Neri, die Totenmesse auf Latein, assistiert von zwei Ordenspriestern aus der Familie von Heereman. Mit Ausnahme der Predigt gab es keine Trauerreden, dafür sangen die Neubeurer in Begleitung der KlangVerwaltung Choräle aus Bachs *Weihnachtsoratorium* und der *Johannespassion* sowie das »Segne du, Maria« in einem modernen Satz von Karl von Feilitzsch. Nach der Einsegnung erklang der Schlusschoral aus der *Johannespassion* »Ach Herr, lass dein lieb Engelein«. Schon unter normalen Umständen ist dieses auf so rührend schlichte Weise zu Herzen gehende Stück, zumal wenn Guttenberg es dirigierte, für empfindsame Menschen nur schwer zu ertragen. Danach wurde der Sarg, eingehüllt in eine Fahne mit dem Guttenberg'schen Wappen, in der Familiengruft beigesetzt.

The show must go on

Nur zwei Tage vor Guttenbergs Beisetzung waren Chorgemeinschaft und KlangVerwaltung wieder zu Gast beim Rheingau-Musikfestival. Auf dem Programm stand ausgerechnet das hochdramatische Verdi-Requiem. Susanne Bernhard sang die Sopranpartie. Sie habe den Auftritt nur unter Aufbietung ihrer letzten Kräfte absolvieren können. Kent Nagano hatte sich kurzfristig bereit erklärt, für seinen verstorbenen Kollegen einzuspringen, und sagte den Sängern und Musikern bei einer knappen Verständigungsprobe, er wolle sie in dieser Stunde nicht mit einer eigenen Interpretation behelligen, sie sollten so tun, als wenn Guttenberg noch vor ihnen stünde. So wurde der Abend zu einer »unvergesslichen Erinnerungsfeier für Guttenberg«, schrieb Hans-Klaus Jungheinrich.

Es folgten Konzerte mit den Bamberger Symphonikern und der Chorgemeinschaft in Kloster Niederalteich und beim Kissinger Sommer unter Leitung der Dirigentin Jane Glover. »Mozart-Requiem als Hommage an Enoch zu Guttenberg«, titelte die *Main-Post*.[20]

Beim Eröffnungskonzert der Herrenchiemsee Festspiele 2018 stand wieder Andrew Parrott am Pult, das Programm mit drei Bach-Kantaten war noch von Guttenberg zusammengestellt worden. Ganz im Gegensatz zur *Johannespassion* ein Jahr zuvor war Robert Braunmüller, Kritiker der Münchner *Abendzeitung* diesmal deutlich weniger angetan: »Der kompromissbehaftete Mittelweg historisch informierten Musizierens der Klangverwaltung auf modernen Instrumenten fiel trotz eines exzellenten Solo-Oboisten stärker auf als in Aufführungen unter dem Festival-Gründer.«[21]

Unter Phantomschmerz schien auch der Rezensent des *Oberbayerischen Volksblattes* zu leiden, der Beethovens 9. Sinfonie unter Einspringer Roberto Abbado besprach: »Bei aller dirigentischen Routine des italienischen Musikers dachte man doch immer an Guttenbergs ekstatische Interpretation. Gewiss, das Orchester machte seine Sache (mehr oder minder) gut, die Noten stimmten: aber ohne jene Welterschaffungsmystik mit zuckenden Blitzen der Geigen am Beginn, ohne den spirituellen Schimmer, ohne die entfesselte Guttenbergsche Urgewalt.«[22]

Letzter Auftritt der Chorgemeinschaft

Das Gedächtniskonzert am 24. September 2018 im Münchner Herkulessaal, abermals mit Verdis Totenmesse unter Nagano, markierte zumindest für die Chorgemeinschaft einen Schlusspunkt. Das Ensemble sang zum letzten Mal und löste sich anschließend auf.

An diesem Abend durften neben dem mit Trauerflor geschmückten Porträt des Verstorbenen auch Reden gehalten werden. Den Anfang machte Karl-Theodor zu Guttenberg. Seine von respektvoller Ironie durchzogene Rede war alles andere als eine Eloge. Diesmal konnte man erahnen, wie schwer Enoch zu Guttenberg, kompromisslos in jeder Lebenslage, es oft sich selbst und seinen Mitmenschen gemacht haben musste. Der Sohn versuchte, die zahllosen Facetten der väterlichen Persönlichkeit mit Gegensatzpaaren zu charakterisieren: »Du Selbstbewusster und Komplexbeladener, Du Pedant und Maßloser. Du Dogmatiker und Zweifelnder. Du Gekränkter und Anerkennungsversessener, der Du aber nie gefallen, wenn überhaupt nur überwältigen wolltest. Du Großzügigster und Enttäuschter. Du Unbeherrschter und Verzeihender. Du Intellektueller und Kindskopf. Du Revoluzzer und Hosentaschenmonarch, der Du in aufrichtiger Selbstverständlichkeit gekrönte und andere Häupter dem fränkischen Baron unterzuordnen wusstest. Du Verzauberer und Entzauberer. Du Apokalyptiker und Gestalter. Du Atheismus-Gaukler, der Du mit der Musik anderen – und auch Dir selbst – ein Gotteserlebnis schufst, um es sogleich so wunderbar anmaßend wie erfolglos zu verwerfen. Du Sehnsuchtsgetriebener und Liebender! Und sieh Dich ein letztes Mal an: Du Glücklicher! So vieles hat sich zuletzt gefügt. Manches so gnadenlos kurz wie gnadenreich erfüllt.«

Dann trat Guttenbergs langjährige Vertraute Hildegard Eutermoser ans Rednerpult, mit deren direktem, oberbayerischem Charme auch der wortgewandte Ex-Minister nicht mithalten konnte. Eigentlich habe er, erzählte die

»Euti«, nur ein paar Jahre bleiben wollen, der junge Herr Baron. Dann habe es sich bekanntermaßen »länger hingezogen«. Ja, manchmal habe es mächtig gekracht in den Proben. Wie ein Rumpelstilzchen habe er getobt. Aber am anderen Tag habe sich Guttenberg dann entschuldigt, und alles sei wieder gut gewesen. Eigentlich sei er immer auf der Suche nach der heilen Welt gewesen. »Du gehst uns allen furchtbar ab, aber unsere Gedanken und unsere Herzen sind immer bei Dir.«

Was bleibt: Enoch zu Guttenbergs musikalisches Vermächtnis

Wenn eine Persönlichkeit wie Enoch zu Guttenberg von der Weltbühne abtritt, entsteht eine Lücke, die nicht zu füllen ist. Zumal Guttenberg der uneingeschränkte Alleinherrscher in seinem musikalischen Kosmos war. Er war Intendant, Dirigent, Chorleiter und Regisseur, oft auch sein eigener Manager und Pressesprecher, er kümmerte sich um jedes Detail bis hin zu den Knöpfen an den Livreen der Kartenabreißer bei den Herrenchiemsee Festspielen. Eine solche Leerstelle ist nicht zu kaschieren, man muss sich schweren Herzens damit abfinden, dass definitiv etwas an sein Ende gelangt ist. Die Chorgemeinschaft Neubeuern traf eine unzweideutige Entscheidung, als sie Anfang August 2018 ihre Selbstauflösung beschloss.

Dazu veröffentlichte der Vorstand eine kurze Stellungnahme: »Die Chorgemeinschaft sieht ihr über 50-jähriges Wirken und ihre Tätigkeit aufs Engste und untrennbar mit Enoch zu Guttenberg verbunden und möchte aus Respekt und Verantwortung gegenüber ihrem verstorbenen Leiter sowie gegenüber allen Ehemaligen und Gründungsmitgliedern das gemeinsame Lebenswerk in der zuletzt erreichten Form in Erinnerung behalten. Eine Fortführung ihrer musikalischen Tätigkeit ist für die Chorgemeinschaft damit unvereinbar.«

Ein klarer Schnitt, der bei einigen Verwunderung, gar Unverständnis hervorrief, anderen Respekt abnötigte. Möglicherweise wäre dieser Schritt auch dann erfolgt, wenn Guttenberg noch leben würde. Denn wie bereits geschildert, wollte der Baron ohnehin die Leitung des Chores mit den kräftezehrenden wöchentlichen Proben abgeben und nur noch mit den Profis des Chores der KlangVerwaltung arbeiten. Ob die Neubeurer einfach ohne ihren »Guttei« weitergesungen hätten? Schwer vorstellbar.

Im Frühjahr 2020 wurde bekannt, dass der Markt Neubeuern seinem langjährigen Ehrenbürger Enoch zu Guttenberg ein Denkmal auf dem Marktplatz errichten will. Und im renovierten Dorfmuseum soll ein eigener Raum dem »Wunder von Neubeuern« gewidmet werden.

Auch das Musikbüro in Neubeuern, von dem Guttenbergs »kleines Musikimperium« (Manuel Brug) gesteuert wurde, stellte Ende 2018 seine Arbeit ein. Es war nicht nur, wie der Name nahelegt, für Musikalisches zuständig, sondern fungierte auch als Guttenbergs Privatsekretariat, die Organisation familiärer Events eingeschlossen. Das umfangreiche Archiv wurde zum Teil nach Schloss Guttenberg gebracht.

Ein wenig anders liegt der Fall bei der KlangVerwaltung. Das Orchester war keine Gründung Guttenbergs, sondern hatte ihn 1997 nur als ständigen Chefdirigenten unter Vertrag genommen. Doch auch der Name und Ruf dieses von Andreas Reiner und Josef Kröner geleiteten Projektensembles war untrennbar mit Guttenberg verbunden. Die KlangVerwaltung wird dennoch einstweilen weiter bestehen und soll auch in Zukunft bei den Herrenchiemsee Festspielen eine tragende Rolle spielen.

Womit die Zukunft jener Institution angesprochen ist, die vielleicht am deutlichsten Guttenbergs zwischen romantischer Ver- und neuzeitlicher Entzauberung schwankenden Geist spiegelte. Nach Guttenbergs Tod hat Josef Kröner die Leitung der Festspiele übernommen und will sie, weitere staatliche Förderung vorausgesetzt, im Geiste des Gründers als Themenfestival zwischen Barock und Romantik weiterführen. »Ein Ende des Festivals wäre ein Verlust für die Region«, schreibt Robert Braunmüller in der *Abendzeitung*.[23]

Was überdauert von dem großen Dirigenten und Menschen Enoch zu Guttenberg? Sic transit gloria mundi: Das Vergänglichste ist der Ruhm, den er sich über Jahrzehnte mühsam erarbeitete. Von seinem dirigentischen Schaffen zeugen rund zwei Dutzend CDs und DVDs, darunter die aufwendig produzierte *Zauberflöte*. Postume Neuerscheinungen sind nicht zu erwarten, obwohl Guttenbergs Label FARAO classics weiter produziert.

Bleibt die Frage, was hätte sein können. Es ist anzunehmen, dass Guttenberg im Bewusstsein nachlassender körperlicher Kräfte nicht nur die Chorgemeinschaft abgegeben, sondern auch seine umweltpolitischen Aktivitäten zurückgefahren hätte. Zuletzt scheute er davor zurück, weitere große Reden gegen die Windkraft zu halten, weil er der Auffassung war, alles gesagt zu haben, und die »eigene Marke« nicht durch inflationäre Auftritte verwässern wollte.

Musikalisch hätte er mit der KlangVerwaltung und deren Chor weitergearbeitet und hin und wieder Gastdirigate angenommen. »Er war auf einem sehr, sehr guten Weg, den er sicher zu Ende gegangen wäre, dass die großen Orchester ihn akzeptieren«, sagt Dietrich Mack: »Also wirklich große Orchester, die es als Ehre empfinden, ihn als Gastdirigent einzuladen, nicht nur einmal, sondern immer wieder.« Seinem Freund Klaus Krone sagte er einmal nach einem Besuch des Neujahrskonzertes der Wiener Philharmoniker: »Mensch, da oben möchte ich auch mal stehen.« Doch das wäre wohl ein Traum geblieben. Dabei hatte er ja bei jedem *Weihnachtsoratorium* im Münchner Gasteig schon geprobt für den großen Moment, wenn er dem Publikum vom Dirigentenpult ein markiges »Frohe Weihnachten« zurief, eine Geste, die dem kollektiven »Prosit Neujahr« der Wiener Philharmoniker und ihres jeweiligen Maestros recht nahe kam.

Den nachhaltigsten Erfolg erntete Guttenberg auf seinen Tourneen im Ausland. Beinahe die ganze Welt hatte er mit seinen Ensembles bereist, nur Japan stand noch aus. »Der Enoch war auch von seiner Erscheinung und von seinem Aussehen, was ja in Japan wichtig ist, ein echter Maestro. Die hätten ihn verehrt. Ich glaube, der wäre dort ein Gott geworden, und wir wären dreimal im Jahr nach Japan gefahren«, sagt Andreas Reiner.

Man hätte noch vieles von ihm erwarten können. Nur eins hätte man sich nicht vorstellen wollen: dass Guttenberg, dieser Tatmensch par excellence, nach seinem Schlaganfall womöglich ein Leben im Rollstuhl hätte führen müssen. So wie sein unheilbar erkrankter Vater am frühen Ende seines ebenso tatkräftigen Lebens fast vollständig gelähmt dahinvegetierte. Das blieb dem Sohn erspart.

Eine letzte Frage: Hätte Guttenberg noch mehr erreichen können, wenn er sich ganz auf seine Musik konzentriert hätte? Claudio Abbado sagte über seinen Freund und künstlerischen Inspirator Leonard Bernstein, er habe »zu viel gemacht in seinem Leben« und diesen Fehler zuletzt auch erkannt.[24] Das mag auch für Guttenberg gelten. Doch eigentlich ist die Frage müßig, weil er nicht anders konnte, ähnlich wie Bernstein.

Immer wieder sagte Enoch zu Guttenberg, er wolle, wenn er dereinst »in die Grube fahre«, nicht sagen müssen, er habe nicht alles versucht. Er hatte mehr als das. Guttenberg hatte den maroden Familienbetrieb erfolgreich saniert und auf ein solides Fundament gestellt, er hatte ebenso erfolgreich für Nachkommenschaft gesorgt, einer seiner Söhne hätte es sogar zum Bundeskanzler bringen können. Guttenberg war selbst ein angesehener politischer Kopf und streitbarer Mahner in Sachen Umweltschutz, längst ein die ganze Gesellschaft bewegendes Megathema. Und er hatte gegen mannigfaltige Widerstände sein Ziel erreicht, ein bedeutender Dirigent zu werden. Wären ihm noch ein paar Jahre vergönnt gewesen, hätte das auch der Letzte seiner Kritiker und Neider erkennen müssen.

Ganz am Ende war er vielleicht sogar ein glücklicher Mensch geworden.

Pult der Berliner Philharmonie bei einer Probe zu
Mendelssohns »Sommernachtstraum« (November 2017)

Abend

Der schnelle Tag ist hin, die Nacht schwingt ihre Fahn
Und führt die Sterne auf. Der Menschen müde Scharen
Verlassen Feld und Werk; wo Tier' und Vögel waren
Trauert itzt die Einsamkeit. Wie ist die Zeit vertan!

Der Port naht mehr und mehr sich zu der Glieder Kahn.
Gleich wie dies Licht verfiel, so wird in wenig Jahren
Ich, du und was man hat und was man sieht, hinfahren.
Dies Leben kömmt mir vor als eine Rennebahn.

Lass, höchster Gott, mich doch nicht auf dem Laufplatz gleiten,
Lass mich nicht Ach, nicht Pracht, nicht Lust, nicht Angst verleiten!
Dein ewig heller Glanz sei vor und neben mir!

Lass, wenn der müde Leib entschläft, die Seele wachen,
Und wenn der letzte Tag wird mit mir Abend machen,
So reiß mich aus dem Tal der Finsternis zu dir.

Andreas Gryphius (1616–1664)
Dieses Gedicht trug Enoch zu Guttenberg stets bei sich.

Anmerkungen

Im Schatten der Ahnen

1 Bieberstein, Adelsherrschaft, S. 174.
2 Ebd.
3 Wikipedia-Eintrag zum Adelshaus Guttenberg.
4 So heißt er wirklich! Doch warum verschweigt er seinen wahren Namen?, in: Focus Online, 5. 10. 2016.
5 Karl Theodor zu Guttenberg, Fußnoten, S. 20.
6 Lohse/Wehner, Guttenberg, S. 79.
7 Guttenberg, Dirigent, S. 11.
8 Wikipedia-Eintrag zum Stauffenberg-Dienst.
9 Elisabeth zu Guttenberg, Erinnerungen, S. 264 ff.
10 Ebd., S. 267 ff.
11 Lohse/Wehner, Guttenberg, S. 47.
12 Verrat im Schloss, in: Der Spiegel, 19. 12. 1962.
13 Guttenberg, Dirigent, S. 14.
14 Elisabeth zu Guttenberg, Erinnerungen, S. 275.
15 Bottlenberg-Landsberg, Rede vom 16. 11. 2013, S. 48.
16 Enoch zu Guttenberg, Leserbrief zum SZ-Artikel »Die Braungrünen« vom 13. 9. 2017.
17 Guttenberg, Dirigent, S. 26.
18 Ebd., S. 12.
19 Elisabeth zu Guttenberg, Erinnerungen, S. 232.
20 Karl Theodor zu Guttenberg, Fußnoten, S. 69.
21 Webseite der KIG, https://www.kig-online.de/ueber-uns.
22 Guttenberg, Dirigent, S. 81.
23 Ebd.
24 Ebd., S. 13.
25 Interview mit Constantin Magnis.
26 Schwere Vorwürfe gegen »Katholische Integrierte Gemeinde«, www.katholisch.de, 18. 10. 2019.
27 Guttenberg, Dirigent, S. 13.
28 Bieberstein, Adelsherrschaft, S. 271.
29 Käse des Prinzen traf Dirigent Guttenberg, in: Münchner Abendzeitung, 31. 8. 2001.
30 Elisabeth zu Guttenberg, Erinnerungen, S. 172.
31 Ebd., S. 258.
32 Ursula Auginski: Der Baron und seine Kirche, BR-Dokumentarfilm, 2009.
33 Guttenberg, Dirigent, S. 95.
34 Abtei Fontgombault, Hommage.
35 Ebd.
36 Guttenberg, Dirigent, S. 94.
37 Ebd.
38 Ebd.
39 Nachruf Prof. Dr. Franziskus Freiherr Heereman von Zuydtwyck, gehalten beim Gedenkkonzert an Enoch zu Guttenberg, München, 24. 9. 2018.

Guttenbergs langer Weg zur Musik

1 Guttenberg, Dirigent, S. 81.
2 Ebd., S. 82.
3 Chorchronik, Bd. 1, S. 52.
4 Ebd.
5 Überraschung in Neubeuern, in: Bayernkurier, 4. 1. 1968.
6 Kurzkritik im Mannheimer Morgen, 17. 12. 1968.
7 Ebd.
8 Wikipedia-Eintrag zu Karel Schwarzenberg.
9 Interview mit August Everding.
10 Expertise von Hannah Grieger.
11 E-Mail von Patrick Hahn vom 26. 7. 2018.
12 Guttenberg, Dirigent, S. 91.
13 Mayer, Karl Freiherr von Feilitzsch.
14 Ebd.
15 Kritik ohne Namen und Datum, Archiv Christoph von Feilitzsch.
16 Münchner Stadtanzeiger, 13. 8. 1981, S. 6, Archiv Christoph von Feilitzsch.
17 Joachim Kaiser: Musik-Malheur mit Eichendorff, in: Süddeutsche Zeitung, 6. 6. 1967, Archiv Christoph von Feilitzsch.
18 Klaus Peter Richter: Der Betroffene. Für Demokratie, Natur und Neue Kunst. Zur Biographie des Komponisten Karl Feilitzsch, in: Programmheft Apokalypse, S. 16.
19 Mayer, Karl Freiherr von Feilitzsch, S. 8.
20 Richter, Programmheft Apokalypse, S. 15.
21 Ebd., S. 31.

22 Pressestimmen, in: Mitteilungsblatt der Münchner Uraufführungsbühne e. V., 1/1951.

23 Zitiert nach: Klaus Kalchschmid: Blues und Boogie-Woogie, Rumba und Slow Fox. Ein Anti-Oratorium, in: Programmheft Apokalypse, S. 33.

24 Johannes von Kalckreuth, Brief vom 5. 11. 1951, Archiv Christoph von Feilitzsch.

25 Programmheft Herrenchiemsee Festspiele 2009, S. 89.

26 Programmheft Apokalypse.

27 Ebd., S. 9.

28 Rüdiger Schwarz: Exzeß am Pult, in: Münchner Abendzeitung, 15. 11. 1976.

29 Baldur Bockhoff: Bach aus Neubeuern, in: Süddeutsche Zeitung, 16. 11. 1976.

30 Interview mit Constantin Magnis.

31 Bieberstein, Adelsherrschaft, S. 351.

32 Guttenberg, Dirigent, S. 14.

33 Ebd., S. 83.

34 Ebd., S. 156.

35 Ebd., S. 89.

36 Bayerischer Förderpreis für Neubeurer Chor, in: Oberbayerisches Volksblatt, Juli 1974.

37 Guttenberg, Dirigent, S. 167.

38 Ebd.

39 Reinhard Schulz: Dienst am Glauben, in: Süddeutsche Zeitung, 27. 12. 2007.

40 Interview Constantin Magnis.

41 Guttenberg, Dirigent, S. 156.

42 Großes Lob für Neubeurer Chor, in: Oberbayerisches Volksblatt, 20. 12. 1967.

43 Überraschung in Neubeuern, in: Bayernkurier, 4. 1. 1969.

44 Gastspiel Neubeuerns in München, in: Chorchronik, Bd. 1, Kritik vom 9. 11. 1969.

45 Enoch zu Guttenbergs Triumph, in: Rosenheimer Tagblatt, 2. 7. 1971.

46 Neubeurer Musiktage, in: Neue Zürcher Zeitung, 24./25. 7. 1977.

47 Antonio Mingotti: Zauberteppich, in: Münchner Abendzeitung, 17. 7. 1973.

48 Joseph Spitzer und Herlinde Koelbl (Fotos): Der Sängerbaron, in: Stern, 27. 4. 1989.

49 Karl Schumann: Dramatisiertes Evangelium, in: Süddeutsche Zeitung, 17. 3. 1975.

50 Klaus J. Schönmetzler: Das flüchtige Glück des Daheimseins, einleitende Worte zu: »Heimat – Ein Liederabend der Chorgemeinschaft Neubeuern« mit Enoch zu Guttenberg (Leitung und Sprecher) am 19. 11. 2010.

51 Chorchronik, Bd. 1, S. 53.

52 Ebd., S. 34.

53 Ebd., Bd. 2, S. 471 ff.

54 Deutsche Tagespost, 31. 7. 1973, in: ebd., Bd. 1, S. 86.

55 Wolfgang Schreiber: Kraftvoll, inständig, geschlossen, in: Süddeutsche Zeitung, 11./12. 4. 1981.

56 Georg Etscheit: Gott spielt Eisenbahn, in: Münchner Abendzeitung, 11. 11. 2017.

57 Chorchronik, Bd. 1, S. 509.

58 Ebd., S. 511 f.

59 Ebd., S. 186 f.

60 Joachim Kaiser: Zwei Chöre in Bachs Passion, in: Süddeutsche Zeitung, 1. 7. 1981.

61 Johannes-Passion mit einigen Überraschungen, in: Bayerische Rundschau, 26. 5. 1981.

62 Szenen einer Passion, in: Oberbayerisches Volksblatt, 30. 6. 1981.

63 Radikalität in Sachen Bach, in: Oberbayerisches Volksblatt, 11. 4. 1981.

64 Die Gewalt der Inständigkeit der »Johannespassion«, in: El País, 19. 4. 1984, deutsche Übersetzung in: Chorchronik, Bd. 1, S. 294.

65 Chorchronik, Bd. 1, S. 290.

66 Ebd., Bd. 2, S. 210.

67 Ebd., S. 260.

68 Baldur Bockhoff: Nicht gut genug für Südamerika?, in: Süddeutsche Zeitung, 19./20. 5. 1984.

69 Die h-Moll-Messe von Bach im Teatro Colón, in: Argentinisches Tageblatt, 5. 8. 1985.

70 Zitiert nach: Sie kamen, sangen und siegten, in: Oberbayerisches Volksblatt, 13. 9. 1985.

71 Das Wunder Neubeuern, in: Oberbayerisches Volksblatt, 3. 3. 1986.

72 Chorchronik, Bd. 1, S. 396

73 Ebd., S. 462 ff.

74 Quick, 8. 3. 1989, in: ebd., S. 486.

75 Stern, 27. 4. 1989, in: ebd., S. 489 ff.

76 Andrea Welker: In banger Ahnung steckt das Leben der Natur, in: Bühnenkunst, zitiert nach ebd., S. 480 ff.

77 Roman Hinke: Perspektivengemisch, in: Tagesspiegel, 8. 9. 1990.

[78] Wolf Zube: Bachs h-Moll-Messe in grandioser Aufführung, in: Volksblatt, 8. 9. 1990.

[79] Helmut Mauró: Die Katastrophe am Ölberg, in: Neue Musikzeitung, 1/1992.

[80] Chorchronik, Bd. 1, S. 635.

[81] Ebd., S. 634.

[82] Herbert Müller: »Bin ich doch dem Heiland nah«, in: Wiener Amtliche Zeitung, 6. 3. 1997.

[83] Joachim Kaiser: Neubeuern am Ziel, in: Süddeutsche Zeitung, 18. 3. 1997.

[84] Zitiert nach: Chorchronik, Bd. 2, S. 166.

[85] Wolfgang Hirsch: Balsam für schwere Seelenpein, in: Thüringer Landeszeitung, 4. 11. 2002.

[86] Robert Braunmüller: Ein Ständchen für den Papst, in: Münchner Abendzeitung, 12. 2. 2013.

[87] Andrea Bachstein: Zweifel an Gott im Vatikan, in: Süddeutsche Zeitung, 18. 10. 2010.

[88] Zitiert nach: »Ruhelos ist unser Herz, bis es ruhet in dir«, in L'Osservatore Romano, 29. 10. 2010.

[89] Bettina Kolb: Haydn umzingelt von Soldaten – eine Konzertreise nach China, in: Deutsche Welle, 30. 10. 2009.

[90] Zitiert nach: Marco Frei: Konzert in Pekings Kathedrale, in: Oberbayerisches Volksblatt, 28. 10. 2009.

Guttenberg als Unternehmer

[1] Guttenberg, Dirigent, S. 16.

[2] Brief von Enoch zu Guttenberg an Brigitte Fassbaender.

[3] »Diese Krankenhäuser wird es erwischen«, Interview mit Eugen Münch, in: Spiegel Online, 2. 12. 2002.

[4] Demel/Schraut, Der Deutsche Adel, S. 103.

[5] Familie Guttenberg geht stiften, in: Süddeutsche Zeitung, 17. 5. 2010.

[6] Guttenberg-Familienschloss geht an Privatstiftung, in: Die Presse, 4. 10. 2009.

[7] Über alle Berge. Steuern sparen mit Stiftungen, in: Manager-Magazin, 12/2010.

[8] Guttenberg-Familienschloss geht an Privatstiftung, in: Die Presse, 4. 10. 2009.

[9] Brief an Brigitte Fassbaender.

Vom Chorleiter zum Orchesterdirigenten

[1] Philippi/Schwarz, Cäcilienchor, S. 211.

[2] Ebd., S. 212.

[3] Ebd.

[4] Ebd., S. 215.

[5] Joachim Kaiser: Zwei Chöre in Bachs Passion, Süddeutsche Zeitung, 1. 7. 1981.

[6] Philippi/Schwarz, Cäcilienchor, S. 217.

[7] Der Briefwechsel ist derzeit infolge eines Erbenstreits nicht zugänglich.

[8] http://forum.danzig.de/showthread.php?12481-Waldoper-Zoppot-1935-Richard-Wagner-Festspiele.

[9] Klaus J. Schönmetzler: Prophetie aus Vogelstimmen, in: Oberbayerisches Volksblatt, 27. 6. 1990.

[10] Hans Böhm: Beglückender Mozart-Abend, in: Dresdner Neueste Nachrichten, 24. 7. 1995.

[11] Reinhold Lindner: Mozartabend etwas mulmig, in: Freie Presse Chemnitz, 24. 7. 1995.

[12] Rede vom 14. 8. 1993.

[13] Guttenberg, Dirigent, S. 91.

[14] Andreas Reiner: Eine beglückende Künstlerbeziehung, in: ebd., S. 164.

[15] Joachim Kaiser: Neubeuern am Ziel, in: Süddeutsche Zeitung, 18. 3. 1997.

[16] Guttenberg, Dirigent, S. 89.

[17] Programmheft Herrenchiemsee Festspiele 2004, S. 12.

[18] Guttenberg, Dirigent, S. 86.

[19] Ebd.

[20] Mozart und … seine musikalische Theologie, Vortrag für eine Abendveranstaltung der Katholischen Akademie in Bayern, 2006.

[21] K.-R. Danler: Frohlocken rundum, in: tz, 23. 12. 1986.

[22] Zweimal Bach: ekstatisch und streng, in: Bayerische Staatszeitung, 23. 12. 1983.

[23] Enoch zu Guttenberg spricht über das Weihnachtsoratorium, CD, FARAO classics, 1997.

[24] Ebd.

[25] Klaus J. Schönmetzler: Weihnachtsgold auf dunklem Grund, in: Oberbayerisches Volksblatt, 14. 12. 1989.

[26] Enoch zu Guttenberg: Johannes-Passion 1991, in Guttenberg, Reden.

[27] Ebd.

28 Egbert Tholl, Spirituelle Leidenschaft, in: Süddeutsche Zeitung, 20. 7. 2017.

29 Johannes-Passion 1991, in: Guttenberg, Reden.

30 Matthäuspassion, Vortrag von 2003, in: Guttenberg, Reden.

31 Programmheft Herrenchiemsee Festspiele 2004, S. 46.

32 Brief von Joachim Kaiser an Enoch zu Guttenberg, Chorchronik, Bd. 1, S. 186 f.

33 Programmheft Herrenchiemsee Festspiele 2004, S. 12.

34 Chorchronik, Bd. 3, o. S.

35 Mozart, Katholische Akademie 2006.

36 Programmheft Herrenchiemsee Festspiele 2008, S. 97.

37 Mozart, Katholische Akademie 2006.

38 Klaus J. Schönmetzler: Das »Requiem« – wild, aber frei von Pathos, in: Oberbayerisches Volksblatt, 29. 5. 1990.

39 Michael-Georg Müller: Wo ist bloß die süße Wehmut?, in: Chorchronik, Bd. 2, S. 27.

40 Egbert Tholl: Gewollt statt gebraucht, in: Süddeutsche Zeitung, 22. 11. 2000.

41 Michael Thumser: Eine Theologie der Widersprüche, in: Frankenpost, 22. 5. 2006.

42 Zitiert nach ebd.

43 Das Mozart-Requiem ist schlichtweg erschütternd, in: Oberbayerisches Volksblatt, 1. 12. 2016.

44 Harald Budweg: Schlimmer noch: Es gibt kein Entrinnen, in: Frankfurter Allgemeine Zeitung, 21. 7. 2004.

45 Mozart, Katholische Akademie 2006.

46 Joachim Kaiser: Geheimnisse des Requiems, in: Süddeutsche Zeitung, 4. 11. 1988.

47 Reclams Chormusik- und Oratorienführer, S. 390.

48 Baldur Bockhoff: Mit dem Ernst der Betroffenheit, in: Süddeutsche Zeitung, 26./27. 1. 1991.

49 Brahms, Ein deutsches Requiem, in: Oper und Konzert, März 1991.

50 Chorchronik, Bd. 1, S. 597.

51 Dietrich Mack: Zu Guttenberg dirigiert Brahms in Baden-Baden, in: Baden online, 5. 11. 2014, Chorchronik, Bd. 4, S. 47.

52 Bernhard Uske: Eigensinniges Gotteslob, Frankfurter Rundschau, 2. 1. 2009.

53 Hans Gärtner: »Halleluja« – die Donau soll fließen!, in: Chorchronik, Bd. 2, S. 134.

54 Reclams Chormusik- und Oratorienführer, S. 187 ff.

55 Andreas Pernpeintner: Prägnanz statt Protz, in: Süddeutsche Zeitung, 1. 12. 2008.

56 Raimund Meisenberger: Halleluja, was für ein Jazz!, in: Passauer Neue Presse, 23. 6. 2008.

57 Harald Budweg: Löwen und Ochsen brüllen, in: Frankfurter Allgemeine Zeitung, 29. 11. 2004.

58 Rede vom 14. August 1993.

59 Programmheft Herrenchiemsee Festspiele 2012, S. 11.

60 Interview im Deutschlandfunk zum Konzert beim Rheingau-Musikfestival 2014.

61 Ebd.

62 Albrecht Goebel: Spannung mit himmlischen Längen, in: Frankfurter Allgemeine Zeitung, 1. 4. 1993.

63 Zwischen Mahler und Chico Marx, in: Frankfurter Rundschau, o. D.

64 Das Orchester, 12/2018, S. 72.

65 Interview in: Le Devoir (Montreal), 15. 10. 2016.

66 Egbert Tholl (Protokoll), in: Süddeutsche Zeitung, o. D.

67 Ebd.

68 Klaus Kalchschmid: Sehr menschlich, in: Süddeutsche Zeitung, 1. 2. 2012.

69 Egbert Tholl (Protokoll), in: Süddeutsche Zeitung, o. D.

70 Ebd.

71 Renate Ulm: Die Symphonien Bruckners, S. 231.

72 Guttenberg, Dirigent, S. 88.

73 Ebd.

74 Ebd.

75 Ebd.

76 Zitiert nach: Programmheft Gedenkkonzert für Mariss Jansons, S. 14.

77 Interview in der Münchner Abendzeitung, 3./4. 2. 2007.

78 Ebd.

79 Der heitere Traum vom himmlischen Leben, in: Frankfurter Neue Presse, 13. 2. 2012.

80 Bernhard Uske: Äußerste Zartheit, in: Frankfurter Rundschau, 13. 2. 2012.

81 Meyer, Schostakowitsch, S. 409 ff.

82 Hans-Klaus Jungheinrich: Ungeschminkte Macht der Zeugenstimmen,
in: Frankfurter Rundschau, 1. 3. 2010.

83 Zitiert nach: Christian Wildhagen: Zwischen Witz und Requiem, in: Frankfurter Allgemeine Zeitung, 23. 2. 2010.

84 Hans-Klaus Jungheinrich: Ungeschminkte Macht der Zeugenstimmen,
in: Frankfurter Rundschau, 1. 3. 2010.

85 Christian Wildhagen: Zwischen Witz
und Requiem, in: Frankfurter Allgemeine Zeitung, 23. 2. 2010.

86 Guttenberg, Dirigent, S. 90.

87 Klaus J. Schönmetzler: Rückkehr ins
Dorf, in: Oberbayerisches Volksblatt,
22. 10. 1982.

88 Ebd.

89 Chorchronik, Bd. 1, S. 603.

Intendant der Herrenchiemsee Festspiele

1 Programmheft Herrenchiemsee Festspiele 2006, S. 13.

2 »Viele Opernhäuser machen bloß
Stimmporno«, in: Der Spiegel,
6. 5. 1985.

3 Vgl. Winkelmann, Festspiele Herrenchiemsee.

4 Marianne Mühlemann: »Wir rennen in
die große Katastrophe«, in: Der Bund,
16. 8. 2011.

5 Programmheft Herrenchiemsee Festspiele 2004, S. 10.

6 Webseite Herrenchiemsee Festspiele,
aufgerufen am 10. 10. 2019.

7 Programmheft Herrenchiemsee Festspiele 2004, S. 10.

8 Hubert Endhardt: Ludwig II. als Natur-
und Landschaftsschützer,
https://www.oha-zeitung.de/ludwig-ii-
als-natur-und-landschaftsschuetzer/,
aufgerufen am 10. 10. 2019.

9 Ebd.

10 Programmheft Herrenchiemsee Festspiele 2004, S. 13.

11 Programmheft Herrenchiemsee Festspiele 2008, S. 17.

12 Ebd., S. 19.

13 Programmheft Herrenchiemsee Festspiele 2011, S. 10.

14 Ebd.

15 Programmheft Herrenchiemsee Festspiele 2013, S. 10.

16 Klaus Schönmetzler: Erschlagt den
Hund, er ist ein Rezensent, in: Oberbayerisches Volksblatt, 1. 7. 1981.

17 Nachruf von Enoch zu Guttenberg auf
Klaus J. Schönmetzler, in: Programm-
heft Herrenchiemsee Festspiele 2017,
S. 8.

18 Ebd.

19 Beethovens »Fidelio« bei den Herrenchiemsee Festspielen, in: Oberbayerisches Volksblatt, 22. 7. 2014.

20 Programmheft Herrenchiemsee Festspiele 2010, S. 12.

21 Booklet zur DVD »Des Königs Zauberflöte«, München 2016.

22 Robert Braunmüller, Kindergeburtstag
mit Europas Blaublütern, in: Münchner
Abendzeitung, 5. 11. 2013.

23 Christian Wildhagen: Eine Zauberflöte
für den Märchenkönig, in: Frankfurter
Allgemeine Zeitung, 26. 7. 2010.

24 Barbara Schulz: Der Aristokrat, in:
Crescendo, September/Oktober 2016.

25 Markus Thiel: Mozart zu Gast beim
Kini, in: Münchner Merkur, 26. 7. 2010.

26 Christian Wildhagen: Eine Zauberflöte
für den Märchenkönig, in: Frankfurter
Allgemeine Zeitung, 26. 7. 2010.

27 Ebd.

28 Programmheft Herrenchiemsee Festspiele 2012, S. 13.

29 Ebd.

30 Franz Stephan: »Ich war immer ein
Exot«, Interview aus: Guttenberg, Reden, 8. 5. 2006.

31 Programmheft Herrenchiemsee Festspiele 2009.

32 Robert Braunmüller: Der Welt entrückt
und Bauchschmerzen bekommen, in:
Münchner Abendzeitung, 18. 7. 2019.

33 Tanja Brinkmann: Ein Donnerwetter
zum Start, in: Oberbayerisches Volksblatt, 13. 6. 2016.

34 http://www.wald-prinz.de/
waldbesitzer-wem-gehort-der-
wald/665, aufgerufen am 10. 10. 2019.

35 Brief von Brigitte Fassbaender an
Enoch zu Guttenberg.

Familienfreuden, Familiensorgen

1 Eltz – eine Legende, in:
https://wuertz-wein.de/wordpress/
2016/11/15/8322/, aufgerufen am
1. 10. 2019.

2 Oliver Bock: Steinerne Last einer Adelsgeschichte, in: Frankfurter Allgemeine Zeitung, 13. 6. 2016.

3 Karl Theodor zu Guttenberg, Fußnoten, S. 214 ff.

4 Archiv Karl von Feilitzsch.

5 Guttenberg, Dirigent, S. 17.

6 E-Mail von Maximilian Schaffgotsch.

7 Guttenberg, Dirigent, S. 16.

8 Ebd.

9 Ebd.

10 Di Lorenzo, Vorerst gescheitert, S. 111.

11 Lohse/Wehner, Guttenberg, S. 51.

12 Guttenberg, Dirigent, S. 18.

13 Ebd.

14 Guttenberg, Dirigent, S. 19.

15 Interview mit Constantin Magnis.

16 Barbara Doll: Töpfe, Blumen, Finanzen, in: Süddeutsche Zeitung, 14. 3. 2011.

17 Guttenberg, Fotografien, Bd. II, Klappentext.

18 Ebd., Bd. I, Vorwort.

19 Klaus Rössner: Komponist mit der Kamera, in: Fränkischer Sonntag, 19. 4. 2008.

20 Klaus P. Richter: Passionsglut, in: Süddeutsche Zeitung, 3. 3. 2011.

21 Guttenberg, Dirigent, S. 27.

22 Jens Jessen: Adel macht Eindruck, in: Die Zeit, 8. 2. 2012.

23 Karl-Theodor zu Guttenberg, Vater gibt Öko-Tipps, in: Focus online, 19. 3. 2009, aufgerufen am 1. 10. 2019.

24 Guttenberg, Dirigent, S. 27.

25 Ebd., S. 28 ff.

26 Olaf Przybilla: »Herr Baron, Herr Baron«, in: Süddeutsche Zeitung, 7. 3. 2011.

27 Di Lorenzo, Vorerst gescheitert, zitiert nach: https://www.zeit.de/politik/deutschland/2011-11/guttenberg-plagiat-zeit-interview.

28 Guttenberg, Dirigent, S. 27.

29 Ebd., S. 29.

30 Ulrich Amling: Text gegen Musik, in: Tagesspiegel, 24. 11. 2017.

31 Karl-Theodor zu Guttenberg, Böser Familien-Skandal, in: Bunte, 32/2016.

Guttenberg, der Umweltschützer

1 Barbara Eckle, Enoch zu Guttenberg beim Klimakonzert der Staatskapelle, in: Der Tagesspiegel, 3. 12. 2012.

2 Zitiert nach: Ursula Pittroff: Enoch gegen den Rest der Welt, Cosmopolitan, 5/91, S. 86.

3 Zitiert nach: Jan Brachmann: Naturschützer Ernst Rudorff: In welcher Heimat wollen wir leben?, faz.net, 12. 10. 2018.

4 Corinna Kolbe: Immer wieder neue Pflanzen, in: Frankfurter Rundschau online, 7. 1. 2009.

5 Schreiber, Abbado, S. 282.

6 Zitiert nach: Corinna Kolbe: Musiker zeigen ihr grünes Gewissen, in: Zeit online, 15. 1. 2011.

7 Zitiert nach: Constantin Magnis: »Ich habe Heimweh«, in: Cicero, 1/2010.

8 Magnis, Guttenberg, S. 145.

9 Ebd., S. 144.

10 Constantin Magnis: »Ich habe Heimweh«, in: Cicero, 1/2010.

11 Ebd.

12 Nachlass Christoph von Feilitzsch.

13 Ebd.

14 Enoch zu Guttenberg im Gespräch mit Stephan Pauly, Bayerischer Rundfunk, 19. 4. 1999.

15 Was wollte Oswald Spengler? Peter Strasser im Gespräch mit Simone Miller, Deutschlandfunk, 22. 4. 2018.

16 Rolf Stanger: Psychoanalyse frei nach Spengler, 2. 7. 1955, Quelle unbekannt.

17 Feilitzsch, K2M, S. 306.

18 Nachlass Christoph von Feilitzsch.

19 Jetzt reichts. Protest der »Grünen Aktion«, in: Christ und Welt, 18. 12. 1970.

20 Nachlass Christoph von Feilitzsch.

21 Ebd.

22 Magazin Monitor, Westdeutscher Rundfunk, 9. 11. 1970, Sendemanuskript.

23 Nachlass Christoph von Feilitzsch.

24 Ebd.

25 Weinzierl, Hühnerstall, S. 17.

26 Bernhard Pehl: Schicksalstage einer Stadt, in: Donaukurier, 27. 4. 2015.

27 Nachlass Christoph von Feilitzsch.

28 Festrede der Landestagung 1979 des Bund Naturschutz in Bayern.

29 Zitiert nach: Pessimist trifft Optimist, in: Straubinger Tagblatt, 5. 3. 2010.

30 Alard von Kittlitz: Der Dirigent und seine Natur, in: Frankfurter Allgemeine Zeitung, 6. 12. 2010.

31 Hubert Weinzierl, »Ich bin ein pathologischer Optimist«, Interview in der Süddeutschen Zeitung, 2. 12. 2015.

32 Magnis, Guttenberg, S. 151.

33 Weinzierl, Hühnerstall, S. 93 ff.

34 Franke, 40 Jahre BUND, S. 11.

35 Magnis, Guttenberg, S. 149.

36 Ebd.

37 Nachlass Christoph von Feilitzsch.

38 Magnis, Guttenberg, S. 150.

39 Ebd.

40 https://www.domradio.de/themen/vatikan/2017-10-31/vor-25-jahren-rehabilitierte-johannes-paul-ii-galileo-galilei.

41 Deutsche Bischofskonferenz: Laudato si' – Über die Sorge für das gemeinsame Haus, von Papst Franziskus, 2015.

42 Weinzierl, Hühnerstall, S. 95.

43 Magnis, Guttenberg, S. 149.

44 Ebd.

45 Ebd.

46 Otto Schily: »Das Orchester ist keine Herde«, Interview in: Westfälische Nachrichten, 15. 12. 2017.

47 Enoch zu Guttenberg, Dirigent, Gespräch mit Stephan Pauly, Bayrischer Rundfunk, 19. 4. 1999, in: Guttenberg, Reden.

48 Mensch und Mörder, in: Frankfurter Rundschau, 23. 10. 1990.

49 Klage, Furcht und Zorn, wenn Bäume sterben, in: Frankfurter Neue Presse, 28. 10. 1990.

50 Zitiert aus: Dirigent und Umweltschützer: Enoch zu Guttenberg dirigiert 3. Klimakonzert der Staatskapelle Berlin, Pressemitteilung PR2Classic, November 2012.

51 Magnis, Guttenberg, S. 146.

52 Ebd.

53 Zitiert nach: Bund Naturschutz: Kasperltheater, während draußen die Welt verreckt, in: Süddeutsche Zeitung, 19. 5. 2010.

54 Enoch zu Guttenberg: »Ich trete aus dem BUND aus«, in: Frankfurter Allgemeine Zeitung, 13. 5. 2012.

55 Zitiert nach: Guttenbergs Vater verlässt schweren Herzens BUND, in: Die Welt, 12. 5. 2012.

56 Windkraft: Die Öko-Ein-Mann-Armee Enoch zu Guttenberg, Tichys Einblick, 2. 3. 2016.

57 E-Mail vom 31. 10. 2017.

58 Zitiert nach: Energiewende: Windkraft entzweit Waldbesitzer, in: Handelsblatt, 11. 11. 2017.

59 BUND zieht Klage gegen Windkraft zurück, in: Süddeutsche Zeitung, 31. 3. 2016.

Die letzten Jahre

1 Wolfgang Sandner: Wie man es noch nie gehört, in: Frankfurter Allgemeine Zeitung, 20. 7. 2017.

2 Egbert Tholl, Spirituelle Leidenschaft, in: Süddeutsche Zeitung, 20. 7. 2018.

3 Robert Braunmüller, Bachs Johannespassion auf der Fraueninsel, in: Münchner Abendzeitung, 19. 7. 2018.

4 Zitiert nach: Enoch zu Guttenberg gibt Echo-Preis zurück, in: SZ-Online, 17. 4. 2018.

5 Man muss besessen sein – Wie Dirigenten ihren Job erlernen, in: Münchner Merkur.

6 David Patrick Stears: Aufführung eines Münchner Ensembles: Eine Offenbarung aus dem Nichts, in: The Inquirer, 26. 10. 2018.

7 Carnegie Hall: Großartiges Magnificat von Bach; grandioses, erschütterndes Mozart-Requiem, in: Blasting News, 26. 10. 2018.

8 Ramón del Buey Cañas: Guttenberg y Orchester und Chor der KlangVerwaltung: Bach eterno, in: Backtrack, 19. 3. 2018.

9 Egbert Tholl: 50 Jahre Leidenschaft, in: Süddeutsche Zeitung, 10. 11. 2017.

10 https://umwelt-watchblog.de/schaender-der-landschaftsseele-enoch-zu-guttenbergs-brandenburger-rede/, aufgerufen am 14. 9. 2019.

11 Stefan Blatt: Haben sich seine Vorfahren an jüdischem Vermögen bereichert?, in: Bunte, 45/2017, S. 45 ff.

12 Ein Leben für die Musik und die Natur – Enoch zu Guttenberg ist tot, dpa, 15. 6. 2018.

13 Manuel Brug: Kämpfer und Enthusiast, in: Die Welt, 16. 6. 2018.

14 Dorothea Hußlein: Prägender Bayerischer Dirigent ist tot, BR-online, 15. 6. 2018.

15 Enoch zu Guttenberg ist tot, in: Zeit online, 15. 6. 2018.

16 Enoch zu Guttenberg, Spiel wider die Finsternis, in: Die Zeit, 16. 8. 2018.

17 Wolfgang Sandner: Widerspenstig aus Überzeugung, in: Frankfurter Allgemeine Zeitung, 16. 8. 2018.

18 Dietrich Mack: Adieu unter Freunden, Nachruf zum Tod von Enoch zu Guttenbergs, in: Offenburger Tageblatt, 18. 6. 2018.

19 Katrin Geyer, Weltgewandt, heimatnah: In der Region wird Enoch zu Guttenberg unvergessen bleiben, https://www.infranken.de, aufgerufen am 14. 9. 2019.

20 Mozart-Requiem als Hommage an Enoch zu Guttenberg, in: Main-Post, 9. 7. 2018.

21 Robert Braunmüller: Andrew Parrott dirigiert Bach, in: Münchner Abendzeitung, 22. 7. 2018.

22 Abschied mit Alphörnern, in: Oberbayerisches Volksblatt, 1. 8. 2018, https://www.ovb-online.de, aufgerufen am 14. 9. 2019.

23 Robert Braunmüller: Andrew Parrott dirigiert Bach, in: Münchner Abendzeitung, 22. 7. 2018.

24 Schreiber, Abbado, S. 53.

Dank

Zu allererst gelten mein tief empfundener Dank und meine Hochachtung der langjährigen Vertrauten Enoch zu Guttenbergs und Leiterin seines Privatsekretariats sowie des Musikbüros Guttenberg in Neubeuern, Hildegard Eutermoser. Ohne sie, die legendäre »Euti«, wäre dieses Buch wohl nicht entstanden. Enoch hatte sie noch zu Lebzeiten von meinem Plan unterrichtet, seine Biografie zu schreiben, und sie ermächtigt, mir *alle* notwendigen Informationen zukommen zu lassen. Diesem Wunsch Enoch zu Guttenbergs fühlte sie sich auch nach seinem Tod verpflichtet und half mir, wo sie konnte.

Ihre weitreichenden Kontakte, ihr enzyklopädisches Gedächtnis und ihre akribisch geführten Listen, angefangen bei einer Aufstellung aller Konzerte Guttenbergs und seiner CD-Produktionen bis hin zu einer Zusammenstellung seiner krankheitsbedingten Absagen, haben mir die Arbeit sehr erleichtert. Ihre Nähe zu Guttenberg über viele Jahrzehnte und ihre intime Kenntnis seiner komplexen Persönlichkeit haben mich zudem (hoffentlich) vor gravierenden Fehleinschätzungen bewahrt.

Ich kann an dieser Stelle nicht jedem meiner mehr als dreißig Interviewpartner, die mir zum Teil vertrauliche Informationen zu Enoch zu Guttenberg, seinem Leben und Schaffen, überlassen haben, einzeln meinen Dank aussprechen. Sie sind sämtlich im Quellenverzeichnis aufgeführt. Beispielhaft nennen möchte ich Fürst Karel Schwarzenberg, den engen Freund Guttenbergs und früheren Außenminister der Tschechischen Republik, der mich ungeachtet einer gerade überstandenen Erkrankung in Prag zum Gespräch empfing. Namentlich erwähnen möchte ich zudem Enochs Söhne Philipp und Karl-Theodor, die mein Projekt ebenfalls mit Rat und Tat unterstützten und mir immer für Nachfragen, auch kleine Details wie das ausgestopfte Guttenberger Schloss-Krokodil betreffend, zur Verfügung standen. Das gilt auch für Susanne Bernhard, Enochs Gefährtin der letzten Jahre, die mir ebenfalls tiefe Einblicke in sein berufliches und privates Leben gewährte, sowie für Josef Kröner und Andreas Reiner von der KlangVerwaltung mit ihrem profunden musikalischen Sachverstand.

Außerordentlich verbunden bin ich dem Journalisten und vorzüglichen Fotografen Markus Hurek, der mir einen großen Teil der Fotos in diesem Buch kostenlos zur Verfügung stellte, sowie Hannah Grieger, Lektorin für Chormusik beim Kasseler Bärenreiter-Verlag, für ihre Kurzanalyse der *Schwarzenbergmesse* von Enoch zu Guttenberg. Gabriele Schiller von der Kölner Agentur PR² classic wiederum vermittelte mir den Kontakt zu Kent

Nagano, der ein anrührendes Vorwort zu diesem Buch schrieb. Ihm gilt ebenfalls mein wärmster Dank.

Auch meinem Lektor Daniel Lettgen bin ich zu Dank verpflichtet, der mich unter anderem davor bewahrte, in das eine oder andere musikwissenschaftliche Fettnäpfchen hineinzutreten, und der mich zu vielen sinnvollen Kürzungen und Straffungen veranlasste. Wertvolle Anregungen gab mir schließlich mein Bruder Ulrich Etscheit, wie Lettgen promovierter Musikwissenschaftler, der das Manuskript einer letztmaligen Durchsicht unterzog.

München, im Frühjahr 2020

Diskografie

15. 11. 1970 Christoph Willibald Gluck, Orpheus und Eurydike, Rosemarie Freni, Franzi Berger, Marie Helene Lammers, Chor- und Orchestergemeinschaft Neubeuern, Dominikanerbau Bamberg, LP, iton

07. 06. 1971 Marienlieder, Chorgemeinschaft Neubeuern, Kirche Altenbeuern, LP, iton

15. 07. 1978 Johann Sebastian Bach, h-Moll-Messe (Ausschnitte), Reingard Didusch, Margit Neubauer, Karl Markus, Franz Mayer, Chorgemeinschaft Neubeuern, Bayerisches Kammerorchester, Passionsspielhaus Erl, LP, iton

15. 11. 1979 Die schönsten Weihnachtslieder, Chorgemeinschaft Neubeuern, Kinderchor Neubeuern, Kirche Haidholzen, MC, Delphin

04. 10. 1982 Volksmusik aus Neubeuern, Chorgemeinschaft Neubeuern, Beurer Halle, MC/LP, iton

02. 10. 1984 Wolfgang Amadeus Mozart, c-Moll-Messe, Edith Wiens, Kari Lövaas, Claes H. Ahnsjö, Franz Mayer, Chorgemeinschaft Neubeuern, Bach Collegium München, Herkulessaal München, CD, Obligat

24. 04. 1988 Joseph Haydn, Die Jahreszeiten, Eiko Hiramatsu, Werner Hollweg, Anton Scharinger, Chorgemeinschaft Neubeuern, Bach Collegium München, Philharmonie München, CD, Obligat

17. 03. 1990 Neubeurer Adventssingen, Chorgemeinschaft Neubeuern, Beurer Halle, CD, Obligat

19. 04. 1990 Johann Sebastian Bach, Matthäuspassion, Margaret Marshall, Jard van Nes, Aldo Baldin, Anton Scharinger, Claes H. Ahnsjö, Hermann Prey, Chorgemeinschaft Neubeuern, Tölzer Knabenchor, Bach Collegium München, Alpirsbach, CD, BMG Classics

27. 10. 1990 Giuseppe Verdi, Messa da Requiem (Requiem für den Regenwald), Pamela Coburn, Marylin Schmiege, Vinson Cole, Robert Hale, Chorgemeinschaft Neubeuern, European Symphony Orchestra, Philharmonie München, CD, Obligat

02. 04. 1991 Johann Sebastian Bach, Johannespassion, Inga Nielsen, Nathalie Stutzmann, Robert Swensen, Thomas Quasthoff, Claes H. Ahnsjö, Anton Scharinger, Chorgemeinschaft Neubeuern, Bach Collegium München, Kirche Tading, CD, BMG Classics

24. 12. 1991 Weihnachtskonzert »Jauchzet, frohlocket«, Elizabeth Norberg-Schulz, Nathalie Stutzmann, Francisco Araiza, James Galway, Maria Graf, Michala Petri, Hanne Petri, Guy Touvron, Friedemann Winklhofer, Hubert Huber, Nürnberger Turmbläser, Dresdner Kreuzchor, Chorgemeinschaft Neubeuern, Mitglieder der Bamberger Symphoniker, Nürnberg, CD, BMG Classics

30. 01. 1995 Georg Friedrich Händel, Der Messias – Mozart-Fassung, Malin Hartelius, Katalin Halmai, Ingeborg Danz, Ludwig van Gijsegem, Dietrich Henschel, Chor- und Kammerphilharmonie des Mitteldeutschen Rundfunks, MDR (Aufnahme in München), CD, Sony

17. 07. 1995 Anton Bruckner, Te Deum, e-Moll-Messe, Angela Maria Blasi, Petra Lang, Herbert Lippert, Franz-Josef Selig, Tschechischer Philharmonischer Chor Brünn, Tschechische Staatsphilharmonie Brünn, Philharmonie Brünn (Aufnahme in Leipzig), CD, Sony

25. 11. 1996 Johannes Brahms, Ein deutsches Requiem, Malin Hartelius, Dietrich Henschel, Tschechischer Philharmonischer Chor Brünn, Tschechische Staatsphilharmonie Brünn, Philharmonie Brünn (Aufnahme in Brünn), CD, FARAO

19. 05. 1997 Johann Sebastian Bach, Weihnachtsoratorium, Malin Hartelius, Melinda Paulsen, Tom Allen, Dietrich Henschel, Kerstin Klein, Chorgemeinschaft Neubeuern, KlangVerwaltung, München, Stettenkaserne, CD, FARAO

14. 03. 1998 Neubeurer Adventssingen, Chorgemeinschaft Neubeuern, München, Stettenkaserne, CD, FARAO

06. 03. 1998 Joseph Haydn, Die Schöpfung, Malin Hartelius, Lothar Odinius, Anton Scharinger, Chorgemeinschaft Neubeuern, Rundfunk-Sinfonieorchester Saarbrücken, Saarbrücken, Kongresshalle, CD, FARAO

27. 06. 1999 Ludwig van Beethoven, Sinfonie Nr. 3 »Eroica«, Sinfonie Nr. 8, KlangVerwaltung, München, CD, FARAO

01. 06. 2000 »Vineta«, Ein Liederabend, Anna Korondi, Klaus Mertens, Mihoko Fujimura, Tom Allen, Gitti Pirner, Chorgemeinschaft Neubeuern, München, Stettenkaserne, CD, FARAO

01. 04. 2002 Johann Sebastian Bach, Matthäuspassion, Anna Korondi, Anke Vondung, Werner Güra, Hans Christoph Begemann, Marcus Ullmann, Klaus Mertens, Chorgemeinschaft Neubeuern, Tölzer Knabenchor, KlangVerwaltung, Beurer Halle, CD, FARAO

22. 10. 2004 Joseph Haydn, Die Jahreszeiten, Miriam Meyer, James Taylor, Ralf Lukas, Chorgemeinschaft Neubeuern, Reinhart Vogel, KlangVerwaltung, Bayreuth, CD/DVD, FARAO (2009)

22. 10. 2005 Wolfgang Amadeus Mozart, Requiem, Anna Korondi, Gerhild Romberger, Jörg Dürmüller, Jochen Kupfer, Chorgemeinschaft Neubeuern, KlangVerwaltung, München, Stettenkaserne, CD, FARAO

25. 04. 2007 Anton Bruckner, Sinfonie Nr. 4 »Romantische«, KlangVerwaltung, Wiener Musikverein, CD, FARAO (Echo-Klassik 2008)

08. 03. 2008 Neubeurer Weihnachtssingen, Chorgemeinschaft Neubeuern, München, Stettenkaserne, CD, FARAO

07. 03. 2009 Ludwig van Beethoven, Missa solemnis, Susanne Bernhard, Anke Vondung, Pavol Breslik, Yorck Felix Speer, Chor und Orchester der KlangVerwaltung, Herkulessaal München, CD, FARAO

Nov. 2013 Wolfgang Amadeus Mozart, »Des Königs Zauberflöte«, Jörg Dürmüller, Susanne Bernhard, Jochen Kupfer, Antje Bitterlich, Tareq Nazmi, Martin Petzold, Gudrun Sidonie Otto, Gerd Anthoff u. a., Chorgemeinschaft Neubeuern, KlangVerwaltung, Prinzregententheater München, Kino/Blu-Ray/DVD, FARAO (2016/17)

Nov. 2015 Franz Schubert, Große Sinfonie in C-Dur, KlangVerwaltung, Herkulessaal München, CD, FARAO (2018)

Literatur- und Quellenverzeichnis

Recherche-Interviews

Ursula Auginski, Journalistin, München

Heinz Baumgartner, Neubeuern

Susanne Bernhard, Sängerin, Maising

Ljubka Biagioni zu Guttenberg, Dirigentin, Neubeuern/Kulmbach

Josef Bradtka, Förster, Erbendorf

Curtis Briggs, Musikproduzent und Songwriter, München

Markus Bruggaier, Hornist, Berlin

Jürgen Candolfi, München

Gertrud Dürbeck, Neubeuern

Hildegard Eutermoser, Neubeuern

Christoph von Feilitzsch, Richter a. D., Furth

Nils Franke, Umwelthistoriker, Leipzig

Hubertus Franzen, Kulturmanager und Schriftsteller, Hamburg

Felix Gargerle, Geiger und Musikproduzent, München

Karl-Theodor zu Guttenberg, Unternehmer, Guttenberg

Philipp zu Guttenberg, Unternehmer, Guttenberg

Michaela Freifrau Heereman von Zuydtwyck, geb. zu Guttenberg,
    Publizistin, Meerbusch

Markus Hurek, Journalist, Berlin

Klaus Krone, Unternehmer, St. Anton / Berlin

Josef Kröner, Geiger, Hoyerhafen

Gustav Kuhn, Dirigent, Lucca

Ruth Lippert (Lulla), Guttenberg

Dietrich Mack, Baden-Baden

Eugen Münch, Unternehmer, Bad Neustadt an der Saale

Helmut Nicolai, Bratscher, Bruckmühl

Michael Oehme, Musikredakteur, Leipzig

Imre Palló, Dirigent, Vancouver

Helmut Pauli, Konzertveranstalter, München

Andreas Reiner, Geiger, Berlin

Christiane von Ribbentrop, geb. Gräfin von und zu Eltz, Aschau

Rudolf Schaffgotsch, Oratorium des heiligen Philipp Neri, Wien

Elisabeth Schenk Gräfin von Stauffenberg, geb. zu Guttenberg, Kirchlauter

Andreas Schessl, Konzertveranstalter, München

Karel Fürst Schwarzenberg, Unternehmer und Außenminister a. D., Prag

Florian Sonnleitner, Geiger, München
Angela Gräfin von Wallwitz, geb. von Feilitzsch, Sachverständige, München
Gerhard Weidauer, Orchesterinspektor a. D, Leipzig
Hubert Weinzierl, Umweltschützer, Wiesenfelden
Beate Seitz-Weinzierl, Theologin, Wiesenfelden
Harald Witt, Reitlehrer, Stadtsteinach
Ernst Würdinger, Hochschullehrer a. D. und Dirigent, Wien
Angelika Zahrnt, Umweltschützerin, Berlin

Archivquellen
Privatarchiv Christoph von Feilitzsch
Privatarchiv Angela von Wallwitz, geb. von Feilitzsch
Archiv Musikbüro Enoch zu Guttenberg, Neubeuern / Schloss Guttenberg

Chroniken
Chronik der Chorgemeinschaft Neubeuern
Band 1 (1967–1992)
Band 2 (1993–2007)
Band 3 (2007–2012)
Band 4 (2013–2017)
Chronik sämtlicher Konzerte Enoch zu Guttenbergs (1967–2018)

Nachschlagewerke
Das neue Lexikon der Musik in vier Bänden, Limitierte Sonderausgabe zur
    neuen MGG (Die Musik in Geschichte und Gegenwart), Stuttgart/Wei-
    mar (J. B. Metzler) 1996
Reclams Chormusik- und Oratorienführer, Stuttgart (Reclam) 1999
Reclams Konzertführer, Stuttgart (Reclam) 2006
Julian Caskel und Hartmut Hein (Hrsg.): Das Handbuch der Dirigenten.
    250 Porträts, Kassel (Bärenreiter/Metzler) 2015

Sonstige Literatur
Anna von Bayern: Karl-Theodor zu Guttenberg. Aristokrat, Politstar, Minis-
    ter, Köln (Fackelträger) 2010
Johannes Rogalla von Bieberstein: Adelsherrschaft und Adelskultur in
    Deutschland, Limburg (C. A. Starke) 1988
Maria Theodora von dem Bottlenberg-Landsberg: Karl Ludwig Freiherr von
    und zu Guttenberg, 1902–1945. Ein Lebensbild, Berlin (Lukas Verlag)
    2003

Maria Theodora von dem Bottlenberg-Landsberg: Karl Ludwig Freiherr von und zu Guttenberg. Der konservative Widerstand gegen den Nationalsozialismus, Stuttgarter Stauffenberg-Gedächtnisvorlesung, Stuttgart (Wallstein) 2013

Walter Demel und Sylvia Schraut: Der Deutsche Adel. Lebensformen und Geschichte, München (C. H. Beck) 2014

Karl von Feilitzsch: K2M oder Die Hypothese von der Nebelsäule, München (O. C. Recht-Verlag) 1954

Nils Franke: 40 Jahre BUND – Die Geschichte des Bundes für Umwelt- und Naturschutz e. V. 1975–2015, Köln (Bund für Umwelt- und Naturschutz e. V.) 2015

John Eliot Gardiner: Bach. Musik für die Himmelsburg, München (Piper) 2018

Elisabeth zu Guttenberg: Beim Namen gerufen. Erinnerungen, Berlin (Ullstein) 1996

Enoch zu Guttenberg: Dirigent, Intendant, Umweltschützer, Constantin Magnis (Interview), Markus Hurek (Fotos), München (Propyläen) 2011

Enoch zu Guttenberg: Reden und Vorträge, Hektografien gebunden, ohne Seitenangabe

Enoch zu Guttenberg: Mit meinen Augen, Fotografien, drei Bände, München (Grebner) 2006, unveröffentlicht

Karl Theodor Freiherr zu Guttenberg: Fußnoten, Stuttgart (Seewald) 1974

Helmut Kunstmann: Schloss Guttenberg und die früheren oberfränkischen Burgen des Geschlechts, Würzburg (Kommissionsverlag Ferdinand Schöningh) 1966

Eckart Lohse und Markus Wehner: Guttenberg. Biographie, München (Droemer Knaur) 2005

Giovanni di Lorenzo: Vorerst gescheitert, Wie Karl-Theodor zu Guttenberg seinen Fall und seine Zukunft sieht, Freiburg/Basel/Wien (Herder) 2011

Judith Mayer: Karl Freiherr von Feilitzsch. Leben und Lieder, Künstlerische Masterarbeit, Typoskript, unveröffentlicht

Krzysztof Meyer: Schostakowitsch. Sein Leben, sein Werk, seine Zeit, Mainz (Schott) 1995

Daniela Philippi und Ralf-Oliver Schwarz (Hrsg.): »Die Leute singen mit so viel Feuer …« Der Cäcilienchor Frankfurt am Main 1818 bis 2018, Festschrift in Verbindung mit dem Cäcilienverein, Frankfurt am Main 2019

John Rosselli: Verdi. Genie der Oper. Eine Biographie, München (C. H. Beck) 2013

Hermann Rumschöttel: Ludwig II. von Bayern, München (C. H. Beck) 2011

Wolfgang Schreiber: Claudio Abbado. Der stille Revolutionär, Eine Biographie, München (C. H. Beck) 2019

Oswald Spengler: Der Untergang des Abendlandes, zwei Bände, München (C. H. Beck) 1923

Renate Ulm (Hrsg.): Die Symphonien Bruckners, Kassel (Bärenreiter) 2010

Hubert Weinzierl: Zwischen Hühnerstall und Reichstag. Erinnerungen, Regensburg (MZ Buchverlag) 2009

Yvonne Winkelmann: Festspiele Herrenchiemsee – die musikalische Inszenierung der Aura Ludwig II., Diplomarbeit Universität Passau 2009

Weitere Quellen

Programmhefte der Herrenchiemsee Festspiele 2000–2018

Programmheft des Gedenkkonzerts des Symphonieorchesters des Bayerischen Rundfunks für Mariss Jansons in der Münchner Philharmonie, Bayerischer Rundfunk, München, 15. 1. 2020

Programmheft: Apokalypse, Jazz-Kantate von Karl Feilitzsch (2. 4. 1901 – 7. 8. 1981), überarbeitete Endfassung 1972, Aufführung am 11. 11. 2018 im Münchner Herkulessaal

Enoch zu Guttenberg spricht über das Weihnachtsoratorium, CD, FARAO Classics, 1997

Klaus J. Schönmetzler: Der gläubige Agnostiker, in: CD-Booklet zu Johannes Brahms, Ein deutsches Requiem, FARAO Classics 2001

Interview von August Everding mit Enoch zu Guttenberg vom 13. 7. 1995

Interview des Deutschlandfunks mit Enoch zu Guttenberg zum Konzert mit Ludwig van Beethovens 9. Sinfonie beim Rheingau Musik-Festival 2014 im Kurhaus Wiesbaden

Interview von Constantin Magnis mit Enoch zu Guttenberg, Typoskript; das Interview war Grundlage des Buches: Enoch zu Guttenberg: Dirigent, Intendant, Umweltschützer (s. o.)

L'Abbaye Notre Dame de Fontgombault: Hommage au Baron Ènoch von und zu Guttenberg, Fontgombault 2018

Hannah Grieger: Messe für die Hochzeit des Fürsten Schwarzenberg, Komponist Enoch zu Guttenberg, Kurzanalyse

E-Mail von Botho Strauß an Enoch zu Guttenberg vom 31. 10. 2017

Personenregister

Georg Etscheit, Jahrgang 1962, studierte Journalismus, Politische Wissenschaft und Geschichte Osteuropas in München, Frankfurt am Main und Moskau. Er volontierte bei der Deutschen Presse-Agentur (dpa) und arbeitete für das Unternehmen als Redakteur und Korrespondent in Hamburg und Dresden, bevor er sich im Jahr 2000 in München selbstständig machte. Seither beliefert er Redaktionen überregionaler Zeitungen und Zeitschriften sowie weiterhin die dpa mit Artikeln insbesondere zu ökologischen und kulturellen Themen. Seit fast zwei Jahrzehnten berichtet er für dpa exklusiv über die Salzburger Festspiele. 2016 brachte er zusammen mit anderen Autoren wie Enoch zu Guttenberg das Energiewende kritische Buch *Geopferte Landschaften* heraus.

Lightning Source UK Ltd.
Milton Keynes UK
UKHW010903270620
365672UK00004B/1109

9 783959 836111